La beauté absolue

PRATIMA RAICHUR
MARIAN COHN

La beauté absolue

Traduit de l'américain
par Jacqueline Susini

Bienêtre

Titre original:
ABSOLUTE BEAUTY

Grateful acknowledgment is made for permission to reprint portions of the following copyrighted material:
Touching (3rd edition) © 1971, 1978, 1986 by Ashley Montagu reprinted with permission from HarperCollins Publishers.
Care of the Soul © 1992 by Thomas Moore reprinted with permission from HarperCollins Publishers.
The Face of Love © 1995 by Ellen Zetzel Lambert courtesy of Beacon Press.
Conversations with God © 1995 by Neale Donald Walsch reprinted by permission of The Putnam Publishing Group.
The Book of Indian Beauty © 1981 by Mulk Raj Anand and Krishna Nerhu Hutheesing reprinted by permission of the Charles E. Tuttle Company.
The Principles of Anatomy as Seen in the Hand (2E) © 1942 by F.Wood Jones courtesy of Williams & Wilkins.
The Miracle of Mindfulness © 1987 by Thich Nhat Hanh courtesy of Beacon Press.

À mon cher mari, Venkatesh,
qui, depuis trente-deux ans, est à mes côtés,
me donne un foyer stable et très plaisant,
et un amour inconditionnel

REMERCIEMENTS

J'exprime tout d'abord ma gratitude à Shanta Dandekar, mon maître spirituel qui, il y a trente ans, m'a aidée à me connaître et à définir mon but ; à mon premier mentor, le défunt Vaidya Rele, et à mon maître actuel, le Dr Vasant Lad, qui répond à mes appels à n'importe quelle heure du jour et de la nuit avec bienveillance et sagesse ; à mes chers parents ainsi qu'à mon mari, Venkatesh, à mon fils, Sandeep, qui m'a beaucoup aidée à préciser certains détails, et à ma chère fille, Leena, qui s'est chargée de taper mon manuscrit.

Je tiens également à remercier :

Mon agent, Lynn Franklin, et mes amis Deepak Chopra, Bipin Shah, et Anita Rai, grâce à qui j'ai rencontré Lynn.

Mon amie, Sunita Vase, qui m'a aidée à retrouver de précieux textes sanscrits et me les a traduits.

Les nombreuses journalistes de la presse féminine qui ont parlé de mon travail dans mon institut de beauté quand l'Ayurveda était encore pratiquement inconnu en Amérique – je pense en particulier à Felicia Milewicz, de *Mademoiselle*, qui a été une pionnière dans ce domaine, et n'a cessé depuis d'être une amie et de défendre mon travail.

Mes collègues enseignants, Karen et Blair Lewis, David Frawley, et Bri Maya Tiwari, qui ont participé à la découverte de la science ayurvédique aux États-Unis.

L'équipe de mon institut, qui fait un excellent travail, et mon associé dans la fabrication des produits de ma ligne Bindi, Ramesh Sarva, qui a pris le relais pendant que j'écrivais ce livre. Sans leur dévouement et leur soutien, je n'aurais pas pu mener à bien ce travail.

Tous mes clients, qui m'ont inspirée et encouragée, et sont devenus des amis au fil des années.

Peternelle van Arsdale, et tous ceux qui, chez mon éditeur, ont travaillé avec tant de diligence et d'enthousiasme à la publication d'*Absolute Beauty*.

Barbara Balch, pour l'élégante présentation du livre.

Et plus que quiconque, mon coauteur, Marian Cohn, qui accorde autant de valeur que moi à la sagesse de l'Ayurveda, et qui a mis sa conviction et sa perspicacité au service de mon travail.

PRATIMA RAICHUR

J'aimerais à mon tour remercier les personnes suivantes :

Lynn Franklin, sans qui je n'aurais eu ni l'occasion de rencontrer Pratima Raichur ni le privilège de devenir sa collaboratrice.

Marty et Bea Gross et Nancy Gross Belok pour leur amour et leur soutien constants, et pour l'espace, au sens à la fois propre et figuré, dont ils m'ont généreusement permis de disposer pour écrire ce livre.

Karen Lucic, amie et érudite, pour son travail astucieux et inestimable de directrice littéraire qu'elle a mené de la première à la dernière page, et pour ses encouragements tout au long de cette entreprise.

Richard La Marita, ami, écrivain, et chef, qui m'a fait partager sa connaissance de l'Ayurveda dès que je le sollicitais, qui a accepté d'intervenir sur le chapitre 11, en dernière minute, quand il fallait absolument conclure, et m'a préparé de délicieux repas ayurvédiques.

Doug Windblad, ami et philosophe, pour l'aide apportée dans mes recherches et son explication, d'une déconcertante lucidité, des idées philosophiques les plus abstruses.

Mark Hardesty et ma sœur, Regine Urbach, qui m'ont procuré avec leurs ordinateurs une aide logistique essentielle et sont venus à la rescousse, aussi bien sur le plan personnel que technique, à plusieurs reprises.

Doug Beube, Lenore French, et Joanne Rhinehart qui m'ont souvent réconfortée.

Susan Peerless, ma sœur spirituelle et ma première lectrice, qui m'a patiemment dirigée – en faisant appel aux ressources de mon corps, de mon esprit, de mon âme – pendant les longs mois de travail, et m'a évité de m'égarer en annotant judicieusement mes brouillons. Elle a mis en pratique tous les conseils de Pratima à peine les avais-je rédigés, et son enthousiasme devant les résultats n'a cessé de m'inspirer. Son aide inconditionnelle, du commencement à la fin, a été pour moi la plus extraordinaire des preuves d'amitié.

Maharishi Malesh Yogi qui non seulement m'a fait partager sa profonde connaissance et expérience de la conscience, mais m'a également appris à en transmettre l'enseignement.

Et mes merveilleux parents, Sidney et Marlene Cohn, qui m'ont inculqué l'amour des mots et offert la possibilité de développer mes capacités. En me donnant la vie et l'amour, ils m'ont fait don de ce qui compte le plus au monde.

MARIAN COHN

Introduction

En Inde, où je suis née en 1939, les médecins connaissent les secrets d'une peau parfaite et d'une beauté inaltérable. Ces secrets, que ce livre va vous révéler, font partie de l'une des plus anciennes médecines du monde : l'Ayurveda, autrement dit la connaissance de la vie et des recettes de la longévité.

Je me suis familiarisée avec cette science millénaire pendant mon enfance. Toute ma famille vivait selon les traditions ayurvédiques qui présidaient à la préparation des repas faits pour nous maintenir en bonne santé physique et nous conduisaient, chaque jour, à pratiquer la méditation et divers exercices destinés à favoriser notre équilibre mental. Nous formions une famille heureuse, où l'amour régnait, mais l'enfant que j'étais ne se rendait pas compte que notre façon de vivre pouvait être différente de celle des autres. Toutefois, je me suis aperçue assez tôt que ma mère et ma grand-mère semblaient posséder quelque chose de particulier. Elles étaient toutes deux des femmes remarquables dont la sérénité et l'éclat ne passaient jamais inaperçus.

Mon véritable apprentissage de l'Ayurveda commença, je dois le reconnaître, de façon moins heureuse, sous la houlette d'un voisin, médecin de grande renommée.

J'étais une jeune adolescente. Lui avait quatre-vingts ans et cherchait une assistante en raison de son grand âge. Ce fut ainsi qu'il me recruta. Chaque soir, après l'école, je devais passer une ou deux heures chez lui, soit pour lui faire la lecture, soit pour l'aider à préparer divers remèdes. Ce vieil homme et ses étranges recettes ne pouvaient enthousiasmer une adolescente de treize ans, mais j'avais affaire à un professeur inflexible qui m'obligeait à consigner tout ce qu'il me disait. « Aujourd'hui, tu ne comprends pas l'importance de ce que tu apprends, affirmait-il. Mais, plus tard, tu verras que ce sont des choses dont tu pourras te servir jusqu'à la fin de ta vie. »

Lorsque j'entrepris la carrière dont ce livre est l'aboutissement, je me souvins des paroles du médecin et constatai à quel point il avait fait preuve de prescience. Mes vieux carnets, délaissés depuis des années, étaient remplis de prescriptions ayurvédiques pour les soins de la peau. Je possédais alors un diplôme scientifique de l'université de Bombay, j'étais mariée et mère d'une petite fille. J'avais d'abord travaillé comme chimiste en Angleterre pendant que mon mari achevait sa formation médicale puis j'étais retournée en Inde où je faisais désormais partie d'un laboratoire de recherche sur le cancer.

Un jour, deux de mes collègues arrivèrent au laboratoire avec un problème d'acné qui les désespérait. La veille, elles s'étaient procuré des pommades qui avaient provoqué des taches noires sur tout le visage. Elles étaient en larmes. À la surprise générale – la mienne comprise –, je leur dis : « Vous auriez dû vous adresser à moi avant d'aller acheter ces pommades. Je vous aurais préparé quelque chose qui vous aurait aidées. »

Dans la soirée, pour la première fois depuis plus de dix ans, je relus les recettes ayurvédiques que j'avais consignées avec application lorsque j'étais jeune fille. Étant donné que l'Ayurveda n'inclut pas de recherche spécifique concernant les maladies de la peau, je n'avais encore jamais songé à appliquer ses principes et ses techniques à ces problèmes. Pourtant j'avais acquis une grande connaissance de la chimie cosmétique et, en associant mon savoir ancien à la science moderne, je créai un mélange particulier d'herbes et d'huiles que j'offrais, le lendemain, à mes amies. En quelques jours, leur acné disparut complètement. Ce qui fit le tour de l'hôpital où était installé le laboratoire et me valut bientôt d'être submergée d'appels de la part de personnes affligées de problèmes de peau. Chaque fois que je préparais un nouveau remède, tout le monde pouvait en constater le résultat positif.

L'efficacité de mes préparations souleva ma curiosité de scientifique. Je me demandai comment fonctionnaient ces recettes millénaires d'un point de vue biochimique. Plus j'y réfléchissais, plus les questions se multipliaient : Comment ces préparations déclenchaient le processus de guérison ? Qu'est-ce qui provoquait en premier lieu les problèmes de peau ? Pourquoi certaines personnes en avaient et pas d'autres ? Je décidai de poursuivre mes recherches jusqu'à ce que je fusse en mesure d'unir mes connaissances de la chimie moderne à celles des plantes et des huiles telles que l'enseignait la plus ancienne science de l'Inde. Je quittai mon travail au laboratoire afin d'approfondir mon étude de l'Ayurveda tout en m'occupant de ma petite fille qui n'était encore qu'un bébé.

C'était il y a vingt-cinq ans. Aujourd'hui, je dirige la Tej Skin Care Clinic – institut où l'on traite les problèmes de peau – que j'ai fondée à New York, et je suis la créatrice de trois lignes de produits de beauté ayurvédiques, trois labels : Bindi, Tej et Ojas, vendus en pharmacies, et utilisés dans les stations thermales, à travers tout le pays. Au fil des années, j'ai constamment développé mes talents d'esthéticienne, de scientifique, ainsi que mes recherches en testant mes découvertes en laboratoire et sur le terrain. Depuis mon installation aux États-Unis, en 1977, j'ai inclus dans mon apprentissage l'acupuncture et la naturopathie et suis diplômée dans ces deux disciplines. Mes techniques et mes produits ayurvédiques constituent un traitement sans équivalent qui m'a permis de guérir chez dix mille patients des problèmes de peau allant de l'acné, de l'eczéma, du psoriasis aux symptômes plus courants du stress et du vieillissement. Dans bien des cas, j'ai guéri des maladies qui avaient résisté à des années de traitements prescrits par d'éminents dermatologues.

Pourquoi ai-je réussi là où avaient échoué d'autres cures de beauté et même la médecine moderne ? J'ai réussi parce que l'Ayurveda donne les clefs de la santé et de la guérison qui manquent à l'Occident, en ce sens qu'ici l'on se contente d'apprendre à connaître la maladie et non *le patient*.

En présence de l'acné de mes amies, la plupart des généralistes et des dermatologues occidentaux se seraient limités à l'examen des symptômes. Ils auraient conseillé un astringent pour une peau grasse, des huiles pour une peau sèche. Autrement dit, ce que l'on constate détermine le traitement. Le médecin diagnostique la présence d'une bactérie et traite l'infection à l'aide de médicaments ou de pommades. Il arrive que l'acné soit réduit ou même disparaisse… jusqu'à la prochaine éruption. Mais, dans des proportions sensibles, le traitement n'apporte qu'un soulagement plus ou moins bref – ou, pire, provoque une aggravation, comme dans le cas de mes amies.

Pourquoi n'obtient-on que des résultats si peu fiables ? Tout simplement parce que la médecine moderne intervient uniquement au niveau des molécules – de la matière – sans se préoccuper de l'être pensant, de la personne complexe et unique qui *ressent* en elle la maladie. La vie n'est pas un assemblage d'éléments physiques mais une expérience dans sa totalité, et pour l'être humain l'expérience passe par le filtre de l'esprit et des sens au niveau de *la conscience*. Notre façon de voir le monde ainsi que notre manière de ressentir les choses affectent notre expérience, et notre expérience *change* notre corps. S'il en allait autrement, il n'y aurait pas de sourires heureux, de larmes tristes, de rougissements embarrassés, de fronts soucieux ni d'exclamations de surprise. Quand la médecine moderne se demande *où* la maladie se loge sans chercher à savoir *pourquoi* le patient souffre, elle passe à côté de la vérité fondamentale de notre expérience. La plupart des maladies résultent d'une déficience du système immunitaire, laquelle est provoquée par le stress, qui lui-même est dû à la perception. Quant à la perception, elle dérive de la conscience. En d'autres termes, l'approche médicale de l'Occident finit par échouer parce qu'elle ne tient pas compte de l'intelligence du corps – le facteur mental – alors que c'est à ce niveau de la vie que la maladie et la guérison commencent.

Bien entendu, au cours des deux dernières décennies, cette vue matérialiste de la médecine a été lentement entamée par la mise en évidence de liens biochimiques entre notre expérience psychologique, le système neuro-endocrinien et le système immunitaire. Ces découvertes, qui décrivent les processus physiologiques permettant à la pensée et aux émotions d'influer sur les fonctions physiques, mettent l'accent sur l'unité essentielle du corps et de l'esprit. D'où l'apparition d'une nouvelle science occidentale, connue sous le nom de *psychoneuro-immunologie*, plus simplement appelée médecine du corps et de l'esprit. Il ne fait pas de doute que vous êtes nombreux à avoir rencontré ce concept dans les livres et dans les articles publiés de plus en plus fréquemment sur ce sujet, au cours des dix dernières années.

Néanmoins, pendant les trois siècles qui viennent de s'écouler, la plupart des esprits, scientifiques ou non, ont été, en Occident, gouvernés par cette vue dualistique du monde qui partage l'Univers en deux domaines s'excluant mutuellement : celui de la raison ou de l'esprit, et celui de la nature, ou de la matière.

Proposée par Descartes au début du XVIIe siècle, cette idée acquit rapidement le statut apparemment inviolable de vérité scientifique avec la publication du travail révolutionnaire de Newton sur la gravitation et le mouvement, en 1687. La vision de l'Univers, selon Newton, s'apparente à un jeu de billard, dans lequel des objets obéissant à des forces extérieures se déplacent, se heurtent, se repoussent et finalement s'immobilisent en accord avec un phénomène de cause à effet, mathématiquement prévisible.

Ces lois du comportement objectif parurent si pertinentes que l'on continue, depuis, à s'y référer, au moins en ce qui concerne le visible – c'est-à-dire l'Univers macroscopique. Le triomphe de Newton permet à l'âge de raison de répandre sur l'Occident la certitude de pouvoir décrire n'importe quelle activité en termes de principes rationnels et fixes. Comme toutes les autres disciplines, la médecine du XVIIIe siècle fut dominée par la science. On peut observer avec tristesse que l'art ancien de la guérison, tel qu'il avait été pratiqué et enseigné par les émules de Hippocrate, tomba lentement en désuétude.

L'ironie de l'histoire médicale veut que, après avoir su mettre l'accent sur les dimensions personnelles de la maladie – ce qui lui permettait de prendre en considération l'expérience globale du patient et pas seulement sa maladie –, la médecine occidentale se voulut une science précise, et se mit à accorder de plus en plus d'importance aux expériences en laboratoire, au détriment des événements de la vie du patient. Au XXe siècle, la vision mécanique du corps est devenue tellement prépondérante que la médecine elle-même s'est compartimentée en douzaines de spécialisations et a achevé ainsi la fragmentation du corps humain. S'il est évident que la science et la médecine modernes ont amélioré les conditions de vie de l'homme de multiples façons, il faut néanmoins constater que ces progrès ont eu un prix. Pendant que s'accroît le stress engendré par la vie moderne, les Occidentaux subissent les conséquences qu'entraîne l'ignorance de l'impact des expériences quotidiennes sur la santé. Heureusement qu'une approche plus holistique commence à se répandre parmi les médecins. Toutefois, la césure corps-esprit est encore profondément enracinée dans la pensée scientifique moderne, et si peu remise en question que la plupart des médecins formés en Occident continuent à connaître beaucoup mieux le comportement des molécules que celui des êtres humains.

À l'opposé de ce point de vue matérialiste, l'Ayurveda est basé sur l'unité fondamentale du corps et de l'esprit au niveau de la conscience, et sur l'interaction qui en découle. Bien entendu, en tant que *toute première* science psycho-neuro-immunologique, l'Ayurveda souligne depuis toujours l'incidence de la pensée et du comportement sur la santé et sur la maladie. Par conséquent, lorsqu'un praticien ayurvédique est confronté à une maladie de la peau, il observe le patient et pas simplement les symptômes. Un sillon ou une imperfection quelconque sur le visage – comme tout signe de stress ou de maladie – n'est qu'une pièce du puzzle dans l'élaboration d'un diagnostic qui prend en considération toutes les composantes d'une vie, du fonctionnement le plus personnel de l'esprit et de l'affectif jusqu'aux styles de vie et à l'environnement de l'individu.

Quand on vient me voir avec de l'acné, je ne cherche pas à éliminer l'infection qui provoque les symptômes – ce qui arrivera de toute façon au cours du traitement. Mon but est de supprimer le « déséquilibre » physique ou émotionnel qui a permis à la bactérie – présente même dans un corps sain – d'altérer l'état de la peau. Les traitements ayurvédiques permettre d'atteindre cet objectif comme nous le verrons dans ce livre, en réactivant la capacité qu'a naturellement le corps de se guérir et de se rééquilibrer lui-même, en accord avec sa propre nature.

Lorsque j'explique cela à des médecins ou à des spécialistes de la beauté en Occident, ils réagissent toujours de la même façon en me demandant : « Que voulez-vous dire par *équilibre* ? Que signifie la *nature* du corps ? » N'ayant qu'une vision fragmentée du corps, ils restent inévitablement sceptiques devant les vérités holistiques. Pour eux, aucun produit promettant « d'équilibrer » le corps, de le « mettre en harmonie avec la nature » ou de « stimuler son pouvoir d'autoguérison » ne peut être crédible, tout simplement parce que, selon eux, « personne n'est en mesure de prouver » que vous êtes, en premier lieu, déséquilibré. « Après tout, remarquent-ils, on ne sait même pas ce que signifie l'absence d'harmonie avec la nature. »

Il y a mille ans que les *rishis* – les « détenteurs de la connaissance de la réalité » – nous ont éclairés sur ce point, en nous donnant l'Ayurveda qui nous explique que vous et moi, comme le reste de l'Univers, nous sommes constitués de cinq éléments : *l'Espace, l'Air, le Feu, l'Eau* et *la Terre*. Mais, si ces éléments sont présents en chacun de nous, ils le sont selon des proportions variables, donc selon un *équilibre qui diffère* d'un individu à l'autre. À l'instar de notre empreinte génétique, ce mélange d'éléments personnels nous accompagne de la naissance à la mort et détermine nos caractéristiques fondamentales, y compris notre type de peau.

Bien que nous nous y référions en termes de proportions, de combinaisons, cet « équilibre » qui nous est caractéristique n'est pas un phénomène strictement physique, telle une recette de cuisine, parce que nos ingrédients de base ne sont pas essentiellement de la nature des *choses*. Quand les rishis nous disent que nous sommes faits d'Espace, d'Air, de Feu, d'Eau et de Terre, cela ne signifie pas que nous soyons de la glaise chaude – quoique si nous nous considérons comme poussière retournant à la poussière, nous y retrouvons notre compte. Leur niveau de conscience hautement développé leur a permis de comprendre que la composante fondamentale de l'existence n'est pas une parcelle de matière, ni même l'énergie contenue en elle, mais une in*telligence illimitée* qui nous échappe. Une intelligence, ont dit les rishis, qui est au-delà de l'expérience sensitive directe, et même au-delà de ce que peut appréhender la science objective qui n'existe qu'au niveau de la conscience humaine, par nature subjective. Toutefois, les effets de cette intelligence se retrouvent partout : dans les rythmes de la nature, le mouvement des planètes et des galaxies, les structures complexes de la matière, l'évolution même de la vie, le « génie » de l'ADN. C'est elle qui assure l'organisation cosmique qui sous-tend l'existence et, sans elle, l'énergie comme la matière basculerait dans le chaos.

La mécanique quantique, cette science du XXe siècle qui décrit le domaine de l'infiniment petit, et à laquelle ne résista pas la loi de Newton, fournit un cadre moderne à cette théorie millénaire des cinq éléments. Ainsi que l'affirme le physicien John Hagelin, les constituants basiques de l'Univers ayurvédique sont des modes vibratoires spécifiques dans un champ d'énergie virtuel qui sous-tend la matière subatomique. Champ virtuel, en effet, car tellement abstrait qu'il ne peut être détecté directement, même par la plus puissante des technologies. La science occidentale déduit sa présence de l'apparition et de la disparition constantes de particules porteuses d'énergie dans un vide apparent. Il y a soixante ans, les physiciens appelèrent cette réalité invisible le *champ des quantums*. Il y a *six cents ans*, les savants ayurvédiques l'avaient nommée le *champ de la conscience pure*. Quelle que soit son appellation, il s'agit toujours pour l'Ayurveda d'un invisible mais omniprésent continuum d'intelligence qui constitue la source première de l'esprit et de la matière. Les cinq éléments sont uniquement des *schémas d'intelligence* particuliers – c'est-à-dire des schémas vibratoires – qui, à l'intérieur de ce champ, donnent une forme à l'existence individuelle et matérielle.

En fonction des éléments – des schémas vibratoires – qui prédominent chez un individu et qui ne sont généralement pas plus de deux, l'Ayurveda établit une classification correspondante aux trois *natures* universelles, ou constitutions, que l'on appelle les *prakritis*. Plus loin, nous expliciterons ces différentes natures, ainsi que la façon dont elles déterminent les caractéristiques de notre peau. Mais, d'une façon générale, votre prakiti peut être considérée comme votre norme personnelle de bien-être, votre constitution émotionnelle, vos aptitudes mentales lorsque vous êtes équilibré. Elle permet également de prévoir les affections qui peuvent être les vôtres – y compris les problèmes de peau – si votre équilibre est rompu. Selon l'un des principes fondamentaux de l'Ayurveda, toute maladie résulte de perturbations dans votre prakiti – votre formule constitutionnelle idéale – dues à des facteurs physiques, mentaux, comportementaux ou venant de l'environnement. En d'autres termes, lorsque la configuration des éléments qui nous caractérise se déséquilibre – lorsque nos schémas d'intelligence innée sont perturbés – le désordre, c'est-à-dire la maladie, s'installe. En conséquence, tous les traitements ayurvédiques ont pour but de restaurer l'équilibre dans nos éléments constitutionnels, autrement dit de restaurer le flux de l'intelligence.

Si vous et moi avions un équilibre identique de nos éléments, nous aurions la même apparence. Parce que nos « formules » sont différentes, non seulement nous ne nous ressemblons pas mais nos corps et nos sens *réagissent* différemment à tout ce qui vient de l'environnement, y compris aux facteurs de vieillissement, de maladie, ainsi qu'aux traitements qui nous sont proposés. Une peau saine, un teint lumineux correspondent naturellement à l'équilibre du corps et de l'esprit. Mais l'Ayurveda nous montre que la formule de notre équilibre nous est personnelle et dépend de notre constitution naturelle et de notre tempérament. Il en résulte qu'*il n'existe jamais un traitement* – qu'il s'agisse d'un savon, d'un hydratant, d'une crème antirides, d'une prescription médicale, d'un remède naturel, d'un programme de remise en forme, d'un régime ou d'un changement de vie – *qui puisse convenir à tout le monde parce que nous n'avons pas tous la même constitution ni le même type de peau.* Si nous voulons trouver le traitement qui nous permettra de réduire les effets de l'âge et redonner de l'éclat à notre peau, il nous faut d'abord connaître notre type de peau ayurvédique. Ce livre permet précisément de le découvrir.

Il existe trois types de peau, comme il y a trois constitutions de base. Si vous veniez me consulter pour la première fois, je commencerais par vous examiner afin de déterminer vos caractéristiques apparentes, aussi bien mentales que physiques et comportementales. Je procède à ce premier examen, qui me renseigne sur l'état intérieur de mes nouvelles clientes, en les regardant de la tête aux pieds. J'enregistre la taille, le poids, la carrure, la structure faciale, le langage du corps, l'attitude mentale, l'état des cheveux, des ongles, de la peau, la couleur du teint. Je pose des questions sur le mode de vie : travail, habitudes alimentaires, exercices physiques, vie familiale, sommeil, entretien de la peau, ainsi que sur la façon de gérer le stress. Autrement dit, je m'intéresse à la personne considérée comme un tout. Sur la base de ces informations, je détermine les éléments dominants de votre constitution et, par conséquent, votre type de peau et le traitement dont vous aurez besoin pour que votre peau retrouve son équilibre.

Une fois que vous savez quelles caractéristiques il faut rechercher, vous pouvez facilement déterminer vous-même votre type de peau. Le chapitre 2 vous en donnera l'occasion en vous demandant de vous regarder dans un miroir et de répondre à un questionnaire très simple. Dès que vous aurez appris à connaître un peu mieux les principes de l'Ayurveda et la façon dont les éléments déterminent votre aspect, vous pourrez même essayer de deviner le type de peau de vos amis ou des étrangers que vous rencontrez. Vous serez surpris par la perspicacité que vous apporte l'Ayurveda. Et vous découvrirez également combien cette science peut vous aider à comprendre les forces intérieures qui dirigent les personnes que vous aimez, sans parler de vous-même. La classification typologique de l'Ayurveda peut être un instrument très utile dans les relations humaines.

Je connais l'étonnement que je suscite lorsque l'on constate le nombre de renseignements que m'apporte le simple examen d'un visage et d'une peau. Souvent l'on me demande si je n'ai pas des dons extralucides. Ce n'est pas le cas. Mais, quand je réponds que la peau parle d'elle-même, généralement la surprise augmente. Que signifie cette affirmation si ce n'est ni la clairvoyance ni mon imagination qui entre en jeu ?

Les savants ayurvédiques, qui ne travaillaient pas à partir des mêmes données que leurs homologues modernes, regardaient au-delà des processus mécaniques du corps. Comme nous l'avons vu, ils s'intéressaient au niveau « quantique » de l'existence, là où la frontière entre l'esprit et la matière disparaît. Sur la base de cette connaissance directe du champ quantique, les rishis ont déclaré que la conscience est la matière essentielle de l'Univers. Il a fallu aux scientifiques contemporains infiniment plus de temps pour découvrir qu'il n'y a, en effet, aucune réalité purement objective, aucune « matière » solide – animale, végétale ou minérale – qui puisse être considérée définitivement comme le monde extérieur qui est là.

Einstein a, le premier, remis en cause cette réalité familière et fiable en apportant la preuve de l'équivalence de l'énergie et de la matière dans son travail sur la relativité. D'un seul coup, il a ébranlé la chère notion de dualité et finalement a fait s'effondrer notre croyance en une dimension absolue du temps. Il a prouvé que le temps n'est pas le même pour tout le monde en toutes circonstances. À cause de la courbure de l'espace, des variations de sa vitesse de déplacement et de sa distance par rapport au centre de gravité, le temps passe plus ou moins vite pour l'observateur. En 1926, Werner Heisenberg acheva la remise en question du matérialisme avec son célèbre principe d'incertitude qui introduisait le rôle déterminant de la conscience humaine dans la prétendue objectivité scientifique. Au sens large, ce principe établit qu'en raison des propriétés intrinsèques de la lumière et de la matière il est impossible de connaître exactement la position d'une particule et sa vitesse, car le simple fait de mesurer l'une altère nécessairement l'autre. Par conséquent, il y a toujours un degré d'incertitude dans notre image de la réalité présente.

Nous vivons dans un monde de probabilité plutôt que de prévisibilité et, au niveau le plus subtil de l'existence, notre propre conscience est un facteur décisif dans notre appréhension des phénomènes que nous observons. Ce qui implique inévitablement que le monde n'a que *l'apparence* que nous lui donnons et que, en tant que participants physiques à ce monde, *nous-mêmes ne sommes que ce que nous pensons être*.

C'est là, depuis six mille ans, le message de l'Ayurveda qui nous dit en effet que chaque fluctuation de notre pensée – de notre conscience – entraîne un changement dans le corps. Au niveau fondamental de l'existence, l'esprit structure la matière, et non le contraire. Sachant cela, les rishis ont pu comprendre que la peau est le reflet physique de notre être. La peau ne se contente pas de jouer un rôle sensoriel : elle *exprime* ce que nous ressentons intérieurement. Grâce à ses terminaisons nerveuses et aux glandes endocrines, elle transmet des messages chimiques à partir et vers toutes les parties du corps et traduit le moindre événement dans un langage qui s'inscrit sur la peau : rougeurs de la contrariété, eczéma du chagrin, rides de la préoccupation... Pour quelqu'un comme moi, qui ai appris à connaître chaque nuance de ce remarquable code, la peau parle avec éloquence. En fait, les problèmes de peau sont bien autre chose que de simples problèmes épidermiques. Ils trahissent des déséquilibres spécifiques et profonds du corps et de l'esprit qui échappent totalement à l'action des crèmes et des lotions que nous nous appliquons sur le visage et sur le corps.

L'Ayurveda nous enseigne que, pour corriger ces déséquilibres à la source, il est nécessaire d'intervenir à quatre niveaux de la vie : le corps, la respiration, la pensée et l'esprit. Dans ce but, je travaille d'abord avec chaque personne au niveau externe, sur ce qui se voit immédiatement. Une fois que j'ai déterminé son type de peau, je nettoie, je nourris et j'hydrate le visage et le corps à l'aide d'extraits de plantes et d'huiles essentielles. Puis je prescris des soins quotidiens personnalisés, à faire chez soi, qui compensent les effets du stress, de la pollution et stimulent le renouvellement des cellules. En quelques jours, ces traitements gomment les symptômes visibles et redonnent de l'éclat au teint.

Mais, en toute honnêteté, je dois préciser qu'il n'existe aucune lotion miracle contre le vieillissement et la maladie. Nul traitement externe ne permet par lui-même de restaurer définitivement un équilibre qui ne peut venir que de la structure profonde des cellules. Afin d'atteindre ce niveau de vie, nous devons faire un travail intérieur, en utilisant les cinq sens, qui réactive l'intelligence du corps. Par conséquent, mon programme de soins ayurvédiques comprend un régime alimentaire, des exercices de respiration rythmique, des massages et des séances de méditation adaptés à votre type de peau.

Il n'en reste pas moins que l'Ayurveda ne s'arrête pas à la disparition des symptômes du déséquilibre. Le but ultime de cette science de la vie n'est pas simplement de se libérer de la maladie. Il s'agit plutôt d'acquérir une parfaite harmonie intérieure en faisant fonctionner l'intelligence du corps. Physiquement et mentalement équilibrés, nous avons alors un visage et une peau sans imperfections qui irradient naturellement la santé tandis que, de l'intérieur, nous irradions la fraîcheur, la joie et la sérénité : ce que j'appelle la beauté venue de l'intérieur. C'était elle la source de cette grâce et de cette élégance que je remarquais, enfant, chez ma mère et chez ma grand-mère, et le secret millénaire de leur beauté que je suis en train de vous transmettre.

Ainsi que vous commencez, je l'espère, à le comprendre, mon livre concerne un type de beauté et un programme de soins de la peau bien différents de ce que vous avez connu jusqu'à présent. Dans ma clinique tej de New York, où je n'emploie que quelques personnes, formées selon mes méthodes, je ne peux accueillir tout le monde. J'ai donc écrit ce livre pour les millions de femmes et d'hommes que je ne peux rencontrer personnellement, mais qui sont en quête de l'équilibre, de l'éclat, de la beauté que peut leur apporter l'ancienne sagesse, empreinte de compassion, de l'Ayurveda.

Lorsque je demande à mes clients quels sont les bienfaits que je dois souligner à l'adresse de mes lecteurs, ils me répondent la plupart du temps : « Ô, Pratima, parlez-leur de ce que l'on *ressent* dans votre institut, de ce sentiment de bonheur et de paix qu'on y éprouve ! » Même si vous ne pouvez pas venir me voir, il vous est possible de vivre chez vous une expérience identique, en mettant en application les idées profondes mais simples que vous trouverez dans les pages suivantes.

Le livre lui-même a été conçu pour vous apporter cette paix et ce rayonnement au fil de sa lecture. La première partie est consacrée à l'idée de la beauté selon l'Ayurveda, ainsi qu'à la contribution de la science contemporaine – basée sur l'unité corps-esprit – à notre connaissance de la peau. Elle permet également de creuser les concepts d'équilibre de notre constitution et de types de peau, concepts centraux des soins ayurvédiques, et comporte le questionnaire permettant de déterminer votre type de peau. La deuxième partie décrit le programme de soins quotidiens personnalisés. La troisième donne des dizaines d'autres techniques ayurvédiques pour équilibrer la peau et le corps, à l'intérieur et à l'extérieur, en utilisant les cinq sens. Avec la quatrième partie nous allons au-delà du corps et des sens pour découvrir les techniques, méditation incluse, qui apportent l'équilibre de la respiration, de la pensée et de l'âme. Le dernier chapitre vous donnera, je l'espère, envie de vivre toutes vos expériences dans la plus grande joie. Il parle du rôle de la conscience dans la vie quotidienne – ce qui est au cœur de l'Ayurveda – et propose quelques principes simples, empruntés aux rishis aussi bien qu'à mon expérience personnelle qui vous aideront à retrouver votre sens inné de la détermination, de l'équilibre, de l'harmonie et de la félicité : essence de la grâce et secret d'une beauté inaltérable.

J'ai essayé tout au long de ces pages de mettre en avant les applications pratiques des soins ayurvédiques, en limitant mes propos théoriques aux idées nécessaires à la compréhension du développement des problèmes de peau et du fonctionnement des traitements.

Toutefois, ne vous attendez pas à retrouver mon approche ayurvédique de la beauté dans l'un ou dans l'autre des livres que je vous indique. Nos anciens sages n'ont accordé aucune attention particulière à la peau, sinon dans le cadre général des déficiences de la santé. En fait, l'Ayurveda ne concerne que huit branches de la médecine, et la dermatologie n'en fait pas partie. Mais, en revanche, l'Ayurveda révèle la remarquable interconnexion qui existe entre la peau, le constituant corporel qui a les plus grandes dimensions, les autres éléments de notre corps et les processus vitaux – le physique, le mental, l'émotionnel et le spirituel. Ce fut en découvrant que la santé et l'éclat de notre peau trahissent notre bien-être que j'ai eu envie de me pencher sur les principes ayurvédiques, dans le but de mettre au point un programme de beauté efficace. La classification en trois types de peau, ainsi que plusieurs traitements décrits dans ce livre résultent uniquement de mes réflexions personnelles, basées sur une étude comparative de cette ancienne médecine holistique et de son équivalent moderne. Ce livre propose, par conséquent, une démarche unique, totalement nouvelle en matière de soins de la peau, démarche qui permet de posséder une peau jeune et lumineuse, en s'inspirant de ce que les anciens sages et les scientifiques modernes nous ont donné de meilleur.

Avant que vous entrepreniez ce voyage fructueux, j'aimerais vous raconter une petite histoire que nous ont laissée les rishis qui utilisaient souvent l'allégorie pour révéler leur connaissance de la vie. Sachant que l'Univers tel qu'il nous apparaît est une manifestation de l'intelligence pure – de la conscience –, les rishis estimaient par conséquent que cette intelligence est présente partout, y compris dans les actions d'un animal. Alors voici ma parabole favorite du daim infatigable qui semble, en fouillant sans cesse les bois, livré à une quête sans fin.

Dans cette histoire, le daim est attiré par une odeur très agréable qui flotte constamment dans l'air. Mais il a beau déployer tous ses efforts, il est incapable d'en trouver la source. Ce pauvre daim ne comprend pas que cette fragrance n'est rien d'autre que l'odeur musquée de son propre ventre, et qu'il ne peut atteindre la perfection qu'il cherche qu'en se tournant vers lui-même.

Mais vous, vous êtes d'ores et déjà mieux avisé que le daim. Vous avez plus de chance. La beauté que vous désirez est à votre portée. Elle est en vous. Vous avez simplement besoin de conseils, et ces conseils vous les trouverez dans ce livre.

PREMIÈRE PARTIE

LA BEAUTÉ ET L'AYURVEDA

La beauté est la translucidité, au travers de la matière, de l'éternelle splendeur de l'Un.

WERNER HEISENBERG

Chapitre 1

QU'EST-CE QUE LA BEAUTÉ ?

Il est dit dans un tantra que, si une femme s'abandonne fréquemment aux rêves qui surgissent de son cœur, l'humeur qui les accompagne imprégnera toute sa personne. N'est-ce pas proférer un lieu commun des plus répandus que de dire que, dans les moments d'exaltation intellectuelle ou émotionnelle, les traits de la personne la plus ordinaire prennent l'aspect de la plus exquise beauté ?

MULK RAJ ANAND ET KRISHNA NEHRU HUTHEESING

Qu'il soit jeune ou vieux, homme ou femme, tout être humain désire être beau. Le désir de beauté physique – comme l'aptitude à la reconnaître – est profondément ancré dans le psychisme humain. On la définit souvent en termes d'harmonie ou de proportions, et les spécialistes du développement humain pensent que notre capacité innée à percevoir la symétrie d'un visage est un mécanisme de survie. Sans que le bébé puisse comprendre ce qui se passe, son regard s'éclaire instinctivement devant un visage agréable, amical, alors que l'enfant réagit par des pleurs à la laideur ou à une expression distordue, comme s'il s'agissait de véritables signaux de danger. À partir de quatre ou cinq ans, les enfants perçoivent parfaitement des différences physiques subtiles, et jugent les autres en fonction de leur apparence. Ils sont également conscients de la leur, adorent en jouer et recherchent toujours les artifices les plus sophistiqués pour leurs expérimentations. Il suffit pour s'en persuader d'observer n'importe quel petit qui se déguise et contemple son image dans le miroir avec délectation.

Aucune civilisation n'a existé sans standards de beauté et d'habillement, standards qui ont pu être bien différents des nôtres. Ainsi que l'observe l'anthropologue Ashley Montagu, « chaque société s'est inventé une façon de décorer, et par conséquent de fêter, le corps humain ». L'histoire de l'art et de la culture est effectivement, dans une large mesure, un témoignage de la fascination des peuples pour la beauté et de leur quête de la perfection.

Le summum de la vanité : la quête de la beauté en flacon

Malheureusement, cette quête ancestrale de la beauté se résume aujourd'hui à une fixation sur des images dont nous abreuvent la publicité et les médias, et dont le public s'inspire pour sauvegarder sa santé et lutter contre le vieillissement. L'idéal de beauté qui mettait l'accent sur le perfectionnement de notre nature profonde est devenu, dans la culture de masse, la simple recherche d'un physique attirant que peuvent nous procurer un maquillage adéquat, une garde-robe judicieuse, les bons appareils de musculation et, si besoin est, la chirurgie esthétique. Ces dernières années, par exemple, la mode et la vidéo rock se sont unies pour imposer un look et un type de danse dont les top-models sont de flamboyantes représentantes. Leur style, leurs postures, leur démarche sur les podiums sont effectivement devenus le top du top, la grande vogue, selon Madonna, qui voulait sans doute rendre hommage au magazine *Vogue*. La notion d'une beauté qui – tel un bel objet d'art – demande du temps pour pouvoir faire apparaître ses nuances subtiles et variées a pratiquement disparu. Ce n'est plus du tout ce qui s'offre à notre vue. Désormais nous ne voyons que le regard de la cover-girl, la pose hollywoodienne, le clip vidéo, le spot publicitaire ; autant d'équivalents visuels des tempos d'aujourd'hui. La possibilité, sans précédent, de reproduire indéfiniment ces images séduisantes et de les diffuser instantanément à travers le monde entraîne des distorsions sans fin de notre image, qui rappelle facilement le jeu des miroirs déformants dans une baraque foraine. L'effet serait comique si l'image du top-model était moins extrême et si sa prolifération ne constituait un facteur significatif de désordres alimentaires, de dépression et autres déficiences de l'estime de soi, parmi les femmes et les adolescentes.

Il n'est cependant pas question ici de dénigrer le rôle des cosmétiques, de la mode ou des distractions. Ces industries de la séduction nous apportent la même part d'amusements que nos déguisements d'enfants. À tous les âges, le costume est, comme le dit A. Montagu, un moyen de s'affirmer et de se distraire. Cependant, ces images hautement stylisées, homogénéisées, par leur omniprésence et leur présentation mêmes, ont figé notre vision de la perfection physique dans deux dimensions, nous obligeant ainsi à croire que la beauté est entièrement extérieure. Il en résulte une société qui a littéralement perdu de vue la signification de la beauté et oublié ce qu'elle exige.

En même temps, les progrès de la médecine moderne nous ont conduits à penser que l'on peut trouver l'éternelle jeunesse dans un flacon, et se libérer de la maladie en avalant une pilule. Aujourd'hui, tant dans notre vie privée qu'en politique, nous professons une foi aveugle et aveuglante dans le pouvoir qu'a la science de guérir n'importe quelle maladie, quelle qu'en soit la cause. On ingurgite des médicaments qui entraînent des effets secondaires ou l'on se fait opérer beaucoup plus facilement que l'on abandonne ses mauvaises habitudes. Les compagnies d'assurance-maladie ne font pas mieux : elles supportent les frais élevés d'une maladie des poumons, par exemple, mais peuvent refuser de rembourser le coût d'un traitement contre le tabagisme, même s'il a été médicalement prescrit en bonne et due forme. De plus, la plupart des médecins pratiquent l'allopathie qui est conçue pour traiter la maladie et non pour la prévenir. En fait, en dépit de ses victoires sur la polio, la variole et autres maladies gravissimes, l'allopathie a peu de choses à voir avec le bien-être véritable. Je dirais plutôt qu'en supprimant par la chimie les symptômes de la maladie ou en enlevant sur une table d'opération les parties malades du corps, elle nous permet de paraître sains sans que nous ayons besoin de l'être vraiment. Cette stratégie médicale est loin d'être aussi bénéfique qu'elle le laisse croire. Elle masque le déséquilibre physiologique fondamental au lieu de le traiter et, en devenant temporairement invisible, le processus de la maladie peut se développer sournoisement dans des tissus jusque-là sains, étant donné que certains agents infectieux développent une résistance de plus en plus accentuée aux traitements, et en particulier aux antibiotiques.

Cette façon qu'a la médecine moderne de vouloir régler les problèmes en un clin d'œil influe directement sur l'attitude du public face à la beauté physique. À un récent congrès organisé par des fabricants de cosmétiques à New York, j'ai vu des milliers de nouveaux produits miracles prétendant soigner les problèmes de peau, supprimer les rides, arrêter le vieillissement et nous faire resplendir. Ce qui signifie que des dizaines de nouvelles formules magiques apparaissent, chaque semaine, sur le marché. Ce qui veut dire également que tous les flacons, les tubes, les pots de crème qui remplissent nos vanity-cases et s'alignent sur les étagères de nos salles de bains sont inopérants. Y compris les nombreux produits prétendument naturels dont la récente mode n'a fait qu'ajouter à la confusion du consommateur. Le concept de nature est devenu une stratégie de marketing, certes, mais peu scrupuleuse, étant donné que la loi permet la fabrication de produits naturels dans lesquels dominent les composants synthétiques et chimiques, comme nous le verrons au chapitre 4. Il faut en même temps noter que le plus pur des produits n'est pas de toute façon la panacée universelle.

Ce qu'il faut retenir en définitive c'est que si des sommes astronomiques – en tout cas aux États-Unis – sont dépensées chaque année dans l'espoir de tomber sur le produit magique en matière de soins de la peau, nous l'attendons encore. Je crois que nous ne trouverons jamais la solution dans un flacon tout simplement parce que le secret d'une beauté inaltérable n'est pas quelque part dans le monde mais en nous-même, au fond de notre corps et de notre esprit.

La beauté : le plus grand des plaisirs

L'essence de la beauté, je l'appelle amour...

ELIZABETH BARRETT BROWNING

La beauté n'est pas un simple vernis appliqué sur les choses ; elle ne s'arrête pas à la peau ; ce n'est pas quelque chose dont on se sert pour maquiller la laideur et la rendre acceptable. Elle fait partie de la nature de l'objet créé.

ANONYME

Pourquoi l'apparence est-elle si importante à nos yeux ? Quelle qualité convoitons-nous dans la beauté ? En termes d'anthropologue, le désir de beauté est un désir primal. Nous voulons être beaux parce que la beauté, comme le dit Ashley Montagu, confère à l'individu qui la possède un avantage primordial dans une optique de survie. Bien avant qu'il ne développe les rudiments du langage et ne conçoive la beauté comme un idéal culturel, l'enfant a une perception sensorielle du plaisir et de la douleur qui repère les sources de bien-être ou de désagrément, d'amitié ou d'inimité, d'harmonie ou de discorde et en avertit le corps. Bébés, nous sommes tout aussi bien apaisés par une caresse ou par une berceuse que naturellement attirés par une attitude plaisante. Inversement, nous sommes irrités par le contact d'une main rude ou par un bruit soudain et trop fort. Ainsi, c'est uniquement au travers d'une conscience sensori-motrice que nous commençons, dans les premières semaines de notre vie, à différencier dans notre expérience ce que nous appellerons plus tard amour ou frayeur, bon ou mauvais, beau ou laid.

Le *Webster* donne de la beauté la définition suivante : « Ce qui procure aux sens ou à l'esprit le plus haut degré de plaisir… » Son contraire, la laideur, vient, en anglais, d'un mot qui signifie effrayant ou redoutable. (En français : d'un mot signifiant désagréable.) En d'autres termes, ce qui peut nous faire peur ou nous faire mal n'est pas beau. C'est quelque chose qui représente un désagrément sensoriel entraînant une série de réactions neurochimiques qui parle au corps de danger et stimule les mécanismes d'autoprotection qui provoque impulsivement fuite ou résistance. Selon le même schéma, ce qui est naturellement agréable aux sens – et, de ce fait, beau – déclenche une réaction neurochimique complètement différente qui nous apporte une sensation de calme et de bien-être. Comme le remarque le Dr Andrew Weil dans *Spontaneous Healing* (La Guérison spontanée) : « La beauté, sous n'importe quelle forme, a un effet salutaire sur l'esprit ».

Bien que la beauté n'ait pas de signification en elle-même pour un bébé d'un mois, le timbre de la voix de sa mère, la configuration de son visage, la qualité de son toucher, ses réactions comportementales aux besoins physiques et émotionnels de son enfant envoient des informations que le corps de l'enfant comprend instinctivement. L'intelligence basique qui nous permet de reconnaître certains schémas dans notre environnement est codée dans notre ADN. En fait, les sens fonctionnent comme les scanners d'un supermarché qui déchiffrent les codes-barres. Ils identifient la marque inhérente de chaque élément – ou stimulant – et, sous l'effet du feed-back produit par le cerveau, l'estiment dangereux ou bénéfique.

Grâce aux véhicules du plaisir et de la douleur – c'est-à-dire le corps et les sens – le nouveau-né établit également les fondations de son identité. Le processus naturel de l'essai et de l'erreur nous permet de nous situer progressivement dans notre nouvel environnement, hors de la matrice, guidés par nos sens qui nous amènent à découvrir qu'il y a un je et un non-je, un moi et l'autre. Percevant ainsi, dans l'Univers apparemment indifférencié où nous sommes nés, notre séparation physique, nous commençons à développer un ego et, avec lui, nos premières relations interpersonnelles qui nous procurent, en retour, les premières notions de notre valeur personnelle. En fonction du degré de plaisir ou de souffrance inhérent à ces relations primales, nous apprenons à nous connaître comme des êtres : aimés, beaux, inspirant l'amour, ou le contraire.

En conséquence, l'image que nous avons de nous – *en dehors de notre propre estimation* – est inextricablement liée non seulement au corps mais, plus spécifiquement, à la *peau* qui constitue la frontière physique de notre personne et fournit, au travers du toucher, notre premier mode de communication. Cette relation intime entre la peau, les sens, les sensations et le moi est à la base de la beauté ayurvédique, étant donné que nos émotions – ce que nous ressentons à l'intérieur de nous et à notre sujet – ont un effet direct sur notre visage.

En analysant son propre développement, Ellen Zetzel Lambert, écrivain féministe, saisit parfaitement l'essence de cette expérience primale quand elle dit que la beauté est « le visage de l'amour ». Dans le livre auquel elle a donné pour titre cette expression, elle consigne ses pensées d'adulte devant des photos d'elle-même prises au cours des quelques années qui ont précédé la mort de sa mère. Elle se demande ce qui est arrivé à la ravissante petite fille qui apparaît sur les clichés. Comment, se demande-t-elle, tant de charme a pu faire place à cet air rébarbatif et à cette laideur que montrent les clichés plus anciens ? Après une longue réflexion, elle conclut que la douleur provoquée par la disparition de sa mère et le manque d'affection que lui a, ensuite, manifesté sa belle-mère, ont déformé le « sourire éblouissant » qu'elle devait à l'amour maternel. « Un beau visage, écrit-elle, est un visage dessiné ou animé *par* l'amour. Petite fille, je renvoyais au monde le reflet de l'amour que je recevais, et c'était ainsi que je pouvais être belle. »

Notre désir de beauté n'est donc pas le simple héritage du sentiment d'impuissance inculqué aux femmes, comme on l'a souvent prétendu. C'est, au contraire, une impulsion innée et l'expression naturelle du moi, auquel seul l'amour confère un *pouvoir*. Par conséquent, comme E.Z. Lambert le pense, « les apparences non seulement comptent mais *doivent* compter », et nous n'avons pas à nous en vouloir si nous nous en préoccupons. « En fait, dit-elle, la beauté m'intéresse précisément parce qu'elle fait partie *des problèmes du féminisme*, en ce sens qu'elle est l'expression de notre identité. Je considère que, pour un adulte comme pour un enfant, il est essentiel d'être aimé *dans son corps*. C'est un besoin basique, et nous, les féministes, nous commettons une erreur en niant la valeur de ce besoin. [...] Nous nions ainsi, tout simplement, autant pour un homme que pour une femme, l'intégrité de l'être. »

Ce que nous pouvons reprocher à la culture de masse ce n'est pas de nous demander d'être beaux mais de nous imposer cette image de la beauté dépersonnalisée, objectivée, dont les médias nous accablent, sans répondre à notre véritable désir qui est de réaliser la plénitude de notre identité. La véritable beauté physique n'est pas un moyen pour atteindre une fin, ni un instrument de séduction pour obtenir de l'amour. Elle est, comme le dit E.Z. Lambert, le produit de l'amour – *du bien-être* –, l'expression entière et ultime de l'individualité et de notre pouvoir intérieur.

En termes ayurvédiques, la beauté est le visage du *moi* qui s'exprime pleinement – l'énergie de la conscience très subtilement reflétée par le corps. Pour reprendre l'analyse de Werner Heisenberg, le célèbre théoricien du champ quantique, elle est la translucidité, au travers de la matière, de l'éternelle splendeur de l'Un. Elle se traduit en nous par cette profonde expérience que nous faisons de notre complétude et, chez les autres, par une grâce, par un calme, par un rayonnement qui se dégage d'eux comme la chose la plus naturelle du monde. C'est le spectacle d'une aisance qui vient de *l'intérieur*, et non de la simple surface de la peau, et qui irradie à l'extérieur.

L'Ayurveda enseigne que chacun d'entre nous peut atteindre cette *complétude* de l'être, indépendamment de son éducation ou de son implantation dans le monde, en apprenant à équilibrer tous les niveaux de la vie, en accord avec sa constitution originelle. Il faut donc tenir compte à la fois des aspects physiques (comportement, corps, respiration), du subjectif (émotions, pensée, ego), ainsi que de la source cachée de l'existence, son substrat (le champ de la conscience). Lorsque chaque niveau d'existence, de la façon dont nous nous alimentons et nous dormons à la manière dont nous pensons et nous jouons, concorde avec nos schémas innés d'énergie, alors nous vivons en accord avec ce que nous sommes naturellement. Comme vous le verrez, il n'existe pas de plus grand plaisir que celui que procure une telle harmonie.

Beauté radieuse : le facteur Tej

Le rose lumineux qui farde la joue,
L'étincelle qui brille dans le regard,
Le lustre des cheveux ondulés,
Sont tout simplement les signes d'une bonne santé.

PAROLES TANTRIQUES

À l'instant précis où vous vous dites « Je suis heureux », un messager chimique traduit votre émotion, qui n'a aucune consistance solide dans le monde matériel, par de la matière si parfaitement accordée à votre désir que chaque cellule de votre corps apprend votre bonheur et y participe.

DEEPAK CHOPRA

Il est naturel de désirer la beauté – et il est naturel et normal, selon l'Ayurveda, d'irradier la beauté –, mais c'est se contraindre à des limites et, finalement, se faire du mal de croire que la beauté dépend de nos formes et de nos traits.

Le corps s'altère avec l'âge, la peau et les muscles perdent leur densité et leur fermeté, nos cheveux changent de couleur et de texture, nos oreilles et notre nez s'allongent sensiblement pendant que nous rapetissons. Et, comme l'on sait, l'idée que l'on se fait de la séduction de toute façon change avec les données économiques et sociales. Par exemple, à une époque, la peau laiteuse était une marque de l'aristocratie ; la peau tannée, celle de la classe laborieuse. Aujourd'hui, le bronzage révèle des privilèges et la pâleur l'absence de loisirs. Dans le même ordre d'idées, les formes voluptueuses qui firent de Marilyn Monroe un sex-symbol paraîtraient quelconques comparées aux nus d'un album secret de l'ère victorienne. Quant à la maigreur des mannequins, tellement à la mode actuellement, elle n'aurait vraiment rien d'attirant vue dans l'optique de la Grande Dépression.

L'image de la perfection varie également d'une culture à l'autre, comme nous l'avons déjà souligné. Pour les poètes indiens, la femme idéale a un visage rond « comme la lune », des hanches « d'éléphant », un cou « de serpent », une taille « de cygne » et des yeux « semblables à des fleurs de lotus ». Ce qui n'est pas vraiment l'image d'une miss Amérique. De toute façon, quel que soit l'idéal objectif que l'on puisse élaborer, il ne peut qu'être, au mieux, éphémère, puisque rien dans le monde physique – et, moins que tout le reste, la peau et la mode –, ne perdure. C'est la loi de la nature et, si nous basons notre identité sur des perceptions si changeantes, alors nous nous embarquons dans une entreprise qui nous condamne à une vie malheureuse, vide de sens et même malsaine.

Bien des femmes pensent que leur beauté les *rendra* heureuses, alors qu'en fait il faut raisonner en sens inverse. C'est le bonheur qui permet d'acquérir une beauté durable. Même les plus beaux visages perdent leur séduction si l'on ne ressent que détresse et insatisfaction. La beauté ne naît pas du corps mais de notre façon de vivre. Notre visage, notre teint traduisent, comme je l'ai dit, nos pensées et nos actes. Ils sont le miroir sans complaisance de l'âme, et il n'y a pas de vraie beauté si nous n'avons pas le cœur et l'esprit parfaitement sereins.

La science holistique actuelle a démontré que si nous sommes détendus et heureux, notre biochimie est significativement différente de celle d'un individu dominé par la colère, la tristesse, la tension nerveuse. « Penser, c'est activer la chimie du cerveau, écrit le spécialiste de la médecine holistique, Deepak Chopra, dans *Quantum Healing* (La Guérison quantique). [...] Le corps et l'esprit sont comme des univers parallèles. Ce qui se passe dans l'univers mental laisse des traces dans celui du physique. » Chaque pensée, chaque émotion devient dans le corps un « messager moléculaire » qui emprunte le flux sanguin pour aller distribuer ses « ordres de marche » – expressions de son intelligence propre – aux cellules, modifiant ainsi notre apparence de l'intérieur. Par exemple, quand nous avons peur, des signaux chimiques activent les glandes qui fabriquent l'adrénaline. La poussée d'adrénaline ayant une influence sur les reins, il en résulte une déshydratation du corps et une accélération du rythme cardiaque qui répond à un accroissement de l'apport sanguin, demandé par les membres prêts à assurer la défense ou la fuite. Ces changements provoquent les effets caractéristiques de la peur : une bouche sèche et un visage blême. Ordinairement, quand le stimulus a disparu, la peur s'efface et la biochimie se normalise. Cependant, lorsque nous subissons un stress constant – ce qui est le cas, aujourd'hui, pour la plupart d'entre nous –, le corps ne parvient pas à revenir à la norme, et c'est ainsi que commence la dégradation physique. Le dessèchement de la peau provoque les rides, la tension artérielle les maladies cardiaques, et ainsi de suite. Par conséquent, si vous voulez changer votre apparence, il faut commencer par vous débarrasser des pensées, des émotions, des habitudes qui sont à l'origine du stress et du vieillissement. Et, si vous voulez être beau, vous devez d'abord vous créer une vie intérieure heureuse afin que « toutes vos cellules apprennent votre bonheur et y participent ».

Dans les récits mythologiques, qui illuminent le phénomène universel de l'existence humaine, les beautés archétypes, appartenant à diverses cultures, ont un point commun :

elles sont dotées d'une beauté *radieuse*, et c'est souvent cette qualité qui renforce le rôle qu'elles jouent dans l'ordre cosmique. David Kinsley cite de nombreux exemples qui illustrent ces remarques dans *The Goddesses' Mirror* (Le Miroir des déesses). Dans les poèmes tantriques, la belle déesse Lakshmi est comparée aux huiles qui permettent à la lampe de brûler. Quand elle est absente, les mondes deviennent obscurs et ternes, et se dessèchent. La déesse grecque Aphrodite – comme son équivalent romain, Vénus – incarne la perfection féminine dans la tradition occidentale. On l'a dit toute « dorée », avec des « yeux brillants » et une « sexualité... souriante et solaire ». La description de sa suprême beauté, comme celle de Lakshmi, n'est pas un ensemble de caractéristiques physiques, mais la traduction d'une dimension subtile et lumineuse de son être, d'une chaleur intérieure qui émane de ses pores, telle de la lumière. Dans un mythe, Aphrodite se déguise en vieille femme, mais « ses yeux trop brillants » la trahissent. La qualité de sa beauté est véritablement son identité – ce qui lui donne son renom. Une légende africaine nous dit que la beauté est un esprit de l'eau qui s'incarne dans une femme éblouissante, une sirène qui a des yeux « pétillants » et un « front lisse et brillant ». Historienne de l'art, Sylvia Boone nous décrit cette sirène, dans *Radiance from the Waters* (La Beauté radieuse venue des eaux), comme un esprit éthéré et sublime qui appartient à un monde invisible. Toutefois, les humains peuvent voir son essence dans ce que les cultivateurs appellent la « *nouvelle* feuille *de* la feuille », le premier bourgeon, tendre et d'un vert vif de la plante, qui est le « signe visible du pouvoir naissant de la vie nouvelle ». Selon ce que l'on remarque couramment, c'est ce même éclat, cette même visibilité rehaussée dans l'apparence d'une femme qui attire l'attention et, en définitive, « satisfait la vue ».

Cet éclat, *cette beauté radieuse*, est la beauté absolue – la perfection physique qui *perdure*. C'est une vitalité intérieure irrésistible et un teint si lumineux que notre séduction transcende toutes les modes et tous les idéaux populaires. Elle attire immanquablement et ne s'oublie jamais. Comme elle n'appartient pas à l'imaginaire, aucun maquillage, aucune intervention chirurgicale ne peut en donner longtemps l'illusion. En revanche, si nous parvenons à l'atteindre sans artifices, l'âge seul ne peut l'altérer. Cette qualité qui résiste au temps, je l'appelle le facteur *Tej* – le « feu intérieur » qui donne au visage sa fraîcheur, son air heureux et serein, un incontestable éclat. Pour l'Ayurveda, ce lustre est un phénomène normal que produit une substance très subtile, l'*ojas*, qui est un dérivé de tout tissu sain.

En fait, l'ojas est l'une des trois essences vitales. Avec le *prana* et le *tejas*, il constitue ce que Robert Keith Wallace, dans *The Physiology of Consciousness*, appelle la « dynamique interactive de la conscience pure ». Ensemble, ces trois essences génèrent et alimentent la vie humaine (et, comme nous le verrons plus loin, jouent également un rôle dans la détermination de notre constitution). Le prana est le « souffle » de la vie, l'équivalent du *chi* dans la médecine chinoise ou de ce qui est l'*esprit* dans plus d'une culture. Le tejas est le « feu » métabolique, ou l'énergie de la transformation, d'où le facteur *Tej* tire son nom. L'ojas, qui signifie littéralement « vigueur », est la force vitale protectrice et nourricière, et la substance essentielle du corps.

La science occidentale, à la place d'ojas, parle du protoplasme qui est considéré par les biologistes comme la substance vivante à la base de toute cellule. Cependant, l'ojas n'est pas la matière protoplasmique elle-même, mais une essence plus subtile de cette matière. Pour l'Ayurveda, c'est le pouvoir *unificateur* de la conscience, la force vitale cohésive qui fait fusionner matière et intelligence afin de créer la toute première substance biologique à partir de molécules inertes. Autrement dit, l'ojas est la conscience dans sa forme biologique la plus subtile. C'est la sève de la vie et, selon l'Ayurveda, la source des systèmes immunitaires du corps et sa force.

La biosynthèse de l'ojas dépend de l'équilibre fonctionnel des deux autres forces. Le prana, la force vitale en mouvement, est véritablement le pouls de la création. Comme toute énergie pulsative, il produit de la chaleur et de la lumière.

Son irradiation est précisément le tejas, source de la chaleur intrinsèque du corps (sa température) aussi bien que de son métabolisme et de sa digestion. Lorsqu'il assure sa fonction de feu digestif qui réduit en bouillie les aliments que nous ingurgitons, le tejas prend le nom d'*agni*. L'Ayurveda dit que ces aliments ne sont pas simplement de la nourriture mais également les émotions et les perceptions qui constituent notre « alimentation » mentale. En ce sens, le tejas est à la fois le pouvoir transformateur de la conscience et le pouvoir digestif des sens et de l'intellect. Quand le prana et l'agni sont équilibrés, le tissu corporel produit l'essence supersubtile de l'ojas. En revanche, si le prana et l'agni sont trop forts ou trop faibles, l'ojas est brûlé ou s'épuise. En d'autres termes, l'intelligence nourricière du corps est perturbée et les tissus perdent leur vigueur. Mais que ces trois forces aient leur équilibre dynamique, c'est-à-dire que le prana soit en quantité suffisante, que le feu digestif et le tejas soient vigoureux, que l'ojas circule bien à travers le corps, et le facteur Tej fonctionne comme il se doit, en donnant à la peau son éclat. Cette « fluidité » de la conscience unificatrice – d'ojas – est l'essence de la vie. Si le flux stagne, c'est la mort.

Tandis qu'à l'extérieur le flux d'ojas procure une apparence radieuse, à l'intérieur se manifeste une sensation de pure félicité. Quand l'ojas se « raffine » au niveau de la conscience, il devient le *soma* ou, comme l'appellent les rishis, le « nectar des dieux ». Lorsque la « saveur » de ce nectar est « digérée » par la conscience, l'esprit fait l'expérience de la félicité.

L'aisance, qui est la marque d'une vraie beauté, n'est pas une affectation ou une attitude, mais le reflet direct de cet état de félicité. Les textes védiques décrivent soma comme une substance lourde, fraîche, douce, claire, lisse, qui a la couleur jaune pâle du beurre – la couleur de ce qui est « éclatant » –, le goût du miel et la douce odeur du *laja*, un riz qui a subi un traitement spécial. Comme nous l'avons vu, toutes ces qualités – couleur claire et dorée, douceur, aspect lisse – sont identiques à celles qui s'attachent aux descriptions de la beauté à travers le monde.

Bien que l'on ne puisse pas encore observer le soma en laboratoire (sa forme peut être trop subtile pour être détectée par les moyens strictement matériels de la biologie moderne), les actuels chercheurs en médecine ayurvédique pensent qu'il est peut-être lié à l'activité de deux hormones : la *sérotonine*, bien connue pour ses effets sédatifs sur le corps et sur l'esprit, et la *mélatonine*, sécrétion de la glande cérébro-spinale, située au centre du cerveau. Avant la récente découverte de la mélatonine, les scientifiques savaient peu de choses de cette petite glande et pensaient qu'elle n'était peut-être qu'un vestige de l'évolution du corps humain. Aujourd'hui, ils considèrent que sa sécrétion intervient dans un nombre important de fonctions, dont la régulation des biorythmes, le système immunitaire qu'elle améliore, et la résistance au stress qu'elle augmente. Unique hormone connue pour ses propriétés antioxydantes, la mélatonine semble également être un agent déterminant dans la lutte contre les radicaux libres, ces redoutables molécules qui investissent les cellules saines pour déclencher le processus du vieillissement et de la maladie. On est aussi arrivé à la conclusion que le taux de ces hormones tend à augmenter pendant la méditation. Dans le chapitre 13, nous verrons que l'Ayurveda permet d'utiliser, depuis six mille ans, des techniques de méditation qui renforcent l'ojas biologique et permettent de cultiver la félicité, ou soma, dans la conscience.

L'ojas, sous sa forme de soma, est également appelé le « ciment » de l'Univers, la « naturelle affinité des forces » – selon les termes du spécialiste védique David Frawley – sans laquelle les particules élémentaires ne pourraient s'unir pour construire la matière. « Cette cohésion n'[est] pas simplement considérée comme une propriété chimique ; elle révèle aussi une intention consciente. Elle est la manifestation du pouvoir de l'amour, [...] la force réelle qui maintient tout ensemble. » Ce principe ayurvédique transparaît sur le visage radieux de la mariée et du marié. Le soma est la substance biologique de l'amour et D. Frawley définit ainsi le principe du prana, du tejas et de l'ojas : « Le principe énergétique (la vie) possède le rayonnement (l'éclat, la lumière), et ce rayonnement a le pouvoir de lier (ce qui est l'amour). Nous devons toujours être à la recherche d'un supplément de vie, de lumière, d'amour, afin d'être en accord avec la nature de l'Univers lui-même. »

Ainsi, le désir de beauté n'est pas un simple besoin primal de préservation de soi, mais l'expression de notre instinct évolutif le plus profond, qui est le désir de connaître l'universalité de notre nature, la valeur absolue de la vie, de la lumière, et de l'amour qui se trouve dans la conscience de chacun. Nous sommes les seules créatures qui savent qu'elles savent. Cette capacité unique de réflexion sur soi-même nous donne par conséquent un but sublime, et même une responsabilité dans la configuration naturelle de l'Univers. Non seulement nous pouvons, mais nous *devons* parvenir à la compréhension de notre nature – qui est celle de la conscience – et atteindre ce que l'Ayurveda appelle la *réalisation de soi-même.*

En tant que « matière essentielle » de *toute* nature, la conscience est l'essence de *notre* nature. C'est le « je » de « je suis », le Tout de notre *complétude,* la « substance » de base de notre identité, le *soi.* Élément unificateur de l'Univers, elle est aussi l'*unité.* Source de toutes choses, en tous temps, elle est infinie et éternelle – le champ de toutes les possibilités. L'Ayurveda dit : le soi est illimité. Il est la complétude, le *plein* absolu, et l'expérience intérieure de cette complétude est celle de la *pure félicité.* Par conséquent, l'expérience directe de la conscience est la source véritable de la beauté radieuse. Toute la pratique ayurvédique est destinée à permettre à chacun de nous l'accès à ce niveau suprême de l'être, grâce à certaines règles de vie.

La félicité : le meilleur remède pour être sain et beau

Il n'existe pas de meilleur produit de beauté que le bonheur.

LADY BLESSINGTON

De la félicité, évidemment, tous ces êtres sont nés ; par la félicité ils sont nourris, vers la félicité ils s'avancent ; en elle ils s'immergent.

TAITTIRIYA UPANISHAD

Nous avons vu que le flux d'ojas dans le corps et dans l'esprit engendre la beauté radieuse et la félicité qui sont les conditions premières d'une beauté inaltérable. Mais comment le corps produit-il l'ojas et comment le fait-il circuler correctement ?

L'ojas est le produit final d'un développement sain des tissus du corps, connus dans l'Ayurveda sous le nom de *dhatus*. Ils sont au nombre de sept : le plasma, le sang, le muscle, la graisse, l'os, la moelle de l'os, les tissus nerveux et reproductif. Ces structures se développent de façon séquentielle, de l'un à l'autre, si bien que chaque dhatu, en commençant par le premier, fournit les matériaux bruts, y compris l'ojas, nécessaires à la transformation du suivant. Ainsi le plasma fournit le tissu sanguin, le sang le tissu musculaire et ainsi de suite. Ce qui signifie que la santé de chaque tissu dépend de celle du tissu précédent. Si un problème apparaît dans cette chaîne de production, le fonctionnement des dhatus suivants et, par conséquent, la production d'ojas, sont compromis. Les défaillances surgissent lorsque soit le prana soit le tejas se déséquilibrent, comme nous l'avons déjà dit. Quand le métabolisme est normal, ojas est distillé de façon appropriée à chaque étape de la formation tissulaire jusqu'à ce qu'il se manifeste comme l'essence subtile du dernier dhatu, c'est-à-dire du tissu reproductif et de son fluide vital. Sous cette forme raffinée, l'ojas circule, *via* le cœur et d'autres canaux d'énergie subtile, à travers tout le corps afin d'assurer la vie des cellules et de renforcer la résistance du corps à la maladie. Par conséquent, l'ojas n'est pas une simple source de beauté radieuse et de félicité. Il est, selon l'Ayurveda, la source de notre immunité naturelle – cause et effet d'une parfaite santé. Pour cette raison, beauté et santé – ou beauté et *complétude* – vont nécessairement de pair.

On mesure l'ojas en observant des fonctions et des effets spécifiques dans le corps et dans l'esprit. En tant qu'énergie essentielle du système immunitaire, elle est naturellement impliquée dans l'étiologie de toute maladie, et l'Ayurveda diagnostique et traite de nombreux désordres spécifiques en fonction de cet état de fait. Les affections résultent soit d'un dysfonctionnement tissulaire, soit d'une distribution impropre d'ojas (flux obstrué ou intermittent) ou encore d'un manque d'ojas dû à une alimentation ou à une habitude de vie à revoir. Une personne dont la peau est pâle, durcie, abîmée, prématurément vieillie, ou qui fait des allergies fréquentes, de toute évidence manque d'ojas – un système immunitaire affaibli étant le signe d'un ojas faible et la peau devenant systématiquement terne quand nous sommes malades. Parmi les autres signes d'un ojas en dysfonctionnement, nous trouvons, entre autres le manque de force, l'hypertension, le gonflement du corps, l'amaigrissement extrême, la déshydratation, l'ostéoporose, les problèmes de foie, la mononucléose, la fièvre rhumatismale, le syndrome d'Epstein-Barr et plusieurs maladies de la peau comprenant le lupus, l'eczéma, l'acné, le psoriasis et la dermatite. Les symptômes mentaux, quant à eux, comprennent la peur, l'anxiété, le sentiment d'impuissance, l'impatience et les perturbations sensorielles.

Pour la médecine occidentale, ces symptômes apparaissent comme autant d'affections et de plaintes incompréhensibles. En fait, bien des maladies, inexplicables selon les standards occidentaux – douleurs chroniques, dépression, fatigue, infections qui se prolongent, désordres nerveux, maladies dégénératives –, sont souvent dues à un ojas défaillant. Dans une perspective ayurvédique, l'ojas défaillant peut même être la cause d'affections auto-immunitaires, y compris du sida. Cette différence de points de vue tient au fait que l'allopathie se concentre sur le combat contre les formes aiguës de la maladie, et manque de normes bien définies de la maladie individuelle, alors que l'Ayurveda est une science de la longévité et de l'immunité, dont le but essentiel est de maintenir l'équilibre et un bien-être général. Comme telle, il se préoccupe de toute condition, physique ou mentale, qui altère la santé, et son système de diagnostic est beaucoup plus large et plus subtil que celui de la médecine moderne.

Ce système distingue six phases dans le processus de la maladie et fait entrer dans sa classification des symptômes aussi vagues que des fluctuations de l'humeur et des sensations fugitives, auxquelles la plupart des médecins occidentaux ne prêtent aucune attention, ou qu'ils considèrent comme des symptômes de léger stress ou d'hypocondrie. Autrement dit, pendant que la médecine allopathique n'intervient que dans les trois derniers stades de la maladie, lorsqu'elle est déjà déclarée, l'Ayurveda détecte et soigne les problèmes dès les premières phases de l'affection, quand les symptômes sont encore invisibles aux yeux des Occidentaux. Par conséquent, la médecine moderne n'a pas grand-chose à proposer au patient qui a simplement perdu son éclat. En revanche, pour l'Ayurveda, l'éclat de la peau, par exemple, est un signe de bonne santé et d'équilibre et, lorsqu'il fait défaut, elle ne manque pas de prescrire un traitement spécifique destiné à redonner de la vigueur à ojas, comme nous le verrons, et de l'éclat à la peau du patient.

Tout facteur qui perturbe la force du prana et du tejas – l'énergie vitale et le métabolisme – ou provoque d'une façon ou d'une autre le déséquilibre de notre constitution intérieure va perturber le développement des tissus et entraver l'action d'ojas. Une alimentation ou une habitude de vie incompatibles avec notre constitution, l'alcool, la cigarette, les drogues en tout genre, les conserves, les plats à réchauffer, les préparations contenant des agents de conservation (qui sont pauvres en prana), le manque de sommeil, une digestion difficile, une respiration insuffisante, un traumatisme physique, un chagrin, une colère, une anxiété ou une frustration intenses et prolongés, une surexposition aux bactéries, aux virus, aux parasites, au soleil, au vent ou au froid : *tout* cela détruit notre intelligence cellulaire, et a comme résultat d'épuiser ou de dégrader ojas.

C'est grâce à la quantité maximale d'ojas que nous avons à la naissance, et qui diminue avec l'âge, que les tout-petits ont tant de vigueur naturelle, même s'ils ont déjà une vie déséquilibrante. Il faut que le corps soit maltraité pendant longtemps pour que notre réserve naturelle d'ojas soit complètement détruite. Mais, si notre déséquilibre n'est pas sérieusement implanté depuis un bon bout de temps, nous pouvons retrouver notre ojas en utilisant des remèdes ayurvédiques comme les massages aux huiles, la méditation, les toniques à base de plantes, le lait, le ghî, beurre liquide et clarifié qui est un produit venu d'Inde, les amandes, les produits naturels qui aident la digestion (l'agni) et l'élimination. Le fait de maintenir l'équilibre constitutionnel par une alimentation et par des habitudes de vie appropriées, une bonne respiration, une juste façon de penser et la poursuite d'un but valable, permet également de renforcer l'ojas, d'atteindre à l'intégrité physiologique et à la félicité et, par conséquent, de nous donner une beauté radieuse. Ceci constitue, bien entendu, le sujet des pages suivantes.

La beauté est une déesse à huit bras : image, venue du fond des temps, pour un nouveau millénaire

Considérer la beauté comme le visage de l'amour plutôt que comme une chance arbitraire nous permet [...] d'élargir notre compréhension des possibilités que nous offre la vie.

ELLEN ZETZEL LAMBERT

Que me soit donnée la beauté de l'âme ; et que l'intérieur et l'extérieur ne fassent plus qu'un.

SOCRATE

En dépit de la pléthore d'images de célébrités, et du culte du top-model, nous manquons, en Occident, d'un symbole commun qui réunisse toutes les composantes de la beauté

radieuse – celle qui commence avec l'âme. Avant que nous continuions, je vais par conséquent vous proposer une illustration de cette beauté. C'est une très belle image que je garde avec moi depuis l'enfance. Je l'ai reçue de ma mère qui m'a donné la leçon de beauté la plus pertinente de ma vie, quand j'étais une petite fille et que je commençais à peine à m'intéresser à mon apparence.

À l'époque, je provoquais la consternation de ma mère en passant, chaque jour, de longs moments devant mon miroir et tout autant de temps à observer les autres femmes de la famille. J'adorais suivre le rituel quotidien des soins qu'elles accordaient à leur peau, et j'étais autant intriguée par les plantes et par les huiles qu'elles utilisaient que par la beauté de chacune. Je les interrogeais sur la composition de leurs préparations – on trouve rarement dans un foyer ayurvédique des savons ou des crèmes achetés dans une boutique –, puis je faisais mes propres expériences en modifiant leurs formules, en m'amusant à soustraire ou à ajouter des ingrédients dans l'espoir de produire des effets inédits. Bien entendu, j'insistais ensuite pour qu'elles essayent mes préparations afin d'en observer les résultats. Même pour une jeune adolescente, la fascination que je manifestais était inhabituelle. Mais il s'agissait autant d'une réelle curiosité scientifique que de vanité. Je ne surpris personne le jour où j'obtins un diplôme en botanique et en chimie.

Toutefois, j'en étais encore à ce stade de fascination intimidée lorsque j'appris de ma mère le véritable sens de la beauté. Comme je l'ai dit, je ne cessais de me regarder dans un miroir, et les changements dus à la puberté que j'observais soulevaient des sentiments extrêmes. La fierté et l'excitation cédaient en quelques instants la place à une impression de bizarrerie et à de l'embarras. Seul le désir d'être belle restait constant et, comme pour toutes les filles de mon âge, le maquillage me semblait être la quintessence de la beauté.

Lorsque j'obtins finalement la permission de me maquiller, je fus aux anges. Sous l'œil attentif de ma mère, j'appliquai avec soin mon premier rouge à lèvres et mon premier blush, puis j'examinai le résultat. Quelques touches de couleurs, ajoutées à mes traits, me donnèrent l'impression d'être parfaitement sophistiquée et ravissante, et mon orgueil dut transparaître car ma mère, après m'avoir complimentée en regardant le miroir, se tourna vers moi et me dit : « Voilà, Pratima, tu es grande fille, maintenant. Tu deviens une femme et tu prends conscience de ton pouvoir. Mais ce n'est qu'un début. La vraie beauté ne se limite pas à l'apprêt du corps. »

Je trouvai ces mots surprenants dans la bouche d'une femme aussi étonnamment belle que ma mère. Je la regardai sortir de la pièce en me demandant ce qu'elle avait voulu dire. Quelques minutes plus tard, elle revint avec la réponse. Elle tenait à la main le portrait d'une déesse à huit bras, ornée de bijoux et sereinement assise sur le dos d'un tigre, pendant que trois déesses miniaturisées se tenaient à ses pieds. Je reconnus immédiatement l'image que ma mère gardait sur l'autel devant lequel elle priait chaque jour, mais dont j'ignorais le symbolisme. Je savais simplement que cette déesse était, comme ma mère, d'une beauté rayonnante.

« C'est Chymunda, m'expliqua ma mère en me tendant l'image. Elle a huit bras parce qu'elle abrite dans sa propre forme trois autres déesses, trois aspects de la femme : Saraswati, qui représente le savoir, Kali qui détruit le mal et représente le courage et Lakshmi, déesse de la fortune et de la prospérité. Il faut connaître le tigre pour réussir à s'asseoir sur son dos, et il faut du courage et de la puissance. Quoi que tu choisisses de faire dans la vie, tu dois apprendre à bien le faire, et tu as besoin de courage pour surmonter les obstacles avant d'y arriver. Avec le savoir et le courage, tu as le pouvoir de parvenir à l'abondance en toute chose. Ensemble, ces qualités constituent le fondement de la félicité. »

Ma mère ajouta, avec beaucoup d'amour : « Si tu veux que ta beauté traduise toute ta féminité, alors tu dois développer tous les aspects de ton moi, Pratima, et pas seulement t'occuper de ton apparence. »

Vous n'avez pas besoin de vénérer Chymunda ni aucune autre déité pour bénéficier des conseils de ma mère. L'essentiel est de reconnaître les principes de l'universelle féminité qu'incarne cette déesse. Dans ce nouveau millénaire, sa beauté multidimensionnelle sera un symbole de la femme bien plus adéquat et plus complet que celle des cover-girls et des superstars que la culture occidentale du XXe siècle nous a appris à idolâtrer.

Cependant, sans une méthode effective qui permette d'atteindre la qualité de vie nécessaire, la leçon n'aurait aucune signification. Vous ne pourrez en tirer tous les bénéfices, à l'instar de ma mère, qu'en suivant les traitements de beauté ayurvédiques.

Chapitre 2

L'ÉQUILIBRE : LE CHEMIN VERS LA SANTÉ ET VERS LA BEAUTÉ

Personne ne peut être heureux ou sain dans un état de déséquilibre, parce que ce n'est pas un état naturel.

DEEPAK CHOPRA

Ainsi que je l'ai déjà expliqué, l'Ayurveda spécifie que tout et tout le monde est composé de cinq éléments fondamentaux – cinq modes vibratoires – appelés Espace, Air, Feu, Eau et Terre. Chacun de nous, tel un Univers microcosmique, naît avec ces cinq éléments. Mais, en proportion différente d'un individu à l'autre, ce qui détermine nos caractéristiques personnelles, y compris notre type de peau, ainsi que nos tendances physiques et mentales. Le secret de la beauté absolue est de vivre en harmonie avec ce que la nature nous a réservé, c'est-à-dire notre dosage personnel d'éléments, notre constitution.

Cette règle est facile à respecter à partir du moment où l'on connaît à la fois la théorie fondamentale de l'équilibre et notre type de peau ayurvédiques, ce que nous apprendrons à déterminer dans ce chapitre. Il faut aussi connaître les facteurs de déséquilibre, ce que permettra le chapitre 3. Dans l'immédiat, commençons par nous intéresser à la psychophysiologie ayurvédique et aux principes de base de l'équilibre qui comprennent :

– La conscience.

– Les forces évolutives ou *gunas.*

– Les éléments.

– Les cinq sens.

– Les forces biologiques ou *doshas.*

– Les types constitutionnels, ou *prakritis,* qui comprennent les différents types de peau.

– La loi de l'équilibre qui se traduit par *le semblable augmente le semblable.*

– L'anatomie ayurvédique – corps, esprit, respiration, ego et conscience.

Afin d'illustrer cette théorie, je terminerai cette introduction à l'Ayurveda par un portrait de chaque prakriti. Vous serez ainsi prêt à répondre au questionnaire qui vous permettra de découvrir votre constitution basique et votre type de peau, et de savoir si vous êtes dans un état d'équilibre ou de déséquilibre. En cas de déséquilibre, le chapitre 3 vous renseignera sur ses causes et la manière dont l'Ayurveda peut y remédier. Dans le cas contraire, vous découvrirez comment l'Ayurveda vous permet de conserver votre équilibre. Vous serez alors prêt à sélectionner un programme de soins appropriés à votre peau, et vous pourrez commencer votre progression vers la beauté absolue en utilisant les nombreux traitements et les idées que vous trouverez dans le reste du livre.

Toutefois, étant donné l'ampleur et la complexité de cette science millénaire, je ne prétends pas que ce que vous allez apprendre vous permettra de guérir toutes les affections. L'Ayurveda concerne huit domaines médicaux : la médecine interne ; la chirurgie générale ; la chirurgie de la tête, du cou, de l'œil, de l'oreille, du nez et de la gorge ; la pédiatrie ; la toxicologie ; la psychiatrie ; l'obstétrique, la gynécologie et les problèmes de stérilité ; et la gérontologie. Il faut savoir qu'un certain nombre de procédures chirurgicales pratiquées aujourd'hui dans les hôpitaux occidentaux – telle la rhinoplastie qui permet de se faire refaire le nez – ont été décrites pour la première fois dans les textes ayurvédiques. D'autres sciences de l'Ayurveda comme celle de la fertilité, qui met l'accent sur le maintien de la vigueur sexuelle, ainsi que la gérontologie, qui se présente fondamentalement comme une science régénératrice (et comprend des techniques d'inversion du processus du vieillissement), n'ont pas d'équivalents exacts dans la médecine occidentale. La collection complète des textes ayurvédiques rivalisent aisément avec n'importe quelle bibliothèque médicale contemporaine. On y trouve un énorme volume uniquement consacré aux utilisations du neem ou mangoustanier (*Azadiracta indica*), une plante médicinale parmi des centaines d'autres dans la pharmacopée naturelle de l'Ayurveda, et qui a, soit dit en passant, une action bénéfique, testée et reconnue depuis des milliers d'années, ce qui n'est le cas d'aucun médicament autorisé à la vente par l'administration américaine. Notons également que tout médecin ayurvédique accomplit sept ans d'études médicales et que, pour certains, l'étude de l'Ayurveda commence dans l'enfance et se poursuit toute la vie. Dans les familles indiennes traditionnelles, la science ayurvédique est transmise avec application de génération en génération – non pas comme une médecine populaire mais en tant que devoir familial, ou *dharma* – à la manière de ces arts qui ne cessent de survivre tout au long des siècles.

L'Ayurveda peut être utilisé à deux niveaux. C'est à la fois un système de prévention et de guérison pour le malade, et une science médicale, mise en pratique par des médecins reconnus. Il est, en fait, la science de la vie quotidienne et ses principes de base sont simples et faciles à appliquer. Comme vous le verrez, l'information qu'il vous faut pour déterminer votre type de peau ou détecter un déséquilibre peut être rassemblée directement par les sens, si bien que vous n'avez besoin d'aucun instrument particulier pour juger de votre condition globale. D'ailleurs l'Ayurveda se soucie avant tout d'identifier l'origine du déséquilibre plutôt que d'établir le diagnostic de la maladie, ce qui ne demande de connaissance particulière ni en anatomie, en biologie, ou en virologie, ni en tout autre domaine.

Pour diagnostiquer et pour traiter la plupart des problèmes selon les principes de l'Ayurveda, il vous suffit de vous connaître, c'est-à-dire de connaître votre constitution ou votre type de peau, et d'être attentif aux signaux caractéristiques qui révèlent que votre état physique ou mental ne correspond plus à votre norme initiale. Une fois que vous avez en tête ces principes de base, vous pouvez facilement observer jusqu'aux plus subtils signes de désordre, parvenir la plupart du temps à rétablir votre santé et à faire disparaître vos altérations de la peau – ainsi que les prévenir – en utilisant des remèdes que vous aurez préparés vous-même, et en suivant les conseils que vous trouverez dans ce livre.

Bien entendu, parmi les concepts qui vont suivre, plusieurs vous seront totalement inconnus et, certains, comme la conscience et le champ quantique (par lesquels j'ai commencé mon exposé), risquent de vous paraître extrêmement surprenants, en particulier dans un livre consacré à la beauté. Mais ils seront largement explicités dans les chapitres ultérieurs, si bien que vous n'avez pas besoin de chercher à les saisir tout de suite. Néanmoins, ce chapitre vous permettra d'apprendre à déterminer facilement, non seulement votre type de peau, et la façon de lui conserver son équilibre, mais aussi les facteurs qui le régissent. Vous découvrirez également toute la philosophie de la médecine ayurvédique qui, basée sur le postulat selon lequel la conscience est l'essence unificatrice du corps et de l'esprit, est bien différente du point de vue occidental. Ce chapitre vous démontrera son rôle prédominant dans la recherche de la santé et dans l'expérience quotidienne. Afin d'inscrire ce savoir ancestral dans un contexte actuel, j'inclurai également certaines considérations fondamentales sur la conscience, qui nous viennent de la science quantique. Si vous réfléchissez un tant soit peu à ces idées et vivez en accord avec elles, vous vous doterez d'une nouvelle façon de voir votre peau, vous-même et le monde. Cette vision quantique de la vie est le secret de la beauté absolue, ainsi que vous le constaterez dans la quatrième partie. Néanmoins, il suffit ici de comprendre la notion centrale de connexion entre le corps et l'esprit, dans le processus de guérison et d'équilibre, et de ne pas oublier que les soins ayurvédiques de la peau ne se limitent pas à des traitements à base de plantes.

La conscience

Nous avons déjà vu que l'Univers physique est basé sur les cinq éléments. Mais d'où viennent ces éléments ? Selon l'Ayurveda, la source de toute création – tout ce que nous connaissons et tout ce que nous ignorons encore – est le champ infini, invisible, omniprésent de la conscience pure. C'est la suprême réalité, et le système de connaissance qui n'inclut pas l'étude de la conscience est, du point de vue de l'Ayurveda, un système incomplet. De même, une vie qui ne fait pas l'expérience directe de ce champ fondamental est une vie incomplète. Ce qui signifie que la conscience n'est pas simplement la source de la création. Elle est aussi le but que cherchent à atteindre la connaissance et l'expérience – le but de l'existence humaine –, et ce que se propose l'Ayurveda est de fournir à chacun les moyens de parvenir à ce but, qui constitue également l'essence de la beauté absolue.

Ce principe – de la conscience comme source de toute création et d'expérience – est le plus fondamental de toute la science ayurvédique. Mais on se méprend tellement sur le fonctionnement de la conscience, et on en parle avec tant d'approximation dans la culture occidentale qu'il n'est pas inutile de prendre le temps ici de clarifier le sens qui s'y attache dans le contexte de ce livre. Nous l'examinerons de trois points de vue : en partant de l'expérience ordinaire, puis de celle des anciens rishis, et enfin des découvertes de la science quantique.

Conscience et individu

Dans notre expérience personnelle, la conscience pure se trouve à la source de la pensée. Néanmoins, en temps normal nous ne la remarquons pas parce que les idées, les perceptions, les sentiments absorbent notre attention. Nous voyons un oiseau par la fenêtre ou une personne séduisante dans la rue. Un son nous fait dresser l'oreille et nous enregistrons la sensation produite. Ou bien nous sommes absorbés dans une conversation ou perdus dans un monde de rêveries ou de souvenirs. Parfois, nous tombons amoureux et nous nous perdons de vue au profit d'une autre personne. Cependant, en réalité, *nous* ne nous perdons jamais. Nous persistons dans la même démarche quotidienne, et une partie de nous-même est constamment hors d'atteinte. Quoi qu'il puisse arriver, il y a toujours un lit invisible, où coule le flot des événements, et dans lequel tout est relié pour constituer l'expérience globale dont nous disons : « C'est ma vie ». Cette continuité de l'existence – le « toujours » et l'« éternel » qui sont les attributs de ce flot *éternellement* changeant, mais qui ne cesse de couler – est ce qu'on appelle la conscience.

Bien qu'elle soit abstraite – pure abstraction, en fait –, l'expérience même de la conscience nous est plus familière qu'on ne le croit. La conscience est ce qui fait la différence entre l'appréhension de notre moi pendant que nous dormons – c'est-à-dire une appréhension *inexistante*, évidemment – et celle qui se manifeste quand nous sommes en plein éveil. C'est dans ces instants très fugitifs, entre la fin d'un sommeil profond et les balbutiements d'une pensée consciente, que l'on peut faire l'expérience directe de la conscience – l'expérience de l'éveil intérieur ou de l'attention vivace, *en l'absence de tout objet d'expérience et des limites qu'il imposerait*. Il s'agit là de connaissance pure, d'un état dans lequel l'esprit reconnaît qu'il n'a, par nature, aucune limite et se souvient du « je *suis* ! ». En d'autres termes, quand l'attention n'est pas fixée sur quelque chose, la conscience prend conscience d'elle-même. C'est pour cette raison que les sages ayurvédiques se réfèrent également à la conscience comme à la pure existence, ou à l'être, ou plus simplement au moi.

Bien entendu, la conscience n'est pas seulement à l'origine de la première pensée du jour. Elle est la source de toute l'activité mentale, de toute perception et de toute sensation

– consciente, subconsciente ou inconsciente. Par conséquent, nous pouvons en faire l'expérience dans l'intervalle – le silence – qui sépare deux impulsions cognitives. Et, comme vous le verrez plus loin, la méditation ayurvédique procure une technique qui permet de nous glisser, si je puis dire, dans cette brèche, et de faire l'expérience, directe et systématique du silence absolu de l'esprit. En tant que source de toute matière et de toute énergie, la conscience est également la source de toute intelligence dans l'Univers – cet ordre et cette régularité que nous voyons dans l'architecture cosmique. Par conséquent, l'expérience directe de la conscience au cours de la méditation est une façon de réaligner notre intelligence sur le pouvoir d'organisation de la nature.

Naturellement, une question se pose : si la conscience est à la base de toute expérience – si sa présence est constante –, pourquoi ne la remarquons-nous pas sans cesse ? Pourquoi avons-nous besoin de faire une expérience particulière ? La réponse de l'Ayurveda est la suivante : dans l'activité ordinaire, le moi est masqué par un flot perpétuel d'images mentales tout comme, au cinéma, la lumière blanche du projecteur est masquée par les images du film. Nous ne cessons de projeter notre conscience – notre « lumière » intérieure – à l'extérieur, par le canal des sens et, avec une attention qui se focalise ainsi sur les objets extérieurs et sur les événements, nous ne sommes pas en mesure de faire l'expérience de l'être pur. En vérité, la vie serait aussi impossible sans la conscience que le cinéma le serait sans lumière. Pourtant, dans les deux cas, la *source* de la réalité est masquée par l'objet de la perception. Autrement dit, la multitude de visions, de bruits, d'odeurs, de saveurs et de sensations qui captent notre attention, *pour autant que nous la projetions à l'extérieur*, éclipse la conscience, pourtant illimitée. Ainsi, il suffit d'une seule pensée pour que le moi perde sa nature infinie !

L'Ayurveda désigne ce phénomène sous le nom de *prajnaparadha* – « l'erreur de l'intellect ». Bien sûr, la logique nous dit que le fini ne saurait obscurcir l'infini, et l'on pense que tout cela est aussi peu réaliste que l'enfant qui croit devenir invisible en se cachant le visage dans les mains. Pourtant, nous acceptons cette illusion comme une réalité de la vie et, de cette manière, nous oublions notre moi. Cette illusion n'est cependant pas un simple manque de logique ou de discrimination. Avec elle, nous perdons notre *intelligence* ou ce que le Dr Frawley appelle notre « sagesse naturelle ». En fait, l'Ayurveda spécifie que tout déséquilibre – maladie ou désordre – n'est pas autre chose que la perte de cette sagesse naturelle qui est le composant essentiel de la conscience. Les thérapies ayurvédiques sont destinées à corriger cette « erreur » en réactivant la fonction illimitée de la conscience, et en créant un style de vie en accord avec la propre intelligence du corps.

La source des connaissances nécessaires à cette action se trouve dans le *veda*.

Conscience et veda

Veda, en sanscrit, signifie « connaissance ». Mais, si l'Ayurveda est exposé dans les textes védiques, le veda lui-même ne peut faire l'objet d'un livre parce que ce n'est pas la connaissance des faits, des choses ou des idées. C'est plutôt la connaissance qu'apporte l'expérience directe du champ abstrait et illimité de la conscience. Le veda est la *pure* connaissance.

Les hommes et les femmes qui ont atteint la réalisation – les rishis védiques – ont fait l'expérience de la pure conscience, non seulement en tant que subtile conscience personnelle, mais également en tant qu'essence de tout l'Univers. En conséquence, ils ont vécu – chaque aspect de leur vie, chaque pensée, chaque perception ou chaque action – en union totale avec la nature. Ils n'ont fait qu'un avec elle et c'est cette *conscience unifiante* qui est à l'origine de la phrase si souvent citée : « Je suis le tout, tu es le tout, tout est dans le tout ». Le *tout* signifiant la conscience. Cette phrase qui vient des textes védiques est une déclaration subjective, parce que les rishis parlaient de leur expérience directe. Ils voyaient toute la création comme l'Un sans limites, englobant leur propre être. Et, parce qu'aucune partie de l'Univers n'existe en dehors de ce tout – aucune partie de la vie n'existe hors de ce champ unifié de la conscience –, rien dans l'Univers n'a échappé à la connaissance de ces êtres éclairés. Avec une conscience établie en permanence à ce stade sublime, les rishis pouvaient saisir les lois abstraites de la nature – les schémas d'intelligence à l'intérieur de la conscience – qui sous-tendent et donnent une dimension, une direction et un ordre à la création universelle. Ceci inclut absolument tout, des formes les plus durables de la matière aux formes d'énergie les plus subtiles, des pensées les plus fugaces aux souvenirs indélébiles.

Les textes classiques d'Inde, dont l'ensemble constitue ce que l'on appelle la littérature védique, sont la transcription des réflexions des anciens rishis. Ces textes comprennent la formule, si j'ose dire, du développement de la conscience à partir de sa forme non manifeste, d'un stratum à l'autre de la création. À la manière de l'intelligence qui structure la vie humaine, codée dans un filament d'ADN, l'intelligence totale de l'Univers est codée dans les vedas. Toutefois, aucune analyse objective, aussi poussée soit-elle, ne peut percer le secret de la création parce que la conscience elle-même est pure subjectivité – l'essence du « je suis ». Pour déchiffrer le code védique, nous devons, comme les rishis, aller au-delà de l'intellect, de l'esprit, de l'ego, directement à sa source – qui est notre source – dans la conscience.

S'intéressant à l'existence et au comportement des particules fondamentales de la matière, la physique quantique confirme cette conclusion. Comme nous le verrons, plus nous nous rapprochons de la connaissance exacte du monde, en utilisant les moyens objectifs de la science moderne, plus nous avons la certitude qu'il n'est pas fait de choses mais de conscience. Et la pièce manquante dans le puzzle scientifique occidental – l'explication de la manière dont l'esprit, élément abstrait, peut influer sur la matière ou devenir matière – se trouve dans les vedas.

La mécanique quantique, née à l'aube du XXe siècle, est le fruit des travaux d'un certain nombre de grands physiciens, parmi lesquels on compte Einstein, Heisenberg et Max Planck. S'opposant à la physique « classique » (la science de Newton qui décrit le mouvement visible des corps dans l'Univers), la mécanique quantique décrit les interactions de l'énergie et de la matière, à l'échelle microscopique, là où un atome est d'une grandeur *astronomique* par rapport aux électrons, aux protons, aux neutrons, aux quarks, aux bosons et autres particules élémentaires que décèle le microscope. Pour se faire une idée des forces qui agissent dans le microcosme, il faut se référer au fait que l'attraction entre deux particules quantiques équivaut à la force de la gravité, multipliée par *plusieurs millions de millions*.

De toute évidence, nous ne sommes pas dans le domaine de l'expérience quotidienne. Aux frontières de cet univers du microscopique, les lois de Newton – lois du monde que peuvent appréhender nos sens – cessent d'avoir une signification. Nous ne pouvons pas jouer au billard dans le domaine quantique parce qu'il ne s'y trouve pas d'objets solides mais uniquement des paquets d'énergie, ou *quanta,* qui apparaissent et disparaissent en un clin d'œil et se conduisent parfois comme des particules, parfois comme des ondes, prouvant ainsi la justesse du célèbre postulat d'Einstein, selon lequel matière et énergie sont équivalentes. Le *champ quantique* est le champ de forces sous-jacent – le continuum non manifeste mais omniprésent – à partir duquel ces quanta vont et viennent. *C'est là la source de toute énergie, de toute intelligence et de toute matière dans l'Univers.* Nous l'avons présenté dans l'introduction comme un champ virtuel parce que nous ne pouvons pas directement le détecter par les sens ni par aucun moyen technologique. Aucun physicien ne l'a effectivement observé, mais l'hypothèse de son existence se fonde sur un certain nombre d'effets parfaitement observables dans le monde subatomique.

Ainsi que vous le verrez un peu plus loin, au cours des dernières cinquante années les scientifiques ont fait diverses découvertes intéressantes au sujet du comportement des quanta. Toutefois, aucune n'est plus importante, en ce qui concerne le concept ayurvédique de la conscience, que celle faite par Heisenberg, en 1926, et qui conduit à la conclusion que notre mesure – c'est-à-dire *notre perception* – des événements quantiques influence leurs effets. « Le principe d'incertitude a eu des incidences profondes sur la façon dont nous voyons le monde, remarque le physicien Stephen Hawking à propos de cette découverte des effets de la conscience sur le phénomène physique. [Mais] même après plus de cinquante ans, [ces effets] ne sont pas encore pleinement reconnus par l'ensemble des philosophes et restent sujets de controverse. » En tant que physicien et philosophe, David Bohm interpelle la science moderne : « La question est de savoir si la matière est résolument grossière et mécanique ou si elle devient de plus en plus subtile, et finit par se confondre avec ce que l'on appelle l'esprit. »

Les savants védiques n'ont jamais douté de la réponse. Le champ de la conscience pure et le champ quantique se confondent : il s'agit de la seule et même réalité fondamentale d'où part toute vie. Comme tel, ce champ virtuel est la source de toutes les forces et de toute l'intelligence de la nature. Il est appelé le « foyer de la loi naturelle » et le « champ de toutes les possibilités ». Pour les rishis, il ne s'agit pas d'hyperboles mais de simple vérité. Quand nous utilisons tout le potentiel de la conscience, *rien n'est impossible.*

Aujourd'hui, la science occidentale se trouve apparemment confrontée à cette même vérité. Bien évidemment, dans leur quête du constituant fondamental de la matière, les physiciens ont cherché à appliquer les théories d'Einstein à l'Univers de Newton et ont atterri au pays des merveilles quantique. Là, ils ont trouvé ces particules élémentaires qui peuvent traverser les objets solides, avec l'aisance d'un fantôme qui passe à travers un mur. Ils ont également constaté que deux particules, séparées par des distances astronomiques, ont la capacité de réagir instantanément l'une à l'autre au premier mouvement. Ce qui est ni plus ni moins que l'équivalent quantique de la télépathie. Et, en mai 1996, le *New York Times* révélait que des physiciens du National Institute of Standards and Technology de Boulder, au Colorado, avaient la preuve qu'un atome entier peut exister simultanément en deux endroits séparés par une large distance. Autrement dit, la science a dépassé la science-fiction en mettant le même objet à deux endroits différents en même temps puis en réalisant, comme l'expliquait le journal, une sorte de film du processus ainsi déclenché !

En clair, plus le monde devient curieux, plus les physiciens avancent dans l'univers de l'infiniment petit. Les savants védiques, qui ont depuis longtemps maîtrisé la connaissance du champ de toutes les possibilités, savent que leurs homologues occidentaux atteindront un jour les limites de l'analyse objective, et adopteront le point de vue védique selon lequel le constituant le plus fondamental de l'Univers se trouve non à l'extérieur de nous, mais au plus profond de notre conscience.

Les forces de la création et de l'évolution

Dans le champ de la conscience, trois forces mettent la création en mouvement. L'Ayurveda les nomme les trois *gunas* ou attributs fondamentaux de l'Univers. *Sattva* est la pure essence de la réalité, ce que Chopra a appelé l'impulsion évolutive ; *tamas* est la force de l'inertie ou l'impulsion conservatrice ; *rajas* est la force du changement ou mouvement ou l'action pour l'action. On présente également les gumas respectivement comme le principe créatif de la nature, le principe conservateur et le principe de destruction. Leur interaction dans le champ de la conscience génère et soutient l'*évolution* – c'est-à-dire le développement progressif de la vie. Tout progrès, toute croissance, requiert de l'activité, ce qui est la fonction des gunas.

Comme Maharishi Mahesh Yogi l'explique dans son commentaire sur la *Bhagavad Gita*, texte védique, rajas « aiguillonne » l'action ; sattva et tamas « contrôlent la direction du mouvement » et, ensemble, ces trois forces constituent le processus de croissance. Il écrit : « Pour que l'évolution d'un processus soit assurée, il faut que ce processus passe par des stades, et chaque stade, aussi insignifiant qu'il puisse paraître dans le temps et dans l'espace, nécessite une force pour le soutenir et une autre pour qu'il conduise au stade suivant. La force qui permet cette évolution est [sattva], pendant que [tamas] est celle qui contrôle ou qui retarde le processus afin que le stade déjà atteint puisse être le support du stade suivant. »

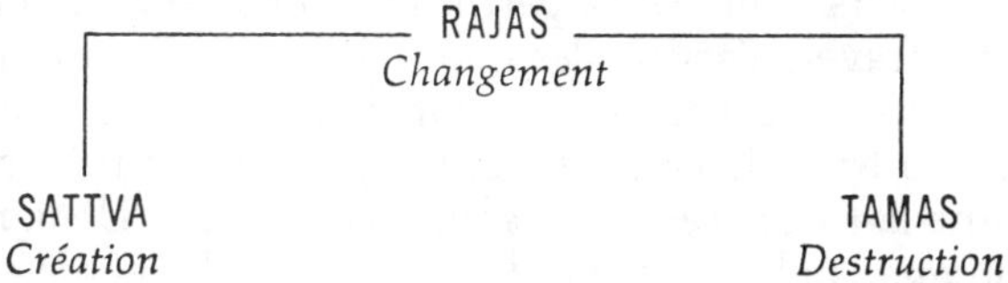

Tout ce qui existe est dû à l'action de ces trois forces, étant donné qu'aucun guna ne peut être effectif sans elles. Cependant, l'influence d'un guna peut dominer à un moment donné. Ce qui explique que l'Ayurveda décrit parfois les caractéristiques subtiles d'une chose en parlant d'un guna particulier. Un aliment, un état d'esprit, une activité, par exemple, peuvent être qualifiés de *sattviques* quand ils reflètent avant tout pureté et clarté, en favorisant la vie et l'harmonie. Est *rajasique* ce qui reflète de façon *prédominante* le changement et la désintégration, en stimulant, distrayant ou affaiblissant le développement. Enfin, on qualifie de *tamasique* ce qui indique inertie ou lourdeur, et brouille le développement. Autrement dit, l'esprit sattvique favorise progrès et création ; l'esprit tamasique aime le status quo et favorise l'inactivité ; l'esprit rajasique se plaît dans l'action pour l'action.

Toutefois, l'ensemble de la création, dans son infinie variété, naît de la dynamique des trois gunas *réunis*. Quand l'*un* (le champ de la conscience) devient *plusieurs* (les permutations et les combinaisons du monde visible), les gunas sont les forces responsables de cette transformation. Ainsi, la création est l'expression d'une évolution constante d'énergies essentielles permanentes – chaque substrat d'existence n'est rien d'autre que de la conscience qui a elle-même opéré cette récréation grâce aux gunas. Tout au long de votre lecture, gardez cela à l'esprit. Autrement, vous aurez sans cesse du mal à comprendre pourquoi les principes de l'Ayurveda apparaissent souvent comme des variations sur un même thème, ainsi que vous avez déjà pu le constater. Chaque phase de la création récapitule, en fait, la création primale de l'Univers manifeste à partir de la conscience non manifeste, à travers l'action des gunas. En dépit des différences dans la forme et dans la fonction de toute chose, le constituant de base (la conscience) est toujours le même, tout comme la force créative (l'action des gunas). De la même façon que la glace, l'eau et la vapeur sont le même constituant basique (H_2O) qui change simplement d'aspect en fonction d'un principe non moins basique : le mouvement thermique. Tout comme une molécule devient trois formes de matière qui diffèrent en fonction de la vitesse de son mouvement et de l'acquisition d'une densité spécifique, la conscience, mue par les forces des gunas, devient l'infinie variété de la création – incluant toutes les formes de la vie.

La conscience prend forme : les cinq éléments et leurs effets

De quoi est fait le corps ? La chimie moderne stipule que nous sommes composés de cent dix constituants basiques définis par une structure atomique. La norme est un mélange d'oxygène, d'hydrogène, de calcium, de nitrogène, à quoi s'ajoutent des taux fractionnels de phosphore, de chlorine, de sulfure, de sodium, de potassium, de magnésium, de fer.

Le reste est à l'état de simples traces dans le corps. Le biologiste moderne voit les choses un peu différemment. Pour lui, l'être humain est fait, en gros, de 55% d'eau, de 19% de lipides, de 18% de protéines, de 5% de cendres, ainsi que d'hydrate de carbone, de calcium et de phosphore, dans la proportion de 1% pour chacun de ces éléments. Le psychologue dit que nous sommes un corps, un système nerveux et un cerveau qui, ensemble, engendrent la neurochimie, laquelle est à l'origine du phénomène de l'esprit. Pour le physicien quantique, qui est celui qui se rapproche le plus d'une théorie permettant, à elle seule, d'expliquer tous les phénomènes de la vie, nous sommes à 99,99 % de l'espace, dont le vide est rempli par quelques billions de protons, de neutrons, d'électrons et autres particules subatomiques invisibles.

De toute façon, aucune de ces descriptions ne tient compte ni des composants de l'esprit et de la conscience ni de la force de vie elle-même. En outre, la science moderne a vu ses règles brisées, et ses bases factuelles changer plusieurs fois, au cours de sa recherche de la réalité fondamentale. L'Ayurveda, au contraire, avec sa classification très simple des cinq éléments auxquels s'ajoutent les trois principes biologiques et les cinq strates de l'existence, et qui ne laisse, comme vous le verrez, rien de côté dans sa description de la création – ni l'esprit ni la matière –, offre depuis six mille ans au moins un cadre complet et cohérent à la compréhension de la vie.

Les cinq éléments sont les premières expressions objectives de la conscience qui résultent de l'interaction des gunas. Elles apparaissent de façon séquentielle au point d'articulation, si j'ose dire, entre la réalité manifeste et la réalité invisible. Dans ce processus de manifestation, l'espace est le premier élément qui émerge. Bien qu'il soit, physiquement, le vide, l'espace n'est nullement vide. Il est en fait rempli par l'énergie virtuelle du champ quantique. La dynamique des gunas dans l'espace produit l'air, qui est le premier état de la matière. L'air en mouvement crée la friction et produit ainsi la chaleur, la lumière et le feu. Le feu liquéfie la matière, ce qui crée l'élément Eau. Lorsque le liquide s'évapore, la matière solide qu'est la terre se maintient.

Pour la mécanique quantique, les éléments sont des schémas abstraits d'intelligence – schémas vibratoires dans le champ quantique, comme nous l'avons déjà vu – qui génèrent les forces élémentaires et donnent ordre et forme au monde visible. Selon l'Ayurveda, les éléments ont une forme abstraite dans le substrat *fondamental* de la conscience – l'« esprit » – et une forme concrète dans le *premier* substrat, le *plus* subtil, de la matière. Comme tels, ils ont un rôle autant subjectif qu'objectif dans l'expérience humaine. Au niveau de la conscience individuelle, ils engendrent les cinq sens ; au niveau du corps, ils s'associent pour créer toutes les formes et les fonctions psychophysiologiques. L'Ayurveda nous dit que nous pouvons interpréter toute expérience comme une interaction des éléments. En tant que formes basiques de l'énergie universelle, ils possèdent des qualités précises et exercent une influence prévisible sur notre façon de voir et de penser, ainsi que sur la manière dont l'environnement agit sur nous. Nos perceptions, nos actions sur le monde extérieur, les expériences qu'il nous procure, ne sont possibles que grâce aux éléments. Comme vous le verrez, c'est à partir de la compréhension de leurs qualités énergétiques et de leurs effets que nous pouvons comprendre notre propre nature intérieure, ainsi que notre place dans la nature. Et seules ces connaissances fondamentales nous permettent d'atteindre à l'équilibre et à la beauté.

Les éléments dans l'esprit et dans la matière

Sous leur forme subjective – au niveau de la conscience individuelle –, les cinq éléments donnent naissance aux cinq sens. L'Espace est l'essence du son. L'Ayurveda décrit le tout premier frémissement du champ de la conscience – la première émanation de la création – comme le *son fondamental*. Le son est une vibration de l'énergie – l'énergie en mouvement devenant des ondes. Sans l'Espace, l'énergie ne pourrait se mouvoir et l'existence physique serait impossible. L'Air est l'essence du toucher. Il rend palpables les vibrations de l'énergie. Quand nous sentons, par exemple, les vibrations émises par une basse, c'est en fait le mouvement de l'air déplacé par l'énergie du son que nous percevons. Le Feu est l'essence de la vue. L'énergie qui rayonne – la lumière – est ce qui rend la matière visible. L'Eau est l'essence du goût. Sans elle, les papilles ne fonctionnent pas. La Terre est l'essence de l'odeur.

Les cinq sens permettent à chaque élément d'être également associé à des organes et à leur fonction spécifique. En effet, ces organes, comme les oreilles ou les yeux, ne fonctionneraient pas s'ils n'étaient liés aux éléments. La gorge, la bouche, les cordes vocales ne produiraient pas les sons sans l'Espace. Les mains, organes du toucher ou de la préhension, sont liées à l'Air. Les pieds qui nous font avancer dans une direction choisie, grâce à la vue, sont associés au Feu. Les organes génitaux ont une fonction liée à l'Eau, parce qu'ils sont, pour l'Ayurveda, qui les appelle la langue inférieure, des organes du goût. Et, par sa fonction de rejet des excréments, l'anus est lié à la Terre, essence de l'odeur.

	ESPACE	AIR	FEU	EAU	TERRE
OBJET SENSITIF	Son	Toucher	Vision	Goût	Odeur
ORGANE SENSITIF	Oreille	Peau	Yeux	Langue	Nez
SENS ACTIF	Parole	Préhension	Marche	Procréation	Excrétion
ORGANE ACTIF	Gorge Bouche Cordes vocales	Mains	Pieds	Organes génitaux	Anus

Sous leur forme objective, les éléments engendrent toutes les formes et les fonctions du monde animé et inanimé. Par exemple l'Air, l'Eau et la Terre correspondent respectivement aux trois stades de la matière : le gaz, le liquide et le solide. Le Feu transforme la matière en la faisant passer d'un stade à l'autre. L'Espace est l'éther, le creux sans lequel la matière n'existerait pas. L'Air, le Feu et l'Eau sont les éléments actifs, mobiles ; l'Espace et la Terre sont les éléments inertes. Chaque élément est également associé aux aspects spécifiques de l'anatomie et de la physiologie humaines. L'Espace crée les vides du corps ; l'Air, son mouvement ; le Feu, sa chaleur et sa température ; l'Eau, tous les fluides et les sécrétions ; la Terre, les structures solides comme la peau et les os.

La signification de ces associations entre les divers éléments et les aspects spécifiques du corps, de l'esprit et de l'environnement, s'éclaireront lorsque nous parlerons des causes et du traitement du déséquilibre et de la maladie, dans des chapitres ultérieurs. En attendant, considérons comme un exemple les liens entre l'élément Feu, la vue et les phénomènes chaleur et lumière. L'Ayurveda enseigne qu'une personne, chez qui le Feu domine dans sa constitution naturelle, a tendance à présenter une intolérance à la chaleur et à la lumière intense. Or, un excès de chaleur ou de soleil peut provoquer un déséquilibre de l'élément Feu, et un tel déséquilibre est une des premières causes de la plupart des problèmes de vision.

LES PROPRIÉTÉS DES ÉLÉMENTS

On peut déduire les propriétés les plus évidentes des éléments de notre expérience immédiate. L'Espace est étendu, et léger ; l'Air est fin, en mouvement, froid et rude ; le Feu est chaud, légèrement huilé, aigu, léger et pénétrant ; l'Eau est douce, humide, fluide ; la Terre est lourde, huileuse, froide et dense. Mais ce ne sont là que quelques-unes des manifestations des éléments (dont la liste complète est donnée ci-contre). En fait, toutes nos expériences sensorielles doivent leur forme et leurs caractéristiques aux éléments. Lorsque vous serez familiarisé avec leurs propriétés individuelles, vous reconnaîtrez leurs effets partout, y compris dans vos sentiments et dans votre conduite. Toutefois, il ne faut pas oublier que la force de leur action dépend de leur équilibre dans votre constitution. Ainsi que vous le verrez, on arrive à déterminer soi-même sa constitution de base et son type de peau, parce que rien ne reflète mieux les caractéristiques des éléments dans le corps et le tempérament de chacun.

ESPACE	AIR	FEU	EAU	TERRE
Étendu	Fin	Chaud	Humide	Lourde
Sec	Sec	Légèrement huileux	Fluide	Huileuse
Léger	Mobile	Pénétrant	Mobile	Dense
	Froid	Aigu	Douce	Froide
	Rude	Léger	Lourde	Humide

Les doshas et leurs effets

Les éléments en eux-mêmes sont inanimés mais, s'ils s'associent, ils donnent naissance à trois forces biologiques, ou principes, appelées *doshas*. L'Espace et l'Air créent le dosha nommé *Vata,* ou principe Air ; le Feu et l'Eau créent *Pitta,* ou principe Feu ; l'Eau et la Terre, *Kapha,* ou principe Terre. Par conséquent, les cinq éléments de base forment trois doshas :

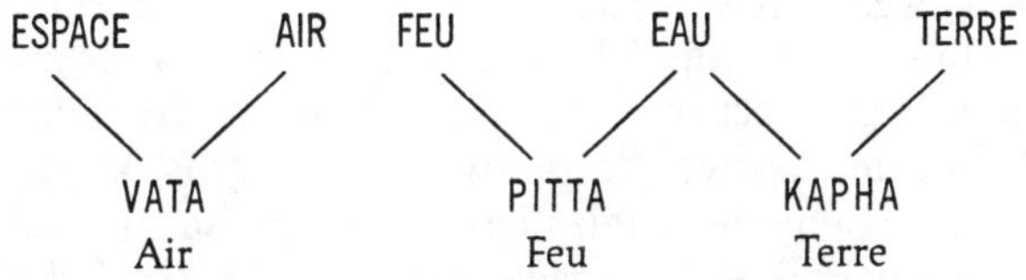

Chacun de nous possède une combinaison personnelle des trois doshas, c'est-à-dire dans des proportions qui n'appartiennent qu'à nous, et il en va de même pour les cinq éléments. Ces proportions déterminent, comme nous le verrons, notre corps et notre type de peau.

Les doshas n'ont rien de physique, au sens occidental du terme. À l'instar des éléments qui les composent, ils sont des schémas d'intelligence qui existent au niveau de la séparation de l'esprit de la matière, autrement dit dans le champ sous-jacent de la conscience et, par conséquent, ils gouvernent les fonctions mentales aussi bien que physiques. Vous verrez plus loin que notre personnalité, notre tempérament et nos capacités intellectuelles doivent leur existence aux effets de doshas, exactement comme nos caractéristiques physiques.

Dosha signifie littéralement *impureté*. Les doshas sont des impuretés en ce sens que, premières forces biologiques à apparaître dans le champ manifeste de la création, ils ne sont plus pure essence de la conscience, mais conscience diluée. En fait, les doshas sont un aspect plus grossier – c'est-à-dire plus manifeste – des trois forces de vie fondamentales : prana, tejas et ojas, décrites au chapitre 1. L'essence de Vata est le prana, l'impulsion de vie et la force du mouvement ; l'essence de Pitta, le tejas, l'énergie lumineuse et transformatrice ; l'essence de Kapha, l'ojas, la force cohésive. En tant qu'expressions de ces trois forces au niveau de l'existence individuelle, les doshas ont naturellement des propriétés similaires.

Celui qui provoque le mouvement. Vata est le *mouvement* dans le corps et est visible dans la respiration et l'action des poumons, les impulsions nerveuses, le pouls, le gonflement et la contraction des muscles, le transport des nutriments et des déchets, le mouvement microscopique des cellules et même les envies irrésistibles d'éternuer, de cligner des paupières, de cracher et de roter. En fait, Vata contrôle les mouvements des doshas eux-mêmes – on dit qu'il « commande » Pitta et Kapha qui sont, en eux-mêmes, immobiles – et, par conséquent, contrôle toutes les fonctions de la vie et son activité. Vata est le flux vital et, s'il se bloque, le processus de dégénérescence commence. D'un autre côté, si l'activité devient frénétique, nous sommes « dépassés » et fatigués. Tout comme l'élément Air qu'il contient, Vata se répand dans l'espace vide et remplit les cavités creuses et les canaux d'énergie du corps. C'est la source de l'inspiration, de la positivité, de la fraîcheur, tout autant que celle de la peur, de la nervosité, des gaz, des spasmes, des tremblements et de la douleur.

Celui qui digère. Pitta assure des *fonctions métaboliques,* est responsable de la chaleur et de la température du corps, de la coloration de la peau, de son éclat, des processus de transformation de la digestion, de l'absorption, de l'assimilation, du métabolisme et de toutes les réactions biochimiques. On le trouve dans tous les acides du corps, y compris dans les enzymes et dans les hormones. Pitta est également responsable des activités de l'esprit, de l'intelligence et des sens. Une bonne santé dépend de sa capacité à métaboliser parfaitement l'information nutritionnelle, émotionnelle et sensorielle que nous ingérons. Si son feu devient trop chaud ou s'affaiblit trop, la digestion normale est perturbée, des toxines apparaissent, la peau et les yeux perdent leur éclat. Pitta nous donne la chaleur, l'intelligence, la perception et la compréhension, mais provoque aussi colère, jalousie, frustration, haine, sensation de brûlure, rougeur, allergie, ulcère et maladie cardiaque.

Celui qui assure la cohésion. Kapha est la *force cohésive* du corps, le ciment de tous les éléments qui constituent les structures matérielles de la vie. Kapha cicatrise les blessures, permet la croissance physique, donne force et stabilité et maintient la composition du corps. Appelé aussi l'« eau biologique » (l'eau est le principal constituant chimique du corps), Kapha est la source de tous les fluides corporels, dont la lymphe, le plasma et le cytoplasme. Si ces « eaux de vie » sont appauvries, le système immunitaire est affaibli ; si le « ciment » est trop épais (si le mélange terre-eau est déséquilibré), nous sommes soumis au blocage et à la lourdeur. Kapha donne la capacité d'aimer, de pardonner, le calme et la sagesse, mais est aussi à l'origine de l'envie, de la cupidité, de l'attachement, de la paresse, de la dépression, du gonflement et de l'obésité.

VATA	PITTA	KAPHA
(Prana)	(Tejas)	(Ojas)
Mouvement	*Métabolisme*	*Structure*
Respiration	Chaleur du corps	Toute substance tissulaire
Pouls et flux sanguin	Coloration de la peau	Guérison
Action musculaire	Éclat	Croissance
Impulsions nerveuses et battements des paupières	Digestion	Vigueur
Mouvement cellulaire	Assimilation	Stabilité
Flux des nutriments et des déchets	Absorption	Immunité
Fonctions sensorielles et motrices	Compréhension	Résistance
Urgences naturelles	Perception	Lubrification et humidité

Notez que l'on parle communément de Vata, de Pitta et de Kapha en termes qui se réfèrent à la fois à leurs fonctions biologiques et à leurs éléments spécifiques. Nous parlons de flux énergétique comme d'une caractéristique de Vata, le principe Air ; de la chaleur comme d'une caractéristique de Pitta, le principe Feu ; et de substance ou solidité comme d'un aspect de Kapha, le principe Terre. Nous suivrons cette tradition tout au long de ce livre en utilisant indifféremment les termes sanscrits ou français.

LES SIÈGES DES DOSHAS

Chaque dosha a ses *sièges* dans le corps – c'est-à-dire des organes où se concentrent particulièrement son énergie et son action. Le gros intestin et, en particulier, le côlon, où se produisent les gaz – ou l'Air – sont les sièges fondamentaux de Vata. Vata est également concentré dans la peau (l'organe du toucher et de l'élimination), les reins, les os, les cuisses et les oreilles. L'intestin grêle et le foie, producteurs de l'*acide* corporel – ou Feu – sont les premiers sièges de Pitta. Pitta se concentre aussi dans la vésicule biliaire, la rate, le cœur, les glandes sébacées, le sang et les yeux. Poumons et estomac, qui produisent le *mucus* dans le corps – ou l'Eau – sont les centres fondamentaux de Kapha. Kapha se concentre également dans la tête, les sinus, le nez, la gorge, la langue, les glandes lympathiques, le pancréas, le tissu adipeux et les articulations.

La science ayurvédique et la science moderne semblent parler deux langages totalement différents alors qu'en fait elles sont plus proches l'une de l'autre qu'on pourrait le croire. Si l'on compare les termes qu'elles emploient, on peut, par exemple, dire que l'oxygène, le carbone, et les autres gaz que l'on respire sont les molécules de Vata. Fluides corporels, protéines, lipides, sucres et hydrates de carbone sont les molécules de Kapha. Quand une science relève que Vata, Pitta ou Kapha sont faibles, l'autre parle d'un taux peu élevé de gaz, d'estrogènes ou de glucides dans le sang. Le jargon diffère mais le message est identique : l'équilibre naturel des éléments biologiques doit être maintenu si l'on veut rester jeune et sain.

Les trois doshas sont nécessaires à la vie, et il n'y a pas de maladie ou de désordre qui ne résulte d'un déséquilibre de leur interaction. Déséquilibre qui peut être dû soit à une *augmentation* soit à une *diminution* de l'une de ces forces ou des trois en même temps, ce qui provoque une modification de leurs proportions initiales. Nous constaterons que le maintien de l'équilibre naturel dans leur dynamique, au moyen d'un style de vie en harmonie avec notre constitution, est la condition première d'une beauté radieuse.

Les caractéristiques des doshas

Les doshas en eux-mêmes sont invisibles (en dépit de l'analogie que j'ai établie, aucun microscope ne peut permettre de voir une molécule de Vata, par exemple), mais nos sens sont capables de détecter leurs effets spécifiques tout comme ils détectent les éléments. Chaque dosha, nous l'avons vu, naît de l'association de deux éléments. Par conséquent, chaque dosha présente une combinaison des caractéristiques de ses deux constituants (voir ci-contre). Chaque fois que vous percevez l'une de ces combinaisons en vous-même, chez les autres ou dans l'environnement, vous voyez les doshas en action.

VATA	PITTA	KAPHA
Sec	Légèrement huileux	Huileux
Froid	*Chaud*	Froid
Léger	Léger	*Lourd*
Mobile	Mobile	Fixe
Amer	Odeur aigre	Doux
Irrégulier	Aigu	Tendre
Rapide	Fluide	Lent
Fin	Piquant	Dense
Clair		Terne
Dispersif		Collant
Rude		Lubrifiant

Notons que chacun des trois doshas a une caractéristique (voir ci-dessus les mots en italique : sec, chaud et lourd) qui n'appartient *qu'à* lui. En outre, chaque spécificité a son contraire – huileuse, froide et légère – dans les deux autres doshas. Ainsi, la *sécheresse* de Vata est contrebalancée par l'*huile* de Pitta et Kapha ; la *chaleur* de Pitta, par le *froid* de Vata et de Kapha ; la *lourdeur* de Kapha, par la *légèreté* de Vata et de Pitta. Ces six caractéristiques – trois paires de caractéristiques opposées – permettent à elles seules de repérer les doshas et jouent un rôle majeur dans le processus de maintien de la beauté et de la santé.

L'ÉQUILIBRE DES OPPOSITIONS

Sec	*Huileux*
Vata	Pitta, Kapha
Chaud	*Froid*
Pitta	Vata, Kapha
Lourd	*Léger*
Kapha	Vata, Pitta

En fait, si vous regardez de nouveau le tableau ci-contre, vous constaterez que *chaque* caractéristique a son opposé : fin s'oppose à dense, rapide à lent, etc. Ceci reflète la nature dualistique du monde sensitif. L'Ayurveda dit que la création se manifeste en dehors du champ unifié de la conscience grâce au jeu de forces opposées. Je me suis déjà référée à ce phénomène en parlant de sattva et de tamas, forces fondamentales de la créativité et de l'inertie, qui sont toutes deux nécessaires à l'évolution et guident vers ce but la force du changement : rajas. Pour l'Ayurveda, c'est toute l'existence physique, et pas simplement la santé et la beauté, qui se manifeste et se maintient au travers de l'interaction et de l'équilibre d'énergies différentes. Par conséquent, les caractéristiques des doshas sont les manifestations de ces forces de base.

LES DOSHAS ET VOTRE NATURE

Les doshas sont la clé de la découverte de votre psychophysiologie et de votre type de peau. Étant donné qu'en chacun de nous les éléments s'équilibrent différemment, nos doshas s'équilibrent également de façon spécifique. Selon que nous ayons une prédominance d'Espace et d'Air, ou de Feu et d'Eau, ou d'Eau et de Terre – une paire domine toujours –, nous pouvons dire que Vata, Pitta ou Kapha joue un rôle prédominant dans le fonctionnement de notre psychophysiologie. Votre dosha dominant détermine votre *prakriti*

– votre nature – et, par conséquent, toutes vos caractéristiques intérieures et extérieures.

Les trois prakritis basiques, ou types de constitution, sont appelées Vita, Pitta et Kapha, selon le dosha qui prédomine. Comme nous l'avons vu, votre prakriti est la formule descriptive de l'alliance naturelle de vos doshas – autrement dit votre équilibre naturel. Les trois doshas sont actifs en chacun de nous, mais chaque individu naît avec un équilibre entre ces trois forces qui lui est spécifique. Quand on parle d'un déséquilibre dans la constitution d'une personne, on veut dire que la dynamique innée qui réunit ces forces biologiques est perturbée. Tout comme les données génétiques, la prakriti est elle-même déterminée à la conception (en fonction de la constitution des parents) et demeure identique jusqu'à la mort. Ce qui change, ainsi que l'explique le chapitre suivant, c'est l'état des doshas, et ce changement est dû à des facteurs qu'engendrent notre façon de vivre et notre environnement. L'état modifié des doshas est appelé *vikriti*.

Nos capacités comme nos faiblesses innées (à la fois physiologiques et psychologiques), les tendances de nos pensées et de nos émotions, nos traits physiques et, bien entendu, notre type de peau, doivent leurs caractéristiques particulières à l'équilibre de nos doshas. Comme le dit Deepak Chopra, chacun de nous vit dans un monde « coloré [...] jusqu'au plus petit détail par notre dosha dominant ».

VOTRE TYPE DE PEAU ET VOS CARACTÉRISTIQUES GÉNÉRALES

Maintenant que vous êtes familiarisé avec leurs caractéristiques, je pense que vous ne vous étonnerez pas si je vous dis que Vata donne une peau *sèche*, Pitta une peau *sensible* – irritable qui est facilement rouge et enflammée –, Kapha une peau *grasse, luisante*. Ce sont là les tendances innées de la peau mais *normalement l'effet est peu visible*. Par exemple, la peau qui subit l'influence dominante de Pitta est simplement plus humide et plus chaude au toucher qu'une peau subissant l'influence dominante de Vata, laquelle est moins chaude, plus dure et plus sèche ; le type Kapha est relativement plus doux et mieux lubrifié que le type Pitta ou Vata. En fait, *tous les types de peau sont plus clairs et plus éclatants quand les doshas sont équilibrés.* Cependant, dans le cas contraire, ce sont les caractéristiques d'un seul qui ont tendance à être plus prononcées et à entraîner de réels problèmes – par exemple, une peau sèche peut conduire à un eczéma sec ; une peau sensible à un eczéma brûlant ; une peau grasse à un eczéma humide.

Ceci est vrai non seulement pour les problèmes de peau mais aussi pour le désordre et la maladie en général. *En fonction de la constitution innée qui est la nôtre, chacun d'entre nous naît avec une tendance à développer des types spécifiques de maladies quand nous sommes dans un état de déséquilibre.* Par exemple, quelqu'un qui a un Pitta fort n'est pas simplement sujet à des inflammations de la peau ; il y a également risque d'ulcères, de maladies cardiaques, de mauvais fonctionnement du foie et de désordres divers, liés au stress et associés au tempérament sanguin de ce type de constitution. Selon un processus identique, le mental et l'émotionnel sont eux aussi altérés de façon spécifique par un déséquilibre. Ainsi, l'ambition devient agression, l'impatience, colère quand Pitta est déséquilibré. Autres exemples : la sérénité naturelle de Kapha se transforme en morosité et l'exubérance de Vata en surexcitation. (Dans le chapitre 3, vous découvrirez les facteurs qui produisent le déséquilibre.)

L'ensemble des caractéristiques et des tendances de chaque dosha et de chaque type de peau apparaissent dans les tableaux des p. 91, 93 et 95. Notons, cependant, que personne ne présente *toutes les caractéristiques* d'un même type. Les trois doshas existant chez chacun, en proportions variables, nous présentons tous une caractéristique ou une autre de chaque dosha. Mais, dans la plupart des cas, un type domine en chacun de nous. Quelques spécificités dominantes (voir ce qui suit) permettent de définir sans crainte de vous tromper votre type de peau ainsi que votre dosha dominant.

CARACTÉRISTIQUES CLÉS

Peau sèche (Vata)
Petite carrure; peau fine, sèche, pores fins; cheveux de couleur foncée, peu fournis, frisottants, bouclés; agitation.

Peau sensible (Pitta)
Carrure moyenne; peau sensible, luisante, avec la partie médiane du visage grasse et les joues sèches; cheveux doux, raides, assez épais, clairs ou roux; ambition.

Peau grasse (Kapha)
Carrure large; tendance à prendre du poids; pores dilatés, peau épaisse, grasse, douce; cheveux épais, de couleur foncée, ondulés; calme.

Vous aurez l'occasion de déterminer la catégorie à laquelle vous correspondez le mieux lorsque vous arriverez au questionnaire sur votre type de peau p. 97. Mais, avant cela, il faut que je précise qu'il y a une distinction importante à faire entre votre prakriti et votre type de peau, tel que je le définis à partir des types de constitution que distingue l'Ayurveda. Il existe en effet sept types additionnels qui dérivent des trois types fondamentaux : le type Vata-Pitta, Vata-Kapha, Pitta-Vata, Pitta-Kapha, Kapha-Pitta, Kapha-Vata et Vata-Pitta-Kapha. Dans ces catégories doubles et majoritaires, les deux doshas sont présents dans des proportions importantes; toutefois, celui qui est nommé en premier prédomine. Dans le type Vata-Pitta-Kapha, les trois doshas s'associent pour dominer, mais cette constitution est rare. *Vous ne trouverez pas dans ce livre votre type de constitution corporelle, étant donné qu'il est consacré à l'étude de la peau et à ses problèmes.* Toutefois, si une analyse professionnelle vous a donné l'occasion de connaître votre prakriti, gardez en mémoire que votre constitution et votre type de peau sont liés sans être nécessairement identiques. Vingt-cinq ans de pratique m'ont permis de constater qu'*un teint normal ne doit ses caractéristiques qu'au dosha dominant* – même chez les personnes qui ont une prakriti à double ou à triple dosha. Autrement dit, ceux qui sont du type *Vata*-Pitta ont tendance à avoir une peau sèche, caractéristique de Vata ; les types *Pitta*-Vata ont la peau sensible, caractéristique de Pitta ; les types *Kapha*-Vata ont la peau grasse, propre à Kapha ; et ainsi de suite, comme l'indique le tableau suivant :

PRAKRITI	TYPE DE PEAU
Vata	Sèche.
Vata-Pitta	Sèche et légèrement sensible.
Vata-Kapha	Sèche et épaisse.
Pitta	Sensible.
Pitta-Vata	Sensible et légèrement déshydratée.
Kapha	Grasse.
Kapha-Pitta	Grasse et légèrement sensible.
Kapha-Vata	Grasse dans la partie médiane du visage, sèche sur le front et sur les joues.
Tridoshique	Sèche, sensible, ou grasse.

Le semblable augmente le semblable : le principe d'équilibre

Maintenant que vous avez une idée de ce qui détermine votre équilibre intérieur, il faut vous demander comment le préserver. Le principe de base est simple : il faut permettre à notre corps et à notre esprit de retrouver les éléments et les qualités dont ils manquent, et freiner l'apport de ceux qu'ils ont en abondance. C'est ce que l'Ayurveda appelle *la loi du semblable qui augmente le semblable.*

Un dosha, quel qu'il soit, se déséquilibre quand vous ne cessez de manger des aliments, d'utiliser des substances, de vous livrer de façon générale à des activités qui, en termes ayurvédiques, sont *qualitativement* « semblables » à ce dosha – c'est-à-dire qui ont des caractéristiques similaires. Par exemple, si votre peau est naturellement sèche, l'énergie de Vata – qui est intrinsèquement froide, se disperse, bouge rapidement, et est irrégulière – se trouve déjà en abondance dans votre constitution. En conséquence, si vous êtes continuellement sous pression – affolé en pensant que vous avez des délais à respecter, mangeant des restes, sur le pouce, vous imposant des heures de travail éreintantes, utilisant des stimulants comme le café ou le thé pour tenir le coup – vous êtes le candidat (ou la candidate) classique à un déséquilibre de Vata. Autrement dit, vous chargez une constitution déjà naturellement excitable d'un surplus d'énergie frénétique qu'elle ne peut intégrer sans se déséquilibrer.

Chacun devrait avoir un style de vie qui « nourrisse », pour ainsi dire, tous les doshas, puisqu'ils font tous trois partie de notre vie. Néanmoins, d'une façon générale, le type peau sèche a un besoin particulier d'Eau, de Terre et de Feu – influences de Kapha et de Pitta – dans ses habitudes quotidiennes, et un besoin modéré d'Espace et d'Air – moins de Vata –, afin que l'équilibre entre les doshas se maintienne. Le type peau sensible demande beaucoup d'Espace, d'Air, de Terre – influences de Vata et de Pitta – pour éviter d'être en feu. Le type peau grasse a un besoin important de Feu, d'Air et d'Espace – influences de Pitta – pour acquérir de l'éclat. Dans les chapitres suivants, vous apprendrez à reconnaître les activités spécifiques et les stimuli – intérieurs et extérieurs – qui sont « semblables » à votre propre nature, afin que vous puissiez parvenir à une vie équilibrée.

L'Ayurveda décrit la beauté comme l'équilibre parfait de l'étendue – tel l'Espace –, de la clarté – celle de l'Air –, de la lumière – celle du Feu –, du flux continu et sans cesse renouvelé – comme celui d'un courant d'Eau – et de la fermeté – telle celle de la Terre. En d'autres termes, la beauté est le juste équilibre des cinq éléments de notre constitution. La seule façon de parvenir à cet équilibre est de comprendre l'« action » et la « réaction » des caractéristiques élémentales puisque ce sont ces énergies qui nous lient aux autres et à toutes les choses de la vie. En ce sens, chaque être humain est une écologie microscopique liée par les sens et par le comportement au système macroscopique de la nature. Nous maintenons un équilibre intérieur grâce à une dynamique d'échange des énergies avec notre environnement extérieur, à tous les niveaux de notre expérience – que ce soit celui du corps, de la respiration, de la pensée ou de l'esprit. Ci-dessous, vous trouverez l'explication de ces strates d'existence en termes d'« anatomie » ayurvédique et, après cette description exhaustive de l'équilibre, vous pourrez apprécier les « portraits » de Vata, de Pitta et de Kapha, puis vous pencher sur le questionnaire permettant de déterminer votre type de peau, et l'action de vos doshas, en fonction de votre constitution.

L'anatomie ayurvédique : les cinq strates de l'existence

La forme du corps, sujet de l'anatomie occidentale, n'est que l'aspect « visible » du moi. Pour l'Ayurveda, ce qu'on appelle le corps possède également une forme immatérielle. Cette anatomie « invisible » n'est pas faite de chair et d'os, mais de subtils réseaux d'intelligence, appelés *koshas*, ou enveloppes. Ces koshas comprennent tous les aspects de l'expérience humaine, de la plus subtile à la plus grossière, c'est-à-dire de l'invisible au visible. Ce sont : la *conscience*, l'*ego*, l'*esprit*, la *respiration* et le *corps*.

Étant donné que ces cinq strates se développent l'une à partir de l'autre – processus qui commence dans la conscience non manifeste –, elles sont totalement connectées les unes aux autres. Tout ce qui nous arrive et tout ce que nous faisons implique chaque aspect de l'existence *en même temps*. Bien entendu, les cinq koshas – ou « corps subtils », comme on les appelle également – ne sont pas superposés, telles les couches successives d'un gâteau, mais constituent différentes forces énergétiques dans le continuum de la conscience, comme les couleurs visibles et les rayons invisibles d'un spectre de lumière. Au niveau de la conscience, il n'y a pas de séparation entre les koshas, donc pas de distinction entre le corps et l'esprit dans l'Ayurveda, comme dans la science occidentale. Par conséquent, en raison de cette unité essentielle, une strate de cette anatomie ne peut être affectée sans qu'il y ait des répercussions sur les autres. Ce qui implique que, pour mener une vie équilibrée, nous devons équilibrer chaque strate. D'où les nombreuses thérapies du déséquilibre que vous trouverez dans ce livre.

CINQ STRATES D'EXISTENCE	EFFET/FONCTION
Conscience *Anandamaya kosha*	Félicité (*samadhi*).
Ego *Viganamaya kosha*	Individualité, esprit intellectuel ou élevé, sentiments, intuition, désirs, valeurs.
Esprit *Manomaya kosha*	Discrimination, décision, contrôle du comportement et de l'attention.
Respiration *Pranamaya kosha*	Énergie vitale du corps.
Corps *Annamaya kosha*	Substance physique du corps.

Observation des doshas : les trois visages de la beauté

Quand on détermine la prakriti ou le type de peau d'une personne, en fait on détecte le dosha (ou la paire d'éléments) qui prédomine dans la constitution de cette personne. L'Ayurveda procure plusieurs moyens d'y parvenir : le diagnostic établi en prenant le pouls ; l'astrologie védique, connue sous le nom de *Jyotish*, et qui est particulièrement utile pour déterminer l'aspect mental de la constitution ; l'examen des lèvres, des ongles, de la langue, des yeux, du visage, entre autres ; ou encore l'observation directe des caractéristiques physiques, mentales, émotionnelles et comportementales. Les savants ayurvédiques apprennent longuement la technique du diagnostic à partir du pouls, qui est le moyen le plus efficace de déterminer et de traiter des maladies complexes, en même temps que les autres formes d'examen. Les astrologues védiques étudient également leur science pendant des années avant de l'appliquer. Toutefois, si le but recherché est simplement de rester équilibré et radieux, l'observation directe des caractéristiques personnelles constitue une méthode fiable et facile que nous pouvons tous appliquer pour déterminer notre dosha dominant, ainsi que vous allez le constater.

Afin de vous donner une idée de la façon dont les caractéristiques de chaque dosha peuvent apparaître, j'ai réalisé les portraits types de Vata, de Pitta et de Kapha. Ne les étudiez pas sans garder deux choses à l'esprit. D'abord, dites-vous que ce qui révèle la beauté – l'assurance calme, l'éclat, la vitalité – reste identique d'une personne à l'autre ; néanmoins, ces qualités s'expriment à travers une nature personnelle. Sur le plan physique, la perfection prend trois formes – trois *visages*. L'un a les traits de Vata ; l'autre de Pitta ; le troisième de Kapha. Ils ne s'inscrivent pas plus sur une échelle de valeurs que la rose, la tulipe ou la marguerite. Simplement différents dans leur apparence, l'un est aussi parfait que l'autre.

En second lieu, dites-vous que les personnes décrites un peu plus loin n'existent pas dans la réalité. Les constitutions où un seul dosha prédomine absolument sont très exceptionnelles, et même l'oiseau rare présente quelques caractéristiques des autres doshas. Lorsque vous vous familiariserez avec les nombreux facteurs qui influent sur les doshas, vous comprendrez que chacun en subit un jour ou l'autre les effets, quelle que soit sa constitution naturelle. Par exemple, un type Vata, qui commence à prendre du poids, subit les effets d'un excès de Kapha. Un type Kapha, qui se met en colère, subit ceux d'un excès de Pitta. J'ai réalisé chaque portrait sans trop de nuances afin de vous donner une image claire des doshas, mais vous retrouverez sans doute dans les trois des aspects de vous-même. C'est parfaitement normal, étant donné que les trois doshas sont constamment présents en chacun de nous. Seules leurs proportions diffèrent.

Imaginez le vent. Quand il se lève, il rafraîchit l'air qui chasse l'humidité. Parfois, il est si léger qu'il fait à peine frémir le faîte des arbres. À d'autres moments, il souffle si fort qu'on le sent nous pousser. Une chose est certaine : il n'est jamais immobile et jamais longtemps le même. Il est rapide, subtil, changeant et plus proche de l'éther qu'aucune autre matière.

Si vous comprenez le vent, vous pouvez apprécier la beauté du type Vata. Sa peau, aux pores serrés, est fine et très légèrement fraîche et sèche. Ses traits sont raffinés, délicats, quoique parfois irréguliers ou allongés, et ses pommettes peuvent être hautes parce que son ossature a tendance à être proéminente. Ses cheveux sont sombres, comme ses yeux, souvent bouclés et fins, mais d'une texture robuste et difficile à coiffer. Le type Vata peut être petit ou grand, mais toujours svelte. Il a un air serein quand il porte des tons pastel, tandis que le jade, l'émeraude ou l'or le font resplendir.

En amour, comme pour le reste, Vata éprouve facilement de la passion et de l'attachement. Son imagination est très créative et il a tendance à entreprendre les choses avec enthousiasme. Quand il est heureux, il devient exubérant, déborde d'une énergie contagieuse, et peut alors dormir peu. Mais Vata se dépense (et dépense son argent) trop facilement. Son endurance est limitée et il arrive que son excitabilité, les sautes d'humeur donnent l'impression qu'il manque de ténacité. Son esprit vif lui permet de saisir de nouvelles idées en un clin d'œil mais qu'il est capable d'oublier aussi vite.

Cette créature raffinée n'aime ni les environnements bruyants ni les climats froids ou les lieux venteux. Salades, légumes crus, restes froids ne valent pas pour Vata un bol de crème d'asperge avec du pain au levain, fraîchement sorti du four. Trop de voyages ou d'activité, quelle qu'elle soit, fatiguent ses nerfs fragiles, et une vie irrégulière lui est difficilement supportable, physiquement et mentalement. Quand le type Vata est perturbé, il devient aisément anxieux, perd l'appétit et est atteint de constipation. Sa peau se dessèche, des lignes barrent son front. Rien ne le contrarie plus qu'une voix ordinaire, une expression grossière, et rien ne l'apaise mieux qu'une caresse, le parfum de la rose ou du jasmin, ou un matin d'été quand le soleil monte dans le ciel pendant qu'il a les pieds bien ancrés sur la *terra ferma*, le regard tourné vers la mer et les oreilles remplies du bruit des vagues, fluide et si régulier.

Portrait de Pitta

Pensez à un brasier. Sa chaleur est pénétrante, stimulante, toujours déshydratante et parfois desséchante. Ses flammes sont vives et difficiles à modérer. Des étincelles jaillissent et peu de choses peuvent arrêter sa cruelle progression. Il est d'une nature déterminée, invincible, et ne craint rien. Comme le soleil lui-même, il génère une énergie intense et, plus il brûle, plus il devient rouge, jusqu'à ce que ses braises se transforment en cendres. Entre-temps, les ondulations de ses flammes créent de magnifiques tourbillons de lumière pleins de reflets irisés, tels ceux du taffetas, et son éclat est parfaitement fascinant.

Une fois que vous avez rencontré son regard fougueux, vous ne pouvez plus oublier Pitta et sa beauté. Ses yeux sont verts, gris, noisette, avec des cils et des sourcils parfaits. Il a des cheveux châtain clair, blond doré, cuivrés ou d'un roux flamboyant. Sa peau est chaude, rose, douce, ses joues et son nez sont probablement parsemés de taches de rousseur ou de grains de beauté, et l'huile de ses tissus les humecte légèrement. Ses lèvres rouges ont un dessin régulier, le contour de son visage est dessiné avec netteté, son corps bien proportionné. Les verts et les bleus aux nuances douces contrebalancent l'intensité de sa personnalité, et l'argent fait étinceler ses yeux.

En amour, comme en toute chose, Pitta est naturellement ardent. Ses désirs sont violents, sa passion et sa volonté sont identiques. Il sait comment obtenir ce qu'il veut et, d'ordinaire, sait comment s'y prendre pour y arriver. Quand il est heureux, personne n'est plus charmant ou plus chaleureux que lui. Mais, attention, vous risquez de vous brûler ! Sous pression, Pitta peut se montrer impatient, impulsif, irritable, coléreux et même agressif. Il est alors capable de devenir virulent, et ses critiques acérées peuvent blesser profondément. Il peut aussi avoir des crises de jalousie, et son besoin de perfection et de contrôle de lui-même risquent dans ces moments-là de le rendre arrogant. Même dans ses périodes de grande détente, Pitta peut paraître impertinent et trop impatient aux personnes plus timides ou plus prudentes que lui.

Températures élevées, nourriture épicée, stimulants de toutes sortes transforment ce pétard en feu d'artifice. Mais Pitta peut sortir sans pull-over quand il fait froid et manger des glaces à n'importe quelle saison sans le moindre frisson. Quand son énergie est en ébullition, il se sent invincible. Toutefois, il a quand même ses limites. Sa devise pourrait être : « Geler ou brûler » ou « De la modération en toutes choses ». Poussé dans ses retranchements, il se laisse emporter par la colère, discute avec véhémence, se montre intolérant et impulsif ; son corps est exposé aux ulcères, à l'hypertension, aux maladies cardiaques. Plaques rouges, eczéma brûlant, acné rosacée, ou d'autres inflammations, brouillent le rose ravissant de son teint. Il n'y aurait qu'un coup de soleil ou une allergie pour aggraver la situation. Alors Pitta doit s'apaiser, suspendre ses activités, changer de décor, respirer un parfum de santal, méditer et marcher au clair de lune.

Portrait de Kapha

Pensez à la terre dans toute la variété de ses formes. Elle est la planète massive sur laquelle nous marchons ; le sol sombre, frais, doux qui porte les moissons ; la glaise onctueuse entre les mains du sculpteur ; la pente rude d'une vieille montagne ; le lit d'une rivière avec ses méandres ; le berceau aux profondeurs abyssales de l'océan. Elle change lentement, si jamais elle change. Mais une fois l'effort entamé, elle avance résolument vers le but, en prenant tout le temps nécessaire. Plus d'un gland a mûri avant que le chêne ait achevé sa croissance. Toutefois, ne vous laissez pas tromper par cette nature patiente et languide. Ce sera la bagarre si vous arrachez les racines, tentez de changer le cours des rivières ou creusez des montagnes pour y trouver de l'or. La terre défend ce à quoi elle tient.

Une fois que vous avez senti l'étreinte sensuelle de la terre, vous comprenez la beauté du type Kapha. Il a un teint pâle, une peau douce, très légèrement fraîche et grasse au toucher, un visage carré ou rond, avec de bonnes joues qui attendent qu'on les pince, une bouche voluptueuse et d'immenses yeux « alcôves », marron ou bleus, bordés de cils longs et épais. Sa chevelure ondulée et abondante, sa silhouette aux formes généreuses en font le plus parfait des Rubens. Rouges et pourpres réchauffent sa peau très blanche, et grenats et rubis accompagnent à la perfection son énergie et sa volonté.

En amour, comme en toutes choses, le type Kapha est prudent, sage, honnête et fidèle. Il se lance rarement, tête la première, dans une histoire sentimentale – il serait plutôt un peu timide –, préférant attendre d'être sûr de ses sentiments. On pourrait longuement louer sa façon d'être, son rythme civilisé. Ses manières gracieuses sont non seulement charmantes mais également apaisantes. Il n'est jamais exigeant. Les ressources de son esprit peuvent offrir des trésors de perspicacité à celui ou à celle qui a l'idée de les solliciter. Serein, Kapha ne tombe pas facilement amoureux mais, quand il aime, son amour est profond. Une fois qu'il s'est engagé dans une relation, la constance de ses sentiments et sa rigueur exigent de son partenaire d'être à la hauteur. Cependant, lorsque son équanimité naturelle est perturbée, Kapha devient possessif. Après une déception, il lui est difficile de reprendre le dessus et il peut se montrer morose et indifférent. S'il ne parvient pas à retrouver son assise, son chagrin l'entraîne dans le genre de dépression profonde qui ne donne plus envie de se lever le matin.

Dans ces moments-là, Kapha semble littéralement s'affaisser sous son propre poids. Il cesse d'être la terre elle-même pour devenir Atlas portant le monde sur ses épaules. Sa placidité, autrefois si séduisante, commence à ressembler à de la paresse et à de l'ennui, et, déjà bien en chair, il se met à prendre du poids. Quand il s'accroche avec trop de ténacité à sa tristesse, celle-ci s'infiltre dans son corps, devient dans sa poitrine et dans ses sinus des mucosités qui provoquent des affections allant du rhume à la congestion, de la toux à l'asthme. Ses glandes sébacées cessent de fonctionner normalement pour « pleurer » à travers sa peau, provoquant ainsi un excès d'huile, de l'acné juvénile, ou de l'eczéma humide, pendant que le reste du corps fait une rétention d'eau qui donne des chairs avachies.

Dans ces périodes-là, une journée pluvieuse et froide, une mélodie d'amour, lente et triste et une coupe glacée, surmontée de chantilly, apportent un réconfort apparent à un Kapha morose, mais sont en réalité le contraire absolu de ce qui convient à cette âme douce et dolente. Un vigoureux massage à l'huile de sésame tiède, un pot-pourri composé d'eucalyptus, de sauge et de musc, une promenade dans une forêt ensoleillée, puis une pomme saupoudrée de cannelle et cuite au four apaiseraient plus sûrement le cœur et l'esprit de Kapha. Il suffirait qu'il écoute ensuite une musique au tempo rapide, en montant le volume, pour qu'il se mette à danser.

Dosha : Vata

Type de peau : Sèche
Éléments : Air et Espace

Force de vie	Prana.
Caractéristiques générales	Froid, sécheresse, mobilité, rugosité, légèreté, minceur, clarté.
Charpente	Mince, irrégulière, grande ou petite.
Poids	Difficile à prendre, facile à perdre.
Forme du visage	Étroit, long, ovale, front étroit.
Peau	Froide, sèche, teint jaunâtre ou cireux, dure, pores resserrés, peu épaisse, exposée aux rides prématurées, cernes noirs, bronze facilement, délicate comme celle d'un bébé.
Cheveux	Foncés, secs, crêpelés, fins, rêches.
Ongles	Cassants, striés, grisâtres, décolorés.
Lèvres	Fines, sèches, tendance aux saignements.
Yeux	Petits, secs, irrités, bruns, gris, cils peu fournis, restent entrouverts en dormant.
Nez	Long, fin, recourbé.
Dents	Sèches, rugueuses, en avant, petites.
Langue	Sèche, fendillée, froide, rugueuse.
Appétit	Irrégulier, grignotage fréquent, aime la nourriture chaude.
Endurance	Limitée, faible, demande des efforts.
Transpiration	Peu abondante.
Élimination	Irrégulière, en petite quantité, tendance à la constipation.
Sommeil	Court, interrompu, gêné par le moindre bruit.
Tempérament	Peur, indécision, nervosité, anxiété, soucis, intolérance.
Qualités positives	Facile à vivre, grande activité, créativité, intelligence, sens pédagogique, musicien, leader spirituel, artiste, philosophe.

Sexualité	Froideur, versatilité ; le processus amoureux est plus important que l'acte sexuel en lui-même.
Sièges	Côlon, peau, vessie, rein, gros intestin.
Tendances	Sécheresse excessive, psoriasis, pellicules, rides, constipation, douleurs aiguës, mal de dos, arthrite, désordres nerveux, insomnie.

Dosha : Pitta

Type de peau : Sensible
Éléments : Feu et Eau

Force de vie	Tejas.
Caractéristiques générales	Chaleur, vivacité, légèrement huileux, aigreur, légèreté, fluidité.
Charpente	Moyenne, proportionnée.
Poids	Facile à prendre, facile à perdre.
Forme du visage	Triangulaire avec menton pointu.
Peau	Chaude, douce, rougeâtre, rose, brillante, pores dilatés dans la partie médiane du visage, nez rouge, tendance aux réactions allergiques, brûle facilement.
Cheveux	Doux, raides, blonds ou roux, gris prématurément.
Ongles	Doux, roses, bien formés.
Lèvres	Moyennes, douces, rouges, roses.
Yeux	En amande ; regard vif, pénétrant ; marron clair, noisette, gris, verts ; ne supportent pas la lumière vive.
Nez	Moyen, étroit, pointu.
Dents	Moyennes, blanches.
Langue	Rouge, foncée, goût épicé dans la bouche.
Appétit	Bon, excessif, bonne digestion, soif, aime les aliments froids.
Endurance	Moyenne.
Transpiration	Abondante, odeur aigre.
Élimination	Facile, régulière, abondante.
Sommeil	Court mais profond.
Tempérament	Colère, frustration, jalousie, haine, agressivité, irritabilité, arrogance.
Qualités positives	Adaptabilité, ambition, sensibilité, compassion, esprit vif ; leader intelligent, compétence en affaires et dans l'administration, pionnier.

Sexualité Intense; mais souvent manque de patience alors que l'on se prend pour un amant exceptionnel.

Sièges Foie, vésicule biliaire, intestin grêle, cœur, yeux.

Tendances	Acné rosacée, éruptions, urticaire, herpès, allergies, sensations de brûlure, ulcère stomacal, saignements, désordres hépatiques, hypertension.

Dosha : Kapha

Type de peau : Grasse
Éléments : Terre et Eau

Force de vie	Ojas.
Caractéristiques générales	Lourdeur, lenteur, fraîcheur, humidité, huile, douceur, densité.
Charpente	Large, bien bâtie, bien proportionnée.
Poids	Facile à prendre, difficile à perdre.
Forme du visage	Rond si l'Eau prédomine, carré si la Terre prédomine.
Peau	Fraîche, claire, grasse, pores dilatés, points noirs, tendance à l'acné juvénile, à garder des cicatrices, aux rides profondes ; bronze facilement.
Cheveux	Épais, gras, ondulés, bouclés, noirs, brillants.
Ongles	Clairs, pâles, carrés, blancs.
Lèvres	Épaisses, froides, pâles.
Yeux	Grands, noirs, bleus, humides ; regard sensuel, cils longs et huileux.
Nez	Droit, fort ; bon odorat.
Dents	Brillantes, huileuses, solides, blanches.
Langue	Blanche, chargée d'une salive abondante, douceâtre.
Appétit	Constant ; aime les aliments épicés, pas de grande soif.
Endurance	Forte, bon système immunitaire.
Transpiration	Modérée, odeur sucrée.

Élimination	Lente, régulière, modérée.
Sommeil	A besoin d'un sommeil long et profond.
Tempérament	Facilement dépressif, paresse, attachement, convoitise, passivité.

Qualités positives	Calme, stabilité, fiabilité, rapport nourricier, bonne mémoire, réussite dans les arts, la médecine, la comptabilité, l'enseignement. Bon parent.
Sexualité	Chaleur, endurance, romantisme. Bon amant.
Sièges	Estomac, péricarde, rate, système respiratoire, langue, nez, cheveux, ongles, muscles.
Tendances	Acné juvénile, œdème, gonflement, mal de tête dû à une sinusite, mal de gorge, problème respiratoire, asthme, diabète, kyste, tumeur.

Questionnaire concernant votre type de peau

Regardez-vous dans un miroir grossissant, puis cochez les réponses qui vous décrivent le mieux, en vous souvenant que vous n'avez pas besoin de présenter toutes les caractéristiques qui sont indiquées dans une seule réponse. N'oubliez pas non plus que vous pouvez, au besoin, cocher plusieurs items. Inversement, si dans une réponse proposée rien ne correspond à votre peau, laissez un blanc.

1. Ma peau, au toucher, est :

a. ❑ sèche, fine, rugueuse, froide.
b. ❑ légèrement grasse, douce, chaude.
c. ❑ grasse, humide, épaisse, froide.

2. Les pores sur mon visage sont :

a. ❑ resserrés.
b. ❑ dilatés dans la partie médiane, resserrés ailleurs.
c. ❑ dilatés.

3. Le ton* de ma peau est plutôt :

a. ❑ bleuté.

b. ❑ rouge.
c. ❑ jaune.

* *Le ton et la couleur de la peau sont deux choses différentes. Chaque type de peau – indépendamment de l'origine ethnique d'une personne – présente une nuance, subtile mais discernable. Les professionnels de la mode le savent et en tiennent compte pour harmoniser les couleurs de vos vêtements et de votre peau.*

4. Ma peau présente :
a. ❑ de fines rides, des veines gonflées.
b. ❑ des capillaires éclatés, des taches de rousseur, des grains de beauté.
c. ❑ des points noirs, un excès de sébum.

5. Ma peau a des taches :
a. ❑ noires sur les joues.
b. ❑ rougeâtres.
c. ❑ blanches ou brunes.

6. Ma peau est habituellement saine mais a tendance à être :
a. ❑ sèche, déshydratée, surtout quand il fait froid.
b. ❑ enflammée, sujette aux éruptions et (surtout quand il fait chaud) aux coups de soleil.
c. ❑ sujette à l'acné et aux boutons, en particulier autour de la bouche, sur le menton et sur le décolleté.

7. Mon visage est :
a. ❑ petit, étroit, long, ovale.
b. ❑ moyen, triangulaire, avec un contour anguleux.
c. ❑ large, rond, ou carré avec un contour aux angles arrondis.

8. Mes yeux sont :
a. ❑ petits, bruns ou noirs, avec des cils peu fournis, longs ou courts, et des sourcils fins.
b. ❑ verts, gris, ou noisette, avec des cils d'épaisseur et de longueur moyennes, des sourcils d'épaisseur moyenne. Un regard vif, pénétrant.

c. ❑ grands, bruns ou bleus avec des cils et des sourcils épais.

9. Mes lèvres sont :

a. ❑ fines, sèches, longues, avec un tracé irrégulier.
b. ❑ moyennes, douces, rouges.
c. ❑ épaisses, larges, pleines, avec un tracé régulier.

10. Mon nez est :

a. ❑ fin, petit, long, recourbé, sec.
b. ❑ moyen, avec une capillarité fragile.
c. ❑ gros, épais, ferme, gras.

11. Mes cheveux sont :

a. ❑ secs, fins, rugueux, bouclés, ondulés, peu abondants.
b. ❑ fins, d'une épaisseur moyenne, doux, blonds ou roux, prématurément gris ou à calvitie prématurée.
c. ❑ épais, huileux, abondants, ondulés, foncés ou clairs.

12. Mes ongles sont :

a. ❑ secs, petits, recourbés, cassants, rugueux, décolorés.
b. ❑ doux, moyens, roses.
c. ❑ épais, huileux, lisses, blancs, solides.

13. Ma transpiration est :

a. ❑ peu abondante, sans odeur.
b. ❑ abondante et chaude, avec une odeur forte.
c. ❑ modérée et froide, avec une odeur agréable.

14. Ma charpente est :

a. ❑ étroite, délicate, de taille moyenne, avec des os proéminents.
b. ❑ moyenne, avec de bons muscles.
c. ❑ large, bien développée, solide ; tendance à être trop enveloppée.

15. Dans l'activité physique, j'ai tendance à être :

a. ❑ très actif(ve), aussi prompt(e) à démarrer qu'à m'arrêter, endurance limitée.
b. ❑ modérément actif, d'une force moyenne, intolérance à la chaleur.
c. ❑ léthargique ou lent à démarrer, mais manifeste force et endurance dans l'action.

16. Dans l'activité mentale, j'ai tendance à être :

a. ❑ agité(e), irrégulier(ère).
❑ hyperactif(ve).
❑ indisciplíné(e).
❑ très créatif(ve).
❑ instable.
❑ rapide dans l'apprentissage, mais mémoire courte.

b. ❑ ambitieux, motivé.
❑ déterminé.
❑ vif.
❑ résolu.
❑ intelligent.
❑ discipliné, avec une bonne mémoire.

c. ❑ calme, stable.
❑ astucieux.
❑ fiable.
❑ prudent.
❑ perspicace.
❑ lent à comprendre, mais longue mémoire.

17. Normalement, je suis :

a. ❑ changeant(e).
❑ imprévisible.
❑ anxieux(se).
❑ incertain.
❑ rapidement pris(e) par les passions et par l'attachement.
❑ impatient(e).
❑ rancunier(ère).

b. ❑ courageux.
❑ agressif.
❑ invincible.
❑ vite en colère, mais vite calmé.
❑ irritable.
❑ jaloux.
❑ cruel.

c. ❑ calme.
❑ civilisé.
❑ romantique.
❑ fidèle.
❑ timide.
❑ triste.
❑ lymphatique.
❑ porté aux attachements excessifs.

18. Une situation stressante provoque chez moi :

a. ❑ crises d'anxiété.
❑ peur et/ou contrariété.
❑ insomnie.
❑ tremblements.
❑ surexcitabilité.

b. ❑ colère excessive.
❑ frustration.
❑ emportements.
❑ jalousie.
❑ hostilité.

c. ❑ dépression.
❑ passivité.
❑ gourmandise.
❑ chagrin.
❑ possessivité.

19. Je suis particulièrement sensible :

a. ❑ au froid sec et au vent.
b. ❑ à la chaleur et au soleil.
c. ❑ au froid humide.

20. Je souffre parfois de :

a. ❑ manque d'appétit, perte de poids.
❑ problèmes rénaux.
❑ crampes menstruelles.
❑ spasmes musculaires.
❑ douleur arthritique.
❑ constipation.
❑ douleurs au niveau des reins.
❑ gaz intestinaux.

b. ❑ bouffées de chaleur.
❑ acidité stomacale.
❑ hémorroïdes.
❑ maladie inflammatoire.
❑ ulcères.
❑ maladie du foie.
❑ hypertension.
❑ brûlures d'estomac.

c. ❑ congestion des sinus
❑ toux.
❑ rhume.
❑ somnolence.
❑ cholestérol.
❑ asthme.
❑ diabète.
❑ prise de poids.

21. J'ai souvent l'un ou plusieurs problèmes de peau suivants :

(*Un astérisque indique que la maladie est décrite ci-contre*)

a. ❑ sécheresse excessive.
❑ eczéma sec*.
❑ peau squameuse.
❑ psoriasis*.
❑ décoloration, et poches sous les yeux.
❑ pellicules.
❑ crevasses sur les paumes ou sur les voûtes plantaires.
❑ rides sur le front quand il y a constipation, stress, ou anxiété.

b. ❑ éruptions, urticaire ou herpès.
❑ eczéma brûlant*.
❑ acné rosacée*.
❑ visage, yeux, pieds brûlants.
❑ points blancs.
❑ transpiration excessive.
❑ dermatite de contact ou sécheresse du cuir chevelu ou au niveau de l'implantation des cheveux.
❑ rides prématurées ou lignes sous les yeux.

c. ❑ sébum.
❑ eczéma humide.
❑ acné juvénile*.
❑ chairs molles (rétention d'eau).

- ❑ cicatrices et/ou rides profondes, en particulier ride du rire.
- ❑ prise de poids.
- ❑ perte de la tonicité de la peau.

Acné rosacée : Boutons secs, rouges, généralement sur le nez et sur les joues, mais qui peuvent apparaître n'importe où sur le visage et sur le dos.

Eczéma brûlant : Plaques rouges, sèches, aux articulations, ou ailleurs, accompagnées de démangeaisons ou d'une sensation de brûlure.

Dermatite de contact : Plaques squameuses, autour des yeux et des sourcils, sèches, rouges, accompagnées de démangeaisons.

Acné juvénile : Éruptions de pustules, en particulier autour de la bouche, sur le menton, sur le décolleté, ou n'importe où ailleurs sur le visage ou sur le dos.

Eczéma sec : Plaques sèches, rouges, généralement autour des articulations, mais peuvent apparaître n'importe où sur le corps.

Psoriasis : Desquamation excessive d'une peau sèche, apparition de squames blanchâtres, sèches, friables.

Eczéma humide : Plaques rouges, suintantes, sensibles, en général autour des yeux, des sourcils, sur le nez ou sur le cuir chevelu, ou n'importe où ailleurs.

Vos résultats

Le questionnaire concernant votre type de peau est, en fait, conçu pour répondre à deux questions : avez-vous naturellement une peau *sèche*, *sensible*, ou *grasse* ? Et l'état de votre peau est-il, en ce moment, *équilibré* (peau normale) ou *déséquilibré* (problème cutané) ? Vous avez besoin de répondre à ces deux questions afin de pouvoir choisir le programme de soins qui vous convient.

Votre type de peau normal : Faites les totaux de vos réponses positives dans les groupes *a*, *b* et *c*, des questions

1 à 21. Inscrivez-les ici, puis encerclez le total le plus élevé :

	a. ____	b. ____	c. ____
SI VOUS AVEZ ENCERCLÉ LE TOTAL DU GROUPE :	A.	B.	C.
Votre dosha dominant est :	Vata ❑	Pitta ❑	Kapha ❑
Votre peau est normalement :	Sèche ❑	Sensible ❑	Grasse ❑

L'état de votre peau : Regardez uniquement vos réponses à la question 21. Pour chaque colonne marquez ici « 0 » si vous n'avez rien coché ; ou « X » s'il y a une ou plusieurs réponses :

a. ____ b. ____ c. ____

SI VOUS AVEZ MARQUÉ	TROIS « 0 »	UN « X » OU PLUS
L'état de votre peau est, en ce moment :	Équilibré ❑ (peau normale)	Déséquilibré ❑ (problème cutané)

SIGNIFICATION DES RÉSULTATS

Comme je l'ai déjà expliqué, votre type de peau reflète les propriétés de votre dosha dominant :

– Une *peau sèche* révèle une prédominance de Vata.
– Une *peau sensible*, une prédominance de Pitta.
– Une *peau grasse*, une prédominance de Kapha.

Une peau sensible est également considérée comme une *peau mixte* parce qu'elle est souvent sèche sur la joue, et grasse dans la partie médiane du visage. Cette combinaison reflète le fait que Pitta, qui donne une peau sensible, possède aussi des propriétés qui imitent celles des autres doshas. Par exemple, Pitta est chaud et, par conséquent, sèche la peau, comme Vata ; il est aussi légèrement huileux et donc stimule les glandes sébacées comme Kapha. Parce qu'elle peut être, à la fois, sèche et grasse, la peau sensible est parfois difficile à identifier. Si vous avez du mal à vous y retrouver, examinez vos pores qui sont un bon indice. Des pores dilatés sur la zone médiane et des pores resserrés sur le reste du visage sont l'indice d'une peau sensible ; des pores resserrés sur tout le visage sont le signe d'une peau sèche ; des pores dilatés sur l'ensemble du visage, un signe de peau grasse.

On dit qu'une peau est *normale* quand son état reflète l'équilibre des doshas. Toute peau normale est nette et a de l'éclat, mais *légèrement sèche, sensible* ou *grasse*, selon votre type de base. Il y a un *problème* dès que l'état de la peau sort de la norme.

Si les problèmes de peau indiquent toujours un déséquilibre des doshas, en revanche une peau parfaite n'est pas systématiquement révélatrice d'une bonne santé. Par exemple, une personne peut avoir de l'hypertension et, en même temps, un teint ravissant. Parce qu'il existe un principe qui est celui de la sensibilité finalitaire, certaines personnes sont susceptibles de présenter de nombreuses affections qui altèrent leur santé sans altérer leur peau. Par conséquent, on ne doit jamais, sous prétexte que l'on a une peau saine, un teint normal, négliger de se faire faire un check-up ou ignorer les conseils d'un médecin.

Pour la même raison, si un problème de peau révèle effectivement un déséquilibre dans votre constitution, il ne convient pas d'en déduire que ce déséquilibre est permanent et que vous êtes condamné à voir ces problèmes s'éterniser ou se renouveler. Les chapitres suivants vous permettront, dans le cas où vous avez effectivement un problème de peau, de découvrir l'origine de cette affectation et la façon de faire disparaître, à l'aide d'un traitement approprié, le déséquilibre qui vous perturbe. Mais même si vous n'avez pas à vous plaindre de votre peau pour le moment, vous pourrez toujours bénéficier, grâce à la lecture de ce livre, des informations concernant la santé et la beauté en général. De plus, comme vous apprendrez à reconnaître les signes révélateurs d'un déséquilibre, vous serez en mesure de prévenir les problèmes et, également, de mieux comprendre les diverses manières dont le teint reflète l'état intérieur, physique et mental.

Chapitre 3

LE DÉSÉQUILIBRE : MALADIES DE LA PEAU, VIEILLISSEMENT, ET CONNECTION ENTRE LE CORPS ET L'ESPRIT

Son sang pur et éloquent
Parlait sur ses joues, et avec tant de précision
Que l'on aurait presque pu dire que son corps pensait.

JOHN DONNE

La peau est un vaste sujet. Organe humain le plus étendu, la peau est constituée de sept couches de cellules dont l'ensemble est la première voie de détoxication. Elle est également un réservoir de graisse, d'eau, de glucose et de sel ; le principal canal d'absorption et de sécrétion ; le régulateur de la température du corps qui règle en même temps l'équilibre de l'eau ; un producteur essentiel d'hormones endocrines. Ses 640 000 récepteurs sensoriels sont la source du toucher, de la douleur, du plaisir, de la pression, de la chaleur, du froid, et constituent également un lien direct avec le cerveau et avec les autres parties du système nerveux. La peau est aussi notre première ligne de protection contre l'extérieur et le *reflet* de tout ce qui se passe à *l'intérieur* du corps.

C'est cette fonction fondamentale d'indicateur physique du travail le plus subtil du corps et de l'esprit qui est la préoccupation majeure de ce livre. Jusqu'à une époque récente, elle a été précisément la fonction que la médecine occidentale a le plus ignorée. Et c'est bien à cause d'une lacune de ce genre que les professionnels des soins de beauté sont, tout comme le daim dans les bois, condamnés à chercher en vain le produit de beauté parfait.

Ce chapitre fournit la base scientifique d'un programme de soins qui agissent de l'intérieur vers l'extérieur. Je vais y expliquer ce qu'est une peau « parfaite », ce qui se passe quand cette perfection disparaît, ainsi que les causes du vieillissement prématuré et des maladies de la peau. À partir des divers points de vue de la médecine du corps et de l'esprit, ancienne et moderne, nous verrons pourquoi la peau est appelée le « second cerveau » du corps, comment son apparence reflète effectivement notre état psychophysiologique, dû à l'hormone de connexion, ce que sont les symptômes spécifiques du déséquilibre – selon l'Ayurveda –, et pourquoi ces symptômes diffèrent d'une personne à l'autre. Le questionnaire concernant les problèmes de la peau, et qui se trouve p. 132, vous aidera à découvrir un éventuel problème actuel et les facteurs qui, dans votre vie, peuvent en être la cause, si bien que vous serez en mesure de sélectionner le traitement approprié au rétablissement de votre équilibre.

Le vieillissement et la peau

Regardez le visage d'un bébé en bonne santé. Quels que soient ses traits, qu'il ait un teint clair ou mat, on a envie de toucher sa peau. Elle est douce, souple, lisse, fraîche comme la rosée, a de l'éclat et ne présente aucun défaut, et c'est précisément cette perfection dont nous héritons à la naissance, et qui constitue la norme à partir de laquelle nous mesurons le vieillissement.

Jusqu'à l'adolescence, la peau garde normalement toutes ses qualités. Sa couche supérieure et dure est bien hydratée. Le ciment intercellulaire qui lubrifie et humidifie est en bon état. L'activité cellulaire est rapide et efficace. L'élastine fait des « étincelles » et le réseau des fibres de collagène est solide et abondant. Mais, à partir de la puberté, du point de vue biologique, tout commence à décliner. Comme vous le verrez, les changements qui interviennent dans la chimie du corps, conjugués aux effets de l'environnement, des conditions de vie, du stress, se liguent pour défaire le travail originel de la nature. Dès treize ou quatorze ans, on peut percevoir des signes de détérioration en se faisant une bouche en cul de poule. Si de profondes lignes verticales apparaissent autour des lèvres, on peut raisonnablement en conclure qu'une santé ou une alimentation médiocre, voire l'habitude de boire ou de fumer, a déjà provoqué une déshydratation de la peau qui entraîne un vieillissement prématuré – quoique les premières rides permanentes n'apparaissent généralement pas avant trente ans.

Entre quarante et cinquante ans, plusieurs fonctions de la peau se réduisent de façon significative et ses structures commencent à se détériorer. L'épiderme mincit, les glandes sudoripares diminuent en taille et en nombre, les cellules dermiques se vident, le flux sanguin se ralentit, le système immunitaire s'affaiblit, les fibres de collagène se désorganisent et par conséquent perdent leur force, ce qui entraîne le relâchement des chairs. Si vous vous situez dans cette catégorie, pincez-vous la peau du dos de la main et vous pourrez mesurer sa perte d'élasticité – un signe infaillible du vieillissement – en fonction de la lenteur ou de la rapidité avec laquelle elle se remet en place. Il est hélas ! vrai que la peau des hommes a tendance à mieux vieillir que celle des femmes. Leur derme est plus épais – et, par conséquent, garde sa fermeté plus longtemps – et, pendant que, chez la femme, l'activité des glandes sébacées diminue notablement à partir de la ménopause – en général autour de cinquante ans –, chez l'homme elle continue jusqu'à soixante-dix ans à lubrifier la peau.

Bien que le teint idéal dure le temps de l'enfance, de nombreuses imperfections que nous associons au vieillissement ne sont pas simplement dues au temps qui passe. En fait, il existe deux types de vieillissement de la peau. Le premier est externe. Comme le cœur, les poumons et le cerveau, la peau est un organe vivant, mais le seul, en revanche, à être totalement exposé à l'environnement et aux effets nocifs du soleil, de l'eau, de la pollution, des produits chimiques que l'on trouve dans nos articles de toilette et dans l'eau. La peau exige donc, ne serait-ce que pour cette raison, plus d'attention quotidienne que le reste du corps si l'on veut éviter un vieillissement prématuré.

Le second type de vieillissement est interne, mais ses effets ne sont pas pour autant invisibles. Les déséquilibres psychophysiologiques provoqués par notre façon de vivre et le stress altèrent le fonctionnement et la structure des cellules de la peau et, par conséquent, fragilisent l'apparence du tissu lui-même. Ce vieillissement interne a des effets plus étendus que le processus externe mais, en revanche, est plus facile à contrôler. On ne peut guère se soustraire à l'influence du climat alors qu'il est possible de soigner sa neurophysiologie en faisant attention à ses habitudes alimentaires, à sa respiration, à ses pensées, à ses émotions et même, comme vous le verrez, aux buts que l'on se donne. Bien des signes de vieillissement, considérés comme normaux, ne sont en fait que des signes de vieillissement et d'affections prématurés qui résultent d'un déséquilibre, lequel peut être corrigé et prévenu en suivant les méthodes de l'Ayurveda.

Le corps pensant : stress, hormones et immunité

D'où vient le déséquilibre du corps ? Qu'est-ce qui interrompt son fonctionnement normal, et comment la peau reflète-t-elle cette perturbation ? La médecine du corps et de l'esprit – tant moderne qu'ancienne – répond que la cause fondamentale de ce déséquilibre est le *stress*, ainsi que les modifications hormonales qu'il provoque.

Ce terme est entré dans le vocabulaire médical de l'Occident il y a environ cinquante ans, quand les scientifiques ont commencé à étudier le phénomène d'autorégulation du corps, en même temps que l'homéostasie, c'est-à-dire l'intégrité et l'équilibre corporels. Hans Selye, l'un des premiers à avoir étudié le stress, estima qu'il était la cause des perturbations dans les mécanismes homéostatiques, lesquelles conduisaient aux affections physiques et mentales. Le stress devint le terme de référence pour désigner tout facteur physique, chimique ou émotionnel surchargeant le système homéostatique et entraînant ainsi le déséquilibre. Comme vous le verrez, ses effets psychophysiologiques constituent le syndrome du stress.

Pour l'Ayurveda, tout ce qui surcharge l'équilibre naturel de nos énergies – autrement dit leur rapport proportionnel – avec trop d'énergies semblables constitue le stress. Par conséquent, le stress inclut tout ce qui perturbe les rythmes de la nature. Les facteurs de stress peuvent être physiques, psychologiques ou spirituels, selon l'Ayurveda. Les facteurs physiques englobent toute surcharge des sens venant d'une alimentation ou d'exercices inappropriés, de mauvaises habitudes, d'un excès de travail, d'une fatigue physique, d'un manque de repos, de voyages trop nombreux, d'une respiration insuffisante, d'un abus de stimulants comme l'alcool, le tabac ou le café, d'un excès d'épices, d'une surcharge d'éléments chimiques venant de l'environnement, d'additifs et de conservateurs alimentaires, de lotions et de savons synthétiques, et de médicaments. Les facteurs stressants, d'ordre psychologique, comprennent les crises émotionnelles, les relations insatisfaisantes, les conflits personnels et les comportements négatifs. Sur le plan spirituel, le stress vient du doute, du désespoir, de la confusion – ou de l'absence d'un but –, d'un manque d'expérience directe de la conscience, autrement dit d'un manque d'harmonie intérieure et de paix de l'esprit. L'état de stress est appelé *santrasa*. Vasant Lad, médecin ayurvédique et fondateur du premier institut ayurvédique des États-Unis, explique que ce terme recouvre un inconfort permanent du corps et de l'esprit qui perturbe l'équilibre des cinq éléments, des sept dhatus, ou tissus corporels, et des trois *malas*, ou déchets produits par un corps sain.

Plus loin, dans ce chapitre, nous reviendrons sur cette description ayurvédique du déséquilibre mais, pour l'instant, il nous faut considérer le point de vue contemporain. En Occident, il n'est pas difficile d'imaginer comment la nourriture, les médicaments ou les polluants peuvent altérer la chimie du corps et sa substance. Mais la difficulté est de comprendre comment des expériences extérieures ont des conséquences physiques dans notre corps, comment des pensées et des sentiments changent la fonction et la substance de nos cellules et sont reflétés par la peau. En d'autres termes, il nous faut comprendre comment l'esprit provoque vieillissement et maladies et nous demander s'il peut, au contraire, nous garder notre jeunesse et notre santé. Ce n'est qu'au cours des deux dernières décennies que la science a apporté quelques réponses à ces questions concernant les liens entre nos émotions, nos pensées, et nos hormones – messagers chimiques qui gouvernent la plupart de nos fonctions physiologiques, y compris les réactions du corps au stress. Et ce qu'elle a découvert de plus important c'est qu'il n'y a pas une seule expérience humaine, bonne ou mauvaise, qui soit « uniquement mentale ».

LES HORMONES : LE LANGAGE CHIMIQUE DU CORPS-ESPRIT

Le stress – en tant que donnée psychologique – n'est pas un microbe. Ce n'est pas un organisme qui envahit le corps, que l'on peut voir au microscope et soigner avec des médicaments. Il n'est pas plus réel que notre perception. Ce stress psychologique est de l'ordre de la *pensée*, et littéralement créé par l'esprit. Parmi les événements qui se passent dans le monde, l'esprit sélectionne ceux qu'il considère comme stressants, selon, bien entendu, une interprétation subjective. Aucun événement n'est, en lui-même, stressant, mais il le devient en fonction de la façon dont il nous fait réagir. Par exemple deux personnes vont voir le même film, mais l'une le trouve effrayant et l'autre risible. On peut être bouleversé par un divorce ou se sentir libéré.

Quelqu'un gagne le gros lot dans une loterie et se retire avec bonheur au soleil. Quelqu'un d'autre, dans une situation similaire, aura une crise cardiaque. Un même individu peut aussi réagir différemment à la répétition d'événements identiques. Nous sommes si nerveux que nous ratons notre permis de conduire. Si nous recommençons, avec un peu plus d'expérience et de connaissances, nous trouvons que la même épreuve est devenue une partie de plaisir.

Bien entendu, toutes les formes de stress ne sont pas nocives. On peut, à l'approche de notre mariage, par exemple, éprouver beaucoup d'exaltation et seulement un peu de nervosité. Il est possible qu'un divorce nous apparaisse comme une chose très positive, tout en ayant un sentiment d'insécurité en pensant à notre situation financière. D'une façon générale, de tels états émotionnels sont des états d'*excitation régulée* correspondant à la production d'une énergie identique à celle qui nous vient quand on a envie d'achever un travail ou que l'on anticipe son plaisir. Cet état de motivation est parfois appelé l'*eustress* ou bon stress parce qu'il crée une fébrilité qui nous soutient et s'apaise quand nous avons ce que nous voulions. Cependant, quand l'excitation n'est pas régulée – c'est-à-dire quand il s'agit d'une réaction provoquée par des pensées ou par des croyances inconscientes – nous sommes alors exactement en présence de ce que nous appelons le stress.

C'est le genre de stress psychologique dont l'Ayurveda se préoccupe et, comme je l'ai déjà dit, il naît de notre perception subjective de la réalité. Que nos idées puissent avoir une valeur objective ne signifie rien pour le corps. Une fois que l'esprit a décidé qu'un événement est stressant, la *pensée elle-même* devient notre réalité *moléculaire* sous la forme d'éléments biochimiques appelés *catécholamines* – hormones du stress qui sollicitent les systèmes corporels nécessaires soit à la lutte soit à la fuite. Le cerveau, attentif à la crise ou à la menace, envoie un signal à l'hypothalamus, qui active la glande maîtresse, l'hypophyse, laquelle provoque l'activité de la glande médullo-surrénale, génératrice de la fameuse poussée d'adrénaline qui révèle une réaction au stress. Et si nos pensées sont capables de nous rendre malades, c'est à cause des effets combinés et prolongés de cette hormone du stress sur le système immunitaire.

Bien que la découverte de ce mécanisme soit récente – elle ne date que de quelques années –, on peut dire qu'elle a transformé l'idée que l'Occident avait de l'influence de l'esprit sur le corps. Avant 1974, on considérait généralement que les communications entre l'esprit et le corps étaient assurées par le système de transmission des fibres nerveuses. Le cerveau était la commande centrale qui recevait et renvoyait les messages de et vers les avant-postes de son réseau, par l'intermédiaire de la chaîne des neurones, tandis que tous les autres systèmes du corps avaient soit une fonction autonome, soit une fonction qui exigeait d'attendre que leurs récepteurs nerveux reçoivent des ordres.

Puis les scientifiques ont fait toute une série de découvertes remarquables. D'abord, ils ont observé que la transmission des impulsions nerveuses n'impliquait pas seulement les neurones mais également des « messagers moléculaires » – une classe particulière d'hormones, appelées *neuropeptides* – qui circulaient librement dans le courant sanguin et régulaient les fonctions cellulaires. La transmission ne se faisait *pas* uniquement à la manière d'un courant électrique, mais était également chimique. Ensuite, ils ont découvert qu'il n'y a pas que des cellules qui reçoivent les messages chimiques du cerveau. Enfin – et cette troisième découverte n'est pas la moindre –, ils ont constaté que les cellules du cerveau ne sont *pas* les seules à produire et à envoyer des neuropeptides.

Ainsi, les scientifiques ont appris que le système immunitaire – dont on croyait le fonctionnement indépendant du cerveau et du système nerveux central – possédait, ainsi que le système glandulaire, des « cellules avec un cerveau », pour ainsi dire. Ces cellules reçoivent, envoient et même recodent les signaux nerveux aminopeptiques, à la manière des neurones, afin de guider et de moduler leurs activités réciproques. Ces trois systèmes dominants se parlent, et de façon incessante, avec le même langage chimique. Tout comme le téléphone portable permet de se passer de fils contraignants, ces messagers moléculaires, circulant librement avec leurs cellules réceptrices, permettent une communication directe (au-delà du système nerveux) entre le cerveau et les milliards de cellules du corps. Ainsi que le déclare le physiologiste Robert Keith Wallace, cette découverte conduit à la conclusion que « notre corps est un corps pensant, entre les innombrables parties duquel l'information et l'intelligence circulent constamment ».

Ainsi que commence à le découvrir la science occidentale, nous ne pouvons plus continuer à considérer que le corps et l'esprit sont deux entités séparées, avec des fonctions et des expériences distinctes. Depuis toujours, l'Ayurveda enseigne que le corps et l'esprit constituent une « conscience » indivisible qui agit et qui réagit en tant qu'unité. En définitive, que le stress soit physique, chimique ou psychologique, ses effets sont identiques sur le *corps-esprit*.

Le syndrome du stress et l'immunité

« Où que puisse aller une pensée, une substance chimique l'accompagne », affirme Deepak Chopra. Mais comment une pensée et une substance chimique deviennent-elles un bouton sur la peau ? La pensée scientifique occidentale explique ce phénomène par le mécanisme même de la réaction au stress et l'impact de l'apparition du stress sur le système immunitaire.

Le système nerveux autonome module la réaction au stress. Il se divise en deux branches qui toutes deux gouvernent les fonctions physiologiques involontaires. Le système *sympathique* induit la réaction au stress, régule les hormones du stress, et agit sur les fonctions internes concernées par le stress, comme le rythme cardiaque et la respiration. Il règle également des fonctions liées à l'expérience extérieure, telles que les réactions sensorielles, comprenant entre autres celles de la peau ainsi que le mécanisme de l'apport d'énergie nécessaire à l'action. Le système *parasympathique* contrôle les fonctions internes vitales : celle du cœur, des poumons, de la digestion, ainsi que l'activité glandulaire et endocrinienne. C'est aussi lui qui fournit au système sympathique l'énergie dont il a besoin en situation de stress et qui, ensuite, déclenche la réaction qui restaure l'équilibre après la crise.

En situation normale, ces deux systèmes s'équilibrent. Quand survient le stress, l'activité du système sympathique s'accélère et se répercute sur le système parasympathique qui se met à produire l'adrénaline et les autres hormones. Il en résulte un état d'alerte au niveau sensoriel, une perturbation de la respiration et de la digestion, une élévation du taux des glucides dans le sang, afin de libérer un surplus d'énergie, une accélération des fonctions cardio-vasculaires, qui augmente l'apport de sang dans les membres en prévision de l'attaque ou de la fuite. Le but de ces réactions est évidemment de nous donner la force physique et mentale nécessaire pour survivre à l'attaque. Une fois que la menace a disparu, l'activité parasympathique reprend le dessus, la poussée d'adrénaline cesse, le corps et l'esprit s'apaisent, et rien n'est endommagé. En elle-même, la réaction au stress n'altère pas la santé. En fait, elle est vitale. En revanche, quand ses mécanismes sont prolongés, comme cela se passe lorsque nous avons constamment à respecter des délais ou à faire face à des crises personnelles, nous nous retrouvons avec une production d'hormones et d'énergie spécifiques qui représente un vrai problème.

En effet, une réaction au stress qui perdure a un effet négatif sur toutes les glandes. Le cortex de la glande médullo-surrénale se met à libérer de la cortisone qui est, à fortes doses, un poison pour le corps. L'hypophyse libère une hormone antidiurétique, l'HAD, l'hormone adrénocorticotrope, l'HACT, et l'hormone stimulant la thyroïde ou HST. Ensemble, ces hormones perturbent l'équilibre de l'eau, la fonction des glandes sexuelles, le métabolisme et la croissance des os. Une libération constante de catécholamines dans le flux sanguin augmente la production de molécules oxydantes, et conduit à une détérioration de la fonction cellulaire qui est le commencement du vieillissement. En même temps, l'activation prolongée du système parasympathique épuise les réserves d'énergie du corps tandis que d'autres fonctions parasympathiques, essentielles à la vie et à la santé deviennent insuffisantes, étant donné que les ressources du système sont constamment déviées pour répondre à l'urgence.

L'effet cumulé de ces bouleversements hormonaux se traduit par divers symptômes physiques et psychologiques qui constituent le syndrome du stress. Sur le plan de la digestion, on se plaint de douleurs, de crampes abdominales, de diarrhée, de constipation, d'indigestion, d'un excès d'acide stomacal, de spasmes des intestins, de colites spasmodiques, d'ulcère, de diverses difficultés au niveau de l'ingestion des aliments. La sécrétion de cortisone modifie le taux de glycogène, ce qui conduit au diabète. Les perturbations du taux d'estrogène et de progestérone influent sur le cycle menstruel et peuvent provoquer stérilité et aggravation du syndrome prémenstruel. Au niveau cardio-vasculaire, on peut redouter l'apparition d'hypertension, de palpitations, de maladies cardiaques. Parmi les autres symptômes, on relève tension musculaire, grincement des dents, transpiration, douleur à l'épaule, asthme, allergies, maux de tête, fatigue chronique. Les symptômes psychologiques comprennent un manque de concentration, des cauchemars et des bégaiements.

Bien que chacun de ces symptômes soit préoccupant, il reste que le pire effet d'un stress prolongé ne se trouve pas parmi eux. La conséquence la plus grave, à long terme, de ce déséquilibre neurophysiologique, est la suppression des fonctions immunitaires du corps qu'entraîne le flot d'hormones du stress. Il a été prouvé que le système immunitaire, en partie suspendu dans un état de stress provisoire, ne peut s'adapter au stress qui perdure et reste actif mais à un niveau d'activité inférieur à sa norme. Il a été également prouvé qu'une fois que le système immunitaire a été affaibli, nous sommes plus exposés à la maladie quand le stress se renouvelle. En ce sens, un stress prolongé est la source de toutes les affections – y compris celles de la peau.

Le stress, les émotions et le second cerveau

Les trois systèmes de contrôle prépondérants ont une influence considérable sur les fonctions de la peau. Grâce à une multitude de connexions nerveuses avec le cerveau, et au va-et-vient de substances chimiques, entre elles et les systèmes neuro-endocrinien et immunitaire, les cellules de la peau sont en constante communication avec tout le reste du corps. La science occidentale comprend cela depuis peu. Avant, elle ignorait que la peau a de nombreuses fonctions métaboliques, et ne lui prêtait que la capacité de produire l'hormone que l'on appelle la vitamine D. C'est à partir de la découverte des neuropeptides que les chercheurs se sont rendu compte que de nombreux organes corporels – dont la peau – participaient avec le cerveau à la régulation de la physiologie. En 1992, ils ont constaté – et c'est là l'une de leurs découvertes cruciales – que les cellules périphériques, ou *kératinocytes,* qui forment la toute première couche de l'épiderme, produisaient les mêmes messagers moléculaires que les cellules immunitaires, et qu'en conséquence la peau jouait un rôle dans la défense de l'organisme, en plus de son rôle dans l'activité neurale et endocrinienne. Ainsi, la peau reflète naturellement les changements qui interviennent dans tous les systèmes corporels, de même qu'elle exerce une influence sur eux. (Par exemple, un massage ayurvédique stimule le système immunitaire du corps.) En fait, ses cellules ont la capacité de recevoir et de transmettre les molécules de communication, tellement semblable à celle des cellules du cerveau qu'elle est désormais considérée comme le « second cerveau » du corps.

Nous avons vu que le stress provoque le déséquilibre et que *tout déséquilibre déclenche un processus de vieillissement accéléré de la peau.* Mais il faut savoir que le stress a également un impact direct sur la peau. En période de p turbation, les tissus cutanés sont les derniers à recevoir les nutriments parce que le flux sanguin qui les transporte alimente d'abord les organes vitaux, comme le cœur, le cerveau et les poumons ; la dilatation des vaisseaux sanguins entraîne des ruptures de capillaires, des rougeurs, et fragilise la peau. Si l'on a de l'eczéma, un excès de transpiration des paumes, de la plante des pieds, des aisselles, provoque suintement, démangeaison ou inflammation, donc exacerbe la maladie. Une tension permanente perturbe le métabolisme, en ralentissant le renouvellement des cellules et le processus de rajeunissement, en bouchant les pores et en favorisant l'apparition de toxines sous la peau, toxines qui donnent un teint jaunâtre ou blafard, en tout cas terne. Le stress est également responsable d'une diminution du taux de protéines, de potassium, de phosphore et de calcium qui aident à réguler les fluides corporels et à maintenir l'équilibre entre les acides et les substances alcalines. Ce qui a pour résultat de déshydrater la peau et de perturber son taux d'acidité. Les autres conséquences du stress au niveau de la peau sont nombreuses : chutes de cheveux, apparition prématurée de cheveux gris, augmentation ou perte (vitiligo) de la pigmentation, bleus, démangeaisons (lichen chronique simple) et lichen plan, aggravé (maladie cutanée qui se caractérise par de petites papules violacées ou rouges sur les poignets, sur les chevilles et sur les autres extrémités).

Plusieurs affections de la peau sont liées directement aux changements hormonaux produits par le stress. Un excès d'androgène, hormone sexuelle mâle due au stress, augmente le sébum, accélère la chute des cheveux et multiplie les poils sur le visage. Une augmentation de la production de corticostéroïdes stimule également l'activité des glandes sébacées, ce qui entraîne l'apparition d'acné, rend la peau grasse, fait éclater les capillaires, ralentit le processus de guérison, diminue l'épaisseur des tissus de la peau et provoque l'infection. Un déséquilibre dans le taux d'insuline n'est pas seulement cause de diabète ; il génère de nombreux effets secondaires comme un teint congestionné, des démangeaisons persistantes, des lésions brunâtres ou jaunâtres, favorise les infections dues aux bactéries à l'oïdium, ou au fongus, et ralentit le processus de guérison. Le déséquilibre thyroïdien a un effet nocif sur le métabolisme et la croissance. Une sécrétion élevée augmente le flux sanguin et la transpiration, congestionne le visage, accélère la chute des cheveux, et tend à décoller les ongles de la peau. Une sécrétion ralentie donne des cheveux secs et cassants, dégarnit les sourcils et provoque des rides prématurées. Enfin, une augmentation du taux des neuropeptides, diffusées dans la peau par les nerfs sensitifs sous l'effet du stress, peut provoquer des inflammations locales comme le psoriasis, la dermatite atopique, l'eczéma, l'urticaire, les zonas, et d'autres allergies.

Bien entendu, les changements hormonaux qui ont un effet négatif sur la peau ne sont pas tous dus au stress. Beaucoup font normalement partie de la vie. Chez les femmes, les ovaires produisent l'estrogène, hormone qui contrôle la menstruation. L'estrogène hydrate, adoucit la peau et maîtrise l'activité des glandes sébacées. Quand le taux d'estrogène décroît naturellement avant l'apparition des règles et à la ménopause, l'augmentation corollaire des sécrétions sébacées provoque souvent de l'acné, en particulier s'il y a un déséquilibre et une peau déjà sensible et grasse.

Néanmoins, le dermatologue bostonien Robert Griesemer affirme dans son livre *Emotions and Your Health* (Vos émotions et votre santé) que le stress émotionnel est le facteur déterminant dans plusieurs types de maladies de la peau. Il rapporte que 98 % des cas de démangeaisons sévères, 95 % des verrues, 94 % des symptômes apparentés à ceux de l'acné, 86 % des cas de prurit ou autres types de démangeaisons, 68 % des urticaires, 62 % des psoriasis et 56 à 70 % des eczémas sont provoqués par le stress, ou ont un rapport avec lui.

Comme l'indiquent les résultats de la recherche scientifique, les effets du stress sur le corps et sur la peau sont innombrables. Sans cesse « renseignés » sur ce que nous pensons et ce que nous ressentons par le langage des hormones, la peau et le système immunitaire reflètent alors nos pensées.

En ce sens, la science occidentale confirme l'enseignement millénaire de l'Ayurveda, selon lequel la plupart de nos maladies physiques traduisent nos émotions. Quand nous sommes dans l'incapacité de laisser « parler notre esprit » par les organes naturels de l'expression, nous développons un stress émotionnel. Sous la forme de messagers moléculaires, nos sentiments inexprimés trouvent d'autres moyens d'expression dans le corps, qui sont autant d'affections qui parlent à notre place. Un ulcère peut révéler que quelque chose nous « ronge », la toux et la congestion peuvent indiquer que nous avons un « poids » sur la poitrine, l'hypertension révèle que nous « bouillons » intérieurement et, comme vous le verrez, les maladies de la peau traduisent fréquemment tout un éventail de sensations inexprimées qui ont chacune leur « voix » propre. Par exemple, l'eczéma humide pleure pour nous quand nous avons du chagrin ; les plis sur le front trahissent nos peurs ; les plaques rouges parlent de notre rage contenue.

Il ne s'agit pas ici de simples métaphores. Ted A. Grossbart, qui est professeur de psychologie à l'école médicale d'Harvard et donne, par ailleurs, des consultations privées, note que, souvent, les symptômes cutanés visibles « reflètent symboliquement le conflit émotionnel ». Dans *Mind/Body Medecine* (La Médecine du corps et de l'esprit), il cite le cas d'une femme malheureuse en ménage qui avait développé une sévère allergie cutanée sur l'annulaire où elle portait son alliance en or, alors que « d'autres doigts portant également des bagues en or n'avaient rien ».

Mes propres consultations m'ont permis d'observer que les effets destructeurs d'émotions « non digérées », comme je les appelle, apparaissent fréquemment quand une personne ne peut ou ne veut pas parler ouvertement de ses sentiments. L'un des cas les plus douloureux que j'ai pu observer était celui d'une fillette de huit ans qui souffrait d'un autisme mineur et ne parlait presque jamais, bien qu'elle fût capable de parler un peu et comprenait tout ce qu'on lui disait. À l'école, un professeur peu perspicace l'avait obligée à s'exprimer devant toute la classe. Elle était ensuite rentrée chez elle en courant et son corps tout entier s'était couvert de plaques rouges. Quand les parents me l'amenèrent, trois semaines plus tard, les rougeurs persistaient encore chez cette enfant qui ne disposait toujours pas d'un moyen sain d'exprimer sa frustration et sa colère.

Pour l'Ayurveda, ce genre de phénomène n'est jamais dû au hasard. En chacun de nous, la perception d'une menace ou du stress se traduit par une émotion spécifique – colère, dépression ou peur – en fonction de notre constitution. Le mécanisme de la réaction au stress est universel mais ses effets sur la peau diffèrent en fonction des hormones spécifiques que nos émotions libèrent. Tout déséquilibre – en fait, tout événement psychophysiologique – laisse un message très clair sur la peau. Si on ignore généralement comment le déchiffrer, c'est précisément ce décodage que nous apprend l'Ayurveda.

Déséquilibre et immunité : le point de vue de l'Ayurveda

Il est le médecin et le philosophe qui a la sagesse de comprendre qu'en examinant l'apparence extérieure de ses semblables il étudie en fait le système nerveux extérieur, et pas simplement la peau et ce qui en dépend.

FREDERIC WOOD JONES

L'Ayurveda considère que le système immunitaire du corps ainsi que la substance subtile qui donne à une peau saine son éclat naturel dépendent de notre ojas. Quand l'ojas est affaibli, les défenses du corps le sont également et la peau devient terne. L'ojas et le système immunitaire doivent tous deux leur amoindrissement à la même cause : une surcharge de stress physique, chimique ou psychologique. Pour l'Ayurveda, cet état de surcharge est un déséquilibre des cinq éléments (ou des trois doshas), des sept dhatus et des trois productions de déchets qui, ensemble, constituent les structures et les substances du corps-esprit. Par conséquent, un système immunitaire puissant et une belle peau ont besoin d'un ojas fort, d'une constitution équilibrée, d'une transformation et d'un fonctionnement appropriés des dhatus et des déchets. Autrement dit, il est essentiel de comprendre la relation entre doshas, dhatus, malas et ojas pour comprendre les causes du vieillissement et de la maladie, telles que les présente l'Ayurveda.

DHATUS, MALAS ET OJAS

Les sept dhatus, ou tissus corporels, sont le plasma, le sang, le muscle, la graisse, l'os, la moelle de l'os, les tissus nerveux et reproducteur. Comme nous l'avons vu au chapitre 1, leur développement est séquentiel, chaque dhatu se formant à partir du matériau brut du tissu précédent. Le processus commence dans le plasma ou *rasadhatu* – le tout premier tissu, celui qui renferme les nutriments du corps. Le plasma donne le sang, le tissu sanguin, le tissu musculaire, et ainsi de suite. En ce sens, l'ensemble des tissus du corps est dû à la *transformation* de rasadhatu.

Il est essentiel de connaître ce processus pour comprendre ce que représente une peau saine. Ceci pour deux raisons. En premier lieu, chaque dhatu a un lien fonctionnel avec l'une des sept couches de la peau. Il en résulte que ce qui arrive à l'un ou à l'autre des dhatus se répercute immanquablement sur l'état de la peau. Inversement, toute substance absorbée par la peau aura un effet sur les tissus du corps. En second lieu, la santé de la peau dépend directement de la qualité de rasadhatu qui apporte à la peau ses nutriments. En fait, la peau est appelée *rasarasa* – la crème qui remonte jusqu'au sommet. Tout comme la crème du lait qui contient sous une forme concentrée l'ensemble des composants du lait, la peau renferme l'essence du rasadhatu. Il suffit à un médecin ayurvédique d'examiner l'état de la peau pour être capable de détecter des déficiences du rasadhatu – c'est-à-dire des nutriments du corps – à la manière dont, en analysant la crème – rasarasa –, on peut voir ce que le lait contient. En ce sens, la peau révèle ce que nous mangeons.

La fonction transformatrice des dhatus consiste essentiellement en une conversion des nutriments en substances corporelles afin de nourrir, de maintenir en vie, de guérir et de régénérer les cellules. Rasadhatu prend ses nutriments dans la nourriture que nous consommons – nourriture constituée à la fois d'aliments et d'émotions – puis, à son tour, nourrit les autres dhatus. La complète assimilation des nutriments par les sept tissus prend environ quarante jours, soit cinq à six jours pour chaque dhatu. Bien entendu, aucun dhatu n'est correctement nourri si nous mangeons mal ou si la digestion est contrariée par une agni trop lente ou par le stress. Toutefois, quand un dhatu fonctionne mal à cause d'un déséquilibre, c'est le processus même de l'assimilation qui est perturbé. Dans ce cas, le tissu est insuffisamment alimenté – ceci indépendamment de la qualité de la nourriture – et il devient incapable de former d'autres tissus. De plus, la nourriture qui n'est pas convenablement métabolisée devient de l'*ama* – ou toxines – dans le sang, et ainsi apparaît l'un des facteurs essentiels de la maladie, et en particulier des maladies de la peau. Évidemment, le déséquilibre ou le dysfonctionnement d'un dhatu particulier provoque des symptômes physiques spécifiques. Du fait qu'à chaque dhatu correspond une couche précise de la peau, un médecin ayurvédique est en mesure de déterminer le dhatu concerné par le type d'affection qu'il constate au niveau de la peau. On comprendra que la connaissance des liens entre peau, dhatus et *upadhatus* ou tissus subsidiaires, offre aux praticiens ayurvédiques – ou *vaidyas* – l'un de leurs plus importants instruments de diagnostic.

Prenons pour premier exemple l'acné rosacée qui est une maladie du sang et qui, par conséquent, prend naissance dans le second tissu. Que le facteur stressant soit une mauvaise alimentation ou une émotion non digérée, dans un cas comme dans l'autre il faut compter une quinzaine de jours avant que l'acné apparaisse. C'est le temps nécessaire aux toxines produites par la nourriture ou par l'émotion pour avoir un effet nocif sur le tissu sanguin. Maladie du tissu graisseux – le quatrième dhatu –, l'acné juvénile a un temps de latence de trois à quatre semaines. Les symptômes du cancer, maladie de la moelle des os et du tissu reproductif – six et septième dhatus – peuvent n'apparaître qu'au bout de sept ans. Comme vous le verrez, un vaidya expérimenté est capable de diagnostiquer et de traiter les déséquilibres qui conduisent au cancer, bien avant que la maladie en soit à un stade critique, et cela grâce à sa connaissance des dhatus et des doshas. (Dans l'appendice A, vous trouverez la description détaillée de la relation entre les dhatus et les couches de la peau, ainsi que les fonctions correspondantes et leurs effets.)

Quand la fonction transformatrice des dhatus est intacte, le matériau brut et les nutritions de chaque tissu sont assurés ainsi que la production des déchets ou *malas*. Pour la médecine ayurvédique, la formation et l'élimination des déchets sont aussi importantes pour l'équilibre qu'une nourriture appropriée, et les vaidyas peuvent diagnostiquer un déséquilibre ou une maladie à partir de certains changements dans la couleur ou dans la forme et dans la qualité des excréments, de l'urine, de la transpiration, du sang menstruel, par exemple. Bien qu'il s'agisse là de substances que le corps ne peut garder, certains organes ont besoin d'elles pour fonctionner et se nourrir. Quand la fonction transformatrice des dhatus est normale, le tissu plasmatique produit comme déchets du mucus et du sang menstruel ; le tissu sanguin produit de la bile ; le tissu musculaire, du cérumen, du tartre, des sécrétions sébacées ; le tissu graisseux, de la sueur ; le tissu osseux, la barbe, les poils, les ongles ; la moelle et les nerfs, les cheveux et le lait maternel. Le septième dhatu – tissu reproductif – n'a pas de déchets. Mais, tant que le tissu formatif et le métabolisme fonctionnent normalement, il produit l'essence extrafine du corps et de la peau : l'ojas. Essence vitale de tous les tissus, l'ojas doit être distillé de façon parfaitement appropriée à chaque stade de la formation des tissus afin de pouvoir donner cette essence extrafine qui est l'élément de base de notre système immunitaire, aussi bien que la source de la beauté absolue.

Il suffit d'un regard sur le développement fœtal tel que nous le présente l'Occident pour observer non seulement le processus de transformation des dhatus et leur lien avec les différentes couches de la peau, mais également pour comprendre que la peau est bien notre second cerveau, et le miroir de nos pensées et de nos émotions. Tandis que l'œuf fertilisé devient embryon, trois couches de cellules se forment : l'*ectoderme*, le *mésoderme* et l'*endoderme* – les peaux externe, médiane et interne, à partir desquelles se développent tous les autres tissus du corps et ses organes. Les cellules de la peau externe se différencient pour former l'épiderme, le système nerveux central, les organes des sens, les cheveux, les ongles, etc. Les cellules médianes forment le derme, le muscle, le sang et les cellules lymphatiques, le tissu reproductif, les reins, la rate et le tissu conjonctif. Les cellules internes donnent le revêtement épithélial du système vasculaire, des poumons, du thymus, de la thyroïde, du foie, du pancréas, ainsi que le système gastro-intestinal, respiratoire et urinaire.

À partir de l'étude de ce développement, il paraît bien évident que la peau et l'esprit se reflètent entièrement l'un et l'autre puisqu'ils naissent tous deux du même tissu embryonnaire. En fait, la surface de l'ectoderme *tournée vers l'extérieur* devient l'épiderme, la couche supérieure de la peau, et la partie de l'ectoderme, *tournée vers l'intérieur*, le système nerveux central, le cerveau et la moelle épinière. Comme l'observe Ashley Montagu, « le système nerveux est donc une partie de la peau enfouie dans le corps, si bien que la peau peut être considérée comme une partie visible du système nerveux. Par conséquent, nous comprendrions mieux ce qui se passe en nous si nous parvenions à considérer que la peau est le système nerveux externe. »

Pour l'Ayurveda il ne fait pas de doute qu'il existe une corrélation directe entre la qualité de notre vie émotionnelle et celle des dhatus. Le feu de l'agni digère les pensées et l'expérience aussi bien que la nourriture et les boissons, étant donné qu'il transforme un dhatu en un autre, à partir de ces substances. Pour la science occidentale, nous assimilons ces nourritures mentales en les transformant en hormones. Le point de vue de l'Ayurveda définit un processus plus large selon lequel les énergies subtiles de tous les nutriments – physiques et psychologiques – sont absorbées, non *seulement* par le corps, mais également par la conscience grâce aux opérations des trois doshas. Ainsi, la qualité de nos émotions se reflète dans chaque dhatu, tout comme la qualité de la nourriture.

Par exemple, le rasadhatu est autant nourri par l'expérience de la joie et de la satisfaction, qu'il nourrit lui-même ces qualités de l'expérience humaine dans la conscience. Un déséquilibre dans ce dhatu provoque, en plus de certains effets physiques, un *sentiment* de manque, de vide et même de malnutrition. « Rasa » signifie « émotion » ou « essence ». Et, comme Lonsdorf, Butler et Brown le disent dans *A Woman's Best Medicine* (La Meilleure Médecine de la femme), dès la première bouchée, la nourriture n'est pas simplement transformée en rasadhatu mais éveille également les sentiments, avec une première satisfaction du désir qui apporte le bien-être. Si le rasadhatu est déséquilibré, nous risquons tout bonnement de perdre le goût de la nourriture et de la vie. De la même façon, une insatisfaction durable et profonde, un état dépressif ou apathique perturbent les fonctions du rasadhatu et entraînent des maladies au niveau de la peau. Un dysfonctionnement du tissu osseux – le tissu de soutien – peut provoquer une sensation de faiblesse telle que nous nous sentirons incapable de nous tenir droit. Inversement, le sentiment constant de manquer de soutien émotionnel peut entraîner des désordres dans le tissu osseux.

Le tableau de la p. 128 indique les effets réciproques des dhatus et des émotions. Toutefois, pour bien saisir le processus de la maladie tel que le décrit l'Ayurveda, il faut examiner le rôle des doshas ainsi que celui, primordial, de notre constitution naturelle.

DHATU	MANIFESTATIONS ÉMOTIONNELLES D'ÉQUILIBRE DU DHATU	MANIFESTATIONS ÉMOTIONNELLES DE DÉSÉQUILIBRE DU DHATU
Plasma (*Rasa*)	Joie, contentement, émotions nourries, satisfaction.	Dépression, manque d'énergie, émotions mal nourries, agitation, désordres alimentaires.
Sang (*Rakta*)	Stimulation, exaltation, ambition.	Perte du goût de vivre, ni excitation, ni ambition, colère, haine, jalousie.
Muscle (*Mamsa*)	Rapports protecteurs, nourriciers, pardon, courage, solidité.	Impuissance, insécurité, émotions mal nourries, augmentation de la passivité et de l'attachement.
Graisse (*Meda*)	Lubrification, amour, engagement.	Solitude, manque d'amour, lubrification insuffisante.
Os (*Asthi*)	Endurance, courage, créativité, activité.	Indécision, absence de calme et de courage, d'endurance, de confiance en soi, de créativité.
Moelle osseuse et nerfs (*Majja*)	Pleine possession de ses moyens, confiance en soi.	Manque de force ou de confiance en soi, on « se sent vieillir », on s'accroche au passé.
Tissu reproducteur (*Shukra*)	Vigueur, romantisme, créativité et procréation, on se fixe des buts.	Absence de joie, de romantisme, impression de « se dessécher », ojas appauvri.

LES DOSHAS ET LA MALADIE

L'Ayurveda nous enseigne que le processus du vieillissement et de la maladie commence insidieusement dans le corps et dans l'esprit quand le stress perturbe l'équilibre naturel de nos doshas, et que la maladie apparaît quand le déséquilibre des doshas interrompt le fonctionnement et la transformation des dhatus. Lorsqu'il y a équilibre, les substances et les énergies subtiles des doshas se concentrent naturellement dans des endroits spécifiques que j'ai décrits comme les sièges des doshas dans le corps : Vata est localisé dans le côlon et dans les reins ; Pitta, dans le foie et dans l'intestin grêle ; Kapha, dans l'estomac et dans les poumons. Le déséquilibre est à son premier stade quand un dosha commence à *s'accumuler* dans son siège naturel à cause du stress et de mauvaises habitudes de vie. Généralement, le premier dosha à être atteint par le déséquilibre est celui qui est déjà prédominant dans notre constitution. Si rien n'est fait pour stopper le déséquilibre, le mauvais fonctionnement du dosha *s'aggrave*. Il commence par se répandre dans les zones les plus proches, puis de plus en plus profondément dans le corps – c'est-à-dire de plus en plus profondément dans les tissus. Aux stades ultérieurs de la maladie, on observe une nouvelle localisation du dosha, qui investit les parties du corps que l'ama – les toxines du corps – a affaiblies, et non plus son siège naturel.

C'est seulement aux trois derniers stades de la maladie, quand celle-ci est visible dans les tissus, que les médecins occidentaux détectent ce qu'ils considèrent comme ses symptômes. L'Ayurveda, pour sa part, a établi le catalogue des symptômes spécifiques du déséquilibre – à la fois physiques et psychologiques – correspondant à six stades distincts de l'affection, et qui procure aux vaidyas trois occasions supplémentaires de prévenir son développement, lesquelles échappent aux médecins occidentaux. Qu'il s'agisse de gaz intestinaux – symptôme bénin – ou, cas plus grave, d'un psoriasis dû au déplacement de Vata dans un tissu interne, un praticien expérimenté peut non seulement identifier les doshas et les dhatus concernés, mais également diagnostiquer l'origine et la gravité du problème.

Encore une fois, on remarque que la science occidentale découvre petit à petit ce que l'Ayurveda enseigne depuis des millénaires. Par exemple, la recherche médicale a récemment découvert que les personnes qui ont prématurément les cheveux gris sont plus susceptibles d'être atteintes d'ostéoporose que les autres. On peut se réjouir de cette découverte, en ce sens qu'elle permet aux victimes potentielles d'être prévenues et de faire ce qu'il faut pour éviter d'être handicapées. Mais, pour les médecins ayurvédiques, qui savent depuis longtemps que la chevelure est un sous-produit de la formation du tissu osseux, et que l'apparition prématurée de cheveux gris est un signe de déséquilibre dans ce tissu qui annonce une maladie des os, cette découverte n'a vraiment rien de nouveau.

TENDANCES MENTALES	SYMPTÔMES PHYSIQUES LIÉS AU STRESS
VATA	
Anxiété, nervosité, peur, agitation, distraction, indécision, hyperémotivité.	Sécheresse excessive, rides sur le front, décoloration, eczéma sec, psoriasis, pellicules, ongles cassants, rongés, ou stries verticales, lèvres et pieds crevassés, cheveux fourchus ; constipation, gaz, douleurs nerveuses, problèmes articulaires, fissures sur les paumes et sur les voûtes plantaires, épilepsie, problèmes rénaux, boursouflures, tremblements.
PITTA	
Hyperagressivité, colère, frustration, ennui, accès de rage, critique systématique.	Points blancs, éruptions, réactions allergiques, yeux et pieds brûlants, acné rosacée, dermatite de contact, capillaires éclatés, eczéma brûlant, rougeurs, transpiration abondante, stries horizontales sur les ongles ; hyperacidité, ulcères peptiques, tendance aux saignements, maladies hépatiques, inflammatoires, hypertension.
KAPHA	
Négativité, dépression, léthargie, possessivité, lâcher prise impossible.	Excès de sébum, acné juvénile, toutes formes de kystes et de fibromes ; peau atone, distendue, double menton, gonflement, œdème, transpiration excessive (due à un excès d'eau), eczéma suintant ou avec démangeaisons, pieds et chevilles enflés ; prise de poids, bouts des ongles bombés ou en becs de perroquet : asthme, toux, maladie coronarienne, diabète, calculs rénaux.

Si la progression du déséquilibre suit toujours les six mêmes étapes, le parcours exact d'un dosha surabondant à travers les tissus – et les symptômes qui en résultent – diffère en fonction de notre constitution, de notre type de peau, et de l'état des dhatus qui sont la source de notre système de défense. Les symptômes diffèrent parce que chacun métabolise le stress à sa façon, en accord avec ses tendances psychophysiologiques innées. Habituellement, ceux qui ont la peau sèche (type Vata) deviennent anxieux, craintifs et agités sous l'effet du stress, ce qui incite la glande posthypophysaire à libérer des hormones antidiurétiques qui perturbent les reins et provoquent ainsi une déshydratation excessive. Le type Pitta (peau sensible) éprouve colère, frustration ou ennui, et déclenche alors la poussée d'adrénaline bien connue qui lui donne le visage congestionné de quelqu'un qui est prêt à se battre. Le type Kapha (peau grasse) tombe dans la dépression, le négativisme, l'inactivité, provoquant ainsi la libération de diverses hormones, qui augmentent la sécrétion des glandes sébacées, et la rétention d'eau.

Encore une fois, les facteurs stressants ne sont pas tous émotionnels ou psychologiques. En termes ayurvédiques, n'importe quel facteur qui provoque le déséquilibre des doshas est un facteur de stress. Dans le prochain questionnaire – celui qui concerne les problèmes de peau, p. 132 – et dans les chapitres sur les thérapies du déséquilibre, je décris les nombreux facteurs physiques, environnementaux, chimiques et comportementaux qui déséquilibrent les doshas. Selon le principe du semblable qui augmente le semblable, un excès d'épices peut déséquilibrer Pitta autant qu'un stress émotionnel. Comme vous le verrez, n'importe quelle expérience qui vous vient du corps, de l'esprit ou des sens provoque équilibre ou déséquilibre, en fonction de votre constitution.

Toutefois, gardez à l'esprit que votre constitution elle-même reste immuable. *L'état* des doshas change d'un jour à l'autre, mais l'équilibre naturel des énergies est inaltérable. C'est notre nature, telle qu'elle nous est donnée à la naissance et telle qu'elle restera jusqu'à la fin de notre vie. Ce qu'il nous est possible de changer, ce n'est pas ce que nous sommes mais *notre façon de percevoir les choses*. Le stress est la cause fondamentale du vieillissement et de la maladie, mais il n'est rien de plus qu'un produit de notre perception. L'expérience sans heurts et la paix de l'esprit, qui représentent pour nous la félicité, résultent d'une vie qui s'accorde à notre nature au lieu de la contrarier. Changez d'*esprit* et l'équilibre comme la félicité seront vôtres. Si le stress émotionnel déclenche un ensemble spécifique de réactions hormonales, le contentement émotionnel fait de même. Les pensées heureuses produisent des *endorphines* – analgésiques naturels du corps – qui stimulent le système immunitaire et préservent ou restaurent la santé. Bien évidemment, chaque type constitutionnel a sa façon de concevoir la joie pure, ainsi que le dit Chopra, comme il a sa façon de concevoir le stress. Quand les doshas sont équilibrés, le type Vata est naturellement dynamique, exubérant, créatif, enthousiaste, alerte et sait s'adapter à des conditions variables ; Pitta est énergique, joyeux, affable, entreprenant, et a l'esprit clair ; Kapha est aimant, courageux, généreux, fort, persévérant, décontracté, perspicace. Les derniers chapitres du livre vous apprendront comment vous libérer du stress et goûter à la joie pure en changeant d'esprit, grâce à la méditation et à certains principes d'action.

Que vous ayez ou non, en ce moment, un problème de peau, regardez le questionnaire concernant ce genre de problème, puis lisez l'explication qui l'accompagne. Non seulement il vous permettra de reconnaître des signes de déséquilibre, si vous deviez en présenter plus tard, mais il vous donnera aussi l'occasion de mieux comprendre les diverses façons dont on peut lire l'état de l'esprit et du corps sur la peau.

Questionnaire concernant les problèmes de peau

Ce questionnaire s'adresse aux personnes qui ont un problème cutané. Son but est de déterminer le dosha (ou les doshas) dont le déséquilibre provoque la maladie. Il n'est *nullement* destiné à vous révéler un *éventuel* déséquilibre. Comme je l'ai déjà dit, un déséquilibre peut exister sans avoir de répercussions sur votre peau. Si vous avez d'autres problèmes de santé, vous pouvez les rattacher à un dosha en consultant le tableau p. 130. J'insiste sur le fait que les questionnaires et les divers tableaux contenus dans ce livre permettent d'identifier les causes d'un déséquilibre, mais ne sont pas faits pour établir le diagnostic d'une maladie et ne peuvent en aucun cas se substituer à un examen médical.

Complétez les phrases suivantes et cochez comme précédemment.

1. On peut dire que ma peau présente :

(*Cochez plusieurs colonnes si nécessaire.*)

a. ❑ des plaques squameuses et/ou des rides.
b. ❑ des plaques rouges, brûlantes et/ou de petits boutons aqueux et/ou des rougeurs.
c. ❑ de grosses pustules avec parfois des démangeaisons et/ou de profondes cicatrices.

2. Le problème apparaît surtout sur :

(Regardez d'abord toutes les réponses possibles. Si une ou deux correspondent à votre cas, cochez une ou deux propositions. Si les trois premières correspondent à votre cas, NE COCHEZ QUE *la quatrième : d.)*

a. ❑ le front.
b. ❑ la partie médiane et/ou les joues.
c. ❑ autour de la bouche, sur le menton et le nez.
d. ❑ tout le visage et/ou sur le corps.

Totalisez vos réponses de la première et de la seconde série, par lettre, et écrivez les totaux ici. Marquez « 0 » quand vous n'avez rien coché dans un groupe.

a._____ b._____ c._____ d._____

Dans le tableau suivant, repérez sur la colonne de gauche les chiffres qui correspondent à vos totaux et regardez la colonne de droite qui vous indique votre (ou vos) déséquilibre(s).

SI VOUS AVEZ MARQUÉ :					VOUS AVEZ UN DÉSÉQUILIBRE DE :
	a	*b*	*c*	*d*	
Groupe 1					*Un dosha*
	2	0	0	0	Vata
	0	2	0	0	Pitta
	0	0	2	0	Kapha
Groupe 2					*Deux doshas*
	2	1	0	0	Vata + Pitta
	2	0	1	0	Vata + Kapha
	1	2	0	0	Pitta + Vata
	0	2	1	0	Pitta + Kapha
	0	1	2	0	Kapha + Pitta
	1	0	2	0	Kapha + Vata
Groupe 3					*Deux ou peut-être trois doshas*
	1	0	0	1	Vata + autre(s) à déterminer
	0	1	0	1	Pitta + autre(s) à déterminer
	0	0	1	1	Kapha + autre(s) à déterminer

Votre score n'apparaît pas sur le tableau. Dans ce cas, il s'agit peut-être d'une erreur de votre part ou d'un déséquilibre multiple. Refaites le questionnaire en réfléchissant plus longuement. Si votre score reste inchangé, considérez que vous appartenez au groupe 3.

Pour les questions suivantes (3 à 6), cochez les réponses qui correspondent le mieux à votre cas.

3. Mon problème a tendance à resurgir ou à s'aggraver quand :

a. ❑ je suis très actif(ve) ou que je voyage.
b. ❑ quand j'ai une réaction allergique.
c. ❑ j'ai mes règles.
d. ❑ je ne sais pas.

4. Mon problème est aggravé par un temps :

a. ❑ froid, sec, et par le vent.
b. ❑ chaud.
c. ❑ froid et humide.
d. ❑ je ne sais pas.

5. Mon problème a tendance à resurgir ou à s'aggraver sous l'effet du stress, en particulier si je me sens :

a. ❑ anxieux(se).
❑ soucieux, peureux.
❑ hypernerveux.

b. ❑ en colère.
❑ jaloux.
❑ frustré.

c. ❑ triste.
❑ déprimé.
❑ pris par l'attachement.

d. ❑ je ne sais pas.

6. J'ai tendance à manger ou à boire beaucoup de :

a. ❑ légumes crus.
❑ salades.
❑ nourriture froide.
❑ caféine.

b. ❑ aliments épicés, gras.
❑ coquillages.
❑ fruits aigres/jus.
❑ soda.

c. ❑ sucreries.
❑ aliments gras ou frits.
❑ laitages, fromages.
❑ bœuf, foie, germes de blé.

d. ❑ je ne sais pas.

Questions 3 à 6

Additionnez vos réponses, par groupe, et écrivez les totaux ici.

a.____ b.____ c.____ d.____

SI VOTRE SCORE LE PLUS ÉLEVÉ EST EN :	VOTRE COMPORTEMENT PEUT AGGRAVER :
a	Vata
b	Pitta
c	Kapha

SI VOTRE SCORE LE PLUS ÉLEVÉ EST EN :	VOTRE COMPORTEMENT PEUT AGGRAVER :
d	Si votre score le plus élevé se situe dans cette colonne, c'est un « signal d'alarme ». Vous avez besoin d'être plus conscient de l'effet de vos habitudes sur votre santé et sur votre peau.

Pour les questions suivantes (7 et 8), cochez autant de réponses qu'il le faut. Laissez tout en blanc si rien ne correspond à votre cas.

7. Mon problème est apparu ou s'est aggravé à l'occasion de :

- ❑ la puberté.
- ❑ la grossesse.
- ❑ la ménopause.
- ❑ une maladie et/ou son traitement.
- ❑ autre.

8. Je prends (j'ai pris) les médicaments et/ou les stimulants suivants :

- ❑ bêtabloquant et/ou autre médicament pour l'hypertension ou pour le cœur.
- ❑ diurétique.
- ❑ antibiotique.
- ❑ médicament pour l'hyperstéroïdie.
- ❑ antidépresseur.
- ❑ cortisone.
- ❑ tranquillisant.
- ❑ estrogène.
- ❑ tabac.
- ❑ aspirine.
- ❑ bière, vin, ou autre alcool.
- ❑ antihistaminique.
- ❑ café ou boisson caféinée.
- ❑ décongestif.
- ❑ autre.

Ne totalisez pas vos réponses aux questions 7 et 8. Lisez les explications ci-contre.

OBSERVATIONS RÉVÉLATRICES DU DÉSÉQUILIBRE (QUESTIONS 1 ET 2)

Groupe 1 : Si vous avez des points dans ce groupe, votre problème est dû au déséquilibre d'un dosha. Il est pratiquement certain que votre dosha déséquilibré est votre dosha prédominant – c'est-à-dire celui qui est associé à votre type de peau basique. Par exemple, une personne qui a normalement une peau grasse – caractéristique de Kapha –, a toutes les chances de présenter des problèmes de peau à cause du déséquilibre de Kapha.

Groupe 2 : Si vous avez des points dans ce groupe, votre problème vient du déséquilibre de deux doshas – votre dosha prédominant et le second dosha identifié par votre score.

Groupe 3 : Si vous avez des points dans ce groupe, votre problème est *peut-être* dû au déséquilibre de plus d'un dosha – probablement au déséquilibre de votre dosha prédominant et de celui d'un autre ou des deux autres. Mettre en évidence plusieurs déséquilibres demande un supplément d'expérience et plus d'informations que celles que vous procure un questionnaire, ainsi qu'une connaissance plus approfondie des principes ayurvédiques. Toutefois, n'oubliez pas qu'il vous suffit d'avoir déterminé votre type de peau basique pour pouvoir utiliser les méthodes ayurvédiques qui permettent de vous rendre l'éclat naturel de votre teint et, même si vous n'avez pas déterminé un déséquilibre spécifique, vous pouvez améliorer sensiblement l'état de votre peau, simplement en suivant les conseils correspondant à votre type, qui vous seront donnés dans la troisième partie de ce livre.

En fait, quel que soit votre déséquilibre, votre dosha prédominant et, par conséquent, votre type de peau et vos caractéristiques restent immuables. Une personne née avec une peau sèche, par exemple, peut montrer des signes d'un déséquilibre de Kapha – gonflement ou empâtement du visage –, mais l'observation attentive de son teint révèle immanquablement que les caractéristiques de Vata – texture sèche et pores resserrés – sont toujours présentes. En d'autres termes si Vata est votre dosha dominant, vous avez peu de chances de présenter une peau très grasse ou des pores dilatés, même avec un déséquilibre de Kapha. Si votre dosha dominant est Kapha, vous n'aurez certainement jamais une peau très sèche ou des pores resserrés même avec un déséquilibre de Vata.

Localisez, localisez, localisez : c'est le seul moyen de détecter votre déséquilibre. Quand vous avez un problème de peau, l'un des moyens les plus faciles de déterminer la source du déséquilibre consiste à observer *l'endroit* où le problème apparaît. Pour l'Ayurveda, chaque partie du visage est associée à un organe du corps, et chaque organe est associé à un dosha. Le *front* est lié au côlon, siège de Vata ; le nez et les joues à l'intestin grêle, siège de Pitta ; la *bouche*, le *menton* et le cou à l'estomac et à la poitrine, sièges de Kapha. Souvenez-vous que le siège d'un dosha est l'endroit du corps où se concentre le plus d'énergie et que, par conséquent, l'organe concerné est le premier à accuser les effets de son déséquilibre. Tout changement dans le fonctionnement de l'organe entraîne un changement correspondant sur la partie du visage qui lui est liée, ce qui signifie que l'on peut observer un signe externe du déséquilibre interne. Ceci rend le déséquilibre d'un seul dosha particulièrement facile à détecter, puisque le symptôme ne se manifeste que dans une partie du visage – partie liée au siège du dosha. Ainsi, le déséquilibre de Vata se traduit par une peau sèche sur le front ; le déséquilibre de Pitta par une inflammation sur le nez et sur les joues ; et celui de Kapha par une peau grasse autour de la bouche, sur le menton et sur le cou.

Signes révélateurs d'un déséquilibre concernant deux ou trois doshas. Si un problème de peau concerne tout le visage au lieu d'être localisé, ceci indique généralement un déséquilibre touchant plus d'un seul dosha. Par exemple, l'apparition de plaques rouges, ou de toute autre inflammation rougeâtre sur le nez et sur les joues, est le signe classique d'un déséquilibre de Pitta ; des plaques rouges qui se répandent jusqu'au front révèlent habituellement un déséquilibre secondaire de Vata ; ces mêmes plaques autour de la bouche et du menton indiquent un déséquilibre secondaire de Kapha. Mais, que nous ayons de l'urticaire, provoqué par une allergie alimentaire, ou que nous soyons rouges à cause du soleil ou d'une colère, nos rougeurs révèlent toujours que le feu de Pitta est impliqué. Ceci est vrai pour les symptômes de chaque dosha. Ainsi, une peau très sèche, où qu'elle se situe, indique toujours un déséquilibre de Vata, par exemple ; un sébum abondant trahit toujours un excès de Kapha. Cependant, quand les symptômes d'un dosha apparaissent sur une partie du visage liée à un autre dosha, alors on est probablement en présence d'un déséquilibre des deux doshas.

Si vous avez du mal à déterminer le ou les doshas responsables d'un problème, utilisez la carte du visage qui suit. Elle indique non seulement les zones reliées à Vata, à Pitta ou à Kapha, mais également les altérations et les rides qui signalent des problèmes spécifiques.

Le lien émotionnel. L'endroit où le problème se situe révèle autant les facteurs émotionnels que les facteurs physiques de votre déséquilibre. Nous savons déjà que, par l'intermédiaire des hormones, nos émotions ont, sur notre corps, des répercussions qui produisent des changements caractéristiques. La peur, par exemple, stimule la production d'hormones antidiurétiques qui altèrent le fonctionnement des reins, entraînant ainsi la déshydratation du corps, et sus pendant la sécrétion des sucs digestifs. Une bouche sèche, symptôme classique de la peur, est un signe immédiat et évident de l'effet de ces hormones. Le lien est moins évident mais tout aussi réel avec la constipation, qui s'installe quand la peur ou les tracas ne sont pas manifestés. Par conséquent, une peau sèche sur le front n'indique pas uniquement un problème de côlon et un déséquilibre de Vata. Elle révèle également des sentiments profonds de peur, d'anxiété ou des préoccupations qui sont probablement à l'origine de ces perturbations du corps.

La relation entre les doshas, les symptômes physiques, et leurs causes émotionnelles vous est indiquée à la suite de la carte du visage que voici :

LA CARTE DU VISAGE ET LES SIGNES DE DÉSÉQUILIBRE

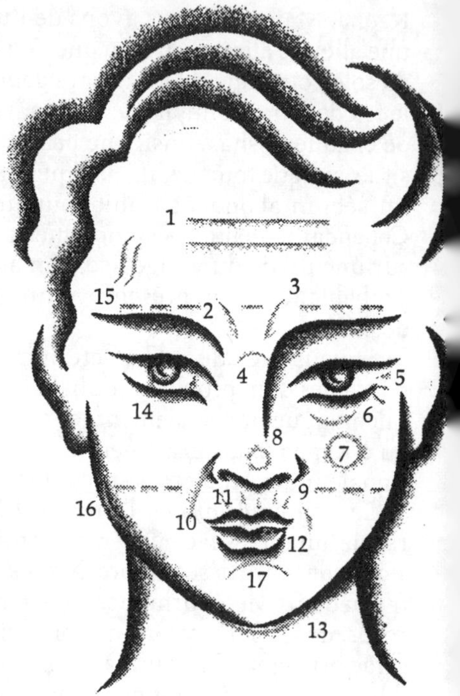

1. *Lignes horizontales sur le front* : Soucis ; ingestion excessive de liquides, de sucres, de graisses.
2. *Ligne verticale droite* : Foie faible.
3. *Ligne verticale gauche* : Rate faible.
4. *Sillon profond à la racine du nez* : Terrain favorable aux allergies ; pulsion sexuelle faible.
5. *Pattes d'oie* : Vision faible (strabisme) ; foie faible.
6. *Poches sous les yeux* : Rétention d'eau (problème rénal) ou *coloration pourpre* : Mauvaise circulation sanguine.
7. *Fragilisation du centre des joues* : Congestion des sinus ; problèmes digestifs.
8. *Bout du nez rougi* : Cœur surmené.
9. *Sillons profonds de chaque côté de la bouche* : Faiblesse du système reproductif.
10. *Rides du rire profondes* : Problème pancréatique ; diabète.
11. *Rides verticales au-dessus de la lèvre supérieure* : Tabagisme, manque d'activité sexuelle.
12. *Taches sur les lèvres* :
Blanches : Parasites dans le côlon.
Bleu pourpre : Mauvaise circulation liée à la constipation.
Noires : Problèmes de côlon.
13. *Double menton* : Thyroïde faible, fonctionnement lent.
14. *Cercle autour de l'iris* : Cholestérol.
15. *Veine temporale proéminente* : Hypertension ; colère ; anxiété.
16. *Dessin irrégulier du contour du visage* : Dystrophie de l'articulation temporo-mandibulaire.
17. *Sillon vertical profond sur le menton* : Chagrin ; frustration ; pulsion sexuelle forte.

SYMPTÔMES SUR :	RELIÉS À :	SIÈGE DE :	EXPRIMENT :
Front	Côlon	Vata	Peur, anxiété, soucis
Nez et joues	Intestin grêle	Pitta	Colère, jalousie, frustration
Bouche, menton, nez	Voies respiratoires, estomac	Kapha	Chagrin, dépression, attachement

AUTRES FACTEURS DE DÉSÉQUILIBRE (QUESTIONS 3 À 8)

Suivant le principe du semblable qui augmente le semblable, l'état d'un dosha se détériore si la nourriture que l'on absorbe, les substances que l'on utilise, les pensées et les émotions qui nous envahissent ou notre façon d'agir sont, sans cesse, en termes ayurvédiques, qualitativement *semblables* à ce dosha. Le dernier groupe de questions auxquelles vous venez de répondre est destiné à vous concentrer sur la façon dont votre style de vie influe sur vos doshas et, par conséquent, sur l'état de votre peau. Souvenez-vous que l'Ayurveda est synonyme de *connaissance* de la vie quotidienne, et c'est avec la prise de conscience de sa propre façon de vivre que commencent et s'achèvent tous les traitements ayurvédiques.

Vos habitudes et votre environnement : Les questions 3 à 6 des colonnes a, b et c concernent les facteurs de déséquilibre – dus à vos habitudes de vie et à votre environnement – de Vata, de Pitta, puis de Kapha. Par conséquent, faites en sorte de réduire ou d'éviter l'exposition aux facteurs de la colonne :

– a : si Vata est élevé.
– b : si Pitta est élevé.
– c : si Kapha est élevé.

Croissance, maladie et usage de médicaments : Les questions 7 et 8 concernent les événements qui risquent d'entraîner une apparition prématurée ou une aggravation des problèmes de peau. Les facteurs tels que puberté, ménopause, grossesse, maladie, usage de médicaments, provoquent d'importants bouleversements biochimiques dans le corps, lesquels influent sur l'état de la peau de diverses manières et peuvent entraîner des problèmes spécifiques en fonction de votre type de peau. Les modifications hormonales de la puberté, par exemple, rendent la peau grasse pendant que celles de la ménopause provoquent soit une aggravation de la sécrétion de sébum, soit une déshydratation et un dessèchement. Médicaments et stimulants ont des effets secondaires connus qui ont une incidence particulièrement nocive sur certains types de peau (voir le tableau ci-dessous). Malheureusement, il n'y a guère que la grossesse, et l'usage de médicaments et de stimulants qui ne nous sont pas prescrits, que l'on puisse éviter. Toutefois, vous êtes en mesure de réduire les effets sur la peau des événements inévitables de la vie en ayant recours aux diverses thérapies rééquilibrantes qui sont décrites dans des chapitres ultérieurs.

MÉDICAMENTS OU STIMULANTS	EFFETS SECONDAIRES GÉNÉRAUX	DÉTÉRIORATION DE :
Tabac	Déshydration, rides	Vata
Antihistaminiques, antidépresseurs, médicaments anticancéreux, antibiotiques, décongestionnants, tranquillisants, diurétiques, aspirine	Déshydration de la peau, réduction du volume sanguin	Vata
Bêtabloquants et autres médicaments contre l'hypertension et contre les affections cardiaques	Chute des cheveux, dermatites	Vata
Café, alcool	Dilatation des vaisseaux sanguins qui donne de l'acné rosacée, le nez rouge, et provoque le gonflement des capillaires	Pitta

MÉDICAMENTS OU STIMULANTS	EFFETS SECONDAIRES GÉNÉRAUX	DÉTÉRIORATION DE :
Cortisone, estrogène	Acné	Kapha
Prednisone	Œdème, rétention d'eau, teint congestionné, épaississement des traits	Kapha

NE NÉGLIGEZ JAMAIS DE CONSULTER VOTRE MÉDECIN

Le questionnaire concernant les problèmes de peau est un moyen facile d'identifier votre type de peau, vos déséquilibres de base, ainsi que les affections auxquelles vous êtes exposé. Mais il ne peut en aucun cas remplacer une analyse de votre constitution faite par une personne compétente en matière de diagnostics ayurvédiques – tout diagnostic de cet ordre constituant un art subtil et complexe. De plus, ni une autoanalyse ni l'intervention d'un spécialiste des méthodes de l'Ayurvéda ne sauraient se substituer à un examen médical complet. Si vous avez un problème de santé, quel qu'il soit, commencez par consulter votre médecin.

Le reste de ce livre offre la description des diverses thérapies ayurvédiques qui aident à atteindre et à préserver équilibre, beauté et félicité. Si vous présentez des problèmes de peau chroniques qui ont résisté aux traitements que l'on vous a proposés jusqu'à présent, je vous suggère vivement d'ouvrir votre esprit à l'approche toute nouvelle de la santé et des soins de la peau que je vous propose, et qui a déjà aidé de nombreuses personnes.

Il y a une dizaine d'années, le magazine *Redbook* m'avait adressé une patiente dans la perspective d'un article concernant ma façon de déterminer une constitution personnelle. Cette femme, qui avait la trentaine, souffrait depuis de longues années d'une acné rosacée qui avait résisté aux multiples traitements prescrits par des médecins de renom. Rarement avais-je vu une peau dans un tel état. Non seulement son visage était couvert d'acné, mais elle avait aussi de profondes rides verticales provoquées par de l'eczéma sur le front, et sa peau était si enflammée que le contact de l'eau provoquait une vive douleur. En même temps, cette personne trouvait cette situation inacceptable et en voulait à ceux qui n'avaient pas su l'aider.

Bien qu'habituellement je commence un traitement en prescrivant des soins externes pour nettoyer la peau et la nourrir, je conseillai d'abord à cette patiente de modifier son alimentation, de faire des exercices de respiration et de méditation afin d'apaiser ses émotions, de prendre des infusions de plantes pour se détoxiquer intérieurement et d'utiliser des huiles ayurvédiques sur sa peau infectée. Cette dernière suggestion provoqua une réaction qui cachait mal l'hostilité et le cynisme de cette personne. Êtes-vous certaine que je doive utiliser des huiles sur mon visage ? Il y a trente ans que je n'ai pas fait ça. Je regardai sa peau et ses yeux qui exprimaient sa douleur et répondis : « J'ai devant moi le *résultat* de ces trente années, il me semble. Alors, pourquoi ne pas changer de pratique ? »

Quatre jours plus tard, cette personne revint me voir. Elle avait suivi mes conseils et, pour la première fois depuis des décennies, constatait et éprouvait une amélioration. Maintenant que la douleur avait diminué, elle pouvait appliquer un masque réparateur sur son visage et des huiles apaisantes. Elle entreprit alors de poursuivre le traitement en faisant une application quotidienne d'huiles et en pratiquant les thérapies destinées à retrouver son équilibre. Au bout d'un mois, les résultats furent évidents.

Cette histoire se termina donc bien pour tout le monde : ma patiente retrouva la santé, une peau nette, et laissa enfin derrière elle des années de souffrance ; *Redbook* eut son article, et moi je reçus six cents demandes de produits de soins en quinze jours – ce qui signifie que le succès enregistré auprès de cette patiente profita à de nombreuses personnes souffrant d'acné. Cette histoire, je ne l'ai pas racontée pour me faire valoir, mais pour me donner l'occasion de souligner deux points importants. En premier lieu, tous ceux qui vivent depuis des années avec une affection de la peau – et je sais qu'ils sont nombreux – peuvent se dire qu'il existe une solution à leur problème. Ensuite, il faut que vous compreniez que la référence à votre type de peau et au principe du semblable qui augmente le semblable – références enseignées par l'Ayurveda – fait toute la différence dans le traitement des problèmes de peau, ainsi que dans la prévention du vieillissement et dans l'obtention d'une peau saine et éclatante.

Dès que cette personne était entrée dans mon bureau, j'avais compris, en observant son apparence générale, son teint rougeaud, sa colère mal dissimulée, qu'elle était née avec une constitution Feu, et souffrait d'un grave déséquilibre de Pitta. Là résidait l'information qui avait manqué aux médecins de renom qu'elle avait consultés. Tous les médicaments qu'ils lui avaient prescrits à fortes doses – antibiotiques Roaccutane®, vitamine A – détérioraient Pitta (aussi bien que Vata). Desséchantes et stimulantes, ces prescriptions n'avaient fait qu'exacerber un état inflammatoire et provoquer une telle déshydratation de son corps que sa peau était à vif par manque d'humidification et de substances nutritives. Comme la plupart des personnes qui souffrent d'acné, cette patiente avait cru qu'une peau grasse était la cause de son affection et avait donc consciencieusement évité toute huile pendant des années. Et pourtant, dans son cas, rien n'était plus nécessaire que l'usage d'huiles apaisantes et rafraîchissantes. En fait, comme vous le verrez au chapitre 5, à partir du moment où vous utilisez des huiles *appropriées* à votre type de peau, et en quantité déterminée, même si votre peau est naturellement grasse, vous ne pouvez que vous faire du *bien*. Je dois remarquer que si cette patiente avait été du type Kapha et avait développé une acné juvénile – qui résulte du déséquilibre entre l'eau et l'huile, dans une constitution de type Terre –, ses médicaments déshydratants et desséchants auraient au moins estompé ses symptômes – sans pour autant l'en guérir. Ceci dit, il n'y a pas de soin externe, de médicament ni de régime alimentaire – pas même ayurvédique – qui puisse procurer un équilibre total. Sans les techniques qui permettent de réduire notre stress émotionnel, nos émotions non digérées continuent de provoquer déséquilibre et toxines, qui sont tous deux à la racine de tous les problèmes de santé.

En vérité, les expressions « problème de peau » et « maladie de peau » n'ont pas de sens spécifique pour la médecine ayurvédique. Que nous soyons en état d'équilibre ou de déséquilibre, dans les deux cas la peau reflète notre état, en fonction de notre constitution et de nos habitudes quotidiennes. Quand il y a équilibre – c'est-à-dire quand nous sommes sains psychologiquement et physiquement – nous résistons naturellement aux maladies et notre teint est éclatant. Lorsqu'il y a déséquilibre, que les symptômes apparaissent à la surface de la peau ou ailleurs, dans le corps ou dans l'esprit, la thérapie est la même : il s'agit de nous rééquilibrer intérieurement et extérieurement, à tous les niveaux de la vie – du corps à l'âme, en passant par la respiration et par l'esprit.

Deuxième partie

LES SOINS AYURVÉDIQUES DE LA PEAU

Quand les bases d'une bonne santé ont été acquises en profitant pleinement du soleil, de l'air frais, de l'eau, de la nourriture, des heures de sommeil, le moment est alors venu de se préoccuper des petits détails concernant l'entretien du visage, des cheveux, des dents, des ongles.

Vatsyayana

Chapitre 4

COMMENT NOURRIR SA PEAU

Réjouissez-vous de la présence des plantes qui portent en abondance des fleurs et des fruits, s'unissent pour triompher de la maladie tels des chevaux victorieux, s'élançant en avant et soustrayant les hommes à la maladie.

LE RIG VEDA

Chaque mois apparaissent sur le marché des centaines de produits de beauté nouveaux et, au cours des cinq dernières années, les « body shops » et autres magasins proposant des produits naturels se sont multipliés. C'est ainsi que les consommateurs ont aujourd'hui à leur disposition plus de choix que jamais, mais se retrouvent en même temps de plus en plus perplexes devant tant de produits, et se demandent ce qui est réellement bon pour le corps et pour la peau. Si les étiquettes indiquent la composition des produits, le consommateur moyen ne sait pas repérer les composants chimiques qui entrent dans la fabrication des produits dits naturels et ignore l'incidence de ces substances sur la santé. À en croire les fabricants, *tous* ces produits sont bons pour tout le monde et ne se composent que de plantes, de biominéraux, d'enzymes, d'extraits végétaux. Cette terminologie est évidemment synonyme de pureté, mais si, en général, ces produits contiennent effectivement des ingrédients parfaitement naturels, leur publicité oublie généralement de mentionner les autres substances synthétiques et chimiques – colorants, agents de conservation, émulsifiants et parfums – qui entrent dans leur composition et, par conséquent, pénètrent dans notre peau. Aux États-Unis, en tout cas, bien des produits, autorisés à la vente, sont trop récents pour que l'on puisse connaître leurs effets à long terme sur la santé. Certains sont probablement douteux, ce qui n'empêche pas le gouvernement de considérer qu'ils répondent à des normes de santé d'un niveau acceptable.

L'Ayurveda a des normes beaucoup plus strictes que celles de la médecine et des gouvernements occidentaux, et sa conception du naturel est à la fois plus complète et plus élaborée. Par ailleurs, pour avoir testé ses théories pendant six mille ans sur des sujets humains, l'Ayurveda est en droit d'affirmer sa connaissance des effets à long terme de ses traitements et de ses produits.

D'un produit à un autre où est la différence ? Qu'est-ce qui est pur et naturel pour l'Ayurveda ? Quels sont les ingrédients utilisés dans les produits de soins ayurvédiques, et qu'ont-ils de si particulier ? Vous trouverez dans ce qui suit les réponses à ces questions et, dans l'appendice B, des instructions très simples qui vous permettront de confectionner chez vous des produits ayurvédiques. Si vous préférez en acheter et si vous vous rendez aux États-Unis, sachez que de nombreux magasins de produits naturels à travers le pays proposent ma ligne Bindi.

La peau s'alimente

Si l'on vous offrait des aliments contenant de l'alcool céthylique, des butylcarbonates d'iodopropyle, du dodecylbenzènesulfonate de sodium, du sel disodique d'acide éthylène diamino-tétracétique, d'hydroxytoluène butylé, du rouge n° 7, du jaune n° 10, auriez-vous envie de les manger ? En fait, des millions de personnes absorbent ces substances chimiques chaque jour, tout simplement parce qu'elles sont contenues dans les lotions hydratantes et les savons de deux marques très populaires aux États-Unis. Or la peau est l'un des plus importants organes d'absorption du corps.

Bien que notre nourriture soit essentiellement ingérée, la peau absorbe aussi des nutriments. En fait, contrairement aux aliments que nous mâchons, avalons, et qui sont désagrégés dans l'estomac avant d'être utilisés par le corps, les crèmes et les lotions que nous appliquons sur notre peau *arrivent directement dans le flux sanguin*, sans avoir à passer par le processus de la digestion. Comme toutes les substances que nous ingérons, ces produits sont utilisés pour la fabrication du tissu corporel – ou deviennent des toxines dangereuses. Pour cette raison, je recommande toujours aux personnes qui me consultent de considérer les produits de beauté non comme des cosmétiques mais comme de la *nourriture. Si vous ne pouvez pas les manger, alors ne les utilisez pas sur votre peau.* Là est la norme ayurvédique de pureté et de naturel.

La peau *mange* et, en l'alimentant, vous vous alimentez vous-même. Par conséquent, si vous êtes soucieux de votre santé, il est aussi important pour vous de connaître la composition des produits que vous mettez sur votre peau que de connaître celle de votre alimentation ou de vos médicaments. Commencez par lire les étiquettes de vos produits de beauté. Si vous relevez le nom d'un élément chimique ou d'une plante que vous ne connaissez pas, commencez par vous renseigner. Si vous lisez « Ayurveda » ou toute appellation proche sur une étiquette, la pureté du produit n'est malheureusement pas plus garantie que par l'adjectif « naturel ». Dans le prochain chapitre, lorsque je décrirai les soins externes de la peau que je vous recommande, je vous dirai également comment lire les indications portées sur les étiquettes des produits que vous achetez.

Aucune substance synthétique n'est utilisée dans la préparation des produits que je commercialise – ou que je vous apprendrai à faire chez vous. À une exception près, ils ne renferment ni produit chimique toxique ni agent de conservation. L'exception – inévitable – concerne la crème hydratante de mes deux lignes de produits. Une crème de ce type ne peut se passer d'agents de conservation, en raison de l'instabilité inhérente aux substances hydratantes. Mais je vous indiquerai comment vous hydrater la peau en utilisant des plantes et des huiles naturelles, sans avoir besoin d'acheter une crème dans le commerce.

Ces huiles, ainsi que toutes les préparations présentées dans ce livre, sont faciles à obtenir chez vous, à partir d'aliments et de produits alimentaires naturels. Comme pour toutes les préparations véritablement ayurvédiques, on utilise exclusivement des plantes, leurs essences ou leurs extraits, des huiles végétales, de l'eau de source, du ghî – beurre semi-liquide et clarifié –, du miel, du lait, des légumes et des fruits frais. Les essences ou les extraits de plantes ne se trouvent pas dans les supermarchés, mais on peut habituellement se les procurer dans les magasins de produits naturels ou dans les pharmacies qui proposent des remèdes phytothérapiques. Tous les ingrédients authentiquement ayurvédiques sont comestibles. Un jour, une cliente suisse m'a appelée en me demandant si elle pouvait épicer sa soupe avec ma poudre d'herbes qui sert à purifier la peau. C'est effectivement tout à fait concevable.

Néanmoins – comme vous le verrez –, certains ont leurs principes actifs détruits par la cuisson et d'autres, bien qu'excellents pour la peau, ne sont pas très agréables au palais.

Bien entendu, tout au long de ce livre, il s'agira pour vous de retenir seulement les recettes qui conviennent à votre type de peau, donc en accord avec leurs pouvoirs rééquilibrateurs. En général, les peaux sèches ont besoin d'ingrédients solides, qui réchauffent et favorisent l'équilibre de Vata. Les peaux sensibles demandent des ingrédients rafraîchissants, apaisants pour l'équilibre de Pitta. Les peaux grasses ont besoin de substances légères, stimulantes qui équilibrent Kapha. Vous allez découvrir comment l'Ayurveda détermine les propriétés des ingrédients.

Les propriétés médicales des plantes

Les plantes présentes dans tout l'Univers s'attaquent (aux maladies) comme un voleur à une étable ; elles font sortir du corps l'infirmité – quelle qu'elle soit –, qu'il peut lui arriver de renfermer.

LE RIG VEDA

La peau est vivante, et les éléments chimiques – qui ne le sont pas – ne peuvent redonner vie à la peau. Il n'y a pas d'intelligence dans les molécules de synthèse ou, comme le dit Deepak Chopra, ces molécules ne possèdent pas le savoir-faire des cellules constructrices des organismes vivants qui permet de préserver équilibre et stabilité internes. Pour être vivants, produits de beauté et remèdes pour la peau doivent être préparés uniquement à partir de *plantes* – entières, partiellement ou totalement utilisées sous forme d'extrait pur –, parce qu'elles sont équilibrées par la nature et pleines de l'intelligence – l'énergie vibratoire – qui constitue la vie. Il faut entendre par plante toute forme de végétation, de l'arbre à l'épice, en passant par la fleur, le légume et l'herbe. D'un point de vue morphologique, la plante se distingue de l'herbe par sa tige ligneuse qui sort de la terre. Les plantes comprennent donc également les épices qui regroupent toutes les substances végétales qui *donnent du goût*, comme la cannelle ou les clous de girofle. Dans ce livre, j'utilise à ce propos une terminologie sans extrême précision, en considérant que les plantes comprennent les herbes et les épices et que ces herbes et ces épices sont des plantes. Comme vous le verrez, ces substances vivantes contiennent toutes les propriétés purifiantes, nutritives et équilibratrices qui permettent d'apporter un soulagement externe aux problèmes cutanés, et de ralentir le processus du vieillissement. Elles sont pour la peau des aliments parfaits.

Comme les humains, les plantes se composent de cinq éléments et de sept dhatus ou tissus. Selon *The Yoga of Herbs*, chacun des dhatus de la plante influe sur le tissu correspondant du corps humain : le jus de la plante, son eau, travaille sur le plasma; la sève, liquide épais et laiteux, sur le sang; la partie tendre de la tige, sur le muscle; la résine de l'arbre, sur le tissu graisseux; l'écorce, sur l'os; les feuilles, sur le tissu nerveux et la moelle des os; et fleurs et fruits, sur le tissu reproductif. Quant aux graines, qui contiennent en puissance toutes les parties de l'arbre, elles travaillent sur l'ensemble du corps.

Les plantes ont aussi, comme nous, leur propre ojas – leur propre conscience. L'ojas de la plante est son *essence*, c'est-à-dire, pour nous, *son odeur et son goût*. C'est l'âme de la plante – le parfum de la vie. Tel l'ojas humain, celui de la plante est le dérivé essentiel du septième dhatu, autrement dit le tissu des organes reproducteurs de la plante, qui sont des glandes dans la fleur et dans le fruit. Comme le nôtre, l'ojas végétal est la substance et l'énergie subtiles du système immunitaire de la plante. En fait, l'odeur de la plante lui assure santé et vie en tuant les bactéries, en prévenant l'infection, et éloigne même ses prédateurs. Ainsi, l'essence de la plante possède de puissantes propriétés thérapeutiques; c'est le principe actif des plantes médicinales. Nous verrons que, lorsque nous les absorbons, les substances végétales agissent sur nous comme elles agissaient sur la plante.

PLANTES MÉDICINALES D'UN USAGE COMMUN

PLANTES	PARTIES UTILISÉES
Aloe vera	Jus des feuilles
Ashvangandha	Racine, huile
Basilic	Feuilles, huile essentielle
Bergamote	Huile essentielle du fruit
Bardane	Feuilles, racine, graines

PLANTES	PARTIES UTILISÉES
Camphre	Résine déagineuse
Cayenne	Fruit, huile essentielle
Camomille	Fleur, huile essentielle
Cannelle	Écorce, huile essentielle
Clou de girofle	Huile essentielle, fleur en bouton
Conferve	Parties aériennes*, racine
Coriandre	Graine, huile essentielle
Cumin	Graine, huile essentielle
Eucalyptus	Huile essentielle, feuilles
Euphraise	Parties aériennes
Fenouil	Graine, huile essentielle
Gingembre	Racine, huile essentielle
Gotu kola	Parties aériennes, huile
Prêle	Parties aériennes
Jasmin	Fleur, huile essentielle
Lavande	Fleur, huile essentielle
Réglisse	Racine, extrait
Nérolé	Huile essentielle (fleur d'oranger)
Noix de muscade	Amande, huile essentielle
Patchouli	Huile essentielle
Menthe poivrée	Parties aériennes, huile essentielle
Rose	Huile essentielle
Romarin	Parties aériennes, huile essentielle
Sauge	Feuilles, huile essentielle
Santal	Écorce, huile essentielle
Shatavare	Racine, huile
Thym	Parties aériennes, huile essentielle
Valériane	Racine, huile essentielle
Vétiver	Huile essentielle
Ylang-ylang	Huile essentielle

** Les parties aériennes comprennent les feuilles, la tige, les fleurs et les graines. Elles sont utilisées – en fonction de la plante, et du remède recherché – soit fraîches, soit séchées, ou indifféremment fraîches ou séchées.*

En plus de leurs propriétés nutritionnelles et immunitaires, les plantes et les essences ont donc des propriétés médicinales, qui varient d'une espèce à l'autre. En fonction de la partie utilisée et de la forme sous laquelle on s'en sert, les plantes peuvent aider à équilibrer les doshas, à nourrir le corps et la peau, et à soigner certaines maladies. Par exemple, l'ail et l'hydrastis combattent les parasites et sont efficaces dans le traitement des infections dues à l'oïdium; le curcuma est un astringent et aide également à stopper un saignement externe. La valériane et la manjista (garance) sont emménagogues – elles favorisent le flux menstruel. Dans l'appendice C, vous trouverez une liste d'herbes et de plantes pour chaque type de peau, classées en fonction de leurs nombreuses propriétés médicinales.

Vous verrez que l'Ayurveda fait un usage interne et externe des plantes et des herbes. En fait, nous pouvons absorber les essences végétales non seulement par la bouche ou par la peau, mais également en les pulvérisant dans les narines. Les feuilles fraîchement coupées, les racines, les graines, ou bien des feuilles séchées ou des poudres peuvent être prises oralement, soit sous forme de solide soit sous forme de jus ou d'infusion. On peut faire macérer une partie de la plante dans un liquide – par exemple des branches d'estragon dans de l'huile d'olive – et se servir de cette préparation pour cuisiner, voire comme hydratant pour masser ou soigner la peau. Les herbes en poudre ou écrasées s'utilisent directement sur la peau pour la nettoyer ou comme masque. Ajoutés à l'eau de votre bain, les huiles de massage, l'encens, ou les essences végétales constituent la base de l'aromathérapie. En fonction de la partie qui est utilisée et de la forme de son utilisation, la plante aide à équilibrer les doshas, à nourrir le corps et la peau, ou à guérir des maladies spécifiques. Je décris ces processus en détail dans divers chapitres du livre.

L'Ayurveda détermine l'efficacité d'une plante pour un problème défini ou pour votre constitution, en se basant sur son odeur ou sur sa saveur. L'Ayurveda considère en effet que l'odeur d'une substance dérive de son goût, et que celui-ci est issu de la paire d'éléments qui prédominent dans sa constitution. Il existe six goûts basiques, ou *rasas*, qui sont créés par le couplage de différents éléments : doux, aigre, salé, piquant, amer et astringent. Le tableau suivant montre que chaque goût a les mêmes caractéristiques que ses constituants dominants :

GOÛT	CONSTITUANTS	CARACTÉRISTIQUES DOMINANTES
Sucré (ou doux)	Terre + Eau	Froid, huileux, lourd
Aigre	Terre + Feu	Chaud, lourd, huileux
Salé	Eau + Feu	Chaud, huileux, lourd
Piquant	Feu + Air	Chaud, léger, sec
Amer	Air + Espace	Froid, léger, sec
Astringent	Air + Terre	Froid, moyen

Pour cette même raison, chaque goût a naturellement une influence différente sur les doshas. Le diagnostic de la maladie est basé sur les trois doshas ; le traitement, sur les six goûts. Ainsi, le salé, l'aigre et le sucré – qui sont essentiellement chauds, huileux et lourds – équilibrent le froid, le sec et le léger de Vata. L'amer, le sucré et l'astringent – froids, lourds et secs – équilibrent le chaud, le léger et le légèrement huileux de Pitta. L'amer, le piquant et l'astringent – chauds, légers et secs – équilibrent le froid, le lourd et le huileux de Kapha.

	GOÛT	PROPRIÉTÉS
La peau sèche (Vata) *a besoin de* :	Salé, aigre, doux	Chaud, huileux, lourd
La peau sensible (Pitta) *a besoin de* :	Amer, sucré, astringent	Froid, lourd
La peau grasse (Kapha) *a besoin de* :	Piquant, amer, astringent	Chaud, léger, sec

Ce système d'identification et de classification des plantes et des herbes en fonction de leurs propriétés curatives est l'un des plus vieux du monde. Des cultures aussi différentes que celles de la Chine, de la Grèce, de l'Indonésie ou du Tibet anciens se sont, au cours des millénaires, amplement inspirées de la phytopharmacopée de l'Ayurveda, tout en lui apportant, en retour, leur contribution. Cependant, comme les vaidyas ont étudié de nombreuses plantes que l'on ne trouve qu'en Inde, les praticiens des autres pays ont dû adapter le principe de classification de l'Ayurveda aux plantes de leur pays. Encore aujourd'hui, bien des herbes médicinales utilisées par les médecins indiens ne peuvent l'être par les Occidentaux. À votre intention, j'ai consigné dans ce livre des recettes qui demandent uniquement l'utilisation de plantes que l'on trouve dans cette partie du monde, bien que, parfois, ces plantes ne soient pas celles qui puissent vous permettre une application parfaite des principes ayurvédiques.

Dans les chapitres concernant la thérapie nutritionnelle et l'aromathérapie, vous aurez l'occasion d'étudier plus en détails la théorie ayurvédique des saveurs. Toutefois, pour l'instant, intéressons-nous à l'utilisation *externe* des végétaux qui permet d'améliorer la santé et l'apparence de la peau.

LES HERBES MÉDICINALES DANS LA MÉDECINE MODERNE

La médecine contemporaine occidentale reconnaît à son tour les propriétés thérapeutiques des plantes. Bien avant la découverte de la chimie moderne, plantes et herbes constituaient la pharmacopée du monde. Même dans les pays occidentaux, elles ont été très utilisées jusque dans les années trente et sont encore vendues dans les pharmacies européennes. En fait, un fort pourcentage de produits pharmaceutiques prescrits actuellement contient uniquement des composants végétaux naturels ou de synthèse. C'est le cas, par exemple, de la digitaline – stimulant cardiaque – qui est utilisée depuis qu'un herboriste a réussi à l'extraire d'une plante que l'on appelle communément en France doigt de la Vierge ou gant de Notre-Dame.

Néanmoins, il y a une différence fondamentale entre utiliser une plante comme un médicament et avaler une version synthétique de son principe actif, ou même prendre l'élément chimique naturel qui a été enlevé à la plante. Pour l'Ayurveda, l'efficacité d'un remède ne dépend pas uniquement de la structure moléculaire de son principe actif. Il faut comprendre que le principe actif n'agit que grâce au système de contrôle et d'équilibre assuré par les autres éléments présents dans la plante. Par conséquent, si la substance chimique appropriée est nécessaire à l'efficacité d'un médicament, elle n'est pas suffisante pour apporter santé et équilibre. Le premier but de la phytothérapie est d'équilibrer les forces vitales – « le délicat réseau de l'intelligence » – qui structurent et soutiennent le corps même de la plante. Par exemple, une molécule de digitaline prise sur la plante est chimiquement identique à celle qui sort d'un laboratoire. Toutefois, la première est vivante, l'autre ne l'est pas. Séparée de la source de son intelligence, la molécule de digitaline n'est plus qu'une série d'atomes « stupides ». Elle constitue une substance chimique correcte, mais il lui manque le savoir-faire qui lui permettrait de faire face aux changements multiples de la vie et aux règles qui les régissent. Ainsi, elle échappe totalement au système complexe de feed-back qui lie le corps à l'esprit et, telle une personne à l'instinct grégaire, mais à qui manqueraient des relations interpersonnelles et le sens des règles de la sociabilité, elle s'insinue constamment dans des situations où on n'a pas vraiment besoin d'elle. D'où les effets secondaires qu'entraînent si souvent les médicaments faits par l'homme, telle, par exemple, la pastille contre le rhume qui empêche le nez de couler mais, en même temps, contracte les vaisseaux sanguins et, par conséquent, provoque vertiges et même exposent les sujets hypertendus à une augmentation de tension.

Dans *Quantum Healing*, Deepak Chopra observe le déplacement dans le flux sanguin d'une substance biochimique – l'un des remèdes vivants du corps – et démontre l'extraordinaire organisation qui sous-tend le voyage d'une seule molécule vers la cellule qui attend de la recevoir, parmi les milliards de cellules du corps. Il écrit : « Quand une cellule sanguine se précipite vers une blessure pour aider le sang à se coaguler, elle ne se déplace pas au hasard. En fait, elle sait dès le départ où elle va et ce qu'elle doit faire quand elle arrive à destination. [...] Les molécules semblent elles-mêmes capables de choisir entre plusieurs destinations, et il est troublant de suivre leur déplacement au microscope à électrons tandis qu'elles filent droit vers l'endroit où l'on a besoin d'elles. »

Ce mouvement cellulaire, précis et finalisé, est d'autant plus étonnant que cette chorégaphie complexe n'est qu'une infime partie de la danse. Le corps « peut libérer des centaines d'éléments chimiques différents en même temps, et orchestrer le mouvement de chacun en tenant compte de l'ensemble », note D. Chopra. C'est ce minutage parfait et cette magnifique coordination d'une douzaine de processus conjoints qui manquent quand on remplace, par exemple, le facteur coagulant qui fait défaut par un médicament ordinaire.

Étant donné que le nombre de personnes qui refusent les médicaments de laboratoire, en raison d'effets secondaires indésirables, n'a cessé d'augmenter au cours des dernières années et que, parallèlement, le marché des remèdes naturels s'est de plus en plus étendu (selon le *New England Journal of Medecine*, les Américains ont dépensé, en un an, plus de treize milliards de dollars pour des traitements dits alternatifs), les laboratoires pharmaceutiques se sont mis à rechercher de nouvelles plantes médicinales au cœur des forêts tropicales. En même temps, des scientifiques ont manifesté un regain d'intérêt pour les traitements dits traditionnels. Des chercheurs du Fox Chase Cancer Center de Philadelphie se sont associés à des confrères de l'université de Madras, en Inde, pour étudier les effets du *Phyllantus amarus* sur l'anticorps de surface de l'hépatite B. Ils ont découvert que, chez 59 % des porteurs de l'hépatite B, l'anticorps disparaissait, et que, s'il resurgissait, ce n'était que neuf mois plus tard, et seulement chez 4 % des sujets du groupe de contrôle. Les auteurs de cette étude notent que les médecins ayurvédiques prescrivaient cette plante il y a deux mille ans pour traiter la jaunisse, symptôme classique de l'hépatite.

Les huiles essentielles et la peau

Les plantes qui entendent cette prière, comme celles qui sont plus lointaines, se regroupent pour donner de la vigueur à ce corps infirme.

LE RIG VEDA

Ce que j'appelle essence est la substance qui contient l'agent actif de la plante médicinale – présentée comme la saveur de la vie. Mais, pour que la peau mange cette nourriture curative, il faut d'abord que la plante soit donnée à la peau sous une forme absorbable par les follicules de ses poils et par ses glandes. L'Ayurveda nourrit et régénère la peau en utilisant des préparations qui comprennent jus, infusions, feuilles séchées, écrasées ou pulvérisées, extraits liquides. Toutefois, ce sont les essences liquides pures – les huiles essentielles – qui offrent les extraits végétaux les plus concentrés et les plus raffinés et qui, par conséquent, sont les plus efficaces dans les soins de la peau. Elles sont soixante-dix à quatre-vingts fois plus concentrées que les poudres et ont cependant une densité moléculaire si faible qu'elles peuvent pénétrer dans la peau au niveau cellulaire et produire soixante à soixante-quinze fois plus d'effet que la plante entière quand il s'agit de nourrir la peau et de stimuler le renouvellement des cellules. De plus, en tant que source du système immunitaire de la plante, elles sont naturellement antiseptiques, antibactériennes, antimucosiques et ont également des propriétés protectrices qui leur permettent d'accélérer la cicatrisation des plaies et de combattre les infections. C'est pour ces raisons que l'Ayurveda fait une place de choix aux huiles essentielles dans les soins du corps et de la peau.

Les essences pures, qui sont extraites par distillation dans de l'alcool, sont donc les extraits végétaux les plus actifs mais aussi les plus chers. Pour une once (28,35 grammes) de pure essence de rose, par exemple, il faut au moins quatre-vingt-dix kilos de pétales. Une livre d'essence essentielle de rose vaut environ six mille dollars. En raison de ce coût et de l'effort demandé, il est difficile pour vous de faire vos propres distillations. Aujourd'hui, vous pouvez acheter de petits flacons d'huiles essentielles dans la plupart des magasins de produits naturels ou dans des parfumeries spécialisées. Malheureusement, la qualité des produits vendus varie. Les étiquettes n'indiquent ni le pourcentage de concentration ni la présence éventuelle d'extraits synthétiques, si bien que vous n'êtes pas en mesure de juger de la pureté ou de l'efficacité de ce que vous achetez. Reste qu'une estimation fiable – à défaut d'être absolue – est possible à partir du prix du produit. Plus il y a d'extrait pur dans le flacon, plus le prix est élevé.

À New York, dans mon propre laboratoire, nous utilisons uniquement des huiles essentielles parfaitement pures, en provenance directe de distilleries, dont plusieurs sont indiennes, et nous les mélangeons à du ghî – le beurre semi-liquide et clarifié des Indiens – qui pénètre plus facilement dans la peau et a plus de vertus apaisantes que l'huile végétale. Afin de pouvoir garantir la pureté et la qualité de mes produits, je prépare, personnellement, chaque semaine, les recettes des produits destinés à renouveler notre stock. Comme le veut l'Ayurveda, j'accompagne ces préparations de *mantras* – ou sons – appropriés, qui renforcent les vertus de l'ojas des plantes ou des huiles, lequel renforcera à son tour notre ojas, quand il aura été absorbé par la peau.

On estime à un demi-million le nombre d'espèces végétales dans le monde, mais les huiles essentielles de la plupart d'entre elles n'ont encore jamais été extraites, et ce n'est pas la petite centaine de plantes que l'on utilise pour l'instant qui peut fournir une quantité d'huile suffisante pour que les prix soient raisonnables. Les huiles essentielles les plus communément utilisées, en fonction des types de peau, sont indiquées sur le tableau qui suit (une liste plus complète étant fournie dans l'appendice D). Les huiles destinées aux peaux sèches doivent d'abord être douces, apaisantes et réchauffantes ; les peaux sensibles ont besoin d'huiles douces, apaisantes et rafraîchissantes ; les peaux grasses demandent des huiles au parfum puissant, stimulantes réchauffantes. Nous verrons qu'il suffit d'un petit assortiment d'huiles essentielles pour préparer la plupart des soins ayurvédiques de la peau présentés dans ce livre.

LES HUILES ESSENTIELLES

Pour peau sèche (Vata) :	Noix de muscade, cardamome, gingembre, safran, champa, jasmin, géranium, rose rouge, santal rouge, citron, néroli, vanille.
Pour peau sensible (Pitta) :	Rosewhite, santal, vétiver, coriandre, cumin, menthe, ylang-ylang, camphre.
Pour peau grasse (Kapha) :	Patchouli, eucalyptus, camphre, clou de girofle, lavande, bergamote.

Retenez que, lorsque je parlerai d'huiles essentielles, je me référerai le plus souvent, par exemple, à la rose ou à l'huile de rose, plutôt qu'à l'huile essentielle de rose.

Recettes de base

Comme je l'ai déjà dit, presque toutes les recettes ayurvédiques présentées dans ce livre, et qui concernent aussi bien les soins de la peau et du corps que les massages aux huiles et les huiles aromatiques, sont celles de mes produits Bindi et Tej. Si vous êtes prêt à les faire vous-même, vous pouvez aisément les préparer chez vous à partir du moment où vous disposez des ingrédients de base : huiles essentielles correspondant à votre type de peau, ingrédients liquides (huile végétale, beurre clarifié, eau ou lait), herbes ou extraits d'herbes. En réalisant vous-même ces recettes, non seulement vous économiserez de l'argent, mais en plus vous pourrez contrôler la pureté des produits. Il vous suffira de suivre les explications données dans le chapitre suivant.

Hormis les huiles essentielles, vous utiliserez d'autres préparations végétales qui vont vous être présentées et que vous retrouverez au cours de votre lecture. Elles comprennent des huiles hydratantes, des huiles de massages, des infusions, des décoctions, des extraits végétaux, des huiles végétales, des pâtes, des plantes pour le bain, et sont toutes faites à partir de plantes ou d'essences de plantes, ou bien à partir des deux. Si vous voulez les faire chez vous, vous trouverez leur préparation expliquée dans l'appendice B, en même temps que des conseils pour leur conservation. Leurs utilisations et leurs compositions sont les suivantes.

Huiles de base

Comme je l'ai indiqué, les essences liquides sont trop puissantes pour être utilisées pures et sont généralement diluées avant d'être vendues. Mais, comme il est impossible de savoir dans quelle proportion elles ont été diluées, je vous recommande de les diluer encore dans une huile végétale ou du beurre clarifié (ghî). Ces bases liquides ont leurs propres vertus nutritives et équilibratrices qui peuvent compléter ou renforcer l'effet des herbes, si elles sont utilisées de façon appropriée.

LES HUILES DE BASE

Pour peau sèche (Vata) :	Sésame noir, sésame, avocat, olive, amande, noix, cacahuète, castor, beurre clarifié.
Pour peau sensible (Pitta) :	Amande, noix de coco, tournesol, amande de l'abricot, olive, beurre clarifié.
Pour peau grasse (Kapha) :	Colza, maïs, carthame, moutarde, grains de raisin, amande, amande de l'abricot.

Les huiles végétales sont elles-mêmes des extraits de plantes. Mais, contrairement aux huiles essentielles qui sont volatiles, elles sont stables, c'est-à-dire qu'elles ne s'évaporent pas. Cependant, leurs qualités nutritives subtiles sont facilement altérées ou détruites par une mauvaise extraction. Par conséquent, je vous recommande d'utiliser des huiles végétales obtenues sans être chauffées, sans l'utilisation de solvants ou de substances chimiques nocives et qui ne contiennent pas d'agents de conservation. Leur étiquette porte la mention : « huile vierge, obtenue par première pression à froid ». Je vous recommande également des produits biologiques afin d'éviter l'absorption par la peau des toxines contenues dans les huiles obtenues à partir de plantes, qui ont été saupoudrées d'insecticides ou nourries de fertilisants, autour de substances chimiques qui passeraient directement dans votre flux sanguin. Le beurre clarifié est aussi une excellente base en raison de ses qualités de pénétration et de ses vertus apaisantes. On en trouve généralement dans les magasins de produits naturels et, bien entendu, dans les épiceries indiennes, mais vous pouvez le préparer facilement chez vous (voir la recette dans l'appendice B). Il n'a pas besoin d'être réfrigéré, sa conservation est illimitée et, en fait, plus on le garde longtemps et plus il devient bénéfique.

HUILES POUR HYDRATATION DE LA PEAU ET MASSAGES

Les préparations pour hydrater la peau et la masser se composent d'huiles essentielles que l'on mélange à une huile de base et qui sont faites pour équilibrer les doshas et nourrir la peau. La proportion d'huile essentielle par rapport à l'huile de base variera en fonction du but que vous recherchez : soit pour un massage du visage uniquement, soit pour un massage de tout le corps. Les huiles pour le visage ont une concentration en huile essentielle plus élevée que pour le corps, d'abord parce que le teint, qui est toujours exposé aux éléments, exige plus d'entretien et de soins réparateurs que la peau du corps. Ensuite, parce que quand sa surface est plus étendue – comme c'est le cas sur le corps par rapport au visage –, la peau peut facilement absorber les nutriments contenus dans les huiles essentielles sans que leur concentration soit élevée.

Décoctions

Les décoctions sont essentiellement des infusions concentrées. Elles sont moins efficaces que les huiles essentielles et pénètrent moins bien dans la peau. On les obtient en faisant bouillir des herbes fraîches ou séchées – généralement la partie ligneuse de la plante –, ce qui permet d'extraire leur essence. Les décoctions, quand elles ne sont pas trop concentrées, peuvent être bues. Plus fortes, elles sont utilisées dans le bain. On s'en sert également pour la préparation des huiles végétales.

Extraits et huiles

Les extraits végétaux sont une autre forme de l'essence concentrée de la plante, mais ne sont pas aussi puissants que les essences liquides pures. Ils sont pris oralement dans un but thérapeutique – généralement trois ou quatre gouttes sur la langue – ou bien par voie externe quand ils sont sous forme d'huile.

Ces extraits s'obtiennent en trempant la plante dans un liquide – de l'alcool, par exemple – et en remuant le mélange, quotidiennement, pendant trois à dix jours, selon la nature de la plante, puis en filtrant le liquide. Ce procédé est utilisé quand il est difficile d'obtenir l'essence de la plante par distillation. Comme les essences pures, les extraits sont vendus dans les magasins de produits naturels.

Les huiles végétales dont il est question ici sont des huiles médicinales fortement concentrées qui sont utilisées pour des massages thérapeutiques ou comme base pour les huiles essentielles qu'elles rendent plus actives. Ces huiles sont préparées de deux manières : soit en ajoutant des extraits végétaux à une huile de base, soit en incorporant une décoction très concentrée d'herbes médicinales à l'huile de base, puis en faisant s'évaporer par ébullition le reste d'eau.

Traditionnellement, les médecins ayurvédiques préparent des huiles médicinales sans se soucier de leur odeur et, la plupart du temps, elles ont une odeur désagréable. Quand je suis venue aux États-Unis, j'ai vite compris que les Américains refuseraient d'utiliser un produit de beauté qui sentirait mauvais, même s'il était le plus efficace de tous. Je me suis donc mise à ajouter des huiles essentielles dans mes préparations, ce qui n'avait jamais été fait en Inde. J'ai pu constater que l'apport d'huiles essentielles non seulement améliorait l'odeur des préparations – ce qui aidait à équilibrer l'esprit ainsi que le corps –, mais renforçait également les propriétés des huiles médicinales.

LES EXTRAITS ET LES HUILES

Pour peau sèche (Vata) :	Shatavari, ashwangandha, basilic, bala, acore vrou, colows, conferve, gotu kola, ou gingembre.
Pour peau sensible (Pitta) :	Neem, shatavari, groseillier indien, réglisse, fenouil, cardamome, menthe, gotu kola, garance, bhringraj, safran, bardane.
Pour peau grasse (Kapha) :	Sauge, neem, romarin, triphala.

INFUSIONS

On fait infuser feuilles sèches ou fraîches, fleurs ou autres parties de la plante qui ne doivent pas être bouillies. Le liquide utilisé est de l'eau ou de l'huile.

PÂTES

Les pâtes sont faites à partir de poudres d'herbes (finement moulues, comme celles que l'on utilise en assaisonnement). On s'en sert comme gommage pour le visage ou comme exfoliant profond pour le visage et pour le corps. Leur préparation consiste à ajouter une petite quantité de liquide (huile, eau ou lait) à la poudre d'herbe afin d'obtenir un mélange qui ait la consistance d'une pâte.

Les huiles essentielles ou les herbes séchées se mettent dans une étamine pour parfumer l'eau du bain et créer ainsi un effet aromatique équilibrant.

Les chapitres suivants vous permettront d'apprendre comment utiliser ces recettes comestibles pour nettoyer, nourrir, hydrater le visage et le corps, et vous débarrasser des problèmes de peau qui gâchent votre teint. Encore une fois, si vous ne voulez pas faire ces préparations vous-même, vous pouvez facilement acheter la plupart d'entre elles dans les magasins de produits naturels. Maintenant, si vous préférez acheter d'autres produits de beauté, je vous indiquerai dans le prochain chapitre quels sont les ingrédients qu'il faut éviter dans la composition d'un produit. Quel que soit votre choix, il est néanmoins temps de dire adieu à vos lotions sans vie et à vos masques synthétiques, et d'offrir à votre peau des repas de gourmet.

Chapitre 5

NETTOYER, NOURRIR, HYDRATER : LES SOINS EXTERNES DE LA PEAU

Donne-toi une peau d'une texture exquise, des couleurs douces et délicates, et un teint pur et lumineux.

YOGA SUTRA

Nettoyer, nourrir et hydrater constitue le premier impératif des soins ayurvédiques de la peau. Quel que soit votre type de peau, ce programme en trois temps est essentiel pour compenser les effets quotidiens de l'environnement, du stress et du processus naturel de dégénérescence des cellules. C'est là le strict minimum qu'il vous faut respecter pour garder une peau saine et jeune. Si vous avez un problème cutané que vous ne cherchez pas à soigner spécifiquement, de bonnes habitudes quotidiennes ne peuvent qu'améliorer l'état de votre peau, et parfois même en peu de temps.

Vous allez maintenant apprendre, outre les soins de base de la peau, ce qu'il convient de faire pour nettoyer, pour nourrir et pour hydrater quotidiennement votre type de peau, ainsi que les traitements permettant de vous régénérer entièrement, de la tête aux pieds. Ce programme de beauté intégrale qui comprend masques faciaux exfoliants, soins ayurvédiques des cheveux, bains régénérateurs, soins de la peau adaptés aux saisons, est idéal pour tous, quel que soit l'état de votre peau. Néanmoins, la seconde partie du chapitre comporte une liste de traitements destinés à ceux qui sont confrontés à l'un de ces problèmes courants que sont l'acné, l'eczéma, le psoriasis, les rides précoces, les tavelures, la cellulite, les pellicules ou les pieds craquelés. Les uns comme les autres, vous pourrez bénéficier des recettes des produits et des remèdes ayurvédiques, et découvrir en même temps ce qui les différencie des traitements que l'on vous propose habituellement dans le commerce. Si vous préférez acheter vos produits plutôt que de les préparer chez vous, les informations qui suivent vous permettront au moins de devenir des consommateurs plus attentifs à ce qu'on vous vend. Vous serez, en particulier, capable de faire la différence entre les vrais produits naturels et les autres. De plus, tous les produits décrits plus loin sont disponibles sous mes labels Bindi ou Tej.

Encore une fois, ces traitements sont *externes* et, s'ils sont absolument nécessaires pour obtenir un teint parfait et une apparence saine, ils ne suffisent ni à éliminer complètement les problèmes de peau ni à parvenir à la beauté absolue. Ils réduisent les effets de la maladie ou de l'âge sans en supprimer la cause. Si vous voulez vous attaquer à la cause elle-même, il faut alors nettoyer et nourrir *intérieurement* le corps et l'esprit. C'est à l'intérieur que tous les désordres commencent, et il n'est pas excessif d'insister sur l'importance d'une alimentation saine, d'une diminution du stress par des techniques de méditation, de respiration ou par des massages. Au cours des années, j'ai guéri de nombreux cas de maladie de la peau et j'ai aidé bien des personnes à rajeunir en régénérant leur peau, mais je n'aurais obtenu que de maigres résultats si ces personnes avaient voulu se contenter de soins externes.

Toutefois, je n'impose jamais rien. Je laisse simplement les méthodes ayurvédiques parler d'elles-mêmes. Quand vous aurez senti les herbes et les huiles pénétrer profondément dans vos tissus, et constaté l'amélioration de votre teint grâce aux soins externes, la curiosité et le désir d'obtenir les meilleurs résultats vous pousseront naturellement à en savoir plus sur les secrets de beauté de l'Ayurveda. Commencez donc par découvrir le programme de soins quotidiens de la peau. Vous serez ensuite inévitablement tenté d'aller jusqu'au bout du voyage qui mène à la beauté absolue.

Ce qu'exige avant tout une belle peau

Toute peau normale est rosée, lustrée, sans défaut, lisse, d'une couleur uniforme, douce et élastique. Les peaux ternes, cireuses, rougeaudes, tachées, sèches, décolorées, flasques, bouffies ou ridées révèlent un déséquilibre et un vieillissement prématuré liés au stress, à de mauvaises habitudes de vie, aux effets de l'environnement et, bien entendu, à des soins inappropriés. Tous ces symptômes dénoncent un déclin des fonctions suivantes : croissance des cellules, production de collagène et d'élastine, circulation sanguine, sécrétion de substances de base, activité immunitaire et enzymatique, lesquelles donnent au teint sa couleur et son éclat. Par conséquent, pour garder à votre peau son éclat et une apparence de jeunesse, vos produits et vos traitements de beauté doivent au moins permettre l'exfoliation des cellules mortes, stimuler la croissance de nouvelles cellules, posséder des propriétés antioxydantes pour nourrir et pour rajeunir les cellules, améliorer la circulation sanguine dans les capillaires, stimuler le système immunitaire, contenir les substances hydrantes et les nutriments bénéfiques aux sept tissus de la peau. En même temps, ils doivent sauvegarder votre santé, puisque tout déséquilibre du corps ou de l'esprit engendre également le vieillissement prématuré ou abîme la peau. Nettoyer, nourrir et hydrater – en n'utilisant que des plantes et des huiles appropriées à votre type de peau – constituent les trois étapes d'un processus qui répond à des besoins fondamentaux.

Nettoyer correctement sa peau c'est la débarrasser des cellules mortes, et des toxines qu'elle ne rejette pas naturellement, enlever tout maquillage, saleté, poussière et polluants chimiques, nettoyer les pores bouchés, éliminer les bactéries, causes d'infections, sans pour autant priver la peau de son eau et de ses huiles naturelles. La plupart des produits nettoyants – savons, shampoings et masques désincrustants – sèchent la peau, altèrent son pH et par conséquent la rendent plus alcaline. En fait, la publicité nous a conduits à croire que les meilleurs nettoyants sont ceux qui moussent le plus et nous laissent la sensation d'être lavés à fond. Ce qui est agréable, surtout si l'on a une peau grasse. Mais, en réalité, comme le corps cherche toujours à normaliser ses processus – c'est-à-dire à s'équilibrer et à guérir –, il réagit en produisant un supplément de sébum qui compense le sébum perdu. Si l'on a soudain une peau trop sèche, il déclenchera une séborrhée qui risque d'exacerber une acné déjà existante. Si vous avez habituellement une peau sèche, vous n'avez évidemment pas envie de la rendre encore plus sèche et, si vous avez une peau sensible, vous ne tenez pas à l'irriter avec des substances chimiques agressives ou du savon.

Les soins ayurvédiques offrent des poudres végétales qui peuvent être utilisées quotidiennement pour nettoyer la peau et la débarrasser de ses cellules mortes, sans la priver d'une hydratation nécessaire. En même temps, elles sont équilibratrices, nourrissantes, curatives, et totalement exemptes d'ingrédients toxiques.

Pour une exfoliation plus profonde, je recommande un masque végétal au moins une fois ou deux par semaine. (Une exfoliation encore plus profonde nécessite un peeling professionnel mais qui ne doit pas être fait plus d'une fois par an.) La peau se débarrassant d'un million de cellules par heure, on comprendra qu'il est important de lui assurer une exfoliation quotidienne (à condition qu'elle soit douce). Alors que, avec un tel rythme, il faut à la peau un mois pour se régénérer complètement, le peeling végétal favorise la croissance des nouvelles cellules. Toutefois, il est nécessaire de savoir que les cellules mortes constituent une couche protectrice et que, par conséquent, si on en enlève trop, trop vite, on prive la croissance des nouvelles cellules d'une protection très utile, et rien n'est plus propice à l'apparition de problèmes de peau.

Pour cette raison, l'acide glycolique, l'alphahydroxyde et la trétinoïne – exfoliants chimiques courants – sont trop agressifs pour être utilisés fréquemment, en particulier sur les peaux sensibles. Je ne compte plus le nombre de personnes – comme celle que m'avait envoyée *Redbook* – avec une peau rouge, à vif, desséchée, à cause d'esthéticiennes et de dermatologues, pleins de bonne volonté mais mal informés, qui avaient voulu éclaircir un teint du type Pitta avec des exfoliants chimiques. Si l'acide glycolique a l'avantage, par rapport aux deux autres produits cités, d'être une substance comestible que l'on trouve dans certains jus de fruits, par exemple, il est en fait souvent utilisé sous une forme synthétisée ou sous forme d'extrait, donc arraché à sa source naturelle et, par conséquent, privé de son intelligence. Mais, si vous voulez y recourir en appliquant simplement sur votre peau du pur jus de pomme ou de citron, mélangé à quelques gouttes d'eau, vous ne pouvez le faire qu'occasionnellement. Même lorsqu'il n'a subi aucune altération, il reste – comme l'alphahydroxyde et la trétinoïne – une substance trop active pour des utilisations quotidiennes surtout quand on a la peau sèche ou sensible. Seules les peaux très grasses – et ne présentant aucune sensibilisation particulière – supportent, par exemple, quelques gouttes de jus de pomme ou de papaye, additionné d'un peu d'eau, en soin quotidien.

Alimentation et hydratation

Quand le savon a bien moussé et que la peau commence à tirer, la première chose que l'on fait est d'attraper une lotion apaisante ou une crème. Autrement dit, on cherche avec empressement à redonner à notre peau les fluides naturels que nous lui avons enlevés. Malheureusement, ces produits ne peuvent que rarement être aussi efficaces que la nature. Le premier obstacle à leur efficacité, c'est la peau elle-même qui le leur oppose. Trop de produits ont tout simplement une densité moléculaire trop élevée pour imprégner le tissu correctement, si bien que les nutriments qu'ils contiennent n'atteignent jamais la couche cellulaire qui en aurait besoin. Les substances qui ne sont pas absorbées laissent alors un film à la surface de la peau – telles les crèmes capillaires qui tentent de compenser en vain les méfaits des shampoings agressifs. Ce film bouche les pores, attire la saleté et les poussières et, généralement, oblige à utiliser un astringent pour l'enlever, ce qui aggrave finalement le problème des peaux sèches. Si le produit, en revanche, traverse la surface de la peau, dans bien des cas ce sont les effets toxiques de ses composants chimiques qui l'emportent sur ses principes nutritifs et hydratants.

La peau mange, comme je l'ai dit, mais nous ne devons lui donner que des produits purs, naturels, équilibrateurs pour le corps et pour l'esprit. Les soins ayurvédiques lui procurent uniquement des huiles essentielles qui sont hydratantes, riches en nutriments, et également assez fines pour pénétrer complètement dans la peau et régénérer les cellules. Il suffit de légers massages pour assurer une bonne pénétration, et permettre ainsi aux huiles d'aller améliorer la circulation sanguine et renforcer le tissu conjonctif, ce qui entraîne une diminution des rides. Leur arôme aide également à équilibrer les doshas et l'essence elle-même protège contre l'infection. Si vous avez des glandes sébacées hyperactives, et que l'idée d'utiliser des huiles pour remédier à un problème de peau vous paraît contradictoire, sinon démente, je vous engage néanmoins à faire un essai. Les huiles essentielles pénètrent dans les sept couches de la peau en quelques minutes, en leur apportant les nutriments qui restaurent l'intelligence subtile du corps. Elles disparaissent directement dans les cellules qui en ont besoin, et ne laissent aucun résidu graisseux sur la peau.

On applique sur le visage ces huiles nutritives (huiles essentielles diluées dans de l'huile végétale ou du beurre clarifié) après les avoir mélangées à de l'eau (pour les peaux jeunes ou normales) ou avec des *liposomes* (pour les peaux de l'âge mûr ou qui doivent cicatriser). Faits de lipides – comme ceux qui composent la barrière cellulaire –, les liposomes sont des agents pénétrants qui ont la capacité d'apporter des matériaux à la cellule, en traversant sa membrane. Autrement dit, ils facilitent l'absorption des huiles essentielles par la peau. Ils apportent aussi un complément d'hydratation aux cellules, et aident ainsi à la régénérescence cellulaire. Mais si je recommande l'utilisation des liposomes, je vous déconseille de tenter d'en faire vous-même, étant donné la complexité du processus. La plupart des liposomes que l'on trouve dans le commerce sont faits à partir des protéines de l'œuf. Ceux que je propose viennent d'extraits de haricots, mélangés à de l'huile. Vous pouvez vous servir des uns ou des autres.

En fait, les huiles essentielles mélangées aux liposomes apportent à la peau une hydratation qui rend inutile l'emploi d'une crème hydratante. Mais les Occidentaux ont tellement été imprégnés par la publicité de l'idée que crèmes et lotions sont là pour répondre aux problèmes de peaux sèches et de rides qu'ils ont du mal à croire que l'on puisse se passer de ce genre de produits. Ceux qui veulent à tout prix – comme un grand nombre de mes clients – un produit hydratant, en plus des huiles essentielles, trouveront les recettes nécessaires dans ce chapitre. Si vous préférez acheter vos crèmes ou vos lotions, alors évitez les produits parfumés, colorés ou qui contiennent de l'huile minérale.

Les produits ayurvédiques destinés à nettoyer et à nourrir la peau contiennent uniquement des huiles essentielles, du beurre clarifié ou de l'huile végétale et des plantes. Ils sont simples à préparer, et se conservent longtemps, si bien que vous n'avez pas besoin d'en refaire fréquemment. Toutefois, peu de personnes ont le temps ou le goût de préparer elles-mêmes leurs produits de beauté. Si vous choisissez d'acheter vos produits, faites-le en gardant à l'esprit les principes suivants :

– Ils ne doivent contenir que des ingrédients végétaux purs, et exclure substances synthétiques, huiles minérales, additifs chimiques, colorants, agents de conservation, parfums chimiques et substances cancérigènes connues.

– Ils doivent guérir et apaiser les irritations, au lieu d'irriter la peau ou de la dessécher.

– Ils doivent convenir à votre type de peau.

N'achetez jamais un produit de beauté sans lire l'étiquette, et souvenez-vous que vous ne devez mettre sur votre peau que ce que vous pourriez manger.

Que vous les prépariez chez vous ou que vous les achetiez, les produits ayurvédiques vous font gagner du temps, sont moins chers que tout ce que vous pouvez trouver habituellement dans le commerce et vous seront plus bénéfiques que les autres produits. Ils vous font gagner du temps parce qu'ils suffisent à vos soins quotidiens de la peau et vous évitent donc (ce qui présente également une économie d'argent) d'utiliser tonique, masque exfoliant, crème pour le contour des yeux et des lèvres, une autre pour le cou, crème de jour, de nuit, antiseptiques, etc. Le nettoyant et la crème nourrissante font à eux seuls – et beaucoup mieux – le travail de toute la gamme habituelle de vos produits. Les toniques, qui ne sont que de l'alcool et de l'eau ou de l'hamamélis, ne sont utiles que si l'on se sert d'un savon, lequel altère le pH de la peau. Les crèmes hydratantes sont simplement de l'eau et de l'huile qui se mélangent grâce à des émulsifs chimiques. Vous verrez qu'il vous est possible de nourrir et d'hydrater votre peau en utilisant simplement quelques gouttes d'huile essentielle et d'eau, que vous mélangez au moment voulu au creux de votre paume. Par conséquent, l'hydratation et la lubrification dont vous avez besoin se passent très bien de substances chimiques et de ces huiles épaisses qui bouchent les pores. De plus, les huiles essentielles sont naturellement antiseptiques, tandis que les nettoyants végétaux assurent une exfoliation appropriée, et nourrissent en même temps la peau. Quant au collagène, qui est souvent ajouté aux produits de soin et augmente sensiblement leur prix, sachez qu'il a été prouvé que cette substance miracle, dérivatif du tissu animal, n'a aucun effet sur le collagène de votre peau.

Lorsque vous nettoierez, nourrirez et hydraterez votre peau convenablement avec des plantes et des huiles – lorsqu'en fait vous appliquerez les recettes ayurvédiques –, vous constaterez et ressentirez une amélioration immédiate de l'état de votre peau parce que les ingrédients utilisés sont vivants, nutritifs, thérapeutiques et apaisants. Les personnes qui viennent pour un premier soin dans mon institut sont souvent très étonnées devant les résultats de cette expérience. Pour une fois, elles ne se sentent pas obligées de rentrer chez elles en courant pour cacher un visage rouge et marbré. Je conseille d'ailleurs de prévoir un rendez-vous important après un soin, parce qu'alors le teint est particulièrement éclatant. Il est évidemment inexact qu'on puisse nettoyer parfaitement sa peau en extirpant ses points noirs ou en la massant longuement. Presser sur les points noirs fait éclater des petits capillaires inutilement, et un massage prolongé irrite la peau, en particulier s'il est effectué avec un produit contenant des substances chimiques. Le bon produit, le bon traitement, doit laisser la peau saine, éclatante, et surtout pas l'irriter. C'est ma conclusion, après un quart de siècle consacré aux soins de la peau, et je vous invite à vous y référer.

Les herbes et les huiles destinées aux soins quotidiens du visage, ainsi que leur méthode d'application, varient en fonction de votre type de peau, mais les conseils de base que je vous indique ici sont les mêmes pour tout le monde :

– Suivez le programme qui comporte trois étapes deux fois par jour, c'est-à-dire matin et soir. (Si vous avez la peau grasse, faites-le trois fois pendant l'été.) Il prend cinq à dix minutes.

– Avant de commencer, démaquillez-vous en utilisant du beurre clarifié ou une huile végétale pure (pas d'huile essentielle) sur un coton, et sans frotter. L'huile de sésame est recommandée pour la peau sèche ; l'huile de tournesol ou de carthame, pour la peau grasse ou sensible.

– Si possible, faites vos soins après l'exercice physique mais avant la méditation.

– Nettoyez la peau avant ou pendant la douche ou le bain, et appliquez l'huile nourrissante et la crème hydratante après.

– Mettez toujours l'huile sur une peau humide.

– Faites toujours pénétrer l'huile en massage léger, vers le haut ou vers l'extérieur seulement (voir illustration sur la page opposée). Ne frottez pas, ne massez pas du haut vers le bas, et *vice versa*, afin de ne pas détendre la peau.

– Massez toujours le contour des yeux avec des mouvements circulaires, du coin extérieur de l'œil vers le nez, en vous servant de l'annulaire droit pour être certain de faire des gestes très doux (voir illustration p. 181).

– Quand vous avez terminé, attendez 2-3 minutes avant de vous maquiller.

– Pour une exfoliation plus en profondeur et un apport supplémentaire d'éléments nutritifs, faites un masque hebdomadaire au fruit (voir p. 184).

Voici maintenant les recettes et les instructions spécifiques pour nettoyer, pour nourrir et pour hydrater votre peau en fonction de votre type :

Pour nettoyer :

– Mélangez 1 cuillère à café de poudre d'amande + 1/2 c. à c. de lait en poudre + 1 pincée de sucre. Gardez le mélange dans un pot à épices.

– Dans votre paume, faites une pâte avec 1/4 de c. à c. de démaquillant + de l'eau tiède.

– Appliquez la pâte sur le visage et le cou et faites pénétrer dans la peau en massage léger pendant une minute environ. *Ne frottez pas*. Rincez soigneusement avec de l'eau tiède. *Ne séchez pas*.

– *Instructions particulières* : Si votre peau est très sèche, *ne suivez pas* les instructions précédentes. Utilisez plutôt 1 c. à soupe de crème épaisse (le produit laitier) mélangée à 2 gouttes de jus de citron.

Pour nourrir :

– Mélangez 30 ml d'huile de sésame + 10 gouttes d'huile de géranium + 5 gouttes d'huile de néroli et 5 d'huile de citron. Gardez le mélange dans un flacon en verre fumé, muni d'un compte-gouttes.

– Dans votre paume, mélangez 3 gouttes d'huile nourrissante (recette précédente) + 6 gouttes d'eau. (Remplacez l'eau par du liquide liposomique Tej ou Bindi, si vous en avez.)

– Pendant que votre peau est encore humide, appliquez le mélange sur le visage et sur le cou et faites pénétrer en massage léger pendant environ 1 minute, ou jusqu'à ce que la peau ait complètement absorbé les huiles essentielles.

Pour hydrater :

– Faites fondre 28 g. de beurre de coco à la vapeur. Ajoutez 120 ml d'huile d'avocat. Retirez du feu. À l'aide d'un compte-gouttes, ajoutez 30 ml d'infusion d'orange, *goutte par goutte*, tout en malaxant le mélange. Quand il a refroidi, ajoutez 3-4 gouttes d'huile de géranium et la même quantité d'huile de rose.

– Appliquez doucement la crème hydratante sur le visage et sur le cou. Ne faites pas pénétrer. Refaire une ou plusieurs applications dans la journée, si nécessaire.

PEAU SENSIBLE (PITTA)

Pour nettoyer :

– Mélangez 1 c. à c. de poudre d'amande + 1/2 c. à c. d'écorce d'orange moulue + 1/2 c. à c. de lait en poudre. À garder dans un pot à épice.

– Dans votre paume, faites une pâte en mélangeant 1/4 de c. à c. de la préparation à de l'eau de rose.

– Appliquez la pâte sur le visage et sur le cou et faites pénétrer dans la peau en léger massage pendant environ une minute. *Ne frottez pas.* Rincez soigneusement avec de l'eau fraîche (pas froide). *Ne séchez pas.*

– *Instructions particulières* : Si votre peau est très sensible, n'utilisez ce mélange qu'une fois par jour, le soir. Le matin, ne nettoyez votre visage qu'avec le produit laitier. Rincez soigneusement avec de l'eau fraîche, puis nourrissez et hydratez votre peau normalement comme indiqué ci-dessous.

Pour nourrir :

– Mélangez 30 ml d'huile d'amande + 10 gouttes d'huile de rose et 10 d'huile de santal. À garder dans un flacon en verre fumé, muni d'un compte-gouttes.

– Dans votre paume, mélangez 2-3 gouttes d'huile (voir ci-dessus) + 4-6 gouttes d'eau. (Remplacez les 4-6 gouttes d'eau par 6 de liquide liposomique Tej ou Bindi, si vous en avez.)

– Pendant que votre peau est encore humide, massez-vous légèrement le cou et le visage avec cette préparation pendant environ une minute.

Pour hydrater :

– Faites fondre 28 g. de beurre de coco à la vapeur. Ajoutez 90 ml d'huile de tournesol. Retirez du feu. À l'aide d'un compte-gouttes, ajoutez 60 ml d'infusion de rose, *goutte par goutte,* tout en remuant. Quand le mélange est refroidi, ajoutez 5-6 gouttes d'huile de santal.

– Appliquez doucement la préparation hydratante sur le visage et sur le cou. Ne faites pas pénétrer dans la peau. Renouvelez cette application autant de fois que nécessaire au cours de la journée.

PEAU GRASSE (KAPHA)

Pour nettoyer :

– Mélangez 1 c. à c. de farine de blé + 1 c. à c. d'écorce de citron + 1/2 c. à c. de lait en poudre. À garder dans un pot à épices.

– Dans votre paume, faites une pâte en mélangeant 1/4 de la préparation à de l'eau.

– Appliquez la pâte sur le visage et sur le cou et faites pénétrer dans la peau en massage léger pendant environ une minute. *Ne frottez pas.* Rincez soigneusement avec de l'eau tiède. *Ne séchez pas.*

– *Instructions particulières* : *N'utilisez pas* de savon ou d'astringent contenant un alcool en pensant réduire les sécrétions d'une peau grasse. Si vous avez des points blancs, lavez-vous en premier lieu avec une pâte faite d'1/4 de c. à c. de poudre de neem + 1 pincée de sucre + de l'eau. Puis suivez les instructions données ci-dessus.

Pour nourrir :

– Mélangez 30 ml d'huile de tournesol + 10 gouttes d'huile de lavande + 5 gouttes d'huile de bergamote et 5 d'huile de sauge. À garder dans un flacon en verre fumé, muni d'un compte-gouttes.

– Dans votre paume, mélangez 2 gouttes d'huile nourrissante (voir ci-dessus) + 4 gouttes d'eau. (Remplacez les 4 gouttes d'eau par 4 de liquide liposomique Tej ou Bindi, si vous en avez.)

– Pendant que la peau du visage et du cou est encore humide, faites pénétrer le mélange, en massage léger, pendant environ une minute.

Pour hydrater :

– Faites fondre 28 g. de beurre de coco, à la vapeur. Ajoutez 90 ml d'huile d'amande ou de carthame ou de colza. Retirez du feu. À l'aide d'un compte-gouttes, ajoutez 6 ml d'infusion de romarin ou de basilic, *goutte par goutte*, tout en malaxant. Quand la préparation s'est refroidie, ajoutez 1 goutte d'huile de camphre + 2 d'huile de bergamote + 3 d'huile de lavande.

– Appliquez doucement et en très petite quantité sur le visage et sur le cou. Ne pas faire pénétrer. À utiliser seulement une fois, le matin et le soir. Si votre peau est très grasse, utilisez la lotion apaisante Bindi ou Tej, avant la crème hydratante.

MASQUE HEBDOMADAIRE AU FRUIT

Pour faire un masque exfoliant, utilisez :

Pour la peau sèche : De la pulpe de banane ou d'avocat.
Pour la peau sensible : De la pulpe de banane ou de pamplemousse.
Pour la peau grasse : De la pulpe de fraise ou de papaye.

Faites seulement vos soins habituels. Appliquez la pulpe sur le visage et sur le cou que vous avez soigneusement nettoyés, et allongez-vous pendant 10-15 minutes, les jambes relevées afin de faire refluer le sang vers le visage. Rincez avec de l'eau, puis terminez avec les soins nourrissants et hydratants.

Recommandations et interdits en matière de soins externes de la peau

RECOMMANDATIONS

– Se laver le visage deux fois par jour, le matin et le soir, avec un produit végétal doux, et du lait ou de l'eau tiède.

– Nourrir et hydrater sa peau quotidiennement avec l'huile essentielle appropriée.

– Éviter de s'exposer longuement au soleil, à l'eau de mer, au vent, au froid ou à la neige.

– Faire des exercices faciaux (voir p. 344 et p. 345) une fois par jour.

INTERDITS

N'utilisez jamais :

– De crèmes de nuit épaisses. Elles bouchent les pores et font gonfler le visage.

– De savons ou de détergents agressifs sur le visage.

– De démaquillants chimiques, ni de crèmes épaisses ou d'huiles pour démaquiller les yeux. Utilisez plutôt, pour les yeux, un coton trempé dans une huile végétale.

– De luffas, de poudres chimiques ou de pierres ponces pour vous frotter le corps.

– De mouchoirs en papier pour enlever le maquillage. La matière ligneuse abîme la peau.

– D'astringents chimiques ou de produits contenant de l'alcool.

– De l'eau très chaude puis très froide pour vous laver. Cela fait éclater les capillaires.

Et prenez toujours le temps de vous démaquiller avant d'aller dormir, même si vous êtes très fatiguée.

Nettoyer, nourrir et hydrater la peau, de la tête aux pieds

Il n'y a pas que la peau du visage et du cou qui doit être nettoyée, nourrie et hydratée. Ces soins s'appliquent à chaque partie du corps. Toutefois, les préparations ayurvédiques destinées au visage ne conviennent pas au reste du corps. Le nettoyant facial est fait pour les zones délicates. Les autres peuvent supporter un nettoyant moins doux. Inversement, l'huile faciale, très concentrée en huiles essentielles, peut difficilement être employée sur toute la surface du corps. Par conséquent, les huiles pour le corps contiennent moins d'huiles essentielles.

Je vais maintenant vous indiquer comment nettoyer et nourrir votre corps, en général, mais aussi ses différentes parties, étant donné que la qualité de la peau et l'impact de notre vie quotidienne sur elle varient, entre la tête et les pieds.

LA BEAUTÉ DU CORPS

Pour nettoyer (tous types de peau) :

– Mélangez à quantité égale de la farine de pois chiche et du lait en poudre et mettez la préparation dans un flacon en plastique.

– Répandez sur votre paume 2 c. à c. de ce mélange, ajoutez un peu d'eau pour obtenir une pâte légère avec laquelle vous vous frottez le corps sous la douche ou dans le bain.

Rincez-vous et tamponnez votre peau avec une serviette pour la sécher.

Pour nourrir et pour hydrater :

– Mélangez 30 ml d'huile d'amande + 10 gouttes d'huile essentielle, appropriée à votre constitution. Massez-vous, après la douche, sur une peau humide.

DÉODORANT NATUREL POUR LES AISSELLES

Mélangez 28 g. de poudre de santal + 28 g. de poudre de marante + 10 gouttes d'huile de lavande. Appliquez quand vous en ressentez le besoin.

LES SOINS CAPILLAIRES

Les cheveux sont composés de 97% de protéines et de 3% d'humidité. On a, en moyenne, cent mille cheveux, qui poussent de 37 millimètres par jour et dont cinquante à cent tombent quotidiennement. L'âge, la santé, l'alimentation, les hormones, les changements de saisons et le climat sont autant de facteurs dont dépendent la pousse et la chute des cheveux. Mais les traumatismes, le stress et l'anxiété ont également une influence parce qu'ils réduisent l'apport de sang et d'oxygène au cuir chevelu, apport dont dépend la santé des cheveux. Par conséquent, un massage hebdomadaire du cuir chevelu est particulièrement important pour la beauté de la chevelure, et fait disparaître, ou réduit les problèmes tels que la calvitie masculine, l'alopécie (chute des cheveux), totale ou partielle (par plaques), les pellicules, le psoriasis et l'apparition précoce des cheveux gris. Ce massage améliore également la circulation de la sève vitale, le liquide cérébrospinal, qui stimule de développement du cerveau, détend les nerfs et les muscles, réduit la fatigue et apaise le cuir chevelu. Pour les peaux sèches et pour les peaux sensibles, les huiles essentielles, qui font partie de leur traitement, imprègnent également les racines des cheveux, renforcent ainsi leur vitalité et leur évitent d'être secs.

Les traitements capillaires ayurvédiques – qui comprennent les shampoings – n'utilisent que des poudres, des essences et des huiles végétales. Comme vous le constaterez, les shampoings – liquides ou secs – ne moussent pas car, contrairement aux produits habituels, ils ne contiennent aucun des agents moussants (comme le lauryl phosphate d'aluminium ou de sodium) qui détruisent les protéines du cheveu et éliminent les huiles naturelles. Les nettoyants végétaux enlèvent la saleté sans enlever l'humidité naturelle du cheveu, si bien que vous n'avez pas besoin d'utiliser une crème après-shampoing destinée à réparer les méfaits d'un shampoing agressif. Le shampoing sec est recommandé si vous êtes malade ou si vous n'avez pas le temps de vous laver puis de vous sécher les cheveux. Il l'est également en cas de cheveux ternes ou gras. Une fois par semaine, massez le cuir chevelu et faites le masque capillaire.

Recommandations et interdits en matière de soins capillaires

RECOMMANDATIONS

– Massez légèrement le cuir chevelu, matin et soir, avec quelques gouttes d'huile de lavande ou de romarin, puis brossez-vous les cheveux cinquante fois, des racines vers les pointes.

– Protégez vos cheveux, en portant un chapeau, par exemple, quand vous restez au soleil.

– N'utilisez que des brosses et des peignes propres.

– Évitez les sprays chimiques, les colorants, les permanentes et les shampoings qui dessèchent le cheveu.

– Évitez barrettes, catogans, bandeaux trop serrés, et ne les portez jamais pour dormir.

N'utilisez jamais :

– Une eau très chaude ou très froide pour vous laver les cheveux.

– Des shampoings détersifs, ni un sèche-cheveux quotidiennement, surtout si votre cuir chevelu est sec.

– Des peignes ou des brosses métalliques.

SHAMPOING LIQUIDE

– *Préparez une décoction végétale avec* :

Pour les peaux sèches : De la lavande ou du géranium.
Pour les peaux sensibles : De la camomille.
Pour les peaux grasses : De la sauge, des feuilles de laurier ou du romarin.

– Préparez un shampoing selon les proportions suivantes : 8 parts de cette décoction végétale + 1 part de savon à l'huile d'olive liquide, ou de shampoing végétal Tej. (Ces shampoings naturels moussent très faiblement.)

– Faites le shampoing. Si vous le désirez, rincez-vous les cheveux avec une préparation (voir page ci-contre) qui rehausse votre couleur naturelle. Puis massez le cuir chevelu avec 2 gouttes d'huile essentielle de lavande ou de romarin avant de vous sécher les cheveux. Pour leur donner encore un peu plus d'éclat, faites un dernier rinçage avec le jus d'un demi-citron dans une tasse d'eau.

SHAMPOING SEC

– Mélangez à parts égales de la farine de maïs + de la poudre d'amande + de la racine d'iris.

– Massez le cuir chevelu sec avec une petite poignée de ce mélange que vous enlevez ensuite avec une brosse.

MASQUE CAPILLAIRE HEBDOMADAIRE

– Faites une pâte avec 1 c. à c. de triphala, de neem, de santal, et de poudre de bois de réglisse + 10 c. à c. d'eau.

– Appliquez la pâte sur le cuir chevelu sec, attendez une demi-heure, puis rincez soigneusement avec de l'eau chaude additionnée de citron.

RINÇAGE COULEUR

Faites un dernier rinçage avec :

– *Pour les cheveux noirs* : Une décoction de sauge, de romarin ou de noix indienne.

– *Pour les cheveux roux ou cuivrés* : De la pâte de henné ou une pincée de safran diluée dans de l'eau.

– *Pour les cheveux blonds* : Une décoction de fleurs de camomille.

– *Pour les cheveux châtain foncé* : Une décoction de noix.

– *Pour les cheveux à reflets dorés* : Une décoction de molène.

MASSAGE HEBDOMADAIRE DU CUIR CHEVELU

Pour les peaux sèches et sensibles : Faites pénétrer dans le cuir chevelu, en massant pendant une minute, 1 c. à c. d'huile chaude de sésame ou de gotu kola (disponible dans la gamme Bindi et Tej). Enveloppez-vous la tête dans une serviette chaude et attendez 5-10 minutes. Faites ce traitement une fois par semaine pour les peaux sensibles et deux fois pour les peaux sèches ou contre les pellicules. Massez-vous de préférence le matin ou avant de vous coucher. C'est un bon moyen d'améliorer la circulation du sang vers le cuir chevelu. Toutefois, ne faites pas ce massage juste après un repas, quand le sang doit affluer vers le système digestif.

Pour les peaux grasses : La tête baissée, sur cheveux secs, brossez-vous cinquante fois des racines aux pointes, afin que l'huile naturelle qu'est le sébum se répande dans votre chevelure.

LES SOINS OCULAIRES

L'œil clair et brillant est un signe de santé. Mais il faut aussi penser au contour de l'œil qui n'a pas de glandes sébacées pour lubrifier la peau. Par conséquent, c'est la zone la plus délicate du visage et la première à manifester des signes de vieillissement. Le stress, l'anxiété, l'insomnie, la rétention d'eau, le soleil, un éclairage faible ou fort, une surcharge de travail, des excès d'alcool sont autant de facteurs qui font apparaître ridules et pattes d'oie. Voici les trois méthodes, très simples, qui permettent de réduire et d'éviter la fatigue oculaire et les rides, et de donner plus d'éclat à vos yeux :

Le battement des paupières. Battre des paupières aide à venir la fatigue, améliore la vision et lubrifie l'œil. Normalement, les paupières battent trois ou quatre fois par seconde. Observez la façon dont un bébé bat des paupières avec naturel et délicatesse. En lisant, prenez l'habitude de battre des paupières au moins deux fois par ligne. Ou bien faites tourner les globes oculaires, d'abord dans le sens des aiguilles d'une montre, puis en sens inverse.

– *L'application des paumes sur les yeux.* Toutes les heures, fermez les yeux et appliquez doucement les paumes sur vos paupières afin de bloquer la lumière. Détendez-vous pendant deux minutes. Si vous continuez à voir mentalement de la lumière, prolongez l'expérience jusqu'à ce que l'obscurité se fasse. Cette technique soulage les yeux injectés de sang.

– *Les massages.* Les massages aux huiles sont particulièrement bénéfiques étant donné que les paupières (comme le scrotum) sont dix fois plus perméables aux lipides (huiles) que le reste du corps. Pour prévenir les rides, massez doucement vos yeux avant de vous coucher, avec du beurre clarifié ou de l'huile d'amande ou d'olive + quelques gouttes d'huile essentielle de rose ou de santal. Le produit doit être tiède.

Secret des beaux yeux

– Pour faire briller vos yeux et raffermir leur contour, préparez une lotion en faisant infuser du fenouil. Quand l'infusion est refroidie, versez-la dans une petite tasse ou dans un petit récipient conçu pour les bains oculaires. Baignez chaque œil pendant 30 secondes, en faisant battre vos paupières dans le liquide.

– Pour soulager les yeux injectés de sang, imbibez deux cotons d'eau de rose, allongez-vous, et appliquez les cotons sur les yeux fermés pendant 10-15 minutes.

– Pour épaissir les cils et les sourcils, mettez-leur une touche d'huile de castor ou d'olive pour la nuit.

– Pour améliorer votre sommeil et soulager des yeux fatigués, massez-vous le cuir chevelu et les pieds, chaque soir, avec de l'huile de castor. Utilisez de l'huile de gotu kola ou de noix de coco, s'il fait chaud ou si vos pieds vous brûlent.

– Pour rafraîchir les yeux, vaporisez de l'eau sur les paupières closes, autant de fois que vous le souhaitez au cours de la journée. Toutes les heures, quand vous avez une longue période de lecture ou de travail, aspergez-vous les yeux avec de l'eau fraîche.

– Pour protéger vos yeux, portez des lunettes de soleil à l'extérieur (les verres doivent être fumés ou verts, jamais bleus ou violets) et ne lisez pas en plein soleil.

LES SOINS DES MAINS

Des mains douces, belles et saines, des ongles soignés reflètent autant votre âge que votre personnalité. Comme le visage, les mains nécessitent des soins attentifs parce qu'elles sont constamment exposées à l'environnement et aussi parce que vous vous en servez sans cesse. Pour garder à vos mains douceur et apparente jeunesse :

– Ayez toujours dans votre trousse de maquillage de l'huile corporelle et utilisez-la pour masser vos mains chaque fois que vous les lavez au cours de la journée.

– Avant de vous coucher, mélangez 1 cuillère à soupe d'huile d'amande + 1 c. à café de babeurre et massez-vous les mains avec cette préparation. Mettez des gants et allez dormir. Le matin, dès que vous avez enlevé les gants, rincez-vous les mains. Ce soin fortifie en même temps les ongles.

LES SOINS DES PIEDS

Nos pieds sont nos fidèles serviteurs. Cependant, à moins que nous ayons soudain un problème qui nous empêche de marcher normalement, nous ne leur accordons que peu d'attention dans cette vie moderne. Il y eut une époque où l'onction des pieds était un acte honorifique ou la préparation à un acte de dévotion. L'esprit de ce genre de coutume mérite de revivre. Se soigner régulièrement les pieds est, de toute manière, une chose très importante, non seulement parce que c'est une façon de prévenir des handicaps, mais également parce que les pieds sont liés, par les canaux d'énergie subtile, à tous les organes, y compris le cerveau. Les techniques de réflexologie – massages des points d'énergie du pied – sont basées sur l'existence de ces connexions. Par conséquent, lorsque les pieds sont fatigués, l'esprit et le corps le sont également. Par ailleurs, des pieds sains et beaux constituent évidemment le fondement de la grâce et de la stabilité physiques.

Secret des beaux pieds

– Ayez toujours les pieds propres mais n'entravez pas leur transpiration ; vous risqueriez d'endommager des organes internes.

– Ne portez ni chaussures trop serrées ni hauts talons.

– Prenez un bain de pieds relaxant pendant 5-10 minutes dans de l'eau chaude additionnée de 2-3 gouttes d'hamamélis + 1-2 gouttes d'huile de conferve, de lavande, de sauge et de romarin.

– Faites chaque semaine un masque avec une pâte végétale composée de poudre d'amande et de farine de lentille. Attendez 10 minutes ; rincez à l'eau chaude ; puis massez vos pieds avec de l'huile d'olive, de sésame ou d'avocat. Ce massage est également efficace contre l'insomnie.

– Mettez des petits pois dans le fond de vos chaussettes et marchez pendant 5-10 minutes, ce qui vous massera la voûte plantaire.

– Assis, roulez chaque pied sur une balle de tennis ou un rouleau à pâtisserie pour renforcer la musculature de vos pieds et la souplesse des articulations.

– Faites une promenade matinale, pieds nus, dans l'herbe pour vous détendre.

– Détoxifiez l'ensemble du corps avant de vous coucher en baignant vos pieds dans de l'eau chaude additionnée de 2 c. à c. de sel gemme, pendant 5-10 minutes, puis faites un massage avec de l'huile d'olive, de sésame, ou d'avocat.

L'histoire culturelle de nombreux pays révèle que le bain a été et demeure un important rituel de purification du corps et de l'esprit. Dans la tradition védique, on honore les statues des temples avec le bain des cinq nectars que sont le lait, le miel, le beurre clarifié, le yogourt et la banane, les cinq aliments parfaits, selon l'Ayurveda. Offrir aux déités ce que nous avons de meilleur est le moins que l'on puisse faire.

Les bains *sont* sacrés en ce sens qu'ils nous purifient et assurent notre complétude. Il est vrai que rien ne régénère mieux l'esprit et ne détend plus parfaitement le corps qu'une longue immersion dans notre bain. Par conséquent, l'Ayurveda considère le bain comme un élément vital de la vie quotidienne. Évidemment, le rythme de la vie moderne ne nous laisse en général que le temps de prendre quotidiennement une douche rapide. Néanmoins, vous vous devez de vous accorder la demi-heure hebdomadaire qui vous permettra de nettoyer et de nourrir votre corps, comme l'exigent votre santé et la paix de votre esprit. C'est aussi l'un des moyens les plus rapides et les plus simples d'accroître votre facteur Tej.

Le traitement Tej de trente minutes et le bain

Phase 1. Préparez un masque corporel en faisant une fine pâte composée de poudre d'amande + de la farine de blé + de la farine de lentille + de l'eau ou de la lotion nettoyante pour le corps de la ligne Bindi. Frottez-vous le corps avec cette pâte et laissez sécher. Servez-vous ensuite d'une serviette sèche pour vous débarrasser de ce masque exfoliant.

Phase 2. Massez-vous le corps avec de l'huile de sésame + une pincée de curcuma afin de stimuler la circulation, renforcer l'agni et améliorer l'ojas.

Phase 3. Prenez un bain chaud pendant 15-20 minutes, en ajoutant à l'eau du bain :

– *Pour les peaux sèches* : 1 c. à c. de miel + 7-8 gouttes d'huile essentielle de rose ou Bindi.

– *Pour les peaux sensibles* : 1 poignée de lait en poudre.

– *Pour les peaux grasses* : 5-6 gouttes d'huile de lavande, de romarin ou de citron.

Phase 4. Après le bain, séchez-vous en vous tamponnant avec une serviette, puis nourrissez et hydratez votre peau avec une huile corporelle.

Le pancha amrit snana, le bain aux cinq nectars

Offrez-vous un bain régénérateur divin aux cinq nectars. Mélangez la chair d'une banane à 2 cuillères à soupe de lait + 1 c. à c. de beurre clarifié + 1 c. à c. de yogourt + 1 c. à c. de miel. Massez-vous le corps avec cette préparation, puis plongez-vous pendant 10-20 minutes dans un bain chaud pour nourrir, adoucir, apaiser et revitaliser la peau.

Se baigner intérieurement et extérieurement dans les cinq éléments

Nous purifions les doshas en utilisant les cinq éléments : l'espace qui purifie (ou équilibre) l'élément Air, Feu, Eau, et Terre ; l'air qui purifie l'élément Feu, Eau, et Terre ; le feu qui purifie l'élément Eau, et Terre ; et l'eau qui purifie l'élément Terre. Nous pouvons, en ce sens, nous servir des cinq éléments pour baigner ou nettoyer le corps et les sens, intérieurement et extérieurement :

BAIN D'ESPACE

Une profonde méditation baigne l'esprit et le corps dans la félicité et purifie ainsi tous les niveaux de la vie.

BAIN D'AIR

Interne : Respiration profonde.

Externe : Promenade au lever du soleil ou à la clarté de la lune.

BAIN D'EAU

Interne : Absorption d'eau et de boissons à base de plantes.

Externe : Hydrothérapie (bain dans votre baignoire).

BAIN DE FEU

Interne : Ingestion d'épices qui augmentent le feu digestif.

Externe : Exposition au soleil, sauna, bain de vapeur.

BAIN DE TERRE

Interne : Absorption de boues purifiantes.

Externe : Bain de boue.

DES SOINS POUR TOUTES LES SAISONS

Avec le stress et les habitudes alimentaires, l'environnement atmosphérique compte parmi les premiers facteurs du vieillissement prématuré. Les changements de saisons et de climats non seulement déséquilibrent les énergies subtiles du corps et de l'esprit, comme vous l'avez vu au chapitre 6, mais également influent sur la peau. Le soleil, le vent et le froid peuvent être particulièrement néfastes si vous ne prenez pas de précautions particulières.

Le soleil et la peau : Le soleil a toujours été spécialement agressif pour la peau, mais sa nocivité s'est aggravée ces dernières années en raison de l'affaiblissement de la couche d'ozone. Les radiations solaires jouent un rôle dans l'apparition de la cataracte, la dégénérescence cellulaire, l'arrêt de la production de collagène et d'élastine, qui provoque l'apparition des rides et le vieillissement prématuré. Elles sont aussi la première cause des cancers de la peau, et augmentent la présence des radicaux libres parce qu'elles font décroître la production des enzymes antioxydantes. Les médicaments prescrits dans les cas d'hypertension et les diurétiques en général, les aliments et les plantes tels que les édulcorants artificiels, les boissons qui contiennent du dioxyde de carbone, les citrons jaunes et verts, les carottes, le fenouil, le persil et la bergamote sont tous des photosynthétiseurs. Absorbés par le corps, ils provoquent une hyperpigmentation de la peau, si elle est longuement exposée au soleil. Bien entendu, d'une façon générale la chaleur estivale surcharge Pitta, ce qui accroît la sensibilité de la peau et les sécrétions des glandes sébacées.

Habituellement, les peaux sensibles rougissent au soleil plus qu'elles ne brunissent, et l'on voit apparaître des taches de rousseur. Les peaux sèches et grasses, en revanche, brunissent facilement.

Cependant, rien ne fait vieillir la peau comme le soleil, si bien que tout le monde doit prendre des précautions (celles que je vous indique ci-dessous).

Secret d'une belle peau sous le soleil

– La saison chaude est celle de Pitta. Par conséquent, évitez tout ce qui peut surchauffer votre métabolisme. L'eau chlorée des piscines, l'eau salée et le soleil déshydratant la peau et la faisant vieillir, votre corps a besoin d'une hydratation interne et externe particulière, tout au long de l'été.

– Utilisez une crème avec un indice de protection de 15 à 30, selon votre peau. Si vous brunissez facilement, sans coups de soleil, choisissez un indice de protection moins élevé. Si votre peau brûle plus facilement qu'elle ne brunit, faites le contraire. *Évitez de mettre une crème à écran solaire quand vous n'êtes pas au soleil,* étant donné que ce genre de crème augmente la sensibilité de la peau.

– L'huile de sésame et l'huile de neem constituent toutes deux d'excellents écrans solaires naturels, selon l'Ayurveda.

– Évitez les bains de soleil. Si vous voulez être au soleil, soyez actif (faites des courses, une promenade), mais il vaut mieux rester à l'ombre le plus possible. Cependant, si vous tenez à prendre des bains de soleil, utilisez de l'huile d'olive ou de noix de coco qui absorbent les rayons ultraviolets, et font en même temps bronzer. Une dose quotidienne d'un complexe de vitamines B facilite également le bronzage.

– Après un bain de soleil, prenez un bain frais dans lequel vous aurez ajouté quelques gouttes d'essence de rose, de santal ou de vétiver. Ensuite séchez-vous en vous tamponnant avec une serviette puis, la peau encore humide, massez-vous avec votre huile corporelle ou l'huile corporelle Pitta de la ligne Tej.

– Si vous avez des coups de soleil, appliquez du concombre écrasé, ou du jus de concombre, ou du jus d'aloe vera, ou une infusion glacée de sureau et de camomille, ou du babeurre froid.

Le vent et la peau : La surexposition à un vent sec et froid abîme aussi la peau. Aux effets déshydratants du vent et du froid s'ajoute la pression qu'ils exercent sur l'épiderme, la couche protectrice de la peau, composée de cellules mortes. Quand le froid et la pression sont extrêmes, les cellules mortes se desquament – éclatent – et laissent les cellules jeunes et vivantes du derme exposées prématurément aux éléments. Il en résulte une inflammation de ces cellules qui donne envie de se gratter – phénomène que l'on observe souvent chez les personnes âgées pendant la saison froide. Des peelings trop fréquents, composés de produits acides, conduisent au même résultat. Dans cette situation, il faut utiliser des huiles essentielles et non des crèmes.

Secret d'une belle peau par temps froid

– Le froid et les vents froids surchargent Vata et provoquent des problèmes pour les peaux sèches ; par conséquent, adoptez un mode de vie et une alimentation qui augmentent la chaleur, l'hydratation et la lubrification.

– Espacez douches et bains pendant la saison froide, afin d'éviter le dessèchement de la peau. Quand vous prenez un bain, ajoutez-y quelques gouttes d'huile essentielle. Massez-vous avec des huiles avant et après la douche ou le bain.

– Baissez la température de votre appartement autant que vous pouvez le supporter, et utilisez un humidificateur ou mettez un bol d'eau sur votre radiateur, afin d'ajouter de l'humidité dans l'air.

– Prenez de temps en temps un bain de vapeur, mais évitez les saunas qui sont déshydratants.

Le maquillage adapté à votre type de peau

Chercher à se mettre en valeur en se maquillant est une pratique presque aussi ancienne que la civilisation elle-même et n'est pas près de disparaître. Malheureusement, les cosmétiques composés d'ingrédients naturels semblent encore plus difficiles à trouver que les produits de soins naturels. Les fonds de teint, qu'ils soient liquides, en crème ou compacts, sont toujours composés d'eau (s'ils sont liquides ou en crème), d'huiles minérales, d'esters gras comme l'oléate de butyl ou le myristrate d'isopropyre ; les additifs comme le talc ou le dioxyde de titane ; les émulsifiants tels l'ammoniaque, le borax ou la cellulose ; les agents de dispersion comme la lanoline et lauryl sulfate ; les antioxydants comme l'hydroxyanisole de butyl ou l'hydroxytoluène de butyl ; et les pigments tels les dérivés de l'oxyde de fer. La plupart des colorants contenus dans les blushs, dans les rouges à lèvres et dans les produits de maquillage pour les yeux sont cancérigènes.

À la page ci-contre, vous trouverez des recettes simples de cosmétiques naturels. Toutefois, si vous préférez les produits courants, lisez bien les étiquettes et cherchez ce qui convient le mieux à votre type de peau. Les fonds de teint à base d'huile, qui lubrifient la peau et lui donnent un air de fraîcheur, sont recommandés aux personnes d'âge mûr ou qui ont la peau sèche ; les fonds de teint à base d'eau (la couleur est en suspension dans une base liquide mi-eau, mi-huile) donnent un teint translucide, et conviennent mieux aux peaux sensibles ou mixtes ; les fonds de teint sans huile (la couleur est en suspension dans de l'eau, uniquement) sont conseillés pour les peaux grasses, mais les personnes qui ont les pores bouchés ou de l'acné ont intérêt à éviter de mettre régulièrement du fond de teint. Les blushs en poudre, essentiellement composés de talc et de très peu d'huile, conviennent aux peaux grasses ; les blushs en crème contiennent un fort pourcentage d'huile et conviennent mieux aux personnes d'âge mûr ; les blushs en gel ou liquides sont à base d'eau et sont recommandés pour les peaux sensibles – à condition que les autres ingrédients qu'ils contiennent soient hypoallergéniques et n'irritent pas la peau.

FOND DE TEINT

Mélangez 28 g. de fleurs rouges de la Jamaïque ou de betterave crue hachée + 120 ml d'huile d'amande dans une casserole et faites chauffer à feu doux jusqu'à l'obtention de la couleur désirée. Passez l'huile et mettez-la à part. Faites fondre 7 g. de cire d'abeille ou de beurre de coco dans une poêle. Ajoutez lentement l'huile à la matière grasse fondue, et battez avec une cuillère en bois jusqu'à ce que le mélange, refroidi, ait la consistance d'un liquide crémeux. Versez-le dans un pot.

ROUGE À LÈVRES ET BLUSH

Mélangez 1 c. à c. de henné ou de racine d'alkanne + 120 ml d'huile d'amande dans un pot. Conservez le mélange à la température de la pièce pendant 10 jours, en le remuant une fois par jour, puis passez l'huile. Faites fondre 7 g. de cire d'abeille dans une poêle. Ajoutez lentement l'huile à la cire fondue, et battez le tout avec une cuillère en bois jusqu'à ce que le mélange ait refroidi. Autre option : ajoutez 2-3 gouttes d'huile essentielle de banane, de fraise ou de rose pour parfumer la préparation, si vous l'utilisez comme rouge à lèvres.

MAQUILLAGE DES YEUX

Remplissez une lampe à huile d'huile de castor, allumez la mèche, puis couvrez avec une passoire en cuivre ou tout autre récipient perforé en cuivre. Laissez l'huile brûler pendant environ 6 heures ou jusqu'à ce que de la cendre noire se soit déposée sur le couvercle. Mélangez un peu de cendre à une noix de beurre que vous passez ensuite sur le bord des paupières. C'est un traitement apaisant pour l'œil en même temps qu'un maquillage. Mais ne vous frottez pas l'œil et évitez l'eau. La couleur s'étalerait ou s'effacerait aussitôt.

Comment traiter les problèmes de peau les plus courants, de la tête aux pieds

Si notre corps fonctionne normalement, notre peau aussi est normale. Si notre chimie interne est perturbée par une alimentation ou par une respiration inappropriées, voire par le stress, des toxines apparaissent, et sont expulsées par la peau sous forme d'acné, d'eczéma, de psoriasis, de rougeurs, de furoncles ou de toute autre forme d'éruption. Le type de manifestation toxique dépend de votre constitution. Les causes de ces problèmes de peau se divisent généralement en six catégories :

– Dysfonctionnement des glandes sébacées qui provoque la séborrhée – un déséquilibre de Vata ou de Pitta –, donne points noirs, points blancs, acné juvénile, kystes sébacés et peau huileuse, qui correspondent à des déséquilibres de Kapha.

– Dysfonctionnement des glandes sudoripares pouvant provoquer une transpiration excessive, l'apparition de plaques rouges ou des éruptions de boutons accompagnées de démangeaisons, qui trahissent des déséquilibres de Pitta ; un blocage de la transpiration – déséquilibre de Vata ; une transpiration à l'odeur anormalement désagréable, qui correspond à un déséquilibre des trois doshas.

– Altérations de la pigmentation : taches noirâtres (Vata), brunes ou rougeâtres (Pitta), taches blanchâtres (Kapha).

– Allergies que sont le psoriasis (Vata), la dermatite (Pitta) et l'eczéma (Vata, Pitta, Kapha).

– Infections (dues à des champignons, à des bactéries ou à des virus) que permet une déficience du système immunitaire (ojas appauvri) quel que soit votre type de peau.

– Altérations du développement tissulaire : pellicules (Vata ou Pitta), grains de beauté, acné rosacée, marques de naissance (déséquilibres de Pitta), kystes et tumeurs, qui correspondent à des déséquilibres de Kapha.

Recommandations et interdits en cas de problèmes de peau

Recommandations

– Nettoyez, nourrissez et hydratez votre peau extérieurement, chaque jour, avec des plantes et des huiles.

– Appliquez des préparations végétales sur les zones malades et en particulier de l'essence de lavande diluée dans de l'huile d'amande pour éviter infection et cicatrice.

– Faites-vous faire un pancha karma professionnel afin de purifier l'intérieur du corps.

– Suivez un régime qui rééquilibre votre (ou vos) dosha(s).

– Buvez du jus d'aloe vera avec de l'eau, chaque matin, à jeun, pour purifier votre sang.

– Prenez 1/2 tasse de lait chaud + 1 c. à c. de beurre clarifié avant de vous coucher afin d'éviter la constipation.

– Buvez beaucoup d'eau pendant la journée.

– Analysez vos problèmes personnels afin d'éviter les émotions mal digérées qui se transforment en toxines.

– Pratiquez la méditation (chapitre 13) et faites-vous des massages (chapitre 8) quotidiennement, dans le but de réduire le stress.

– Faites de l'exercice, chaque jour, pendant 1/2 heure, mais ne cherchez jamais à trop en faire.

– Vivez de façon à équilibrer votre constitution.

Interdits

– Ne pressez ni ne faites éclater les boutons incrustés dans la peau.

– Évitez les aliments raffinés, traités, frits, ou en conserve, ainsi que le sucre, le chocolat, les fruits de mer ou la viande rouge.

Dans les pages suivantes, vous trouverez les remèdes externes qui permettent de soigner les problèmes cutanés les plus courants. (Plusieurs m'ont été indiqués par mon confrère, le Dr Kirit Pandya, considéré en Inde comme l'un des meilleurs spécialistes ayurvédiques des maladies de la peau.) Tous ces problèmes sont aggravés (et souvent même provoqués) par notre comportement. Comme nous l'avons vu, les émotions mal digérées, la tension, le stress, qui engendrent un déséquilibre hormonal et affaiblissent les défenses naturelles de l'organisme, sont des facteurs prédominants (avec les aliments mal digérés) dans la formation des toxines – et, par conséquent, dans l'apparition des maladies de la peau. Par exemple, le psoriasis apparaîtra d'autant plus facilement que vous êtes anxieux ou submergé par les soucis ; l'acné rosacée est volontiers liée à la colère et à la frustration ; l'eczéma à certains types de stress, en fonction de votre constitution ; l'acné juvénile à la dépression, à la rétention des contrariétés, et aux attachements émotionnels en général. Les autres facteurs de problèmes de peau sont l'abus d'aliments dévitalisés, raffinés, traités, en conserve ; de sucre, de sucreries, de chocolat, d'aliments gras et frits, de sel, de fruits de mer, et de viande rouge ; une digestion lente et une mauvaise élimination (constipation) ; un style de vie et des habitudes qui déséquilibrent les doshas ; les modifications hormonales ; les facteurs héréditaires ; le manque d'exercice ou de repos ; des soins externes de la peau insuffisants.

Cependant, on peut avoir *temporairement* une peau sèche, des boutons ou des rougeurs. Ce sont, à tout âge, des expériences désagréables mais qui font partie de la vie. Les changements climatiques, les variations mensuelles du niveau hormonal, les modifications quotidiennes de notre activité et de notre alimentation, entraînent naturellement des perturbations de l'équilibre subtil des doshas qui provoquent des changements d'humeur et même des variations de notre aspect physique. L'Ayurveda nous donne les moyens de reconnaître ces déséquilibres subtils et de les corriger avant qu'ils ne s'aggravent. N'oubliez pas qu'un *déséquilibre n'est pas forcément synonyme de maladie*. On peut être en parfaite santé et manifester néanmoins des symptômes de déséquilibre. Toutefois, le déséquilibre *peut* conduire à la maladie, s'il n'est pas corrigé à temps.

Suivant l'un des concepts fondamentaux de l'Ayurveda, santé *et* maladie sont liées – c'est-à-dire que ce qui arrive à une partie du corps concerne l'ensemble du corps. Il n'y a pas de problèmes de santé qui soient isolés. Tout symptôme physique ou psychologique de déséquilibre trahit un déséquilibre de l'unité corps-esprit. Rappelez-vous cette vision holistique lorsque vous prendrez connaissance, un peu plus loin, des problèmes de peau les plus courants. Vous n'avez peut-être, en ce moment, aucun problème particulier. Votre peau n'est peut-être pas particulièrement déshydratée, par exemple, mais, en revanche, vous avez des lèvres sèches et gercées. Bien que ce ne soit pas quelque chose qui bouleverse votre vie, il faut savoir que vous êtes tout de même devant un symptôme qui révèle une surcharge de Vata. Si vous agissez de façon à faire disparaître cette petite manifestation d'un déséquilibre – ce qui est facile –, vous préviendrez en même temps *toutes* les manifestations symptomatiques d'un déséquilibre de Vata.

Inversement, si vous ne vous préoccupez pas de ce signal d'alarme et continuez à augmenter Vata, vous constaterez une multiplication des symptômes liés à la *progression* d'un déséquilibre qui atteint les tissus et les organes vulnérables. Dans le cas de lèvres sèches, par exemple, vous risquez de voir s'y ajouter des pieds craquelés, des ongles cassants, des pellicules et des rides prématurées. Si les toxines continuent à s'accumuler sous l'effet du déséquilibre grandissant, c'est le fonctionnement cellulaire qui sera perturbé, et vous serez victime d'une crise de psoriasis, par exemple, ou d'eczéma sec – qui, dans les cas sévères, sont de vrais handicaps. Vous pouvez découvrir, ci-dessous, la progression possible des symptômes correspondant à chaque type de déséquilibre. Pour chacun des doshas, les symptômes ont tendance à former tout un syndrome, simplement parce que le corps et l'esprit réagissent en tant qu'unité :

Vata : Peau légèrement sèche, lèvres sèches, peau excessivement sèche, pieds craquelés, ongles cassants, cuir chevelu sec, pointes des cheveux fourchues, pellicules, psoriasis, eczéma sec, rides frontales, dépigmentation de la peau, cernes noirs.

Pitta : Peau légèrement sensible, capillaires éclatés, points blancs, acné rosacée, sensations de brûlure, pieds brûlants, saignements de nez ou léger saignement des boutons, dermatite (les sourcils sont secs et irréguliers), cuir chevelu échauffé, eczéma brûlant sur tout le corps, réactions allergiques, urticaire, rides autour des yeux, grains de beauté, troubles pigmentaires.

Kapha : Peau légèrement grasse, points noirs, pores dilatés, peau et cheveux excessivement gras, plaques blanches sur le cuir chevelu ressemblant à des pellicules, accompagnées de démangeaisons (dues à un excès de sébum, qui est l'opposé des pellicules), acné juvénile, éruptions suintantes avec démangeaisons, chevilles et pieds gonflés, prise de poids, poches sous les yeux, cellulite, kystes et tumeurs.

Si vous avez, en ce moment, un problème de peau, vous constaterez une amélioration simplement en faisant vos soins quotidiens, et en recourant aux traitements que je vous prescris ci-après. Cependant, si les symptômes sont déjà étendus, vous pouvez en conclure que les toxines se sont accumulées dans votre corps et que le déséquilibre des doshas a atteint la profondeur des tissus. Dans ce cas, aucun remède externe – chimique ou « vivant » – ne suffit à éliminer les causes internes de la toxicité. Les symptômes visibles peuvent diminuer mais, dès que vous cesserez le traitement, ils réapparaîtront rapidement et seront, probablement, accentués. Lorsque la maladie ou le vieillissement prématuré sont déjà installés, vous ne pouvez rétablir l'équilibre qu'en nettoyant et en nourrissant *intérieurement* votre corps, en commençant par une purification, conduite par une personne compétente : autrement dit un *pancha karma,* ou par les cinq actions (chapitre 6), ou encore par un traitement détoxiquant à faire chez vous (chapitre 8). Si vous ne vous conformez pas, en premier lieu, à cette détoxication interne, toute substance pure destinée à nourrir la peau et le corps sera gâchée. Ce que vous ferez reviendra à ajouter de l'eau sale à de l'eau claire, et vous finirez par n'être plus que de la boue.

Toutefois, même une détoxication ne peut être qu'un remède temporaire. Si vous ne changez pas vos mauvaises habitudes, de nouvelles toxines ne tarderont pas à apparaître. Un jour, un client est venu me voir, couvert d'eczéma, en m'expliquant qu'il cherchait une solution rapide à son problème, une préparation ou quelque pilule miracle. S'il accepta d'essayer mes produits de soins, il refusa tout le reste, y compris la méditation. C'était une énorme erreur de la part de cet homme qui haïssait sa femme autant qu'elle le haïssait, mais n'envisageait pas le divorce à cause de leur enfant. Or, les toxines qui l'empoisonnaient venaient directement de ses pensées et, pour ce genre de maladie, il n'existe aucun remède physique.

Si l'enseignement et les techniques de l'Ayurveda prennent en compte l'ensemble de l'être c'est précisément parce qu'on ne peut ignorer un élément sans que la vie s'en ressente dans son ensemble. Comprendre cela est une source d'espoir non de désespérance. Quand l'Ayurveda nous charge de la responsabilité de notre équilibre physique et mental, nous acquérons en même temps la liberté de traiter tous les symptômes psychophysiologiques d'une maladie à l'aide d'un seul et même remède. Par exemple, vous n'avez pas besoin d'un médicament pour l'acné, d'un autre pour la dépression, et d'un troisième pour la rétention d'eau. Ce ne sont pas des problèmes de nature différente, mais les symptômes d'un seul déséquilibre – en l'occurrence un dysfonctionnement de Kapha. Par conséquent, si ces symptômes ont la même origine, ils peuvent être traités par les mêmes moyens : des habitudes de vie qui pacifient Kapha.

Dans la seconde moitié du livre, je vous indiquerai comment vous créer un style de vie naturel et satisfaisant qui équilibre les doshas à tous les niveaux de vie – corps, esprit, âme – et finit par éradiquer les causes du vieillissement et des maladies de la peau. Pour l'instant, commencez par les traitements externes appropriés, et profitez des effets apaisants immédiats de ces traitements à base de plantes.

Pellicules

Déséquilibre : Vata.

Facteurs aggravants : Cuir chevelu sec, shampoings agressifs, mauvais rinçages, apport nutritionnel insuffisant, dû à un métabolisme déficient, anxiété, soucis, mauvaise circulation, plats trop épicés, drogues, médicaments.

Traitement :

– Après le shampoing, rincez vos cheveux avec une infusion de bardane, d'arnica, ou de prêle.

– Mélangez 1 jaune d'œuf + 1/2 c. à c. de jus de citron + 2-3 gouttes de camphre. Appliquez sur le cuir chevelu ; attendez 10 minutes ; rincez à l'eau tiède.

– Massez-vous le cuir chevelu avec une huile chaude 2-3 fois par semaine (voir p. 188 et p. 189).

– *Compléments alimentaires* : 400 unités de vitamine E + 15-20 mg de zinc par jour.

Apparition prématurée de cheveux gris

Déséquilibre : Pitta et Vata.

Facteurs aggravants : Les soucis, la colère, la frustration, l'anxiété, les chocs, trop de travail intellectuel, le stress, la ménopause, les problèmes thyroïdiens, une carence de cuivre, de zinc, d'acide folique, d'acide pantothénique, et d'acide para-aminobenzoïque.

Traitement :

– Préparez une infusion végétale avec 2 c. à c. de sauge et 2 de feuilles de noyer. Appliquez 1 c. à c. de ce liquide sur les racines grises, chaque soir.

Compléments alimentaires : Prenez chaque jour, selon la posologie conseillée, des comprimés ou des gélules de prêle, d'ortie, d'alfalfa et de fenugrec ; de la biotine, de la vitamine E ; un complexe de vitamine B ; du varech et de la silicone. Mangez beaucoup de protéines, de fruits secs, et d'aliments riches en minéraux

Chute des cheveux

Déséquilibre : Vata, Pitta ou Kapha.

Facteurs aggravants : Le stress, un apport nutritionnel insuffisant, un déséquilibre hormonal, le tabagisme, les médicaments, l'alcool, l'usage trop fréquent d'un sèche-cheveux ou de shampoings, les expositions prolongées au soleil.

Traitement :

– Pour favoriser la pousse de cheveux nouveaux, faites une pâte comprenant une pincée de poivre noir pilé ou 1/2 c. à c. de poudre de fenugrec + une tasse de lait de coco remplie aux trois quarts. Frottez vivement le cuir chevelu, couvrez avec un bonnet en plastique, attendez 30 minutes. Lavez avec un shampoing doux. Faites ce traitement le soir, ou chaque fois que vous vous lavez les cheveux.

– Brossez-vous les cheveux, le soir, avec un mélange composé de 2-3 gouttes d'huile de lavande + d'huile de romarin, dans de l'huile de noix de coco.

– Faites le poirier régulièrement pour prévenir la chute des cheveux, selon le conseil de l'Ayurveda, mais pas avant d'avoir consulté votre médecin.

– Massez le cuir chevelu avec une huile rafraîchissante et apaisante comme l'huile de gotu kola de bhringraj, de triphala pour améliorer la circulation.

– Préparez une huile végétale avec 1 part de décoction de fleurs d'hibiscus séchées + 4 parts d'huile de noix de coco. Massez le cuir chevelu pour stimuler la pousse des cheveux.

– Une séborrhée, due à un déséquilibre hormonal, peut aussi provoquer la chute des cheveux si les pores du cuir chevelu se bouchent. Dans ce cas, faites des shampoings plus fréquents et un léger massage avec 2-3 gouttes d'huile essentielle de lavande ou de romarin.

– Utilisez le tonique capillaire Tej, qui comprend un comprimé de substance végétale et une huile, afin de réactiver la pousse des cheveux.

Rides frontales

Déséquilibre : Vata et Pitta. (Si vous avez l'habitude de plisser le front, les rides apparaissent même en l'absence d'un déséquilibre.)

Facteurs aggravants : Anxiété, soucis, déshydratation marquée, trop de sucre ou de protéines, l'habitude de plisser le front, les astringents à base d'alcool, l'abus de citron, de tomate, ou de jus de concombre.

Traitement :

– Mélangez 3 gouttes d'huile essentielle Vata, dans la ligne Binji ou Tej, à de l'eau, et utilisez quotidiennement le mélange en spray hydratant.

– Faites un massage hydratant aux huiles en ajoutant à de l'huile de noyau d'abricot, d'avocat, de sésame, ou d'amande, 2 gouttes de santal et 2 de géranium + 1 goutte de citron et 1 de cardamome. Massez le front du bout des doigts en mouvements horizontaux.

– Faites un exercice facial quotidien : Détendez et contractez alternativement les muscles du front ; faites durer la contraction quelques instants puis détendez les muscles, trois fois de suite.

– Deux fois par semaine, faites un masque végétal raffermissant en utilisant une pâte préparée avec 1 c. à c. d'amidon de maïs ou de pomme de terre + 2 c. à c. de jus d'aloe vera ou de blanc d'œuf. Appliquez le masque et étendez-vous pendant 30-40 minutes. Rincez, puis nourrissez et hydratez la peau comme d'habitude.

– Chaque semaine, faites un masque exfoliant aux enzymes. Appliquez de la pulpe d'ananas ou de papaye sur votre visage et étendez-vous pendant 10 minutes. Rincez, puis nourrissez et hydratez comme d'habitude.

Rides prématurées

Déséquilibre : Vata et Pitta.

Facteurs aggravants : Dessèchement (moins d'huile), déshydratation (moins d'eau), stress, soleil, vent, températures extrêmes, excès d'exercices physiques, voyages, alcool, tabac, sucreries, épices, eau trop chaude ou trop froide, brusques pertes de poids, pastilles d'eau, traitements hormonaux, diabète ; l'absence d'un but, le manque d'amour, les facteurs héréditaires.

Traitement :

– Deux fois par semaine, faites un masque facial en utilisant une pâte préparée avec 1 c. à c. de poudre de santal + 1 goutte d'huile de camphre + 3-4 gouttes d'huile de lotus + 2 c. à c. d'eau. Du bout de l'annulaire, massez-vous

doucement sous les yeux avec quelques gouttes d
mélange d'huile de santal et de rose afin de protéger ce
zone délicate, puis appliquez votre masque sur le reste du visage. Couvrez-vous les yeux avec des cotons imbibés d'eau de rose, et allongez-vous pendant 10-15 minutes. Rincez, puis nourrissez et hydratez votre peau comme d'habitude.

– Préparez une décoction de géranium séché (1 c. à c. dans une 1/2 tasse d'eau) puis appliquez-la sur le visage à l'aide d'une boule de coton.

– Faites le lifting naturel et des exercices faciaux (voir chapitre 8).

Compléments alimentaires :

– Prenez chaque jour une dose de vitamine E, et d'huile d'onagre en capsules, selon la posologie conseillée. Buvez 6-8 verres d'eau par jour.

Pattes d'oie, yeux secs, fatigue oculaire

Déséquilibre : Cernes bruns : Vata ; cernes gris-vert : Pitta.

Facteurs aggravants : Anémie, santé déficiente, manque de sommeil, mauvaise circulation, anxiété ; déséquilibre hormonal, altérations menstruelles ; excès d'aliments frits, congelés ou en conserve, de haricots, de cacahuètes, de salade.

Traitement :

– Allongez-vous avec les pieds relevés pendant 5-10 minutes.

– Trempez des cotons dans du lait froid, de l'eau de rose, du jus de figue ou du jus de feuilles de menthe écrasées, et appliquez-les sur vos paupières pendant 5-10 minutes.

– Appliquez les feuilles de menthe autour des yeux pendant 5-10 minutes.

– Avant de vous coucher, massez doucement le contour des yeux avec de l'huile de safran ou d'amande.

– Faites les exercices décrits p. 190 (battements de paupière et application des paumes sur les yeux).

– *Compléments alimentaires* : Prenez 2-4 g. d'ashwangandha, de shatavari ou de ginseng, en comprimés ou en poudre, avant le déjeuner et le dîner.

Yeux gonflés

Déséquilibre : Kapha.

Facteurs aggravants : Hypertension, problèmes hépatiques et rénaux, mauvaise élimination, digestion trop lente, rétention d'eau, manque de sommeil, changements hormonaux.

Traitement :

– Préparez des compresses avec des sachets de thé noir imbibés d'eau chaude, ou des cotons trempés dans de l'hamamélis ou du jus de céleri, ou de la gaze contenant 1 c. à c. de pomme de terre crue et râpée. Appliquez les compresses sur les yeux et attendez 20 minutes.

– Du bout de l'annulaire faites un drainage lymphatique sous l'œil en effectuant doucement une série de pressions, du coin intérieur au coin extérieur de l'œil.

– *Compléments alimentaires* : Prenez 1 c. à c. de triphala, chaque soir ; 1 000 mg de vitamine C, chaque matin, et mangez du raisin noir et des figues tous les jours.

Lèvres sèches, ridées, ou gercées

Déséquilibre : Vata.

Facteurs aggravants : Tabagisme, médicaments, froid, sécheresse, déshydratation, âge, excès de paroles, manie de se lécher les lèvres. (Les rides verticales du contour des lèvres indiquent des désirs sexuels insatisfaits.)

Traitement :

– Aussi souvent que vous le désirez, appliquez de l'huile à la vitamine E, du beurre non salé, ou du beurre clarifié sur vos lèvres. Ou bien utilisez une préparation faite de 5 gouttes d'huile de rose et de 5 gouttes d'huile de santal, mélangées à 30 ml d'huile d'avocat.

– Faites fondre, à la vapeur, 9 c. à c. de lanoline avec 1 c. à c. d'huile de castor. Retirez du feu, ajoutez 3-5 gouttes d'huile de rose et laissez solidifier. Appliquez sur le rouge à lèvres pour couvrir, pour hydrater et pour donner du brillant.

– Massez-vous les lèvres, le soir, avec 30 ml d'huile de sésame + 2-3 gouttes de glycérine.

– Prenez de l'eau dans votre bouche et baignez le contour intérieur des lèvres pendant 1 minute.

Éruptions de boutons avec ou sans démangeaisons (dues à une inflammation au niveau des follicules pilo-sébacés)

Déséquilibre : Pitta.

Facteur aggravant : Le soleil.

Traitement :

– S'il n'y a pas de démangeaisons : préparez la pâte suivante, en utilisant 1 goutte de camphre + 1 de babeurre pour 1 c. à c. de poudre de santal. Appliquez sur tout le corps avant le bain.

– S'il y a démangeaisons : prenez, à parts égales, de la poudre de pois mange-tout santal et de coriandre + 1 pincée de noix de muscade + 2-3 gouttes d'huile essentielle de vétiver. Faites une pâte en ajoutant au mélange de l'eau de rose, appliquez sur le corps, attendez quelques minutes, puis rincez ou plongez-vous dans un bain. Si vous n'avez pas le temps d'appliquer la pâte, n'appliquez que la poudre de santal, après le bain.

– *Compléments alimentaires* : Pour soulager les démangeaisons, faites tremper toute une nuit des graines de cumin (1 tasse) et des graines de coriandre (1 tasse) dans de l'eau. Le lendemain matin, passez le liquide et buvez.

Autres éruptions dont l'urticaire

Déséquilibre : Pitta.

Facteurs aggravants : Allergies.

Traitement :

– Mélangez à une huile végétale, douce, une décoction de feuilles de basilic séchées. Appliquez sur les boutons. Ou appliquez simplement de la glace.

– Faites une application d'huile de santal pour soulager les démangeaisons.

Verrues et autres excroissances

Déséquilibre : Vata, Pitta et Kapha.

Facteurs aggravants : Les verrues sont dues à une infection virale commune. Cependant, toxines et élimination déficiente sont des facteurs déterminants dans l'apparition des excroissances, quelles qu'elles soient.

Traitement :

– Appliquez, le soir, sur les excroissances, quelques gouttes d'huile de castor.

– Trempez un coton dans un jus de citron ou de pamplemousse, fraîchement pressé, et appliquez-le, en bandage, pour dissoudre l'excroissance.

Taches de rousseur

Déséquilibre : Pitta.

Facteur aggravant : Le soleil.

Traitement :

– Pour gommer les taches, frottez avec de l'huile de graines de coton ou de l'huile d'olive + des graines de potiron écrasées.

– Pour unifier le teint : mélangez 1 c. à c. de yogourt + 2-3 gouttes de miel. Appliquez sur la peau ; attendez 1/2 heure, puis rincez.

Taches blanches et leucodermie

Déséquilibre : Il s'agit généralement de problèmes héréditaires.

Facteurs aggravants : Le stress et l'excès de sel favorisent l'apparition des petites taches blanches. Les grandes taches de la leucodermie sont dues à l'hérédité.

Traitement :

– Nettoyage interne.

– Lumière solaire.

– Appliquez quelques gouttes d'huile de neem et de bakuchi (disponibles dans la ligne Tej) sur les taches afin d'estomper les symptômes externes.

Tavelures (taches de vieillesse)

Déséquilibre : Vata ou Pitta.

Facteurs aggravants : Vieillissement, climat froid.

Traitement :

– Faites le traitement de purification aux changements de saisons.

– Massez-vous avec une huile qui apaise Vata ou une huile Tej au safran.

Points noirs

Déséquilibre : Kapha.

Facteur aggravant : Séborrhée.

Traitement :

– Pour ouvrir les pores : mettez une pincée de sel d'Epsom dans une tasse d'eau. Trempez une boule de coton dans le mélange et lavez-vous le visage.

– Appliquez un masque de persil frais et moulu sur les parties grasses. Allongez-vous pendant 10-15 minutes, puis nettoyez, nourrissez et hydratez votre peau, comme d'habitude.

Psoriasis

Description : Desquamation de la peau, en écailles argentées, qui se produit généralement sur le cuir chevelu, mais qui peut apparaître sur n'importe quelle partie du corps. Sécheresse chronique et excessive, accompagnée d'une forte irritation.

Déséquilibre : Vata et Pitta.

Facteurs aggravants : Dysfonctionnement du foie, anxiété, stress, manque d'assise.

Traitement :

– Ajoutez à l'eau de votre bain de la prêle enveloppée dans un morceau d'étamine.

– Après le bain, appliquez de l'huile de neem + du beurre clarifié ou de l'huile de karanj, deux fois par jour.

– Faites le programme de massages quotidiens (voir chapitre 8).

– Faites du yoga ou tout autre exercice non aérobique jusqu'à ce que vous commenciez à transpirer (bon pour la détoxication et la réduction du stress).

– *Compléments alimentaires* : Prenez, chaque jour, en respectant la posologie conseillée, de l'huile d'onagre, de foie de morue, de la lécithine, de la vitamine E, et du zinc.

Mélangez 10 gouttes d'huile de santal + 30 ml d'huile de castor et appliquez le mélange sur les plaques.

Eczéma

Description : L'eczéma se manifeste de plusieurs façons différentes : par plaques sèches (eczéma sec) ou humides, brûlantes et inflammatoires (eczéma brûlant), en général autour des articulations mais qui peuvent apparaître n'importe où ; par plaques suintantes et purulentes (eczéma humide) *ou* sèches et accompagnées de démangeaisons, le plus souvent autour des yeux, des sourcils, du nez ou sur le cuir chevelu.

Déséquilibre :

– Vata (sec).

– Pitta (humide, inflammatoire, brûlant).

– Kapha (purulent si humide, avec des démangeaisons si sec).

Facteurs aggravants : Mauvaise alimentation, toxicité sanguine, constipation, stress, émotions non digérées, excès de soleil, eau salée.

Traitement :

– Mélangez, à parts égales, de l'huile de neem, de gotu kola, de basilic (toutes disponibles dans la ligne Tej), et appliquez le mélange sur votre peau.

– Mélangez 1/2 c. à c. de camphre + 2 c. à c. d'oxyde de zinc + 7-8 c. à c. d'amidon de maïs ou de pomme de terre, et appliquez sur la peau.

– Appliquez une fine compresse de pétales de rose + d'ortie + de conferve, mélangés dans de l'eau.

– Ajoutez des décoctions de conferve et d'ortie à l'eau de vos bains.

– Massez-vous les pieds et le cuir chevelu, le soir, avec de l'huile de gotu kola.

– *Compléments alimentaires* : Prenez, chaque jour, 1-2 c. à c. d'huile de foie de morue ou d'onagre, 800 unités de vitamine E, 30 mg de zinc, un complexe de vitamines B

et de la lécithine, selon la posologie recommandée
prenez 1 c. à c. de triphala, comme laxatif. Évitez s…
graisse, oignon, ail, radis ; mangez des carottes et du can…
loup.

TRAITEMENT À LA CORTISONE NATURELLE

Prenez un bain apaisant, en ajoutant à l'eau une infusion de réglisse. Bon pour l'eczéma et pour le psoriasis.

Acné vulgaire (acné juvénile)

Description : Sur peau très grasse : pores dilatés, points noirs, gros boutons purulents, cicatrices profondes.

Déséquilibre : Pitta ou Kapha.

Facteurs aggravants : Excès de sucreries, de matières grasses animales, d'huiles, de viande rouge, de fruits de mer, de café, d'alcool, de tabac ; stress émotionnel et attachements (incapacité de lâcher prise), inactivité, sentiments possessifs, dépression, absence d'un but.

Traitement :

– Exfoliez la peau avec des poudres végétales Tej ou Bindi.

– Prenez des bains de vapeur en utilisant de l'huile essentielle de romarin ou d'eucalyptus.

– Faites, chaque semaine, un bain détoxiquant avec du sel d'Epsom ou du sel gemme additionné de gingembre.

– Faites des exercices vigoureux pour provoquer la transpiration pendant 1/2 heure, 3 fois par semaine.

– Appliquez la lotion apaisante Tej sur les boutons, et faites un masque, 1 ou 2 fois par semaine avec le mélange suivant : 1/2 c. à c. de graines de cumin + 1 c à c. de coriandre + quelques gouttes d'eau. Appliquez la pâte sur les boutons. Attendez 20-30 minutes, puis rincez.

– Faites un masque adoucissant hebdomadaire en utilisant de la poudre de santal rouge, de neem et de symploce.

– Sur les boutons les plus gros et les plus rebelles, appliquez une pelure d'oignon chaude 2-3 fois par jour pour les faire éclater. Mais ne cherchez pas à les presser.

– *Compléments alimentaires* : Prenez, chaque jour, 10 000 unités de bêtacarotène, 1 000 mg de vitamine C, et 15-20 mg de zinc. Mangez beaucoup de fibres (fruits, légumes, son). Buvez du jus de carotte, de betterave, de pomme ; des infusions détoxifiantes (bardane, goldenseal, échinacée, neem, curcuma) ; 1/2 verre d'eau *chaude*, toutes les heures. Le matin, prenez du gel d'aloe vera : 1 c. à c. pour Pitta ; 2 c. à c. pour Kapha.

Acné rosacée (couperose)

Description : Rougeurs sur le nez et sur les joues qui peuvent être très sensibles ou brûlantes, peau grasse sur la partie médiane du visage, capillaires éclatés, peau épaissie sur le nez.

Déséquilibre : Pitta.

Facteurs aggravants : Colère, frustration, déception, anxiété, ambition excessive, stress et pression, relations insatisfaisantes ou acrimonieuses, excès d'activité, chaleur, soleil, épices, fruits aigres, aliments fermentés, tomates, fruits de mer, aliments traités ou en conserve, soda, pâtisseries, chocolat, pizza, frites, sucreries, antibiotiques et peelings chimiques, agressifs.

Traitement :

– N'utilisez aucun produit agressif sur le visage. Seulement des substances douces et apaisantes.

– Nettoyez-vous avec du lait + de la poudre de santal blanc, de garance, ou de neem.

– Trempez une serviette dans une infusion froide de conferve ou d'ortie et appliquez-la, en compresse, sur votre peau.

– Moulez de la menthe + des feuilles de coriandre fraîches. Ajoutez de l'eau pour faire une pâte et appliquez le masque sur votre visage. Allongez-vous pendant 10-15 minutes, puis rincez. Si votre peau est très sèche, rouge, ou brûlante, utilisez une lotion de beurre clarifié + du jus extrait de feuilles sèches de neem, ou bien de l'huile de neem. Des préparations complémentaires sont disponibles dans la ligne Tej.

– *Compléments alimentaires* : Prenez, chaque jou[r] unités de bêtacarotène, 1 000 mg de vitamine C, 15-2[…] zinc, 400 unités de vitamine E, et un complexe de v[…] B, selon la posologie conseillée. Buvez des infusions détoxicantes de bardane, de goldenseal, d'échinacée, de neem, de curcuma. Prenez un verre d'eau (à température ambiante), toutes les heures. Le matin, buvez du jus d'aloe vera.

PLAIES

Pour prévenir l'infection et arrêter un saignement, saupoudrez la blessure de poudre pure de curcuma. Pour prévenir l'infection et cicatriser facilement, frottez la plaie avec 2-3 gouttes d'huile de lavande.

Cellulite

Déséquilibre : Kapha ou Vata.

Facteurs aggravants : Agni faible, digestion difficile, accumulation d'eau et de graisses.

Traitement :

– Suivez un régime qui pacifie Kapha.

– Prenez 1/2 c. à c. de poudre de trikatu après le déjeuner et le dîner + 4-6 comprimés Medodhara, le matin (les deux sont disponibles dans la ligne Tej).

– Buvez 1/2 tasse de jus d'aloe vera, à jeun, pour vous détoxiquer.

– Massez-vous le ventre et les cuisses avec une huile réchauffante comme l'huile corporelle de bergamote ou de romarin, l'huile Tej Kapha ou Medodhara.

– Faites de l'exercice physique.

Pieds secs et crevasses

Déséquilibre : Vata ou Pitta.

Facteurs aggravants : Froid, déshydratation.

Traitement :

– Massez-vous les pieds, le soir, avec de l'huile de gotu kola pour Vata, de castor pour Pitta, ou avec de l'huile de noix de cajou (pour tous les types de peau). Mettez des chaussettes et gardez-les pendant la nuit.

Trempez un coton dans du jus d'ananas frais ou de citron et appliquez, en bandage, pour dissoudre la corne.

Mycoses, odeurs et pieds brûlants

Déséquilibre : Pitta.

Facteurs aggravants : Chaleur, exercice physique.

Traitement :

– Préparez une poudre déodorante en utilisant 28 g. de poudre de racine d'iris + 20 gouttes d'huile de lavande ou de rose.

– Pour les pieds brûlants, massez avec de l'huile de santal, du jus de mangue verte, ou une feuille de mangue.

Vous ne pourrez avoir un teint éclatant sans faire, en premier lieu, l'ensemble des soins externes, appropriés à votre type de peau, et plus vite vous les ferez régulièrement, plus vous constaterez rapidement l'arrêt de votre vieillissement prématuré et une amélioration de l'état de votre peau, si vous avez des problèmes spécifiques. Toutefois, les traitements externes n'auront que des résultats passagers si vous refusez la cure intérieure, du corps et de l'esprit, que vous permettent les différentes thérapies ayurvédiques qui vont, comme vous l'avez vu, d'un régime alimentaire à la méditation. J'espère que vous essaierez au moins quelques-unes d'entre elles. Mais n'oubliez pas de le faire à votre rythme.

L'une de mes premières clientes américaines, qui souffrait d'une acné épouvantable depuis l'âge de treize ans, est venue me consulter régulièrement, bien avant d'être disposée à mettre en pratique ce qu'elle appelait mes idées bizarres – et cela malgré le soulagement manifeste que lui procuraient mes traitements par les plantes. Aujourd'hui, près de vingt ans plus tard, elle est devenue l'une des plus ferventes avocates des bienfaits des traitements holistiques de l'Ayurveda – dont elle aime donner la preuve en faisant remarquer l'éclat de son teint.

TROISIÈME PARTIE

LA PURIFICATION DU CORPS : L'ÉQUILIBRE ACQUIS PAR L'INTERMÉDIAIRE DES SENS

DEHA SHUDHI

Avec la beauté devant moi, je marche.
Avec la beauté derrière moi, je marche.
Avec la beauté au-dessus de moi, je marche.
Avec la beauté au-dessous de moi, je marche.
L'est a restauré la beauté.
Le sud a restauré la beauté.
L'ouest a restauré la beauté.
Le nord a restauré la beauté.
Le zénith dans le ciel a restauré la beauté.
Le nadir de la terre a restauré la beauté.
Tout ce qui m'entoure a restauré la beauté.

PRIÈRE NAVAJO

Chapitre 6

UNE INTRODUCTION AUX SOINS INTERNES DE LA PEAU

Adoptez le pas de la nature ; la patience est son secret.
RALPH WALDO EMERSON

Nettoyer, nourrir et hydrater sa peau sont les soins de base à effectuer quotidiennement. Ils ne demandent, en fait, que quelques minutes, ce qui est peu de choses en échange d'une apparence de jeunesse qui perdure. Toutefois, ce processus seul ne suffit ni à prévenir une dégradation cellulaire due au stress ou à la maladie ni à maintenir un équilibre général et à atteindre la beauté absolue. Dans la plupart des cas, il est également insuffisant pour corriger un déséquilibre – bien qu'il diminue immanquablement les symptômes extérieurs. Nous nous engageons sur le chemin de la beauté absolue en nous appuyant d'abord sur ce que l'on peut voir et toucher. C'est le premier pas. Mais il faut en faire beaucoup d'autres pour acquérir un éclat durable.

Comme j'ai pu le constater, il y a vingt-cinq ans, en soignant l'acné de mes collègues, les traitements ayurvédiques de la peau produisent immédiatement des résultats visibles. Mais j'ai également appris très tôt que de telles améliorations se maintiennent rarement parce qu'un traitement externe ne supprime pas la cause d'un désordre ou d'une maladie qui se trouve toujours à l'intérieur de nous-même. En approfondissant ma connaissance de l'Ayurveda, j'ai découvert qu'un changement dans l'alimentation a des effets bénéfiques beaucoup plus durables que de simples remèdes externes. Reste que la plupart des problèmes ne disparaissent pas complètement grâce au traitement nutritionnel. Il a fallu que je fasse appel à des méthodes qui permettent une réduction du stress, équilibrent l'esprit et les émotions, apportent de l'harmonie dans la vie, et changent la mémoire cellulaire qui engendre vieillissement et maladie, pour que les problèmes de peau de mes patients disparaissent complètement.

Source de toute médecine et, en particulier, du tout premier système holistique, l'Ayurveda a toujours compris que pour éliminer un problème de peau, restaurer son équilibre, demeurer sains et vibrants d'énergie, nous avons besoin de nous nettoyer et de nous nourrir intérieurement autant qu'à l'extérieur, et cela à chacun des quatre niveaux de vie. Les thérapies ayurvédiques répondent à ces exigences en utilisant les cinq sens, la respiration, l'esprit et la conscience – ou, ce que l'on appelle les techniques de purification du corps, de la respiration, de l'esprit et de l'âme. Je vais vous présenter ces options thérapeutiques, et vous montrer également comment choisir celles qui peuvent constituer un programme holistique personnel adapté à votre rythme, à vos goûts et à votre niveau d'implication. De plus, afin que vous puissiez obtenir un maximum de résultats, il faut inscrire ces méthodes dans votre vie en fonction des cycles de la nature, et en les suivant avec patience et concentration. Comme vous le constaterez, il s'agit de bien faire plutôt que de trop en faire et de garder présent à l'esprit la règle ayurvédique qui veut que ce qui est bon pour certaines personnes ne l'est pas forcément pour vous. Ce que l'on peut traduire par ces mots de Mark Twain : « On ne peut atteindre la vieillesse en suivant la route d'un autre ». Mes habitudes protègent ma vie mais, vous, elles vous tueraient.

La purification du corps : l'équilibre atteint par l'intermédiaire des sens

La perception est la connaissance apportée par les sens qui entrent en contact avec l'âme.

SØSUTRA DE JAIMINI MIMANSA

L'Ayurveda offre diverses formes de thérapie équilibrante qui utilisent chacun des cinq sens. La thérapie nutritionnelle utilise le goût ; les massages, le toucher ; l'aromathérapie, l'odorat ; la musicothérapie, l'ouïe ; la chromothérapie, la vue. L'ensemble de ces traitements constitue les méthodes de *deha shudhi*, ou purification corporelle, décrites dans les chapitres 7 à 11.

Les cinq sens se trouvent à la frontière entre corps et esprit, relient la conscience humaine au monde physique, et nous procurent ainsi nos expériences de la vie. Nous digérons le monde par l'intermédiaire des cinq sens, à la manière dont nous digérons la nourriture. En d'autres termes, la force d'agni transforme l'énergie et l'intelligence qui sont à l'extérieur de nous-même – goût, odeur, son, couleur, forme, texture – en énergie et en intelligence individuelles – pensées, émotions, nutriments, cellules, tissus. En ce sens, toute expérience sensorielle engendre soit l'équilibre, soit le déséquilibre dans le corps-esprit. Par conséquent, qu'un traitement requiert des huiles végétales, des saveurs, des couleurs, des sons, des odeurs, ou des contacts tactiles, nous le choisissons toujours – ainsi que chacun de ses composants – en fonction de son influence énergétique sur les doshas.

Vous vous rappelez peut-être que chacun des sens naît de l'un des cinq éléments. Il en résulte que les sens qui correspondent aux éléments prédominants de notre constitution sont naturellement les plus développés – autrement dit sont nos modes de perception les plus sensibles.

TYPE DE PEAU	CONSTITUANTS	SENS PRÉDOMINANTS
Sèche (Vata)	Espace + Air	Ouïe + Toucher
Sensible (Pitta)	Feu + Eau	Vue + Goût
Grasse (Kapha)	Eau + Terre	Goût + Odorat

En raison de cette correspondance, chaque personne a des affinités particulières avec certaines thérapies sensorielles. Les types peau sèche, qui ont l'ouïe et le toucher particulièrement développés, tirent le meilleur parti des massages et d'une musicothérapie. Celles qui ont la peau sensible ont une acuité visuelle qui leur fait préférer la chromothérapie, et les expériences visuelles en général. Les types de peau grasse ont le goût et l'odorat bien développés, et sont donc attirés par une thérapie nutritionnelle ou l'aromathérapie.

En fait, ces préférences liées aux sens se manifestent dans chaque aspect de la vie. Dans le domaine romantique, par exemple, les personnes du type Vata sont sensibles à la douceur et au toucher. Une femme de ce type ne s'intéressera pas à un homme qui a une voix rude et une peau rugueuse même s'il est, par ailleurs, séduisant. De même, les personnes de type Pitta sont attirées par la beauté des gens et de l'environnement, pendant que celles qui sont du type Kapha sont plutôt sensibles aux personnes qui sentent bon, cuisinent bien et aiment manger.

Cependant, une attirance innée pour un certain genre de thérapie n'empêche pas de bénéficier des autres traitements. Quand vous avez un déséquilibre, la façon la plus sûre de vous en débarrasser est d'avoir recours à toutes les techniques de purification qui vous sont offertes.

Des sens à l'âme : purification de la respiration, de l'esprit et de l'âme

Dans l'anatomie ayurvédique, les sens sont un aspect d'*annamaya kosha,* ou corps physique visible, tandis que la respiration, l'esprit, l'ego et la conscience sont des aspects de nos corps subtils. Tout comme l'enveloppe visible, ces strates invisibles sont gouvernées par les doshas et influencent notre manière de vivre et notre environnement. Elles sont liées entre elles et au corps physique par des milliers de canaux d'énergie subtils qui traversent l'ensemble de notre anatomie. Les cinq thérapies des sens – techniques de deha shudhi – travaillent sur le corps physique tout en ayant également une influence sur les corps subtils, grâce à ces canaux d'énergie. Cependant, d'autres techniques ayurvédiques équilibrent aussi ces couches invisibles de l'intelligence. Les exercices de respiration ont un effet sur le corps pranique – l'enveloppe vitale – et aident à l'unification du corps et de l'esprit ; la méditation vivifie la conscience à ses différents niveaux, et harmonise toutes les strates de la vie ; les techniques de concentration conduisent l'esprit et l'ego à changer les schémas de perception qui habituellement engendrent le stress, développent la faculté de se donner clairement un but et de nous focaliser sur l'action. L'ensemble de ces exercices constitue les techniques de purification de la respiration, de l'esprit et de l'âme – ou *prana, manas* et *atma shudhi* – que vous trouverez dans la quatrième partie de ce livre.

Comme en toute création, les corps subtils ont la plus forte énergie potentielle, si bien qu'en agissant sur la respiration, l'esprit ou la conscience, nous obtenons un résultat plus important que lorsque nous provoquons un changement au niveau du corps physique. Un morceau de bois ordinaire peut servir à illustrer cette idée. Si nous le changeons, physiquement, pour en faire une batte de base-ball, il devient capable de propulser une balle hors d'un stade à la vitesse de près de deux cents kilomètres/heure. Si nous le modifions au niveau moléculaire en y mettant le feu, il peut alors actionner une machine à vapeur. Si nous le changeons au niveau de ses atomes, on peut faire fonctionner une centrale nucléaire.

Comme je l'ai dit, le champ de la conscience qui soustend l'expérience humaine et le champ quantique unifié qui sous-tend l'univers subatomique sont, pour l'Ayurveda, parfaitement confondus. Quand nous faisons l'expérience de ce niveau d'existence absolu grâce à cette science millénaire, nous devenons capables d'atteindre un équilibre parfait, étant donné que nous travaillons à partir du champ de l'intelligence infini qui est la source de la loi naturelle. Les miracles légendaires qu'accomplissent les yogis d'Orient et d'Occident sont la simple démonstration du pouvoir que nous avons de maîtriser la matière et de guérir le corps lorsque nous vivons en ayant développé complètement ce niveau de conscience. C'est là la vision fondamentale des possibilités dont nous disposons et que nous permettent de développer le savoir et les techniques de l'Ayurveda.

Comment établir votre régime idéal de beauté

Vous devez garder à l'esprit trois concepts de base pour choisir les thérapies équilibrantes dont vous avez besoin. Ces trois concepts sont les suivants :

– Votre dosha dominant, votre type de peau et l'état actuel de votre peau.

– Les caractéristiques des doshas, physiques et mentales.

– La loi naturelle qui veut que le semblable augmente le semblable et engendre le déséquilibre, alors que ce qui est à l'opposé des caractéristiques de vos doshas vous équilibre.

Votre apparence physique et votre tempérament traduisent l'équilibre naturel de vos doshas – votre prakriti. L'état de votre peau indique celui de vos doshas *en ce moment* – votre vikriti. Dans le chapitre 2, vous avez répondu à des questions concernant ces aspects de vous-même afin de pouvoir déterminer, en premier lieu, votre *dosha dominant*; en second lieu, l'*état actuel de votre constitution* – son *déséquilibre ou son équilibre* – en fonction de l'état de votre peau. Ce sont là les informations primordiales dont vous avez besoin pour sélectionner des soins personnels. Si vous ne connaissez de votre peau ni son type ni son état actuel, reportez-vous au questionnaire du chapitre 2 et répondez à toutes les questions qui vous sont posées.

Il vous faut ensuite connaître les *caractéristiques de base* – les qualités énergétiques – des doshas. Comme je l'ai expliqué, c'est votre dosha dominant qui détermine les caractéristiques de votre peau :

– *Vata*, qui est composé d'espace et d'air, est *froid, léger, clair, fin, rude* et *sec*. Quand Vata prédomine *la peau est sèche*.

– *Pitta* – le feu et l'eau – est *chaud, léger, légèrement huileux*. Si Pitta prédomine, *la peau est sensible* – c'est-à-dire qu'elle présente une tendance à l'inflammation. (Étant donné que la chaleur déshydrate pendant que toute lubrification donne une peau grasse, la peau du type Pitta est en réalité une peau mixte – légèrement grasse entre les sourcils et sur le nez, et légèrement sèche sur le front, les joues et le menton.)

– *Kapha* – eau et terre – est *épais, froid, lourd, doux, huileux*. Quand Kapha prédomine, la peau est grasse.

Si les doshas sont équilibrés et l'état de la peau normal, les différences sont subtiles. Lorsque les doshas sont déséquilibrés, ces caractéristiques deviennent plus évidentes. Par exemple, une peau sèche peut faire un eczéma sec quand Vata est déséquilibré, et une peau grasse un eczéma humide ou une acné juvénile (suintante) s'il y a un déséquilibre de Kapha.

En définitive, vous avez besoin de vous souvenir *du principe de base de l'équilibre* selon lequel la cause et son effet ont des caractéristiques similaires. Autrement dit, le semblable augmentant le semblable, il faut, pour corriger le déséquilibre qui résulte de cette loi, établir le *diagnostic* du déséquilibre en termes de *doshas*, et le *traitement* en termes de *caractéristiques* des éléments à apporter au corps. Posez-vous les questions suivantes : Quel dosha prédomine chez moi en ce moment ? Quelles doivent être les propriétés de ce qui restaurera l'équilibre ? Vous pourrez alors choisir la thérapie, l'alimentation, l'activité dont les caractéristiques sont différentes de celles de votre (ou de vos) dosha (s) dominant (s). *Afin de maintenir l'équilibre, vous avez besoin de substances dont les caractéristiques sont opposées à celles de votre constitution naturelle.*

Comment allez-vous connaître ces caractéristiques ? Je vous donnerai les informations nécessaires en décrivant les divers traitements et techniques à suivre. Ou je vous indiquerai simplement des listes de ce qu'il vous faut choisir ou éviter en fonction de votre type de peau. Pour simplifier les choses, ces listes seront, pour la plupart, réunies dans les appendices. Entre-temps, si vous avez besoin de références générales, vous pourrez jeter un coup d'œil au tableau qui clôt ce chapitre en rappelant la composition des doshas et ce qui les équilibre.

À ces conseils qui s'adressent à tous, je vais maintenant ajouter ceux qui conviennent plus particulièrement à un état d'équilibre (peau normale) et à un état de déséquilibre (problème de peau).

POUR CEUX QUI ONT UNE PEAU NORMALE

Si vous avez en ce moment une peau normale, trois approches progressives de la beauté absolue vous sont offertes. En clair, vous pouvez toujours améliorer votre teint.

La première option est le programme de maintien – c'est-à-dire le programme de soins quotidiens qui consiste à nettoyer, à nourrir et à hydrater votre peau à l'aide des préparations à base de plantes qui conviennent à votre type de peau. Vous savez déjà qu'il est nécessaire afin de compenser les effets quotidiens de l'environnement. En même temps, les propriétés nutritives et régénératrices des plantes et des huiles ayurvédiques améliorent visiblement la vitalité de votre peau. Toutefois, elles ne peuvent vous débarrasser de vos pensées et de vos comportements nocifs qui sont à la source du vieillissement et de la maladie.

La deuxième approche ajoute à la première un programme de préservation de la santé générale et de prévention de la maladie. Elle peut inclure de petits changements dans votre façon de vivre, dictés par les principes de l'Ayurveda, tels que des modifications dans votre alimentation (chapitre 7), votre emploi du temps, la pratique de massages (chapitre 8), le tout destiné à équilibrer les doshas, à réduire le stress, à améliorer le système immunitaire et à augmenter votre sensation de bien-être.

La troisième option est l'approche la plus complète : celle de la félicité et de l'éclat qu'elle procure. Aux deux premiers programmes, elle ajoute d'autres stratégies ayurvédiques faites pour vous procurer un style de vie holistique, en totale harmonie avec la nature et avec les buts que vous poursuivez. Ces stratégies incluent les techniques qui équilibrent tous les niveaux de vie – corps, respiration, esprit, âme. Vous pouvez, par exemple, pratiquer quotidiennement des exercices de respiration (chapitre 12) et de méditation, ainsi que le traitement saisonnier du pancha karma (chapitre 8) si vous voulez acquérir une santé et une beauté maximales.

Bien entendu, un style de vie ayurvédique ne peut être atteint du jour au lendemain. Il vous faut suivre un processus graduel et constant de recréation et d'affinement de votre manière de penser et d'agir – votre façon d'être au monde – afin de poursuivre des buts plus clairement définis, d'agir avec plus d'efficacité, de devenir un être plus accompli et totalement conscient. Ultérieurement, je vous indiquerai quelques astuces qui vous permettront de commencer ce voyage d'une vie de la façon la plus pratique et la plus confortable.

Pour ceux qui ont un problème de peau

Une fois que vous avez conclu à un déséquilibre et que vous l'avez déterminé, vous avez cinq actions à entreprendre pour éliminer votre problème de peau. Il vous faut :

– Commencer les soins quotidiens – externes – de la peau.

– Suivre un programme de purification interne et alléger vos repas.

– Suivre le programme de détoxication en modifiant votre alimentation habituelle et en prenant des préparations à base de plantes médicinales qui équilibrent les doshas.

– Méditer quotidiennement pour réduire le stress et pour équilibrer les émotions.

– Recourir selon vos désirs à d'autres traitements équilibrants.

Le questionnaire concernant les problèmes de peau du chapitre 3 est fait pour vous aider à déterminer le dosha (ou les doshas) déséquilibré(s), en fonction de l'état de votre peau. Encore une fois, vous avez besoin de cette information avant de pouvoir opter pour une thérapie ou pour une autre. Si vous avez du mal à déterminer votre déséquilibre, revenez au questionnaire de la p. 97. Revoyez également l'explication des résultats qui permet de mettre en évidence les facteurs physiques et émotionnels de votre déséquilibre, ainsi que choisir parmi les thérapies qui vous sont accessibles lorsqu'il y a plus d'un dosha en déséquilibre. Si vous continuez à vous poser des questions au sujet de votre déséquilibre et que vous ne pouvez pas rencontrer un praticien ayurvédique, contentez-vous alors de chercher à équilibrer votre dosha dominant. Quand vous avez un doute, c'est toujours la meilleure attitude à adopter.

Les soins quotidiens constituent toujours le premier pas. Comme je l'ai dit, nettoyer et nourrir la peau procurent immanquablement un soulagement quand il y a un problème et, également, aident à prévenir le vieillissement dû à l'environnement. Cependant, aucun soin externe, même quotidien, ne peut débarrasser le corps des toxines qui provoquent maladie ou déséquilibre des doshas. Pour cela, il faut nettoyer et nourrir à l'intérieur.

Le second pas vers une peau saine consiste donc à se détoxiquer intérieurement. La méthode idéale est le traitement du pancha karma, comme je l'explique p. 240 et p. 241. Toutefois, comme il ne peut être fait chez vous, vous trouverez, dans le chapitre 8, des directives pour une détoxication et un jeûne à domicile, qui constituent ce que j'appelle la cure Tej. Lorsque vous aurez effectué ce programme de purification interne, vous adapterez votre alimentation au rééquilibrage des doshas. Mais ne vous imposez pas trop de contraintes. Modifiez votre alimentation dans la mesure de ce qui vous paraît supportable.

Si vous n'avez pas l'habitude de méditer, entreprenez de faire un exercice de méditation quotidien. Nous savons déjà que le stress émotionnel est un facteur primordial dans la plupart des maladies de la peau. L'anxiété, la peur, les soucis déséquilibrent Vata ; la colère, la jalousie, la frustration déséquilibrent Pitta ; le chagrin, la dépression, l'attachement perturbent Kapha. Par conséquent, il faut que vous vous tourniez vers les questions émotionnelles qui provoquent les problèmes de peau. Les massages et les exercices de respiration font également partie des techniques de réduction du stress.

Quelles que soient les pratiques que vous choisissez, suivez-les régulièrement si vous voulez obtenir un maximum de résultats. Je vous recommande donc de ne pas vous surcharger. Vous obtiendrez plus de bénéfices d'une ou de deux pratiques bien faites – comme le programme de soins quotidiens et quelques modifications de votre alimentation – que de plusieurs exercices que vous ne ferez que de temps en temps. Adoptez le pas de la nature, comme l'a conseillé R.W. Emerson. Nous ne pouvons guère modifier le processus d'une floraison. Laissez donc votre propre beauté se développer de la même façon, en vous réjouissant à chaque nouvelle étape.

Ces deux principes – se réjouir et profiter du moment présent, et vous laisser guider par la nature – sont essentiels à l'équilibre et à la félicité. Comme je vais vous l'expliquer, ils sont, dans l'Ayurveda, à la base des *sadhanas* et impliquent de vivre en accord avec les cycles de la nature.

Les sadhanas : l'équilibre acquis par l'intermédiaire des activités de la vie quotidienne

Loin de nous révéler simplement le secret d'une peau parfaite, l'Ayurveda nous montre la voie d'une vie sublime. Nous y trouvons le savoir holistique le plus achevé, celui qui nous permet d'atteindre à la perfection, même au travers des activités les plus quotidiennes. Et c'est la pratique des sadhanas qui nous le permet. Lorsque nos activités journalières – y compris les thérapies purificatrices – visent résolument à nous procurer l'équilibre, elles deviennent des sadhanas.

On traduit souvent ce mot sanscrit par « discipline » ou par « pratique quotidienne ». Mais si cette interprétation est conforme à la lettre, si je puis dire, elle laisse de côté le sens spirituel. Une sadhana demande effectivement de l'autodiscipline, parfois de la pratique et aide même à former le caractère, pour reprendre une expression militaire. Toutefois, elle ne peut atteindre son but que si nous nous y soumettons entièrement et nous réjouissons de le faire. Cette aptitude à exécuter une tâche sans aucune réticence ni dans le cœur ni dans l'esprit est l'essence de la grâce et de la beauté. C'est une façon de suivre le cours du temps qui nous permet de vivre pleinement au présent, et est l'expérience même de la dynamique de l'équilibre.

La vie, prise dans son ensemble, est déjà une discipline et une pratique – le cycle sans cesse répété d'actes simples, routiniers, comme faire son lit, se brosser les dents, s'habiller, aller travailler, lire le courrier, payer ses factures, discuter avec ses amis, préparer les repas, laver la vaisselle et mettre les enfants au lit. Mais la routine n'est pas réservée à la condition humaine. Comme je l'ai dit, la nature entière a sa routine, sa régularité – sa discipline. La discipline de la nature ce sont les marées, les orbites des planètes, le rythme des jours, le cycle des saisons, l'inexorable évolution de la graine qui va germer, de l'arbre qui donne le fruit. Toutefois, l'être humain se différencie du reste de la nature par sa conscience, par sa capacité de choisir ses actes, de décider, de vouloir une chose plutôt qu'une autre, et c'est bien l'acte volontaire qui fait toute la différence entre la soumission à une routine préétablie et les sadhanas.

Je préfère définir la sadhana comme une activité exécutée avec un esprit clair, déterminé, autrement dit avec concentration. La concentration, c'est la focalisation de l'esprit sur ce que vous êtes *en train* de faire. Enfants, nous pouvons nous concentrer sans efforts. Ignorant ce qu'est le passé ou le futur, nous vivons naturellement dans le présent. Mais, plus tard, nos facultés cognitives, poussées par nos émotions, interfèrent avec la nature avec, sans cesse, de bonnes raisons pour justifier le fait que l'esprit vagabonde. À l'âge adulte, l'esprit est si facilement troublé que nous devons faire un effort conscient pour être totalement vigilant ou, du moins, en décider consciemment.

La sadhana est l'intentionnalité de la conscience, en *exercice* – le choix chaque fois réitéré de l'objet de notre attention. Parce qu'elle implique un choix, la sadhana suppose également le *désir* – celui d'accomplir la tâche qui, en l'occurrence, entend créer notre unité intérieure. Autrement dit, on appelle sadhana toute action accomplie avec tout notre cœur, toute notre âme et toutes nos forces. Il s'agit là, en définitive, d'un acte de dévotion. L'attention et l'intention que nous mettons dans une sadhana subliment les tâches les plus triviales, et nous procurent le maximum de soutien dans notre action. La sadhana n'a pas d'autre but que d'assurer le succès de nos entreprises grâce au pouvoir de notre conscience. S'il vous est arrivé d'observer un champion olympique en pleine action, alors vous avez eu sous les yeux le spectacle d'une personne complètement concentrée. Dans ce cas, vous n'avez pas besoin des enseignements de l'Ayurveda pour comprendre qu'un total abandon à une concentration absolue produit les meilleurs résultats.

L'Ayurveda explique ce phénomène par le fait que *tout ce qui est objet de notre attention s'accroît*. L'attention est énergie et l'énergie a de la force. Plus vous accordez d'attention à une pensée ou à une activité, plus cette pensée ou cette activité acquiert de force, et plus la sphère de son influence grandit. Par conséquent, quand nous faisons d'un traitement ayurvédique une sadhana – c'est-à-dire quand nous le faisons avec un esprit clair et concentré –, nous équilibrons un niveau de vie profond et produisons plus d'effets holistiques. *Toute* action menée en tant que sadhana a non seulement des effets plus profonds sur le corps-esprit mais, également, une influence plus *sattvique* – plus évolutive – sur nous-même et sur notre environnement.

Les actions réussies nous apportent la satisfaction d'avoir mené à bien nos entreprises, d'avoir satisfait nos désirs, et c'est là la source de la félicité. Si vous comprenez qu'accomplir une sadhana – et chaque action comme une sadhana – est le secret du plaisir parfait, alors vous considérerez chacune de vos actions accomplies de cette manière comme un pas vers la beauté absolue et la discipline elle-même deviendra une expression de l'amour. Lorsque vous vous donnez complètement à quelque chose, vous êtes gagnant, quel que soit le résultat ultime, tout simplement parce que vous prenez 100% de plaisir à agir. Dans ce flux, votre désir d'atteindre un but particulier est surpassé par le sentiment, tout au long du chemin, d'accomplir ce qui devait être accompli. Paradoxalement, en oubliant ainsi de *penser* au succès final de votre entreprise, vous créez les conditions mêmes de la concentration qui lui est nécessaire. Ainsi, exécuter une sadhana revient à transformer votre routine journalière en une expérience, où s'imposer une limite équivaut à une libération.

Il est évident que sadhana et routine sont inséparables et, lorsque vous lirez la description des thérapies spécifiques, vous constaterez que les traitements ayurvédiques prennent souvent en considération les saisons et les heures. Le but de la routine n'est cependant pas de s'imposer un emploi du temps, mais de parvenir à un équilibre entre notre environnement interne et l'environnement extérieur. Une telle harmonie entre l'intérieur et l'extérieur est à la base de la beauté absolue.

Un temps et une saison pour chaque chose ou la création d'un style de vie naturel

Personne ne peut prétendre qu'une vie où se succède l'enfance, l'âge adulte et la vieillesse ne constitue pas un superbe arrangement ; le jour a son matin, son midi et son coucher de soleil, l'année a ses saisons, et c'est fort bien ainsi. Il n'y a ni bien ni mal dans la vie à l'exception de ce qui est bien pour telle ou telle saison. Et si nous considérons la vie d'un point de vue biologique, et essayons de vivre en accord avec les saisons, seul un fou prétentieux ou un invraisemblable idéaliste saurait prétendre que la vie ne peut être vécue comme un poème.

LIN YUTANG

L'Ayurveda nous dit qu'un changement de saison a autant d'influence sur la psychophysiologie humaine que sur la vie d'un arbre. Les cycles solaires et lunaires influencent également de manière subtile la vie humaine, tout comme celle des hiboux et des ours. Faits des mêmes éléments et des mêmes forces que le reste de la nature, nous sommes soumis aux mécanismes d'un système écologique cosmique auquel notre nature intérieure doit constamment s'adapter. Pendant que le reste du règne animal vit instinctivement en harmonie avec ces forces cosmiques, l'être humain, à cause de sa liberté de choisir, peut opter – et souvent le fait – pour une façon de vivre contraire à sa nature. Les cultures prétendues primitives et les sociétés agraires traditionnelles vivent à un degré d'accord avec la nature que les sociétés technologiques ignorent. La vie moderne, régie par l'heure des horloges et l'activité diurne – bien qu'elle échappe virtuellement au défilé des heures grâce à la lumière électrique, aux immeubles climatisés et aux voyages supersoniques –, nous déconnecte de nos rythmes biologiques. Or, un déphasage prolongé par rapport à ces rythmes internes déséquilibre les doshas et expose inévitablement à la maladie.

Les pratiques ayurvédiques resynchronisent nos activités avec les schémas énergétiques de la nature. À la manière des doshas qui gouvernent différents processus vitaux dans le corps, elles gouvernent différents moments du jour et de l'année, et leur influence énergétique s'accroît dans l'environnement à ces moments-là. Kapha, Pitta et Vata alternativement, et dans cet ordre, dominent six fois dans des intervalles de quatre heures, à partir du lever du soleil, ainsi que dans trois intervalles saisonniers. Un cycle Kapha-Pitta-Vata gouverne également la vie d'un être humain, de l'enfance à la vieillesse. En faisant en sorte de nous adapter à ses maîtres-cycles, nous préservons notre équilibre intérieur.

Les cycles journaliers

Le lever du soleil marque le commencement de la période matinale où Kapha prédomine. Dans le tableau horaire qui suit, j'indique six heures comme point de repère, mais il est évident que cette heure varie en fonction du pays où vous vivez et de la saison.

Kapha	6 – 10 h	18 – 22 h
Pitta	10 – 14 h	22 – 2 h
Vata	14 – 18 h	2 – 6 h

Chacune de ces périodes reflète l'énergie du dosha dominant. L'inertie est importante pendant les périodes Kapha. C'est la raison pour laquelle nous nous sentons léthargiques quand nous nous sommes réveillés en milieu de matinée, et la raison également d'un ralentissement d'activité en milieu de soirée. Midi est l'heure des grandes énergies, grâce à l'effet dynamisant de Pitta. En conséquence, le processus de la digestion est plus actif au déjeuner et notre résistance physique renforcée. Vata gouverne le système nerveux, si bien que l'esprit est plus alerte l'après-midi, tandis que l'énergie physique décroît autour de 15-16 heures.

En général, le meilleur moment pour aller se coucher se situe avant 22 heures quand l'énergie de Kapha est encore prédominante. Si vous vous couchez tard, vous connaîtrez sans doute un regain d'énergie à minuit lorsque culmine l'énergie de Pitta. La nuit, Pitta se charge de la digestion du dîner et régénère le tissu corporel. Vata provoque la phase onirique, que l'on nomme le sommeil paradoxal. Aux alentours de 4 heures, quand culmine l'activité matinale de Vata, animaux et végétaux commencent à se réveiller. En fait, on peut – quand le lieu s'y prête – se fier à certains oiseaux – qui ont, le matin et toujours à la même heure, un chant particulier –, pour connaître l'heure. Dans ces moments qui tombent au milieu du cycle très matinal de Vata, l'atmosphère est raréfiée et a un effet extrêmement revivifiant sur la nature. Si vous êtes enclin à vous lever aux premiers chants d'oiseaux (ce qui est probable si vous avez une Vata dominante), vous bénéficiez d'une période très propice à la méditation et qui est aussi un excellent moment pour commencer votre journée. Mais, si tel n'est pas votre cas, essayez tout de même de vous réveiller au moins une demi-heure avant le lever du soleil, quand la somnolence de Kapha reprend le dessus. Vous vous sentirez plus frais si vous vous réveillez pendant que l'énergie de Vata est encore active.

Il est évident que vous avez particulièrement besoin de vous préoccuper des effets énergétiques des doshas pendant les cycles qui correspondent à votre dosha dominant. Tout le monde a plus de mal à se lever pendant le cycle matinal de Kapha, par exemple, mais quand il prédomine la difficulté est accentuée. L'une des pires choses à faire, dans ce dernier cas, c'est de céder à l'envie que Kapha vous donne de prolonger excessivement votre sommeil, parce qu'alors vous l'augmentez et le déséquilibrez. Un exercice physique, un massage stimulant, ou même une tasse de café, s'il le faut, sont plus recommandés que de vous enfoncer dans le sommeil. D'un autre côté, un petit somme en fin d'après-midi, au moment où Vata – si vous êtes du type Vata – vous ramollit le plus, favorise votre équilibre. Pour les types Pitta, la situation est encore différente. Quand Pitta est à son zénith – à midi –, la tendance est à l'emportement. Il est donc recommandé d'éviter de prévoir discussions et négociations délicates à l'heure du déjeuner.

Tout au long de votre lecture, vous trouverez d'autres suggestions destinées à vous aider dans votre recherche d'un régime de beauté équilibré, et les appendices vous indiqueront les sadhanas (appendice E) et les horaires journaliers (appendice F) qui conviennent à votre type de peau. Mais à mesure que vous vous familiariserez avec les principes généraux de l'Ayurveda, vous penserez certainement à d'autres moyens d'accorder votre façon de vie aux rythmes de la nature, afin de parvenir à un maximum d'équilibre, d'énergie et d'efficacité.

LES CYCLES SAISONNIERS ET LA THÉRAPIE DU PANCHA KARMA

Les doshas ont également un cycle annuel qui a sur nous autant d'effets que les saisons. Le calendrier ayurvédique comporte trois saisons qui coïncident plus avec les changements climatiques qu'avec les cycles lunaires. Par conséquent, le début d'une saison varie selon la situation géographique – par exemple la saison chaude de New York correspond à la saison froide de Sydney, en Australie.

En Amérique du Nord – comme en Europe –, les cycles saisonniers sont approximativement les suivants :

Kapha Mois humides et froids de la fin de l'hiver et du printemps (de la mi-février à mai).
Pitta Mois humides et chauds de l'été (de juin à septembre).
Vata Mois froids, secs, venteux de l'automne et du début de l'hiver (d'octobre à mi-février).

Comme je l'ai précisé, ces dates sont approximatives – le mois de février à Toronto ou à Paris n'est pas le même qu'à Tampa ou à Moscou – et vous devez, en conséquence, faire appel à votre jugement pour déterminer le début d'un nouveau cycle. Les éléments eux-mêmes vous procurent un système de repérage. Le froid et l'humidité de la terre de Kapha provoquent le gel hivernal, et son eau apporte le dégel printanier et la boue qui l'accompagne.

Réchauffée par le feu de Pitta, la neige fond, remplit le lit des rivières, et l'eau donne les jardins luxuriants de juin. Ensuite, le feu fait s'évaporer l'eau, et nous avons la chaleur étouffante de juillet, d'août et du début de septembre. L'air de Vata apporte les vents vifs de l'automne ; son espace, des journées fraîches, claires, sans nuages qui nous paraissent faites pour jouer au football.

Naturellement, ces variations climatiques entraînent le même type de changements en chacun de nous. Selon le principe du semblable qui augmente le semblable, la nature de chaque dosha est exacerbée pendant la saison qui lui ressemble, tout comme au cours de ses cycles journaliers. Ainsi, quand l'été exacerbe la nature de Pitta, tout le monde devient un peu plus impétueux – donc plus facilement irritable et prompt à s'emporter –, mais ceux qui sont du type Pitta s'emportent encore plus facilement. Ils sont aussi plus exposés aux coups de soleil, aux allergies, à l'apparition de rougeurs, de taches de rousseur, ou aux désordres de la mélanine. De même, nous subissons tous une légère déshydratation pendant la saison de Vata qui chasse l'humidité de l'été – et une déshydratation plus marquée quand le chauffage central est allumé... Néanmoins, ce sont les personnes du type Vata qui auront les lèvres et la peau des pieds fendillées, des pellicules et d'autres problèmes de peau pendant l'hiver, à moins qu'elles n'adhèrent à la routine qui apaise Vata. Les moisissures du printemps augmentent les sécrétions chez chacun d'entre nous, mais ce sont les personnes du type Vata qui auront des problèmes de congestion, de rétention d'eau et une résurgence de l'acné.

Menée par des scientifiques occidentaux, une étude concernant les effets des changements de saisons sur la santé a récemment mis en évidence un phénomène corollaire. En se penchant sur l'analyse des listes d'admissions dans les hôpitaux de leur région, des géographes de l'université du Delaware ont constaté que le nombre de malades souffrant d'asthme était passé de quatre cents, début septembre, à plus de huit cents, un mois plus tard ; qu'au printemps il y avait eu un nouveau pic et, en été, une retombée des chiffres. Ces constatations confirment parfaitement ce que nous dit l'Ayurveda. Septembre marque en effet le passage de l'été à l'automne, le moment où l'activité exacerbée de Vata augmente les risques d'asthme dus aux allergènes portés par le vent. L'augmentation des phénomènes congestifs au printemps, quand l'activité de Kapha culmine, tend à provoquer les asthmes bronchitiques les plus graves.

À moins que nous ne neutralisions l'influence des doshas terriens en modifiant nos habitudes, nos propres doshas sont inévitablement déséquilibrés. Nous avons à notre disposition tout un choix de thérapies qui permettent facilement de contrecarrer l'action des doshas extérieurs. Toutefois, il est nécessaire de savoir associer les traitements, afin de parvenir au mieux à l'équilibre recherché, dans un contexte donné, en fonction de notre idiosyncrasie, et je vais décrire un peu plus loin la façon d'y parvenir.

N'oublions cependant pas que les changements climatiques ont une influence universelle. À chaque saison, l'un des doshas est naturellement augmenté jusqu'à un certain degré, chez chaque personne. Comme je l'ai dit, ce phénomène d'accumulation est le signe annonciateur de la maladie à un moment où les symptômes du déséquilibre sont encore localisés dans les organes spécifiques et faciles à soigner. En conséquence, l'Ayurveda recommande à chacun un nettoyage interne, professionnel, à chaque changement de saison, ou *au moins une fois par an*, afin d'éliminer l'excès doshique et de prévenir la progression de la maladie.

Ce traitement purifiant et réparateur est appelé pancha karma, ce qui signifie « les cinq actions », comme je l'ai déjà indiqué. Ces actions se réfèrent aux cinq procédés qui permettent de se nettoyer intérieurement : le vomissement thérapeutique, l'absorption d'un laxatif, le lavement, celui des narines et la purification sanguine. Il n'est pas recommandé à chacun de faire ces cinq traitements. En général, le vomissement combat les états congestifs dus au déséquilibre de Kapha ; un laxatif nettoie les intestins et rééquilibre Pitta ; le lavement nettoie plus particulièrement le côlon et rééquilibre Vata. Ces traitements sont, en fait, la base d'une thérapie en trois temps, commençant avec des massages et une sudation, qui liquéfie les toxines et les entraîne dans le système gastro-intestinal où elles peuvent être éliminées par les cinq actions, et qui se termine avec des soins de postcure, dont des modifications de l'alimentation et des thérapies régénératrices. Vous verrez que l'on a également recours au pancha karma pour une désintoxication dans le cadre du traitement des problèmes de peau et autres désordres de santé.

En fait, le pancha karma est une thérapie puissante, utilisée pour rétablir équilibre et santé autant que pour prévenir déséquilibre et maladie. Seuls les thérapeutes ayurvédiques peuvent prescrire et administrer cette thérapie correctement et, par conséquent, je ne donnerai ici aucune instruction à son sujet. Néanmoins, je recommande à tout le monde un pancha karma administré par une personne compétente afin de prévenir la maladie et ralentir le processus du vieillissement. Mais, comme la plupart d'entre vous ne pourront faire appel facilement à un spécialiste de l'Ayurveda, j'indiquerai comment l'on peut se purifier et se rééquilibrer chez soi aux changements de saisons, en m'inspirant du pancha karma. Ce traitement adapté à vos possibilités personnelles, et que j'appelle la cure Tej, inclut donc certains aspects du pancha karma tels que les massages, l'utilisation des huiles, la sudation et un jeûne modéré. Vous trouverez les détails de cette thérapie purifiante, accompagnée de soins de beauté, dans le chapitre consacré aux massages.

L'Ayurveda nous enseigne que notre développement, entre la naissance et la mort, suit également le cycle des doshas. La période qui va de l'enfance à l'adolescence correspond à une forte activité de Kapha ; du début de l'âge adulte à la cinquantaine, nous sommes sous l'influence de Pitta ; le troisième âge se déroule sous le signe de Vata. À chaque stade, nos expériences sont, à l'évidence, marquées par la prédominance d'un dosha.

Kapha gouverne la croissance générale et, en particulier, celle du tissu corporel et des os. C'est le type de développement qui caractérise l'enfance. La peau douce et lisse et les rondeurs de bébé, le besoin important de sommeil, la capacité d'apprendre, les problèmes de santé de l'enfance, comme la coqueluche, les rhumes, l'asthme, les états congestifs, les maux de gorge, les oreillons, et même l'acné juvénile sont des manifestations typiques de Kapha. Après la croissance, nous entrons dans la période de construction d'une carrière et d'une famille. C'est une période caractérisée par le développement des qualités de Pitta : souci d'indépendance, ambition, confiance en soi, sociabilité, intelligence, comme par les activités révélatrices de son influence telles que la poursuite de buts intellectuels, professionnels, visant à la créativité, et le développement d'un réseau de relations sociales. C'est aussi la période où se manifestent les symptômes d'un déséquilibre de Pitta : hyperacidité stomacale, sensations de brûlure au bas du sternum, ulcères, hémorroïdes, hypertension. Plus tard, nous subissons les effets d'un Vata trop abondant qui provoque déshydratation et ralentissement du mouvement, et du flux vital en général. Corollairement, la peau se dessèche et se ride, le goût faiblit, les os deviennent poreux, les dents se déchaussent, les varices apparaissent, l'appétit et le sommeil diminuent, nous devenons plus rigides et souffrons d'arthrite, notre mémoire s'altère et nous sommes perclus de douleurs.

Chopra a comparé le fonctionnement de ces trois cycles essentiels à celui de « roues dans d'autres roues » – et il est évident que l'idée d'une compensation de l'influence envahissante des doshas – à la fois quotidienne, saisonnière, et dont le développement est, de toute façon, irrémédiable –, peut être parfaitement vertigineuse. Par exemple, que faites-vous pour maintenir l'équilibre pendant que Vata s'active journellement en pleine saison de Kapha, survenue alors que vous êtes dans le cycle de Pitta ? La réponse est toute simple : vous ne savez pas, personne ne peut vous le dire, et cela parce qu'il n'y a aucun moyen logique de faire tourner sans cesse toutes les roues harmonieusement. (Vous verrez plus loin qu'un moyen existe, en fait, mais il demande une expérience directe de la conscience et non des jongleries mentales.) Connaître les cycles de la vie, c'est connaître l'éventail des effets de l'environnement sur nos doshas et être ainsi capable de nous choisir le style de vie qui nous convient le mieux à un moment donné, en fonction de notre réceptivité et de notre constitution. Plus on connaît les causes et les effets du déséquilibre, plus facilement on peut l'éviter, plus rapidement on peut repérer notre manque de synchronisation, et plus on a de moyens de retrouver la cadence. Ainsi, si vous avez la cinquantaine et un emploi du temps qui vous contraint à des réunions importantes un jour d'été étouffant, vous pouvez prévoir des problèmes venant de Pitta et faire en sorte de vous y soustraire en laissant de côté certains aliments, certaines couleurs, certains parfums, en écoutant une musique douce, en méditant, en vous faisant faire un massage ou en effectuant des exercices de respiration. Autant de manières de pacifier Pitta.

Seule une harmonie intérieure, consistant à vivre en accord avec sa propre nature, est recommandée par l'Ayurveda qui ne voit ni le moyen de déterminer la cause précise de chaque déséquilibre ni ce que l'on doit exactement faire, à un moment ou à un autre, pour le prévenir. Une fois de plus, la connaissance des cycles, comme toute la science ayurvédique, est un instrument qui vous aide à vivre en harmonie avec votre environnement et avec votre constitution. La routine ayurvédique se calque sur celle de la nature, et la suivre revient à s'accorder à sa nature personnelle. Là est le secret d'une vie doublement harmonieuse – à l'intérieur comme à l'extérieur –, d'une vie de beauté absolue.

L'IMPACT DE LA CULTURE MODERNE

Nous ne pouvons chercher à vivre en accord avec la nature sans étudier en même temps la façon dont notre culture engendre la dysharmonie. Aujourd'hui, nous sommes nombreux à passer plus de temps dans des environnements civilisés que dans la nature. Ces domaines qui ont été créés par l'homme possèdent aussi une influence énergétique que nous ne pouvons pas ignorer si nous voulons parvenir à un équilibre intérieur. Sans relation avec les rythmes cosmétiques, mais néanmoins soumise aux lois de l'Univers, la culture moderne (comme toutes les cultures qui l'ont précédée) a sa propre constitution – sa conscience collective – qui reflète les énergies et les activités de ses individus et de ses groupes. Toutefois, comme un ensemble est toujours plus important que les parties qui le composent, la constitution globale de la culture influence chacun de ses composants.

Si l'on considère la vie moderne dans une perspective ayurvédique, on s'aperçoit qu'elle a souvent les caractéristiques de Vata. La société contemporaine est, en effet, soumise à un mouvement constant, à la vitesse, au changement, à la mobilité – caractéristiques de Vata. L'âge des transports aériens et des fusées spatiales (Vata *est composé* d'air et d'espace), des ordinateurs, des médias, des communications, de l'information, est l'âge de Vata. L'accélération du changement est, en elle-même, une force fondamentale, a écrit Alvin Toffler dans *Future Shock*, il y a presque trente ans, et aucun ralentissement ne se manifeste à l'aube de ce nouveau millénaire. Nous produisons plus de marchandises, élargissons l'éventail de nos ressources, créons de plus en plus de déchets, parcourons de plus grandes distances, multiplions nos rencontres et nos voyages, changeons de travail, de domicile, de partenaire plus fréquemment qu'à aucun autre moment de l'Histoire. De surcroît, nous sommes exposés à une variété et à un volume de stimulations également sans précédents, grâce aux multiples façons nouvelles de reproduire non seulement des images visuelles mais aussi des sons, des odeurs, des saveurs. Ce mur constant d'images et d'odeurs, les bruits incessants et parfois assourdissants de l'électronique, tout cela augmente Vata. D'un autre côté, nous ne trouvons plus guère le temps pour les contacts physiques nourriciers, alors que le toucher est le sens qui aide le mieux à équilibrer les éléments de l'espace et de l'air. Nous préférons dépenser annuellement des sommes astronomiques en tranquillisants, en antidépresseurs et autres drogues de ce genre que nous achetons souvent au hasard et qui, pour la plupart, agissent sur Vata. En même temps, l'agressivité occidentale, son esprit de compétition, perturbe Pitta. Son matérialisme et son désir de possession, associés à une alimentation riche en graisses, en glucides, et privée de toute valeur diététique, déstabilise Kapha – ce qui se traduit, aux États-Unis en particulier, par une augmentation alarmante de l'obésité à tout âge.

Ces déséquilibres que comporte notre style de vie collectif contribuent au règne du stress et de la maladie qui s'est installé dans toutes les nations industrialisées du monde. Cependant, il n'est pas nécessaire de se réfugier dans les montagnes et de vivre en sauvage pour échapper aux effets nocifs de la civilisation actuelle. Si vous suivez les principes de l'Ayurveda et recourez aux techniques antistress décrites dans les chapitres ultérieurs, vous pouvez très bien jouir des apports de la vie moderne tout en menant une vie naturelle, équilibrée, où que vous soyez. Le style de vie que préconise l'Ayurveda ne signifie pas qu'il faille renoncer au confort matériel, à la réussite, à l'argent. Il convient, au contraire, de parvenir à une clarté d'esprit et à une énergie qui doivent vous permettre d'atteindre vos buts, tout en vous procurant la santé et la longévité qui vous permettront de profiter de ce que vous avez accompli.

Le voyage vers la beauté absolue nous fait faire un cheminement sans chemin, étant donné que la perfection est toujours dans le présent. Comme je l'ai expliqué, si nous ne reconnaissons pas à tout moment notre propre perfection, la faute en revient à l'intellect. Les techniques de l'Ayurveda sont autant de moyens de se souvenir de ce que nous sommes réellement. Il y en a pour chacun d'entre nous, si bien que celles qui nous conviennent s'imposent immanquablement à nous au cours du voyage.

Néanmoins, en découvrant la diversité des thérapies qui vous sont offertes, vous êtes susceptible de vous dire : « À partir du moment où il m'est impossible de tout faire, je crois qu'il est inutile d'essayer quoi que ce soit ». Mais ce serait évidemment là une décision regrettable. Il est clair que nous ne pouvons pas tout faire en une seule journée, en trouvant encore le temps de vivre cette journée, et l'Ayurveda ne nous demande rien de tel.

L'approche basique de la beauté absolue est très simple. Elle consiste à prendre sept mesures, très simples en elles-mêmes, et qui vous sont indiquées un peu plus loin. Lorsque vous êtes prêt à entreprendre en plus une thérapie rééquilibrante, choisissez-en une et pratiquez-la pendant environ une semaine afin d'être à même de constater ses effets sur votre corps et sur votre esprit. L'aromathérapie, la musicothérapie et la chromothérapie peuvent être pratiquées n'importe où et vous pouvez en profiter tout en faisant autre chose. Les changements d'alimentation, les massages et la méditation demandent plus d'efforts et de temps, et j'ai souvent constaté que l'on y est facilement réticent, soit à cause de l'inertie qu'engendrent de longues habitudes, soit en raison de différences philosophiques, d'une attitude sceptique ou d'une certaine paresse. Cependant, ceux qui font un essai constatent que les effets obtenus sur leur santé et sur leur apparence sont particulièrement marqués et durables. Je vous encourage donc à essayer ces thérapies, en particulier si vous présentez des problèmes de peau, ou si vous voulez éviter d'en avoir.

Quelles que soient les thérapies que vous choisirez, gardez à l'esprit que l'équilibre est le principe maître de l'Ayurveda – trop ou pas assez, dans tous les domaines, n'est jamais, en fin de compte, une bonne chose. Pour tout traitement, l'Ayurveda vous demande d'éviter ou de réduire ce qui déséquilibre votre constitution, et de favoriser ou d'augmenter ce qui est facteur d'équilibre. Il est rare qu'une personne doive totalement éliminer quelque chose de sa vie afin d'avoir une belle peau. Progresser à une allure modérée, confortable, royale, suffit à vous mener jusqu'à votre but.

LES SEPT MESURES À PRENDRE SI VOUS VOULEZ AVOIR UNE BELLE PEAU

- Apprenez à connaître votre type de peau, et choisissez tout traitement en conséquence.
- Nettoyez, nourrissez et hydratez votre peau quotidiennement.
- Équilibrez-vous à l'intérieur comme à l'extérieur.
- Introduisez graduellement des thérapies additionnelles dans votre régime de beauté.
- Évitez les éléments et les caractéristiques que vous avez déjà en abondance ; préférez ceux qui vous manquent.
- Adoptez des habitudes en accord avec votre constitution et avec les cycles de la nature.
- Prenez plaisir à vivre l'instant présent.

Les principes de l'Ayurveda ne constituent que des points de repère dans votre voyage vers la beauté éclatante. Ils sont simplement destinés à vous indiquer la bonne direction, et ne dictent aucune décision. De même que la physique, par exemple, nous décrit les lois incontournables de la matière, sans nous dire comment l'on doit vivre en conséquence, l'Ayurveda, science millénaire de la vie, décrit les lois naturelles du corps-esprit et se contente de suggérer, en fonction de ces lois immuables, ce que nous pourrions faire pour que le voyage de la vie soit le plus agréable possible. Le but est de trouver un équilibre à la fois interne et externe, et nous ne pouvons parvenir à une telle harmonie en nous imposant un ensemble de lois prédéterminées. La vie, qui est un perpétuel changement, demande, de par sa nature même,

CE DONT IL FAUT VOUS SOUVENIR AU SUJET DE VOTRE TYPE DE PEAU ET DE SON ÉQUILIBRE

	PEAU SÈCHE		PEAU SENSIBLE		PEAU GRASSE	
	Est :	*A besoin de :*	*Est :*	*A besoin de :*	*Est :*	*A besoin de :*
Doshas équilibrants	Vata	Pitta + Kapha	Pitta	Vata + Kapha	Kapha	Vata + Pitta
Éléments équilibrants	Espace + Air	Feu + Eau + Air	Feu + Eau	Espace + Air + Terre	Eau + Terre	Espace + Air + Feu
Caractéristiques essentielles	Sec Froid Léger Rugueux Dispersif Rapide	Huileux Chaud Lourd Lubrifiant Dense Stable	Chaud Léger Aigu Acide Fluide Légèrement huileux	Froid Lourd Lent Amer Statique Astringent	Lourd Froid Gras Lent Dense Statique	Léger Chaud Sec Aigu Dispersif Mobile
	Astringent	Salé	Épicé	Sucré	Sucré	Épicé

une certaine dose de flexibilité. Il est clair que le fanatisme n'a pas sa place dans l'Ayurveda qui nous enseigne essentiellement à suivre le courant. Se donner un style de vie ayurvédiquc ne consiste pas à atteindre un but, mais à suivre un processus qui n'est rien de moins qu'une perpétuelle découverte de soi-même, à travers l'attention que l'on porte à son corps, à son comportement, à son esprit et à son âme.

Chapitre 7

LA THÉRAPIE NUTRITIONNELLE

Ce qui est bon pour une personne est un poison amer pour les autres.

LUCRÈCE

L'un des contrastes les plus frappants entre la médecine moderne et la science ayurvédique vient de la différence de valeur accordée à l'alimentation dans la vie d'un individu. Quiconque a eu sous les yeux un repas servi dans un hôpital – raviolis au fromage, légumes surgelés et trop cuits, pain blanc, beurre, gelée ou crème glacée, par exemple – ne peut que s'interroger sur la façon dont une nourriture aussi dépourvue de valeur énergétique aide un malade à se rétablir et s'étonner que la médecine allopathique se préoccupe si peu de nourrir le corps et l'esprit.

Jusqu'à ces dernières années, les médecins occidentaux n'apprenaient que les rudiments de la diététique, et ce bref enseignement suivait une théorie essentiellement mécanique, selon laquelle le corps est un véhicule, et la nourriture le carburant qui le fait fonctionner. Quand la machine tourne rond, il suffit, dans cette optique, de combiner les nutriments des quatre catégories alimentaires de base. Si la machine a des ratés, on retranche de l'ensemble la « mauvaise » catégorie, déterminée en fonction de l'organe déficient. S'il s'agit du pancréas, on élimine le sucre; s'il s'agit de la vésicule biliaire, on élimine les graisses; pour le cœur, on doit supprimer le cholestérol, et ainsi de suite. Pour la médecine occidentale, ces règles s'appliquent à tout le monde. Autrement dit, on se sert tous du même carburant de base puisqu'il est là pour ça, et qu'en définitive il n'y a jamais d'autres déficiences que celles de la machine.

La nourriture est la médecine parfaite

L'Ayurveda ne considère pas la diététique comme un enseignement annexe. C'est, au contraire, l'une des préoccupations majeures des vaidyas – les praticiens ayurvédiques – qui désignent le corps physique par le terme d'annamaya kosha signifiant *l'enveloppe de nourriture*. De leur point de vue, la nourriture *est* une médecine. Une alimentation inappropriée est le premier facteur physique de déséquilibre et de maladie, et une alimentation appropriée est un moyen essentiel de prévention et de guérison. Ceci vaut autant pour le corps que pour l'esprit. Notre alimentation apporte croissance et énergie, restaure le bon fonctionnement des cellules mais également, par le biais de l'activité subtile des doshas, sustente l'émotionnel et, au besoin, l'aide à se rééquilibrer. Nous verrons que la nourriture nous met de bonne ou de mauvaise humeur. Par conséquent, ce que nous mangeons est aussi important pour notre santé mentale que pour notre condition physique.

Contrairement à l'Occident, l'Ayurveda ne croit pas qu'il y ait un menu parfait pour tout le monde. Le jus d'orange, les céréales froides et le lait écrémé du petit déjeuner américain donnent peut-être de l'énergie et une silhouette particulière à certains mais, pour l'Ayurveda, ce genre de repas ne peut que provoquer des douleurs d'estomac chez d'autres ou entraîner le coup de pompe de onze heures. *Selon l'Ayurveda, aucun aliment n'est intrinsèquement bon ou mauvais, chaque personne réagit en fonction de sa constitution.*

Par conséquent, vouloir soigner quelqu'un sans être attentif à son alimentation équivaut à cultiver un jardin sans se soucier de la qualité du sol, du degré d'humidité et de l'ensoleillement. Même en Occident l'on renverrait un jardinier qui négligerait de tenir compte de ces données vitales. Néanmoins, pendant de longues années l'on a respecté les règles d'un système médical qui négligeait ce genre de données. Il a fallu des médecins comme Dean Ornish, le cardiologue qui a réussi à inverser chez quarante patients le processus évolutif de maladies cardiaques avancées, en remplaçant les médicaments par la méditation et par un changement de régime alimentaire, pour que le corps médical commence à reconnaître le potentiel thérapeutique des aliments ordinaires. Toutefois, la science moderne semble encore aujourd'hui mieux avisée dans le domaine du jardinage que dans celui de la médecine, où il ne s'agit plus de faire croître de belles fleurs mais des gens sains, heureux et beaux.

MÊME LE CHOCOLAT PEUT ÊTRE PARFOIS CONSOMMÉ SANS PROBLÈME

Comment l'Ayurveda reconnaît ce qu'il convient de consommer ? Et s'il n'y a pas d'aliments mauvais, en soi, pourquoi certaines personnes disent qu'elles se sentent mal dès qu'elles voient des frites ou du chocolat ?

Dans le chapitre 5, vous avez vu que l'Ayurveda classe les aliments et les plantes en fonction des six goûts ou rasas qui sont le sucré, l'aigre, le salé, l'épicé, l'amer et l'astringent. La saveur d'un aliment dérive de sa constitution, c'est-à-dire de l'équilibre de ses éléments. Comme tout le reste de la nature, les animaux, les végétaux et les minéraux que nous mangeons ont chacun leur proportion particulière d'Espace, d'Air, de Feu, d'Eau et de Terre. Ce sont les différentes combinaisons entre les éléments qui créent les différentes saveurs. Par exemple, les aliments qui sont surtout Terre et Eau, comme les graines, sont naturellement sucrés, et ceux qui sont à dominante Air et Espace, telles les légumineuses et les salades, naturellement amers.

Bien entendu, chaque goût a une influence sur l'esprit et sur le corps qui est déterminée par les caractéristiques de ses éléments. Ainsi, le sucré apaise, lubrifie, alourdit et nourrit la psychophysiologie d'un individu, et ces actions sont exactement celles que vous pouvez prêter à la terre, dense et visqueuse. L'amer allège, stimule et assèche, à la manière d'une rafale de vent froid. Et ainsi de suite. Le tableau de la p. 256 donne la liste des aliments associés à chaque saveur.

Votre régime idéal est celui qui privilégie les goûts dont les caractéristiques équilibrent votre constitution, tout en écartant au maximum ceux dont les caractéristiques la déséquilibrent, selon la loi du semblable qui augmente le semblable. Les personnes du type Pitta, par exemple, ont intérêt à réduire leur consommation d'aliments aigres, salés et astringents, qui sont nettement *Feu* et enflamment les peaux sensibles. Si vous êtes sanguin, des chips salées, accompagnées d'une sauce pimentée accentuera vos rougeurs ; mais vous pouvez généralement vous délecter d'un sorbet au chocolat sans regret. Les types Kapha, avec leur constitution Terre qui fait prédominer sucre et lourdeur, et une peau grasse, sont ceux qui ont tendance à avoir des boutons en mangeant du chocolat. Mais ils ne sont pas à plaindre, parce qu'en revanche ils peuvent s'offrir une sauce pimentée et des bretzels (plutôt que des frites bien grasses), de temps à autre, sans se faire trop de soucis.

Alors, à qui les aliments gras sont-ils réservés ? Ceux qui ont la peau sèche du type Vata peuvent sereinement toucher aux graisses, à condition toutefois de ne pas abuser des sauces pimentées ou des plats froids et secs qui risquent de provoquer de l'agitation dans l'Air et l'Espace de leur constitution.

Cependant, gardez à l'esprit que même une personne qui a, par exemple, une peau grasse, peut croquer de temps en temps dans une barre de chocolat, pour autant qu'elle ait un teint normal. Il n'est généralement pas nécessaire de rejeter radicalement un aliment si vous n'avez pas de problème de peau et, si vous en avez un, ne vous imposez de rejet qu'en attendant de rééquilibrer vos doshas. Quand vous êtes en bonne santé, vous pouvez manger à peu près de tout – *avec modération* – sans qu'il y ait de conséquences graves pour votre peau.

En fait, si votre alimentation doit privilégier les saveurs qui équilibrent votre type de peau, l'Ayurveda recommande néanmoins que *chaque repas comprenne les six goûts dans une certaine proportion, quel que soit votre type de peau.* Ceci est vital, non seulement pour nourrir les cinq éléments de votre constitution (l'absence d'une saveur déséquilibre vos doshas aussi sûrement qu'une présence excessive), mais parce que c'est également une façon très facile de contrôler votre appétit. Pourquoi ? Toute la gamme des saveurs dans un même repas satisfait pleinement vos sens, si bien qu'une portion moyenne de nourriture soulage en même temps votre estomac et l'idée de la faim – la faim psychologique – qui conduit à la fringale et aux excès de nourriture. Il vous est seulement stipulé que vous devez faire *des repas qui incluent chaque saveur dans des proportions qui conviennent à votre constitution.* (Dans une famille où les constitutions varient, la façon la plus sûre d'assurer à chacun une nourriture équilibrée est de préparer des plats variés. Dans ma propre famille, nous mangions chaque jour des légumes, des céréales et des épices différents. Ainsi, cette rotation évitait à chacun les excès d'une même saveur. Si un membre de la famille avait déjà un déséquilibre, il prenait des herbes pour le corriger – voir l'appendice C – et faisait d'autres traitements ayurvédiques.)

J'indique page ci-contre les trois goûts qui sont à privilégier pour chaque type de peau et les trois à éviter, dans l'*ordre,* c'est-à-dire en partant de celui qui a les effets les plus prononcés sur le dosha prédominant. Par exemple, si vous regardez ce qui concerne les peaux sèches, le salé – premier goût à privilégier sur la liste – *équilibre* le mieux Vata, tandis que l'effet équilibrant de l'aigre est moindre et que celui du sucré vient en troisième position. De même, l'amer – premier sur la liste des goûts à éviter – a un effet plus déséquilibrant sur Vata que l'astringent, en deuxième position, lequel a un effet plus marqué que l'épicé, en dernière position. Autrement dit, il n'y a pas de meilleure alimentation pour Vata – le type peau sèche – que celle qui comporte avant tout des saveurs salées et un minimum de saveurs amères ; pour Pitta – le type peau sensible –, il faut un maximum d'amertume et un minimum de saveurs aigres ; Kapha – le type peau grasse – demande un maximum de saveurs piquantes et un minimum de saveurs sucrées.

	SAVEURS À FAVORISER	SAVEURS À ÉVITER
Peau sèche (Vata)	*Salé,* aigre, sucré.	*Amer,* astringent, piquant.
Peau sensible (Pitta)	*Amer,* sucré, astringent.	*Aigre,* piquant, salé.
Peau grasse (Kapha)	*Piquant,* amer, astringent.	*Sucré,* salé, aigre.

Bien entendu, ceci ne signifie pas que les personnes qui ont une peau sèche doivent saupoudrer leur nourriture de sel, ou que celles qui ont une peau sensible doivent se nourrir uniquement de scarole. L'Ayurveda recommande, au contraire, d'éviter la forme pure des saveurs – ce que nous pourrions appeler l'agent actif, tel le sucre pur, le sel de table, les piments, les assaisonnements amers, etc. – à cause de la violence de leur impact. Il vaut beaucoup mieux réunir dans notre alimentation les six saveurs dont nous avons besoin en nous nourrissant de ces aliments complexes et variés que la nature nous offre pour notre plus grand plaisir. Le sucré, nous le trouvons dans les fruits et dans les céréales par exemple, le salé dans les légumes et dans les algues, le piquant dans les épices, l'amer dans les feuilles et dans certaines légumineuses, et ainsi de suite. Dans l'appendice G, vous verrez quels sont les bienfaits de chaque goût sur la peau et sur le corps quand vous savez respecter les bonnes proportions, ainsi que les problèmes engendrés par les mauvaises proportions.

LES SAVEURS DE L'ALIMENTATION COURANTE

GOÛT (RASA)	CARACTÉRISTIQUES	ALIMENTS
Sucré (Terre + Eau)	Froid, gras, lourd.	Sucre, jus de fruits, miel, riz, pain au froment et autres aliments chargés en glucides, lait, crème, beurre, bœuf, poisson, mouton, porc, graisse, huile, betterave, concombre, pomme de terre, pomme, figue fraîche, raisin, melon, pêche, poire, prune, réglisse, trèfle rouge, safran, cardamome, cannelle, la plupart des fruits secs, ghî.
Amer (Terre + Feu)	Chaud, lourd, gras.	Yoghourt, fromage, raisin vert, citron, orange, épinard, tamarin, banane, tomate, vinaigre, tous les aliments fermentés, pickles.
Salé (Eau + Feu)	Chaud, gras, lourd.	Sel marin, sel gemme, fruit sec salé, chips, fast-food, conserve, algue, fruit de mer.
Épicé (Feu + Air)	Chaud, léger, sec.	Oignon, ail, radis, gingembre, piment, assafoetida, clou de girofle, poivre de Cayenne, moutarde épicée, poulet, œuf, huile de carthane, poivre noir, graine de potiron.
Amer (Air + Espace)	Froid, léger, sec.	Plante potagère à feuille sombre ou amère, curama, hydrastis, pissenlit, fénugrec, racine de gentians, Schweppes et autres boissons similaires, alcaloïdes (caféine, nicotine).
Astringent (Air + Terre)	Froid, moyen.	Banane verte, grenade, canneberge, haricot, lentille, brocoli, chou, chou-fleur, céleri, pomme de terre, épinard, cannelle, saxifrage.

La théorie des goûts reflète la manière dont l'Ayurveda analyse le fonctionnement du métabolisme qui commence avec la mastication et s'achève, des semaines plus tard, quand les nutriments ont été absorbés et assimilés par le tissu et par les cellules du corps, grâce au processus transformateur des dhatus. À chaque étape du métabolisme, les nutriments qui sont chimiquement modifiés produisent pour ainsi dire de nouveaux goûts ou ont une nouvelle influence sur la physiologie. (Rasa, le premier goût, est en fait le seul qui provoque une sensation sur la langue.) Les nutriments produisent un second goût – ou effet biochimique –, appelé *vipak*, quand la nourriture est désagrégée dans l'estomac. Toutefois, avant que les nutriments entrent dans l'estomac, ils créent également un effet *réchauffant ou rafraîchissant et asséchant ou lubrifiant* sur le corps que l'on appelle *virya*. Toute nourriture a un potentiel énergétique chaud ou froid qui n'est qu'en partie contrarié par la façon dont les aliments ont été conservés, préparés ou cuits, comme vous le verrez. La combinaison rasa-virya constitue le facteur intrinsèque le plus important dans l'influence d'un aliment sur les doshas.

	VIRYAS À FAVORISER	VIRYAS À ÉVITER
Peau sèche (Vata)	Chaud, humide.	Froid, sec.
Peau sensible (Pitta)	Froid, humide.	Chaud, sec.
Peau grasse (Kapha)	Chaud, sec.	Froid, humide.

Une fois de plus, l'Ayurveda détermine le goût qui convient à chaque type de peau en fonction de son action sur les doshas. La règle empirique de l'alimentation est la suivante : déterminez les caractéristiques prédominantes de votre constitution, puis mangez ce qui contient *les propriétés autres que celles de votre constitution.* (Je vous dirai ultérieurement comment adapter votre nourriture aux saisons.) Quand les doshas sont équilibrés, vous constatez que vous êtes instinctivement satisfait par les goûts et par les caractéristiques qui vous équilibrent. Mais, si vous avez un déséquilibre, vous observez que votre corps réclame *en plus grande quantité* ce qui vous déséquilibre. Quand cela se produit, vous pouvez entamer le processus de rééquilibrage de votre constitution, en choisissant des aliments dont le rasa et le virya *pacifient* vos doshas.

Lorsqu'à nouveau vous absorberez les six goûts dans les bonnes proportions, vous pourrez même remarquer qu'une quantité de nourriture plus réduite arrive à vous satisfaire. Par conséquent, écoutez ce que vous dit votre corps. C'est là l'essence d'une vie en harmonie avec la nature.

La nourriture de l'âme

Vous comprendrez mieux ce qu'est l'alimentation ayurvédique si, en allant au-delà de la chimie des protéines, des acides aminés, des minéraux, des vitamines et du reste, vous incluez dans votre réflexion le concept des énergies subtiles. En fait, la théorie ayurvédique des saveurs est une théorie énergétique et l'Ayurveda perçoit toute l'expérience humaine comme une *nourriture*. Le monde qui nous entoure est digéré par les cinq sens ; les idées sont digérées par l'esprit et par l'intellect ; les sensations et les aliments le sont par le corps. D'un point de vue énergétique, un goût piquant, un bain chaud, une odeur épicée de clou de girofle, la friction d'un vigoureux massage, la vibration d'un rouge vif, et même une observation critique ou la colère, par exemple, laissent une empreinte identique sur notre psychophysiologie. Toutes ces énergies – toute cette nourriture – transforment notre biochimie selon un processus qui est propre à chacune et, au bout du compte, deviennent la matière de nos tissus et de nos cellules.

Par conséquent, du point de vue de l'Ayurveda, le style de vie de chacun n'est autre chose *que l'alimentation apportée au corps-esprit* et, en ce sens, nous nous nourrissons, ou nous nous déséquilibrons, avec nos pensées et avec nos actes.

Nous mangeons la vie, et l'Ayurveda pose la question suivante : voulons-nous, ou non, nous nourrir d'une vie de qualité ?

La physique occidentale a sa propre version de ce principe énergétique qu'elle énonce ainsi : chaque action comporte une réaction identique et une réaction opposée. La différence entre les deux points de vue tient uniquement à l'étendue de leur application. Pour la science moderne, les lois de la matière n'ont rien à voir avec celles de l'esprit, pendant que l'Ayurveda les considère comme indivisibles. Les schémas de l'intelligence sont, pour l'Ayurveda, inhérents à toute chose, et ont entre eux une résonance continuelle au plan unifié de la conscience pure. De cette manière, chaque interaction, en fonction de la nature des énergies qui se rejoignent, produit soit l'harmonie soit la dissonance – l'équilibre ou le déséquilibre – dans l'intelligence subtile que l'on appelle les doshas. Ceci vaut également pour les effets de la nature sur l'esprit, et l'influence de l'esprit sur la nourriture.

LES EFFETS DE LA NOURRITURE SUR L'HUMEUR

Selon le Dr Frawley dans *Ayurvedic healing* (La Guérison ayurvédique), les anciens sages décrivent ainsi les effets de l'alimentation : « La nourriture absorbée comporte trois parties. La partie grossière devient les excréments. La partie intermédiaire devient de la chair. La partie subtile devient l'esprit… L'eau que l'on boit est triplement divisée en une partie grossière qui donne l'urine, en une partie intermédiaire qui donne le sang, et en une partie subtile qui devient la force vitale. »

Dans la nourriture, qui est transformée par les sept dhatus, il y a donc la partie grossière (les malas, les fibres qui facilitent le transit intestinal, et autres déchets qui constituent le sous-produit naturel de la digestion), la partie intermédiaire (ou nutriments, qui construit et qui répare les tissus), la partie subtile (le *goût*, celui des aliments et des boissons, intelligence cachée, qui nourrit littéralement notre esprit et nos émotions). En général, les saveurs sucrées rendent doux et satisfait, les aliments aigres engendrent l'aigreur, etc. Comme vous le verrez, nous sommes ce que nous mangeons.

LES EFFETS DES SAVEURS SUR L'ESPRIT ET SUR LES ÉMOTIONS

	EN BONNE PROPORTION	EN EXCÈS
Sucrée	Amour, satisfaction.	Désir, attachement, besoin, passivité.
Salée	Aisance mentale.	Rigidité mentale, convoitise, dépendance.
Aigre	Acuité mentale.	Envie, regret, ressentiment.
Piquante	Ambition, motivation.	Haine, colère, jalousie, agressivité.
Amère	Clarté mentale, perspicacité.	Chagrin, désillusion.
Astringente	Optimisme, bien-être.	Peur.

Ces explications aident parfaitement à comprendre notre expérience ordinaire. Chaque jour, il peut nous arriver de parler de douceurs amoureuses, de larmes amères, d'aigres regrets, du goût de la peur – ce dessèchement de la bouche qui caractérise l'hésitation entre la fuite et la lutte. Au niveau de la conscience la plus profonde, le corps-esprit sait déjà que saveur et émotion ne font qu'une sur le plan de l'effet produit. D'ailleurs, l'Ayurveda les désigne indifféremment du terme de *rasa*, essence. Les six rasas sont les goûts de nos émotions comme de notre nourriture. De même, nos émotions sont les saveurs de notre expérience.

Quand les saveurs de nos aliments s'équilibrent, notre esprit est équilibré. Quand notre esprit est apaisé, notre vie est équilibrée. Lorsqu'une saveur manque ou est en excès, l'harmonie est perdue. Ainsi, manger tout un bol de sauce pimentée quand Pitta prédomine, ou que vous vous sentez survolté, c'est jeter de l'huile sur le feu. Mais si le feu naturel a faibli, une pincée de gingembre vous apportera l'étincelle dont vous avez besoin. De même, se bourrer de glucides et de crème fraîche – les réconforts alimentaires classiques – renforce les problèmes lorsque Kapha prédomine ou que l'on se sent déprimé. En revanche, des céréales chaudes au petit déjeuner stabilisent et redonnent des forces si Vata est dominant, ou si l'on ressent de la peur ou l'impression de perdre pied.

Tous ces effets dus aux saveurs sont, contrairement aux effets de la nourriture, relativement immédiats et brefs. Dès que nous mangeons, nous ressentons l'impact de rasa, de vipak et de virya sur notre conscience. Ceci est vrai que nous soyons ou non éveillé, étant donné que les goûts ont sur nous une influence consciente et subconsciente. En fait, bien avant Freud, les vaidyas ont analysé les rêves, et s'en sont servi pour déterminer l'équilibre des énergies fondamentales – l'équilibre des goûts – dans le corps. Selon l'Ayurveda, les rêves violents, hostiles, ou les visions d'objets en flammes indiquent un feu excessif et apparaissent fréquemment après un dîner fortement épicé. Les rêves où l'on se voit enseveli dans la boue ou coincé physiquement, d'une manière ou d'une autre, ou encore encombré d'un fardeau, indiquent un excès de Terre et d'Eau et suivent généralement l'absorption de nourritures réconfortantes. Rêver que l'on court, que l'on fuit et que l'on a peur signale une surabondance d'Espace et d'Air et résulte souvent d'une soirée passée à manger du pop-corn ou des chips, et à boire de la bière glacée. Par conséquent, si vous vous réveillez, impressionné par des rêves semblables, pensez à ce que vous avez mangé la veille.

En même temps, souvenez-vous qu'une rose est une rose – et un rasa, un rasa. Au niveau subtil de la conscience, où toute expérience est digérée, l'intelligence essentielle de l'objet lui-même – son goût – est toujours la même, que vous l'ayez absorbé, que vous y ayez pensé, que vous l'ayez vu, senti, touché, ou que vous ayez prononcé son nom. Autrement dit, qu'un goût vienne d'une pensée ou d'un aliment, il a toujours un effet identique sur la *conscience*. Ce qui ne signifie nullement que le simple fait de penser à du chocolat vous donnera des boutons. Un souvenir très doux, ou même la vision d'un aliment sucré, par exemple, ne vous fera pas grossir. Toutefois, l'un et l'autre auront un effet subtil sur votre humeur.

L'INFLUENCE DE L'HUMEUR SUR LA NOURRITURE

Les saveurs de notre conscience transforment également la nourriture. Vous l'avez déjà quelque peu compris lorsque vous avez lu ce qui concerne le stress dans le chapitre 3. Les émotions stimulent la production d'hormones qui règlent en grande partie nos processus physiologiques, dont la digestion, l'absorption et l'assimilation. La peur, par exemple, déclenche la poussée d'adrénaline dont les effets sur les reins provoquent une déshydratation et un manque de sucs digestifs. La colère – ce que Daniel Goleman appelle, dans *Emotional Intelligence,* la pulsion combattive dans l'hésitation entre combat et fuite – tend les muscles et fait affluer le sang aux extrémités dans la perspective de la lutte, du coup de poing, ce qui détourne une partie du flux sanguin de la région abdominale. Il en résulte un arrêt de la digestion et une transformation des aliments non digérés en toxines ou en déchets empoisonnés qui bloquent le côlon et empêchent l'absorption de nouveaux nutriments. Nous verrons un peu plus loin qu'une mauvaise digestion et un côlon sale comptent parmi les principaux facteurs, liés à la nutrition, du vieillissement et de la maladie. Il est bien évident que si nous ne métabolisons pas correctement les nutriments, nous pouvons sélectionner avec soin nos aliments sans pour autant être bien nourris, et même faire un régime sans parvenir à perdre du poids.

Ce n'est cependant là qu'une partie du problème. Il faut encore savoir que, sous l'effet de nos principes énergétiques, notre humeur transforme la nourriture pendant que nous la préparons, la faisons cuire, la servons, donc avant même d'y avoir touché. La pensée même est une énergie subtile dont l'influence s'étend au-delà des limites physiques du système nerveux et de ses messagers moléculaires, par l'intermédiaire du toucher et de l'attention. Les changements de notre état mental influent sur la biochimie de la peau et, en particulier, sur sa résistance galvanique et sur son pH. Ces variations physiologiques, associées à d'autres changements dans les énergies du corps, transforment la nourriture que nous manipulons. Par exemple, une paume chaude, humide, et une paume froide, sèche, auront des effets énergétiques différents sur les légumes pendant que vous les coupez et les mettez à cuire.

En même temps, les pensées ont elles-mêmes un effet vibratoire subtil sur le monde physique. Comme je l'ai dit, chaque pensée représente une impulsion d'énergie – de conscience – qui envoie une onde à travers l'Univers, comme une graine jetée sur un étang cosmique fait onduler la surface de l'eau. En réalité, nous répandons notre attention sur le monde, comme nous répandons une épice sur un plat, dès que nous tournons notre attention vers quelque chose. Le goût de cette épice – sucré, salé, piquant, amer ou astringent – dépend de la saveur de nos émotions. Si nous préparons ou nous mangeons un plat pendant que nous sommes en colère, par exemple, l'énergie agressive de nos pensées s'ajoute à la nourriture, comme une bonne dose de poivre de Cayenne. Nous transmettons ainsi notre colère à ceux que nous servons, tout en alimentant la nôtre. Sous l'effet de la colère, le sucré devient amer dans notre estomac et transforme la nourriture en poison. Ne disons-nous pas que la colère nous ronge et nous donne des brûlures au bas du sternum ?

Imaginez maintenant ce que l'on ajoute à ses aliments lorsque l'on prépare un repas avec joie et avec amour et que l'on s'attable, l'esprit en paix, et la gratitude au cœur. Une attitude appropriée transforme une nourriture toute simple en véritable délice. Un repas équilibré, composé de produits naturels, pris avec l'esprit concentré sur ce que l'on fait et une humeur joyeuse, apporte plus que les nutriments nécessaires aux sept dhatus. Il stimule en même temps la production d'ojas qui renforce le système immunitaire et donne de l'éclat à la peau.

Un peu plus loin dans ce chapitre, je vous raconterai les déjeuners chez mes parents, en Inde, vous donnerai les recettes d'une bonne cuisson, et vous indiquerai l'art de prendre ses repas correctement, ce qui constitue l'essence de l'étiquette ayurvédique. Mais, pour le moment, contentez-vous de réfléchir au fait que nous nous nourrissons et nourrissons les autres de nos pensées. C'est l'un des principes fondamentaux de la philosophie védique, et la quintessence du principe de la beauté absolue. Votre état d'esprit, pendant vos repas, est l'élément le plus important de votre alimentation, en dehors de l'équilibre des goûts convenant à votre type de peau, étant donné son influence sur la digestion et sur les énergies subtiles des aliments. En fait, l'Ayurveda nous enseigne qu'une attitude appropriée compte finalement plus que le choix des saveurs, à partir du moment où un repas parfaitement équilibré devient toxique pour le corps si nos émotions sont discordantes. Comme le dit le Dr Frawley : « La colère peut endommager le foie autant que l'alcool ». Par conséquent, nourriture et plantes ne suffisent pas si la saveur de l'esprit ne change pas.

Les secrets d'une bonne digestion

Le premier des tissus corporels s'appelle *rasadhatu*. Son goût se retrouve dans chaque tissu corporel, étant donné qu'il est celui à partir duquel les six autres se développent successivement. Plasma, sang, graisse, muscle, os, moelle de l'os, nerf et tissu reproductif : tous sont, par essence, du rasadhatu qui a été transformé pour accomplir des fonctions spécifiques. Au cours de ce processus de transformation, chaque dhatu emprunte son matériau brut à celui qui le précède, à l'exception du tout premier – le rasadhatu – qui trouve son propre matériau dans notre nourriture. Si ce matériau est inadéquat, aucun dhatu ne fonctionnera comme il faut.

Autrement dit, nous ne pouvons avoir un tissu sain et une belle peau sans une nourriture appropriée. Cependant, comme je l'ai déjà dit, la nourriture la plus pure du monde ne sera guère profitable à notre santé si le corps ne peut digérer et assimiler les nutriments qu'elle contient. Par conséquent, l'Ayurveda a beaucoup à dire au sujet de la digestion. Nous avons déjà vu l'importance de certains facteurs psychologiques dans la digestion, et nous y reviendrons vers la fin de ce chapitre. Pour l'instant, considérons les facteurs physiques et alimentaires essentiels pour la transformation du tissu et le métabolisme, à savoir la force du feu digestif, ou agni, l'accumulation des toxines dans le système gastro-intestinal, les aliments toxiques.

Toutes les fonctions vitales demandent de l'énergie – de l'agni. Le corps physique produit l'énergie nécessaire à travers le processus du métabolisme, ou transformation biochimique des substances, qui sont tout à la fois, pour l'Ayurveda, pensées et nourriture. Le métabolisme comprend non seulement la fonction digestive mais aussi l'absorption et l'assimilation de l'énergie qu'elle rend disponible, et l'élimination des déchets corporels. Quand le métabolisme est perturbé par le stress ou par une mauvaise alimentation, le corps ne peut ni digérer ni absorber correctement les nutriments. Ce qui n'est pas digéré ou expulsé par la voie normale devient des toxines, ou *ama* – qui encombrent les parties affaiblies du corps. Pour l'Ayurveda, la maladie est due à une accumulation d'ama. Cependant, l'ama s'accumule dans le corps uniquement lorsque l'agni est perturbé par un déséquilibre. Par conséquent, il faut que la digestion, l'absorption et l'élimination soient bonnes pour que nous puissions bénéficier de la valeur nutritive des aliments et éviter les toxines.

COMMENT RAVIVER LE FEU DIGESTIF

Agni, le feu biologique (également appelé *tejas*), règle le métabolisme et fait fonctionner le système digestif. Son principe transformateur s'associe à la mobilité qu'apporte le prana et à la force stabilisatrice de l'ojas pour former le triumvirat des forces vitales. Le déséquilibre de ces forces entraîne celui des fonctions biologiques – les doshas – qu'elles gouvernent. Par conséquent, un métabolisme sain dépend avant tout de l'équilibre des doshas.

Un métabolisme lent (une digestion difficile qui est révélée par des symptômes tels que prise de poids, indigestion, constipation, gaz intestinaux, ballonnements, maux d'estomac, diarrhée, acidité, brûlures au bas du sternum) est le signe d'un manque de Feu et d'Air, donc d'un Pitta et d'un Vata faibles – ce qui équivaut à une présence excessive d'Eau et de Terre, ou à un Kapha trop fort. Dans un cas comme dans l'autre, vous pouvez restaurer l'équilibre de votre constitution en vous nourrissant d'aliments qui pacifient Kapha, donc en faisant prédominer le piquant, l'amer et l'astringent. L'effet d'allégement, de dispersion, de chaleur de ces goûts stimule le prana (sa force de mouvement et d'élimination) et l'agni (le métabolisme) qui sont nécessaires pour évacuer l'ama et raviver le feu de la digestion. Une alimentation qui pacifie Kapha a donc comme autre conséquence de renforcer le processus naturel de détoxication.

Régime pour réduire les toxines et raviver l'agni

Ce programme de purification du corps et de l'esprit comporte quelques jours d'une alimentation allégée, destinée à pacifier Kapha, plus un repos mental. Pendant ce régime, la nourriture de base est le *khichadi*, mélange de riz et de lentilles (voir la recette ci-dessous). La durée du régime dépend de votre type de peau :

Sèche (Vata)	1-3 jours par mois.
Sensible (Pitta)	1-4 jours par mois.
Grasse (Kapha)	1-5 jours par mois.

Non Fruit doux, jus, ou légume ; pain, pâtisserie, sucrerie, laitage, fromage, friture, conserve, fruit sec, alcool, huile, sucre, légumineuse, ou céréale (à l'exception du khichadi).

Oui Infusions : Gingembre, cardamome, fenouil, cannelle, aloe vera.
Eau : Au moins 6-8 verres par jour.
Fruits ou jus de fruit : Citron, jaune et vert, pamplemousse, grenade.
Légumes cuits à la vapeur (éventuellement) : Betteraves, carottes, fenouil, chou frisé, épinard, brocolis, chou-fleur. *Limite à ne pas dépasser :* En tout, 1/2 tasse par jour.
Jus de légume : Céleri, persil.
Plante : Triphala (1/2 c. à c., dans de l'eau chaude, le soir).
Khichadi : Le contenu d'un bol dès que vous avez faim au cours de la journée. Pour le préparer, lavez l'équivalent d'une tasse de lentilles blondes, écossées et fendues, et de riz. Mettez 3 cuillerées à soupe de beurre clarifié dans une casserole. Faites chauffer à feu doux. Ajoutez deux pincées de gingembre frais, pelé + 1/2 pincée de tuyau (écorce) de cannelle + 5 graines entières de cardamome + 5 clous de girofle + 10 grains de poivre noir, de coriandre, ou de cumin + 1/4 de c. à c. de curcuma, et faites cuire à feu vif, quelques instants, en remuant. Ajoutez le riz et les lentilles et laissez la même cuisson se poursuivre jusqu'à ce que riz et lentilles soient tendres.

Jeûne mental

– Reposez-vous le plus possible. Évitez travail, télévision, discussion, réunion.

– Lisez des choses faciles à lire, faites des exercices de respiration simples, promenez-vous.

– Prenez un bain chaud quotidien avec de l'huile de gingembre ou d'eucalyptus ; nettoyez-vous le corps en profondeur.

– Consacrez du temps à la méditation et à la prière.

Toute maladie de la peau, y compris l'acné, l'eczéma et le psoriasis, est due en partie à une accumulation d'ama. Une fois que les toxines se sont accumulées dans les intestins, un changement d'alimentation ne suffit pas à restaurer l'équilibre des doshas parce que les toxines inhibent l'absorption des nutriments. Si vous entreprenez de nettoyer votre alimentation sans avoir préalablement évacué les toxines, la bonne nourriture que vous absorbez est gâchée dans le système digestif. Comme je l'ai dit, cela revient à verser de l'eau claire dans de l'eau trouble et vous n'obtenez que de la boue. Par conséquent, *si vous avez un problème de peau, il est essentiel de vous débarrasser de vos toxines et de nettoyer votre corps intérieurement avant d'essayer d'équilibrer votre alimentation.*

Le traitement préconisé par l'Ayurveda pour éliminer les toxines et équilibrer les doshas est le traitement médical du pancha karma dont j'ai parlé au chapitre 6. Mais, s'il vous est impossible de le suivre, vous pouvez avoir recours à une purification réalisable chez vous. Ce processus qui comporte trois étapes – une étape préliminaire comportant massages aux huiles et sudation, un régime pour vous nettoyer intérieurement et vous détoxiquer, puis une postthérapie nutritionnelle – est décrit en détail dans le chapitre sur les massages. Si vous souffrez en ce moment d'un déséquilibre, vous devez commencer par ce traitement avant d'entreprendre le rééquilibrage de Kapha, tel que je l'ai décrit précédemment. L'ensemble du traitement – régime de détoxication compris – demande environ quinze jours pour évacuer l'ama et raviver l'agni. Quand vous l'avez mené à bien, vous pouvez entamer le régime ayurvédique normal destiné à maintenir votre équilibre.

Que vous ayez ou non un problème particulier ou un déséquilibre, l'Ayurveda vous recommande un pancha karma trois fois par an, aux changements de saisons, quand les doshas ont naturellement tendance à être augmentés.

ÉVITER LES ALIMENTS TOXIQUES

Les principes diététiques qui vous assurent jeunesse et beauté sont universels et se résument ainsi : ayez un côlon propre et une bonne digestion. Le nutritionniste occidental Paavo Airola a écrit que bien des peuples de par le monde ont découvert ces secrets de beauté, et revendiquent la découverte de l'alimentation parfaite. Par exemple les Scandinaves sont des adeptes du seigle et du petit-lait ; les Allemands croient aux vertus de l'eau minérale, des aliments fermentés et des cures de jus de fruits ; les Mexicains font leur cuisine avec du citron vert, de la papaye et du piment rouge ; les Asiatiques évitent les graisses, se gorgent de céréales riches en fibres. En théorie, la plupart de ces alimentations aident soit à éviter la constipation soit à aider la digestion mais, en réalité, elles n'ont pas les mêmes effets sur tout le monde. Ce que l'Ayurveda propose est, au contraire, valable pour tous. Nettoyez votre côlon et améliorez votre digestion en choisissant une alimentation compatible avec votre constitution personnelle, une alimentation qui ne déséquilibre pas vos doshas et, par conséquent, évite la perturbation du métabolisme et l'apparition des toxines.

Toutefois, certains aliments sont intrinsèquement toxiques et, d'une façon générale, doivent être exclus ou, du moins, être consommés en très faible quantité. Ce sont :

– Les produits qui ont été obtenus à l'aide de substances chimiques, ont été traités chimiquement, modifiés génétiquement ou irradiés.

– Les produits contenant des agents de conservation, ayant subi un traitement, vendus en conserve ou surgelés.

– Les aliments qui contiennent des sucres ou des colorants artificiels ; ceux qui sont présentés avec 0 % de matières grasses, ou un faible taux de matières grasses et qui sont fabriqués avec des substituts de graisses naturelles.

– Les fritures des fast-foods ou toute autre friture faite dans de l'huile rance.

– L'huile hydrogénée, les graisses animales, les graisses employées en pâtisserie et la margarine.

L'Ayurveda nous dit que ces aliments toxiques sont peu énergétiques – c'est-à-dire sans vie. En fait, toute nourriture rance, tout reste de plus d'un jour manque de prana et provoque des toxines dans le corps.

D'autres aliments sont à éliminer ou à ne consommer qu'occasionnellement à cause de leur effet déséquilibrant sur les doshas. Parmi eux le café, le thé noir, les boissons contenant de la caféine, les piments et les épices fortes, le sel iodé, le sucre blanc et l'alcool.

Par ailleurs, certains aliments, qui vous sont normalement recommandés, donneront des toxines s'ils entrent dans de mauvaises combinaisons ou sont absorbés à la mauvaise température car, dans ces cas-là, ils ne seront pas digérés correctement. Évitez, par conséquent, de manger des produits laitiers avec de la viande ou du poisson ; avec des aliments salés, aigres ou piquants ; des plats chauds avec des plats froids ; des aliments sucrés avec des aliments salés ; une quantité égale de miel et de beurre clarifié ; du miel cuit ; du lait glacé. Quant aux fruits crus, ils ne se marient avec aucune autre nourriture.

Des aliments pour votre type de peau

Maintenant que vous connaissez les principes de base de l'alimentation ayurvédique, il est temps de voir plus précisément ce que vous devez manger. Dans l'appendice H, vous trouverez la liste des aliments qui conviennent à votre type de peau. (À l'instar de mes clients, vous pouvez faire une copie de cette liste et l'emmener avec vous, lorsque vous allez faire vos courses, jusqu'à ce que vous l'ayez en tête.) Elle vous indiquera les légumes, fruits, céréales, légumineuses, produits laitiers, protéines animales, condiments, grains, huiles, fruits secs, édulcorants, boissons, épices et compléments alimentaires qui équilibrent votre dosha dominant. Généralement, elle permet d'acheter tout ce dont on a besoin.

Souvenez-vous, cependant, que ces listes reflètent l'alimentation idéale pour un *seul dosha*, alors que chacun de nous est une combinaison des trois doshas, avec une forte prédominance de l'un ou de deux d'entre eux. *Aucune des trois listes ne représente l'alimentation parfaite et définitive d'un individu.* Dites-vous plutôt que chaque liste est destinée à vous signaler le type d'influence qu'exercent les aliments sur l'esprit et sur le corps : influence vatogénique, pittogénique ou kaphogénique. Le maintien de l'équilibre des doshas est un processus d'échange perpétuel entre nous-même et l'environnement, et non pas le respect d'une résolution prise une fois pour toutes. Ce qu'il faut, en fait, c'est ajouter ou retrancher, à partir de la liste référence, jusqu'à ce que vous parveniez à trouver un programme diététique qui soit adapté à l'état *actuel* de vos doshas. (Par exemple, si vous êtes du type Vata mais que vous avez un déséquilibre de Pitta, vous devez ajouter à votre régime, essentiellement adapté à Vata, des aliments destinés à rééquilibrer Pitta, et en écarter ceux qui la déséquilibrent.) Étant donné que la nature ne garantit la stabilité d'aucun dosha, notre état varie selon les circonstances. Afin d'adapter une alimentation à un changement de climat, de saison, d'habitudes, à un âge de la vie, par exemple, ou à un déséquilibre physique ou émotionnel particulier, vous devez prendre en considération vos trois doshas. C'est le seul moyen de trouver votre régime idéal, quoique temporaire.

Ceci dit, apprendre par cœur une liste d'aliments ou la sortir de son sac chaque fois que vous devez vous nourrir n'est ni la plus pratique ni même la meilleure façon de faire votre choix. En vérité, les différences entre les diverses cuisines, la possibilité que l'on a désormais de se procurer toute l'année des produits venus d'autres climats, ainsi qu'une qualité variable des produits eux-mêmes, font que les praticiens ayurvédiques ne tombent pas toujours d'accord sur les effets d'un aliment particulier. D'où les occasionnelles discordances que l'on peut observer si l'on compare plusieurs propositions de régime ayurvédique. Une liste type est utile, et même nécessaire, pour commencer un tel régime, mais elle n'est pas une référence absolue. En définitive, il n'y a que vous qui puissiez connaître mieux que quiconque les aliments qui vous permettent de vous sentir équilibré, sain, alerte et radieux, ou qui vous font l'effet contraire.

Savoir prendre conscience de son état constitue, pour l'Ayurveda, l'essence de la méthode de soins personnels. Pour vivre en harmonie avec la nature, il vous suffit de connaître les propriétés de l'Espace, de l'Air, du Feu, de l'Eau et de la Terre ; et, comme vous connaissez déjà leurs caractéristiques, vous n'avez plus à acquérir de nouvelles connaissances. Désormais, il convient simplement que vous posiez un regard neuf sur ce qui vous est familier. Si vous ouvrez vos sens et votre conscience aux propriétés fondamentales des aliments – à la façon dont la couleur, la forme, la texture, l'odeur et le goût de chacun reflètent leur constitution – et faites attention à leurs effets subtils lorsque vous les absorbez, c'est alors votre *expérience directe* qui vous permettra de connaître ceux qui conviennent le mieux à votre constitution.

Les aliments qui vous viennent du jardin de la nature ont, tout comme vous, un aspect physique qui permet de deviner leur constitution. Sur le tableau ci-contre vous pourrez voir les différentes caractéristiques physiques des éléments tels qu'ils apparaissent dans vos aliments. Leur observation vous indiquera ceux qui sont adaptés à votre type de peau. Prenons, par exemple, un légume comme la salade. La *translucidité* de ses feuilles indique dans sa constitution la présence, en grande quantité, d'un élément intrinsèquement clair qui ne peut être que l'Espace. Si vous retrouvez cette même caractéristique dans un autre légume et que vous savez que vous êtes du type Vata (Espace et Air), vous pourrez en déduire que cet aliment translucide ne vous est pas indiqué. De même, les personnes du type Pitta doivent éviter les aliments rouges et orangés qui sont naturellement chargés en Feu. Celles du type Kapha doivent laisser de côté une nourriture lourde, poisseuse, comme le riz et les pâtes qui sont essentiellement Eau et Terre. Une nourriture qui est avant tout compacte et sucrée, tel un pudding, par exemple, est chargée en Terre. La crème glacée, froide, sucrée et lourde – ou toute crème épaisse – a aussi une forte proportion de terre, tandis que dans les crackers et dans les céréales froides, d'une texture sèche et rugueuse, l'Air prédomine. La description des principales catégories d'aliments qui suit le tableau vous aidera également à reconnaître le contenu essentiel de vos aliments.

LES CARACTÉRISTIQUES FONDAMENTALES DES ALIMENTS

ESPACE	AIR	FEU	EAU	TERRE
Creux	Rapide	Intense	Froid	Solide
Résonant	Rugueux	Chaud	Dense	Dense
Translucide	Dur	Mixte	Lourd	Lourd
Bleu	Sec	Vif	Large	Large
Froid	Variable	Léger	Humide	Huileux
Astringent	Frais	Fluide	Lisse	Aigre
	Souple	Huileux	Trouble	Doux
	Léger	Fétide	Collant	
	Compact	Rouge	Blanc	
	Sombre (gris-vert)	Orange	Clair	
	Amer	Piquant	Doux	
	Astringent	Amer	Salé	

UN REGARD NEUF SUR LES CATÉGORIES ALIMENTAIRES DE BASE

Dans chaque catégorie d'aliments il faut savoir choisir ce qui convient à chaque dosha. La description qui suit souligne quelques choix à faire dans chaque catégorie, en se référant à la constitution fondamentale des aliments, mais cette sélection n'est pas exhaustive.

Les légumes. Si vous savez ce qu'il faut chercher, vous arriverez à la conclusion que la constitution des produits naturels est souvent évidente. Pensez à un jardin. Les racines des plantes poussent dans le sol, où elles s'enfoncent, en absorbant les minéraux et en retenant l'humidité afin de nourrir la plante. Au contact étroit de la terre – qui les enrobe –, elles sont naturellement riches en terre et en eau. Par conséquent, tous les tubercules et autres légumes poussant dans le sol, dont les carottes, les pommes de terre, les betteraves, les oignons, et ceux qui poussent au ras du sol, comme les concombres et les courgettes, équilibrent généralement les personnes du type Vata qui ont besoin de se sentir lestés afin de contrebalancer le léger, le sec et la nature dispersive de leur constitution.

Maintenant pensez aux feuilles. Éloignées du sol, elles poussent vers le ciel. Tout un réseau de veines creuses leur permettant d'absorber l'oxygène, elles sont ainsi naturellement astringentes et légères. Par conséquent, les plantes feuillues, comme la plupart des légumineuses à petits grains, (à l'exception du poivrier), ne sont pas recommandées pour les types Vata, riches en Air, mais, en revanche, le sont pour les types Kapha qui ont besoin de légèreté.

La tige ou la branche – partie médiane de la plante –, alimentée en eau par les racines, en oxygène par les feuilles, nourrit toute la plante et la rend à la fois diurétique et fraîche. Ce qui fait que céleri, brocoli et asperge sont bons pour le Feu et l'Eau de Pitta, acceptables pour l'Eau de Kapha, mais peu recommandés pour Vata, fraîche et sèche.

En général, les légumes sont plutôt sattviques – purifiants – et nutritifs. Avec les fruits, ils constituent une nourriture saisonnière et devraient entrer pour 20 à 30 % dans l'alimentation quotidienne des types Vata et Pitta, et pour 40 à 50 % dans celle des types Kapha. Crus, les légumes ont tendance à être astringents et, par conséquent, frais et asséchants. Tout le monde devrait donc les préférer *cuits* en hiver, et il serait bon pour les personnes de type Vata d'en manger tout au long de l'année.

Les fruits. Pour la botanique, le fruit résulte du développement ovarien de la plante, l'ovaire portant les graines de vie qu'il nourrit et qu'il protège. La pulpe du fruit, riche en Eau et en Air, est fraîche, légère, purifiante, source d'harmonie et, par conséquent, d'une nature sattvique. Les fruits denses mais juteux et doux, et les fruits aigres comme les baies, les cerises, les prunes, les oranges, les pamplemousses, ainsi que les bananes, quand ils sont mûrs, sont meilleurs pour Vata, alors que les fruits plus doux, comme les raisins sucrés, les melons et les mangues conviennent mieux à Pitta. Les personnes du type Kapha devraient préférer les fruits secs, les pommes, les poires et autres fruits compacts et âcres afin d'éviter les œdèmes (rétention d'eau) que risque de provoquer la forte proportion d'eau contenue dans la plupart des fruits. Les fruits amers liquéfient Kapha s'ils sont consommés le matin, et les fruits doux, qui donnent de l'énergie, sont à consommer de préférence l'après-midi. Afin de vous assurer une bonne digestion, mangez les fruits seuls. Si vous buvez leur jus et que vous avez une peau sèche ou une peau grasse, diluez-le dans de l'eau et relevez-le avec des épices comme la cardamome, les clous de girofle, la cannelle ou la noix de muscade.

Les grains. Les céréales, riches en minéraux, les haricots à écosser, les amandes des fruits à coque sont autant de grains ou graines de plantes qui poussent dans des sols dont la forte humidité les rend poisseux. Le haricot, qui est une légumineuse, donne des graines enfermées dans des cosses. L'amande des fruits est en fait l'unique graine du fruit sec. Prenant vie dans le sol, toutes ces graines sont riches en Terre et, par conséquent, essentiellement sucrées et nutritives.

Les grains, plutôt sattviques et neutres sur le plan énergétique, constituent généralement une nourriture qui convient à tout le monde. En fait, votre alimentation journalière devrait comporter en moyenne 30 à 40 % de grains, si vous avez la peau grasse, 50 % si vous avez la peau sèche ou sensible. Les grains diurétiques comme l'orge, le maïs et le seigle conviennent surtout à Kapha. Ceux qui sont nutritifs comme le blé et le riz Basmati sont meilleurs pour Vata et pour Pitta.

Contenant une forte quantité d'Air, les haricots sont plus astringents que les céréales. Ils sont une source importante de protéines mais, de nature rajasique, ils provoquent une irritabilité émotionnelle. Légers, frais, asséchants, ils conviennent bien à Kapha mais mal à Vata qui produit facilement des gaz. Vous pouvez modérer leur effet astringent en les cuisant d'une certaine façon. Commencez par les faire tremper pendant une nuit, puis rincez-les et mettez-les dans de l'eau fraîche. Faites-les ensuite bouillir, rincez-les de nouveau, remettez-les dans de l'eau fraîche pour cuire et servez-les avec un peu d'huile et légèrement épicés avec du cumin, par exemple, ou du poivre de Cayenne ou de l'assafoetida et de l'oignon, afin de rééquilibrer leurs effets.

Les amandes sont généralement chaudes, lourdes, huileuses, et d'une nature sattvique. Elles aident à développer le tissu musculaire, enrichissent le sang et renforcent la mémoire. Leurs propriétés toniques et nutritives sont excellentes pour Vata, surtout le matin, mais seulement en petite quantité parce qu'elles sont difficiles à digérer. Kapha, en revanche, supporte mal les noix, préférant les graines de potiron qui sont plus légères. La meilleure façon de manger des noix c'est de commencer par les mettre dans l'eau, puis d'enlever leur peau et de les faire griller légèrement avec des épices, ce qui les rend plus légères et plus faciles à digérer.

Les huiles. Les huiles utilisées pour la cuisine sont extraites d'acides gras de fruits, de noix ou de grains, comme l'huile d'avocat, d'olive, de noix de coco, de maïs, de carthame, de soja, de sésame, de tournesol. Elles sont généralement douces, lourdes et chaudes et conviennent parfaitement à Vata. Les personnes du type Pitta peuvent utiliser les huiles les plus fraîches et les plus fruitées, comme l'huile de noix de coco ou d'olive. Celles du type Kapha doivent éviter l'huile de noix et de maïs. Les huiles hydrogénées, les margarines, les graisses employées en pâtisserie, comme toutes les graisses traitées sont toxiques parce que faites avec des solvants industriels. *Toute* huile, même les huiles purement organiques, deviennent toxiques quand elles sont chauffées à haute température ou réutilisées. Les graisses toxiques, présentes dans les aliments préparés, traités, frits ou vendus dans les fast-foods, sont l'un des principaux facteurs d'obésité.

Les produits laitiers. Comme vous pouvez l'imaginer, le lait est doux, rafraîchissant, et de nature sattvique. Il développe les sept tissus, augmente le plasma, les graisses et le tissu reproductif, et calme les nerfs. Mais il est aussi humide, poisseux, lourd et, en excès, accroît la production d'ama. Tous les laits et les laitages équilibrent Vata mais augmentent Kapha après les années de croissance. Laitages, beurre et beurre clarifié conviennent à Pitta, à l'exception du babeurre, au goût aigre, du yaourt et du fromage.

Le lait doit se boire après avoir été chauffé (mais non bouilli) et aromatisé au safran ou à la cardamome qui aident à digérer et augmentent l'ojas. Les personnes du type Kapha peuvent préférer une pincée de cannelle, celles du type Vata ou Pitta un peu de vanille, ou de miel, si l'on est du type Vata. Cette boisson est un excellent sédatif si on la prend avant de se coucher. Ne buvez jamais de lait en mangeant de la viande, du poisson, du pain au levain, des fruits aigres, des noix ou des légumes vinaigrés qui transforment le lait en toxines pour le corps.

Les protéines animales. D'une façon générale, les aliments d'origine animale sont nutritifs et énergétiques mais également tamasiques et, par conséquent, ont tendance à provoquer l'apparition de toxines, d'infections et affaiblissent l'esprit ainsi que notre aptitude à la compassion et à l'amour. Toutefois, dans le large éventail des produits d'origine animale, les différences sont sensibles : les animaux à sang chaud vivant dans des climats froids sont ceux qui alourdissent et affaiblissent le plus, tandis que la volaille et les poissons à sang froid ont des effets plus légers. Par conséquent, la viande rouge convient peu à Pitta et à Kapha. En revanche, la volaille – en particulier la dinde – et le blanc d'œuf sont bons pour tout le monde.

Si vous mangez des protéines animales, faites en sorte d'utiliser des produits venant d'animaux nourris de substances organiques afin de réduire votre consommation de substances chimiques ou de résidus chimiques que l'on trouve ordinairement en forte quantité dans la viande, le lait et les œufs. Cependant, la nourriture des animaux, étant toujours de nature tamasique, inhibe la production d'ojas, si bien qu'il vaut mieux suivre un régime végétarien ou, en tout cas, réduire sa consommation de produits d'origine animale si l'on veut être sûr d'avoir une peau jeune et un teint éclatant.

Les boissons. L'Ayurveda nous dit de manger quand on a faim et de boire quand on a soif, ce qui évite de l'humidité dans le feu digestif. Toutes les boissons, y compris l'eau, sont plus bénéfiques quand elles sont prises chaudes ou à la température de la pièce, sauf pour les personnes du type Pitta qui supportent bien les boissons plus fraîches. Les stimulants, comme l'alcool ou la caféine, sous une forme ou sous une autre, déséquilibrent naturellement Vata et Pitta. Les types Kapha, qui ont parfois besoin d'un petit remontant, supportent bien ces boissons, mais en petite quantité et sans sucre ni crème dans le café afin d'éviter une prise de poids. Les boissons gazeuses font des dégâts chez les personnes de type Vata, naturellement ballonnées, mais, de toute façon, elles sont à éviter quel que soit votre type. Un verre de lait, ou de lait de coco glacé constitue une boisson rafraîchissante pour les types Pitta, et un jus d'aloe vera un excellent moyen de purifier leur sang. Du lait chaud, le soir, est une boisson parfaite pour Vata, qui est hyperactive. Vata peut également s'accommoder de temps à autre d'un milk-shake, tandis que les jus de fruits additionnés d'eau sont recommandés pour Kapha.

Les plantes et les infusions. Nous avons vu dans le chapitre 4 que l'Ayurveda considère les plantes à la fois comme de la nourriture et des médicaments. Chaque plante a une saveur particulière et, en même temps, des effets thérapeutiques à court terme. Elles peuvent être laxatives, digestives, diurétiques, purgatives, stimulantes, sédatives, expectorantes, astringentes, emménagogues (favorisent le flux menstruel), diaphorétiques (activent la sudation), antipyrétiques (combattent la fièvre), antiseptiques, toniques et régénérantes. L'appendice C vous donnera une liste des plantes et de leurs usages, en relation avec chaque dosha. Les infusions conviennent à tous, mais nombreuses sont celles dont on fait un usage strictement médical en raison de leur efficacité même et de leur goût.

Les sucres et les épices. Les personnes du type Vata tolèrent bien tous les épices et les sucres, à l'exception du sucre blanc. Du type Kapha, elles tolèrent toutes les épices, sauf le sel, mais aucun sucre en dehors du miel. Du type Pitta, elles peuvent prendre n'importe quel sucre, à l'exception du miel et de la mélasse, et quelques épices comme la cannelle, la cardamome et le curcuma. Mais, encore une fois, ceci ne signifie pas que les types Vata ne puissent jamais manger de sucre blanc, par exemple. On doit simplement se souvenir que le sucre blanc déséquilibre Vata et que, par conséquent, il ne faut l'absorber qu'en petite quantité, dans des conditions normales, et l'éviter quand il y a un déséquilibre de Vata.

ALIMENTS RICHES EN VATA	EN PITTA	EN KAPHA
Nuisent à la peau sèche.	*Nuisent à la peau sensible.*	*Nuisent à la peau grasse.*
Équilibrent peaux grasse et sensible.	*Équilibrent peaux sèche et grasse.*	*Équilibrent peaux sèche et sensible.*
La plupart des légumineuses et les laitues. Tous les choux. Légumes amers. Légumineuses à graines minuscules (le poivre est aussi chargé en Feu). Aubergines, piments, pommes de terre et autres tubercules. La plupart des légumes secs, compacts.	Épices fortes. Fruits aigres ou acides. Aliments frais, crémeux. Pickles, vinaigre, sel. Aliments, médicaments, stimulants acides. Aliments d'origine animale. Noix. Aliments rouges.	Aliments gras et frits. Fruits et légumes juteux et doux. Aliments froids, poisseux. Sucres.

Peaufinez votre régime

La société moderne nous pousse à vivre à cent à l'heure. Nous travaillons, parlons, marchons à toute vitesse, conduisons des voitures rapides, cherchons une gratification immédiate et, bien entendu, mangeons des plats tout préparés. Peut-être est-ce la raison pour laquelle tant de gens reculent devant l'idée de prendre le temps de penser à leur alimentation ou de s'appliquer à préparer des repas plus sains. Au cours de mes années de pratique, j'ai découvert que l'Américain moyen manifeste beaucoup de réticence lorsqu'il s'agit de changer ses habitudes alimentaires. Tout le monde désire avoir un teint parfait, mais à la condition de l'obtenir rapidement.

Il n'est cependant pas question de renoncer à une beauté sans âge, bien que cela prenne un certain temps et, surtout, demande d'accepter certains changements. Après tout, si nos vieilles habitudes avaient marché, nous ne serions pas encore en train de chercher une crème miracle ou une fontaine de jouvence. L'Ayurveda propose des traitements aux résultats instantanés comme la chromothérapie ou l'aromathérapie mais, dans bien des cas, ces méthodes n'apportent qu'un soulagement temporaire. Les causes d'un problème de peau, que ce soit l'acné ou les rides, sont enfouies dans la conscience et le psychisme et, tant que l'on se refuse à aller au-delà d'un traitement externe – c'est-à-dire à remettre en question sa façon de penser et de s'alimenter –, il ne peut y avoir de changement permanent.

On s'imagine souvent que les effets d'un repas ne prennent que quelques heures pour se manifester. On remarque un bouton sur son visage et l'on se dit : « C'est la pizza du déjeuner » ou : « C'est la barre de chocolat que j'ai prise pendant la pause ». En réalité, il faut plusieurs jours aux nutriments pour passer dans le flux sanguin et être complètement assimilés par les sept dhatus. À part les réactions allergiques, qui peuvent effectivement apparaître très vite, les problèmes de peau, liés à l'alimentation, demandent au moins trois à cinq jours pour se manifester, parce que c'est le temps qu'il faut aux nutriments pour passer d'un dhatu à l'autre. L'acné juvénile, par exemple, un problème de Kapha qui concerne le quatrième dhatu ou tissu adipeux, prend environ vingt jours pour apparaître après une ingestion d'aliments kaphogéniques. Un déséquilibre du septième dathu prendra trente-cinq à quarante jours pour devenir visible. Le processus est lent, *ses incidences sont profondes, et l'on comprendra que* les effets de toute une vie de mauvaises habitudes alimentaires ne peuvent se dissiper si l'on se contente de supprimer une ration de frites. Il vous faut, sans cesse, nettoyer, nourrir et lubrifier le corps, aussi bien *intérieurement* qu'extérieurement, si vous voulez avoir une peau réellement parfaite et un teint éclatant.

Je connais des personnes qui, ayant un problème de peau, considèrent le moindre régime comme une punition qui s'ajoute à leur problème. Pourtant, ce sont ces personnes qui ont le plus à gagner d'une thérapie nutritionnelle ayurvédique, destinée à leur procurer une satisfaction qu'elles n'ont pas obtenue avec un traitement conventionnel. En fait, j'ai souvent eu le plaisir de voir mes clients se débarrasser de problèmes qui leur semblaient sans fin, et se réjouir d'une nouvelle apparence, après une courte désintoxication et quelques modifications très simples de leur alimentation.

Que vous ayez une maladie de la peau ou que vous cherchiez uniquement à contrecarrer les effets du temps, une alimentation appropriée à votre type de peau ne peut que vous être bénéfique, et cela sans grands efforts. Il n'est pas nécessaire que vous vous engagiez à suivre les principes alimentaires de l'Ayurveda jusqu'à la fin de votre vie. Ni d'emblée ni plus tard. Essayez simplement ce qui vous est conseillé pendant quelques semaines – en commençant par une ou deux rectifications un jour sur trois, par exemple, si vous ne pouvez faire plus – et observez ce qui se passe, non seulement au niveau de votre peau, mais également sur le plan de vos sensations intérieures. Plus loin, vous trouverez un certain nombre de conseils pratiques vous permettant de mieux ajuster vos repas au fonctionnement de vos doshas. Vous verrez qu'il existe bien des façons de les rééquilibrer sans pour autant renoncer aux aliments que vous aimez.

Si vous ne voulez pas modifier votre alimentation tout de suite, vous pouvez néanmoins mieux profiter de vos repas en vous bornant à les prendre avec l'esprit plus concentré sur ce que vous faites. La partie réservée aux règles ayurvédiques vous apprendra quelques techniques simples, destinées à renforcer les propriétés nutritives des aliments et à aider votre digestion, tout en n'exigeant qu'un petit effort d'attention. L'Ayurveda nous enseigne avant tout l'importance de la concentration dans toutes nos tâches, y compris la préparation de nos repas et leur consommation. Plus vous prêterez attention à votre façon de manger, plus vous serez conscient des propriétés de vos aliments et de leur influence sur votre corps et sur votre esprit. Alors vous découvrirez qu'un régime équilibrant est un pas de plus vers la beauté absolue, qui se franchit sans grand effort et même avec plaisir.

L'ACQUISITION DE L'ÉQUILIBRE REPAS PAR REPAS

Se nourrir correctement ne signifie pas nécessairement que l'on se prive de ce que l'on aime. Si vous devez modérer votre consommation de certains aliments, en revanche vous aurez l'occasion d'élargir la palette des saveurs et de prendre le temps de savourer vos repas.

Voici quelques suggestions qui vous aideront à vous rééquilibrer tout en vous permettant de manger de temps en temps ce que vous devez éviter à votre dosha dominant.

Faites des combinaisons alimentaires judicieuses. On peut tout s'offrir en associant des aliments, ou des saveurs, dont les effets conjugués s'annulent. Pensez simplement aux caractéristiques ou aux goûts qui s'opposent : le lourd et le léger ; l'humide et le sec ; ce qui réchauffe et ce qui refroidit ; le sucré et l'amer ; le piquant et l'astringent ; le salé et l'aigre.

Par exemple, assaisonner une salade avec une huile douce et réchauffante modère l'effet rafraîchissant et asséchant des feuilles. La saveur épicée du gingembre ou de la cannelle atténue la lourdeur et l'effet rafraîchissant d'une crème glacée. De même, la douceur des glucides contrebalance l'action des saveurs piquantes. Contrairement à ce que l'on croit, on n'apaise pas les effets d'une dose excessive de piment rouge avec une gorgée d'eau, mais avec un morceau de pain ou une bouchée de céréales. Sachez également que c'est probablement le houblon qui fait de la bière une boisson particulièrement agréable avec une cuisine épicée. Mais soyez judicieux et ne mangez pas de la salade quotidiennement car elle déséquilibrera Vata, même si vous l'arrosez d'huile.

Cuisez vos aliments. Dans certains cas, vous atténuerez les effets d'un aliment en le cuisant. Si vous cuisez, par exemple, à la vapeur ou au four, certains fruits et légumes, vous diminuerez leur effet rafraîchissant et, inversement, vous atténuerez l'effet asséchant des fruits secs, en les faisant bouillir. Vous trouverez de nombreuses suggestions de ce genre dans les livres de cuisine ayurvédique.

Diminuez vos rations. L'Ayurveda nous dit que chaque repas doit comporter *les six saveurs* en proportion appropriée au fonctionnement de nos doshas. L'une des erreurs les plus fréquentes consiste à faire un excès de certaines saveurs pendant que l'on délaisse les autres. Rechercher l'équilibre signifie modifier la proportion des saveurs. Ce qui ne veut pas dire que nous devons éliminer complètement certains aliments de nos repas. Si vous avez l'habitude de consommer en quantité importante un aliment qui ne convient pas à votre type de peau, ne le rejetez pas totalement. Contentez-vous d'en manger moins jusqu'à ce que vous parveniez à le consommer en proportion mieux appropriée. Si vous trouvez difficile de changer vos menus du jour au lendemain, essayez de réduire la consommation de cet aliment progressivement.

Nos papilles s'habituent naturellement à nos saveurs préférées. Il se crée une accoutumance qui fait qu'au bout d'un moment nous éprouvons le besoin de rajouter du sel ou du vinaigre, par exemple, dans nos plats. Mais, de même que nous nous habituons à ce comportement, nous pouvons inverser la tendance. La seule différence entre les deux processus, c'est que le second requiert notre volonté.

Essayez, par exemple, de réduire la quantité de confiture que vous mettez sur vos tartines au petit déjeuner en commençant par supprimer le contenu d'une cuillère à café – ce qui est peu. À la fin de la semaine, c'est le contenu d'une cuillère à soupe que vous aurez supprimé et il est probable que vous ne remarquerez même pas la différence. Si vous continuez, vous finirez par ne consommer qu'une cuillère à café de confiture, étalée en couche fine sur vos tartines, sans éprouver de frustration parce que la saveur que vous aimez reste présente. Essayez de faire la même chose avec les autres aliments. Mettez moins de fromage ou de viande dans un sandwich, une pincée de sel en moins sur vos pommes de terre, une cuillerée de sauce en moins sur vos pâtes, une noix de beurre en moins dans votre poêle à frire. Ceci peut s'appliquer à tout un repas. Par exemple, réduisez une ration de protéines de 450 à 420 grammes, et compensez la différence en vous servant une bonne ration d'un plat d'accompagnement qui vous équilibre.

Si vous retranchez ainsi des saveurs pour en ajouter d'autres, un peu chaque jour, vous parviendrez à les équilibrer parfaitement sans avoir le sentiment de vous priver. Conjuguée à d'autres méthodes – que je vais décrire –, cette technique est également recommandée aux personnes qui cherchent à réduire leur consommation de calories ou de graisses, étant donné que quelques bouchées de vos plats préférés suffisent, en fait, à vous satisfaire.

Se nourrir en suivant les cycles de la nature

Se nourrir en tenant compte des cycles de la journée, des saisons et des cycles Vata, Pitta et Kapha de la vie, aide également à maintenir l'équilibre des doshas. Comme vous l'avez vu dans le chapitre 6, une journée comporte six cycles (c'est-à-dire deux cycles Vata, deux cycles Pitta et deux cycles Kapha) de quatre heures chacun, qui commencent par le cycle Kapha, au lever du soleil. Les trois cycles saisonniers varient selon votre situation géographique mais, d'une façon générale, Kapha a sa saison pendant les mois froids et humides de la fin de l'hiver et du début du printemps ; Pitta, pendant les mois chauds et humides de la fin du printemps et de l'été ; Vata, pendant les mois frais, secs et venteux de l'automne et du début de l'hiver. Je vous dirai comment adapter votre alimentation à ces variations.

Les cycles de vie incluent les années Kapha de l'enfance et de l'adolescence ; les années Pitta, du début et du milieu de l'âge adulte ; les années Vata, de la maturité et de la vieillesse. Naturellement, c'est pendant les années de croissance de Kapha que l'appétit est le plus robuste et que l'on digère le mieux, tandis que le plus faible appétit et la digestion la moins bonne sont caractéristiques du cycle Vata. Le problème alimentaire de l'enfance est celui de la réduction des aliments qui déséquilibrent Kapha, comme les sucreries et le fromage, afin de prévenir rhumes et états congestifs. Dans la période la plus active de la vie, il faut faire attention à ne pas absorber d'aliments qui déséquilibrent Pitta et peuvent ainsi provoquer ulcères, hypertension, hyperacidité et autres problèmes digestifs, caractéristiques de la période Pitta, très active. Période également où le corps se déshydrate, et qui demande l'absorption d'aliments qui apaisent Vata.

Les changements de saisons. Si vous avez la peau sèche, respectez consciencieusement le régime apaisant pour Vata durant les jours secs et venteux de l'automne et les journées froides du début de l'hiver, quand la peau du visage a tendance à se dessécher et que celle des mains et des pieds se gerce. Si vous avez une peau sensible, respectez le régime qui apaise Pitta pendant les jours chauds et arides de la fin du printemps et de l'été afin de n'irriter ni votre peau ni votre humeur. Si vous avez la peau grasse, respectez scrupuleusement le régime qui pacifie Kapha dans les dernières semaines hivernales et pendant le printemps, quand l'air froid et humide a tendance à vous peser et à stimuler la production de mucus corporel. Durant les périodes d'alternance, ajoutez à votre régime normal des aliments qui pacifient les doshas saisonniers, et supprimez ceux qui les déséquilibrent.

De façon générale, mangez plus légèrement quand il fait chaud et que le feu digestif est affaibli, et plus copieusement quand le froid est là et qu'agni se ravive. Mais, quelle que soit la température, essayez toujours de vous nourrir avec des produits de saison et qui poussent dans votre région. Pendant vingt jours, aux changements de saisons, suivez le traitement du pancha karma ainsi qu'un régime de détoxication qui évacue les excès de doshas et réactive votre métabolisme.

Les changements journaliers. Choisissez toujours vos aliments en fonction de l'heure. Le matin, prenez un petit déjeuner composé d'aliments sattviques : céréales, graines, noix, banane, poire, raisin et lait de noix de coco. Faites du déjeuner votre repas le plus conséquent, puisque c'est le moment où la force d'agni culmine. Pendant la période rajasique, mettez l'accent sur les protéines et autres aliments particulièrement énergétiques ainsi que sur ceux qui contiennent une forte proportion d'eau (surtout en été). Aux heures plus douces de la soirée, prenez un repas léger, composé, par exemple, d'un potage, de légumes légers, cuits à la vapeur, de pain, de haricots en graines et de légumineuses. Les agrumes, les racines, le yaourt, les aliments fortement protéinés et les fritures sont trop difficiles à digérer en période kaphique. Dînez deux à trois heures, au moins, avant de vous coucher, si vous voulez avoir le temps de digérer et d'éviter la production d'ama.

Quelle que soit votre constitution, le cycle de Vata, entre 14 et 18 heures, diminue votre énergie. Vous pouvez vous donner un coup de fouet en prenant une tisane chaude avec quelques amandes ou pistaches grillées ou un toast avec un soupçon de crème de fromage ; une tranche de pastèque froide en été, une poire ou une pomme en hiver, si vous avez une peau sensible (pas de boissons chaudes à ce moment-là parce que vous êtes du type Feu) ; du thé et quelques raisins secs ou quelques graines de potiron ou une pomme coupée en quartiers qu'il faut tremper dans du miel saupoudré de cannelle, quand vous avez la peau grasse. Si vous avez besoin de quelque chose de plus consistant, essayez l'une des recettes que le chef ayurvédique Richard La Marita, de la Natural Gourmet Cooking School de New York (voir p. 288 et p. 289), a établies pour nous.

Les changements d'habitudes. Que ce soit la nature qui vous impose de changer de routine ou que vous en décidiez vous-même, sachez que tout changement a des effets qui se répercutent sur l'équilibre des doshas. Par exemple, si vous vous mettez à travailler des jours entiers, et jusqu'à une heure avancée de la soirée, vous perturbez Vata, tandis que, si vous vous réveillez tard, vous perturbez Kapha. Les voyages, en particulier les voyages aériens, perturbent également Vata. Un séjour sous un climat chaud déséquilibre

Pitta ; sous un climat froid, c'est Kapha qui est déséquilibré et quelques journées d'automne passées dans la Cité des vents ne peuvent que perturber Vata.

Si vous vous trouvez dans l'une ou dans l'autre de ces situations, et quel que soit votre type de peau, augmentez votre consommation d'aliments qui pacifient le dosha momentanément déséquilibré. Si vous savez que vous allez prendre l'avion et subir un décalage horaire, commencez à modifier votre régime deux ou trois jours avant votre départ. Même si vous ne le faites que la veille ou dans l'avion, vous soulagerez Vata et atténuerez les effets du décalage horaire.

Pour un rééquilibrage spécifique

Le régime prescrit pour votre dosha dominant est toujours bon à suivre, que vous ayez ou non un problème de peau. Néanmoins, si vous avez un problème, je vous recommande de suivre d'abord un régime de détoxication (voir p. 333) avant de modifier votre alimentation en fonction de la nature de votre déséquilibre. Si vous n'avez pas répondu au questionnaire du chapitre 3 qui vous permet de déterminer votre déséquilibre, je vous engage à le faire sans plus attendre.

Quand le dosha dominant est déséquilibré. Si votre dosha dominant est déséquilibré, suivez le plus rigoureusement possible le régime qui doit le rééquilibrer pendant deux à quatre semaines, ou jusqu'à la disparition des symptômes. Vous pouvez renforcer votre processus de rétablissement en recourant en même temps à une ou à plusieurs thérapies additionnelles : méditation, massages, aromathérapie, chromothérapie, musicothérapie ou exercices de respiration. Ces techniques aident à apaiser les émotions pendant que votre régime rééquilibre votre corps.

Quand d'autres doshas sont déséquilibrés. Quand un dosha autre que celui qui prédomine est en état de déséquilibre, suivez votre régime normal, mais évitez aussi les aliments qui aggraveraient ce déséquilibre (voir les listes des exclusions dans les suggestions de régimes concernant les doshas dans l'appendice H). Par ailleurs, traitez les facteurs émotionnels et psychologiques du déséquilibre par les plantes appropriées (comme je vous l'indique un peu plus loin), la méditation, et d'autres thérapies rééquilibrantes.

Pour Vata :	Anxiété, soucis, peur, nervosité.
Pour Pitta :	Frustration, colère, hostilité, jalousie.
Pour Kapha :	Dépression, chagrin, attachement, possessivité.

Si votre dosha dominant *et* un autre dosha sont déséquilibrés, équilibrez le premier essentiellement par un régime, et le second en apaisant d'abord vos émotions. Mon expérience me permet d'affirmer que le déséquilibre d'un dosha autre que le dosha dominant a généralement une cause émotionnelle plutôt que physique. Il est également vrai que ces déséquilibres sont généralement les plus faciles à corriger.

LES COLLATIONS DE L'APRÈS-MIDI

POUR VATA : BOULES AU SÉSAME ET À LA NOIX DE COCO

20-24 boules

1/2 tasse de beurre d'amande
1/4 de tasse de graines de tournesol grillées
1/2 tasse de dattes hachées
1 cuillère à soupe de jus de pomme
1/4-1/2 tasse de sirop d'érable
2 cuillères à soupe de poudre de cacao, de noix de coco râpée, de graines de sésame grillées

Mélangez les graines de sésame et la noix de coco. Dans un second récipient, mélangez les autres ingrédients, faites des petites boules, puis enrobez-les de sésame et de noix de coco. Mettez au réfrigérateur.

POUR PITTA : MOUSSE DE FEUILLES DE CORIANDRE ET DE HARICOTS BLANCS AVEC DES CRUDITÉS

Par ration d'une tasse et demie

1 concombre pelé, coupé en deux dans le sens de la longueur puis divisé en quatre
1/4 de bulbe de fenouil, coupé en lamelles
2-3 branches de céleri, coupées en deux dans le sens de la longueur puis divisées en quatre
1 tasse de haricots blancs que l'on a fait tremper une nuit
1/4 de tasse de feuilles de coriandre fraîche, hachée
1 c. à c. d'huile d'olive
Sel et poivre

Préparez les légumes comme indiqué ci-dessus. Rincez les haricots soigneusement puis faites-les cuire dans de l'eau jusqu'à ce qu'ils soient tendres. Rincez-les en gardant l'eau. Passez-les avec les feuilles de coriandre et l'huile d'olive dans un moulin à légumes jusqu'à ce que vous obteniez une purée. Ajoutez l'eau des haricots pour obtenir la consistance désirée. Salez et poivrez selon votre goût. Accompagne vos crudités.

POUR KAPHA : COMPOTE DE FRUITS SECS, ÉPICÉE

6-8 portions chaque fois

1/2 livre de figues séchées et hachées
1 tasse de pomme, pelée, sans trognon et grossièrement hachée (environ 2 pommes)
1/2 livre de prunes hachées
1/2 livre de raisins secs
1/2-1 tasse d'eau
1/4 de c. à c. de poudre de gingembre sec
3-5 clous de girofle
1/2 c. à c. de poudre de cardamome
1/2 c. à c. d'extrait d'anis ou d'amande
Le jus d'une orange

Mettez tous les ingrédients dans une casserole moyenne et cuisez à feu moyen jusqu'à ce que le mélange soit mou. Tournez régulièrement et ajoutez de l'eau si les fruits l'absorbent rapidement. Ajoutez le jus d'orange quelques minutes avant la fin de la cuisson.

Prendre ses repas l'esprit concentré

On considère l'Amérique comme un melting-pot culturel et il est exact que les cuisines du monde entier sont pratiquement toutes présentes sur nos tables. Cependant, au cours de ce siècle, aucun autre pays n'a autant influencé les habitudes alimentaires des autres nations. Les États-Unis n'ont-ils pas importé leurs fast-foods à Paris et à Pékin, rempli les biberons des sociétés tribales en Afrique, et fait connaître les sodas aux nomades des déserts du Moyen-Orient ?

L'ironie de la situation veut que la plupart des Américains aient à leur disposition une surabondance d'aliments, et très peu de connaissances en diététique. Non seulement l'on absorbe ce qui ne nous convient pas mais, en plus, l'on mange souvent pour les mauvaises raisons. Influencés par les publicitaires qui nous promettent des relations sociales et sexuelles plus satisfaisantes, une vie plus heureuse et plus excitante si l'on achète les produits qu'ils proposent, nous mangeons pour paraître en forme, nous sentir bien, montrer que l'on sait recevoir, apaiser nos blessures et notre solitude ou oublier nos problèmes. Souvent aussi l'on mange sur le pouce en pensant à notre prochain rendez-vous d'affaires. Il est rare que l'on s'attable en se rappelant la seule raison pour laquelle nous *devons* manger, à savoir apporter à nos cellules les nutriments dont elles ont besoin. Il semble que plus l'on est privilégié et plus l'on oublie que chaque bouchée de nourriture participe à notre vie. En nous comportant ainsi, nous affamons à la fois le corps *et* l'esprit, quel que soit le nombre de calories que nous absorbons.

Au début de ce chapitre, je vous ai dit l'influence qu'exercent nos pensées sur la qualité de notre alimentation et de notre digestion. Je vais maintenant vous donner matière à réfléchir plus longuement sur l'importance de la conscience dans l'acte de se nourrir, et vous livrer des suggestions d'ordre pratique, concernant la façon de cuire, de servir et de prendre vos repas, si vous voulez profiter de la valeur nutritive et curative de vos aliments, et déguster réellement leurs saveurs. Si ces suggestions sont issues des traditions ayurvédiques, traditions millénaires de l'Inde, je les ai adaptées à une culture qui paraît être à des années-lumière de la civilisation védique. J'ai eu la chance de grandir en Inde à une époque où les valeurs culturelles et le rythme de la vie n'avaient pas encore subi l'influence de l'Occident, et où il était plus facile de se conformer aux anciennes traditions. Un bref récit de mon enfance permettra sans doute de jeter un pont entre les siècles et les continents, et de vous faire comprendre plus facilement ce que l'on gagne en grâce et en beauté lorsque l'on sait se concentrer.

Enfant, je vivais à la campagne, entourée de ma famille. Ma tante avait une ferme à proximité de notre domicile et, chaque matin, ma sœur et moi nous nous levions avant le soleil et allions chercher à la ferme le lait et les légumes dont nous avions besoin. En chemin, nous nous arrêtions pour prier dans un temple, et nous n'arrivions à la ferme qu'après l'aube, juste à temps pour traire les vaches, aider aux tâches matinales et partager le petit déjeuner de nos cousins avant de retourner à la maison. De 10 heures à midi, nous faisions nos devoirs, puis nous partions pour l'école.

Le dîner réunissait toute la maisonnée : mes grands-parents, mes oncles, mes tantes, mes cousins, mon père, ma mère, mes frères et ma sœur. Toutes les soirées se ressemblaient. Bien qu'il ne fût qu'un repas léger, le dîner avait beaucoup d'importance pour la famille. Nous nous retrouvions immanquablement avant le coucher du soleil. Conformément à la tradition ayurvédique, avant le repas nous nous lavions les pieds et les mains et passions des vêtements propres afin de nous débarrasser des influences subtiles que nous avions accumulées et portées sur nous tout au long de la journée. Grâce à ce rafraîchissement physique et spirituel, nous étions alors prêts à dire nos prières du soir et présenter nos respects à nos ancêtres. C'était une merveilleuse coutume, pour nous, les enfants, qui touchions les pieds de nos grands-parents en leur demandant de nous bénir. À cinq ou six ans, mon plus jeune frère prit l'habitude – qu'il garda toute son enfance – de laisser sa tête posée sur les pieds de notre grand-père jusqu'à ce qu'il l'entendît lui prédire : « Tu deviendras un médecin célèbre ». Bien entendu, grand-père consentait toujours à cette prédiction afin que nous puissions commencer à dîner, mais je dois dire qu'aujourd'hui mon frère est, en Inde, un ophtalmologue renommé... Pour les autres, c'était l'occasion, quand quelque chose nous avait contrarié pendant la journée, de le raconter à grand-père. S'il n'y avait rien de tel, nos grands-parents en profitaient pour nous faire réciter nos leçons ou nos tables de multiplication. Ce rituel quotidien nous permettait de nous asseoir tranquillement pour dîner, débarrassés de frustrations, préoccupations ou blessures qui auraient pu transformer les plus purs produits de la ferme en véritables poisons pour le corps.

Nous mangions à la manière indienne, assis en cercle sur le sol. Il n'y avait pas de plats disposés devant nous et, à l'exception des femmes les plus âgées qui nous servaient, personne ne touchait à la nourriture avant que ce fût le moment de manger. En premier lieu, chaque élément du repas était cérémonieusement déposé sur un grand plat métallique, que l'on appelle un *thali*, et suivant un ordre immuable : d'abord une pincée de sel et une tranche de citron, puis la salade, les légumes, les lentilles et le curry dans de petites tasses, enfin le riz et le beurre clarifié – autrement dit tout l'assortiment des saveurs : salé, aigre, amer, astringent, piquant et sucré, pour tous. Une fois que le beurre était servi, nous offrions, en priant à voix haute, cette nourriture à l'être divin qui est en nous. En fait, l'acte de manger lui-même était considéré comme une *yagyna*, ou rituel védique, qui consistait à nourrir l'agni, la force vitale transformatrice qui est en nous. Quand l'offrande était accomplie, chacun prenait une pincée de riz et un peu d'eau que nous répandions autour de notre assiette, acte symbolique de restitution d'une part de la nourriture, qui signifiait que nous manifestions notre gratitude à la terre. Il se passait environ une heure et demie avant que nous puissions commencer à prendre nos aliments entre nos doigts, en nous aidant d'un morceau de galette de pain.

Nous nous régalions et, le plus souvent, en silence. Si nous étions libres de parler et que nous le faisions quand l'envie nous en prenait, nous ne parlions que du plaisir que nous apportait la nourriture ou de ce qui nous était arrivé d'agréable dans la journée. Autrement, nous dînions dans une confortable et réconfortante tranquillité, attentifs aux aliments que nous savourions, et en pensant que nous honorions de cette nourriture notre corps qui est le temple de notre âme. Le repas se terminait par une nouvelle prière qui demandait à Dieu d'apporter le bonheur à ceux qui nous procuraient nos aliments. Je peux vous assurer qu'à la maison personne n'a jamais souffert d'une indigestion.

Savoir prendre ses repas sans être distrait ou en compagnie de ceux que l'on aime, et avec un état d'esprit positif, là est la sagesse de l'Ayurveda. La concentration, en toute circonstance, d'ailleurs, est la première condition de l'équilibre qui n'est pas un état permanent, quelque chose que l'on puisse mettre sur pilotage automatique. Il s'agit, au contraire, d'un continuel processus d'échange, d'une dynamique. Être équilibré c'est *être naturel*, et la nature est prise dans un flux perpétuel. Par conséquent, nous ne pouvons pas trouver l'équilibre si nous résistons à ce flux. L'arbre qui survit à une tempête est celui qui plie sous le vent; c'est aussi l'arbre qui a de profondes racines.

Ma propre famille, qui vit à New York, ne mange plus les produits de la ferme, mon mari et moi-même avons des activités prenantes qui rendent difficile de dîner longuement, chaque soir, à partir du coucher du soleil, et nos enfants et leurs cousins sont éparpillés à travers le monde. Si nous n'avons pas abandonné nos traditions – nous prions et dînons ensemble aussi souvent que possible –, nous avons dû nous adapter au rythme occidental, seule façon de vivre en harmonie avec ce qui nous entoure ici. Comme toute famille américaine, il nous arrive parfois de dîner à l'extérieur ou même devant la télévision, s'il y a un programme que nous ne voulons pas rater. Rien n'est plus naturel que de faire quelques concessions à la culture et à l'époque dans lesquelles nous vivons. Les principes de l'Ayurveda sont faits pour nous équilibrer et pour nous enraciner, non pour nous rendre rigides.

LES RÈGLES AYURVÉDIQUES : QUELQUES RECETTES POUR UNE BONNE DIGESTION

Le but des règles ayurvédiques n'est pas de vous apprendre les bonnes manières (bien que la grâce soit la marque de la beauté), mais bien plutôt l'art de nourrir correctement le corps et l'âme.

Parmi les suggestions que je vais vous faire – comme celle de manger en silence –, certaines risquent de vous surprendre. D'autres – comme bénir la nourriture –, peuvent rejoindre vos traditions religieuses. Cependant, l'Ayurveda est une *science* et non une religion, et ses principes concernant notre façon de manger ne sont nullement des commandements qu'il nous faudrait suivre par devoir, par peur ou par souci d'éviter un sentiment de culpabilité. La pression, la peur, la culpabilité, l'envie, la colère, et tout autre sentiment stressant, dont on ne se serait pas débarrassé avant de se mettre à table, ne ferait que contrarier la digestion et apporter à notre estomac des aliments toxiques. L'Ayurveda ne propose une ligne de conduite qu'afin de nous faire apprécier ce que nous absorbons, à un niveau absolument fondamental, en nous rappelant que se nourrir correctement est une façon de respecter notre propre nature, et la vie en général. Il se peut que ces suggestions ajoutent un sens supplémentaire à un rituel religieux ou spirituel que vous suivez déjà.

Nettoyez votre corps et votre esprit avant de cuisiner ou de prendre un repas. Mis à part le choix de vos aliments, rien n'est plus important pour la digestion que l'état d'esprit dans lequel vous préparez, servez et prenez un repas. D'un point de vue énergétique, les émotions que nous emmenons avec nous dans la cuisine ont sur la nourriture autant d'effet que celles qui nous agitent quand nous sommes à table. Les pensées s'ajoutent à notre préparation des plats comme un assaisonnement d'herbes ou d'épices. L'attention et l'amour renforcent l'énergie vitale des aliments. La colère, les soucis ou la distraction la détruisent. Pour cette raison, l'Ayurveda recommande de nous nettoyer physiquement, en nous lavant les mains et les pieds ou en prenant un bain, de nettoyer également notre esprit par la méditation avant de préparer le repas (ou de manger), et de nourrir l'esprit pendant que l'on cuisine en remerciant Dieu pour la nourriture, pour l'amour et pour les bienfaits dont vont profiter ceux qui absorberont ces aliments.

Faites cela à votre convenance. Vous pouvez avoir recours à des prières que vous connaissez, ou en inventer. Vous pouvez psalmodier ou chanter. Vous pouvez aussi préférer occuper votre esprit avec des pensées positives. Quelle que soit la façon dont vous vous y prenez, abandonnez-vous à votre occupation. Ouvrez votre conscience à la beauté et à la générosité de la nature pendant que vous préparez les fruits de la terre qui vont vous nourrir. Vous n'avez pas besoin pour cela de faire de grands efforts. Il ne vous est pas nécessaire de chasser toutes les pensées indésirables de votre esprit ni de vous en vouloir quand elles résistent. Évitez simplement de vous y attacher. Il s'agit de prendre plaisir à ce que vous faites, et non d'alourdir votre tâche. C'est l'intention et la qualité de votre attention qui comptent avant tout.

Évitez de manger quand vous êtes contrarié. Avant de vous attabler, prenez quelques instants pour examiner vos soucis ou vos contrariétés, si vous en avez. Vous pouvez le faire en famille, comme nous le faisions en Inde. Si vous êtes seul, demandez-vous si quelque chose vous tracasse et écrivez ce qui vous vient à l'esprit. Il n'est pas indispensable que vous cherchiez sur-le-champ à résoudre vos problèmes mais, au moins, faites le point, décidez du moment où vous chercherez une solution ou de la façon dont vous comptez agir, puis laissez tout cela de côté en vous disant que vous y reviendriez au moment voulu. Lorsque vous prenez conscience de ce qui vous préoccupe, vous êtes aussitôt moins perturbé. Vous découvrirez sans doute aussi que le simple fait de décider d'une heure pour résoudre vos problèmes soulage votre esprit. Vous êtes alors libre de prendre votre repas sans que la colère ou l'anxiété vous dévore.

Commencez votre repas par une action de grâce. Au-delà de toute signification religieuse, une action de grâce au début du repas aide la digestion. C'est en effet un moyen de détourner l'attention des pensées négatives, d'apaiser l'esprit et le corps et d'élever les sentiments – autant de conditions nécessaires à une saine transformation des nutriments qui évite la production d'ama.

Si prier vous met mal à l'aise, essayez de vous concentrer pendant quelques instants – le temps d'une ou de deux inspirations – sur la beauté du repas qui vous attend et sur votre aptitude à le savourer. Plus concrètement, prenez le temps de *regarder* vos aliments avant d'y planter votre fourchette. Faites travailler tous vos sens : respirez les arômes, notez la diversité des couleurs, distinguez le chaud du froid, soyez attentif à la vapeur qui monte de votre assiette, et écoutez calmement votre respiration. Vous arriverez ainsi à prendre conscience de votre plaisir de manger, ce qui aide également à vous débarrasser d'un appétit compulsif qui est, par définition, un schéma de comportement inconscient.

Mâchez vos aliments jusqu'à ce qu'ils soient liquides et soyez attentif à leurs saveurs. Les sucs digestifs qui se trouvent dans la bouche et le système gastro-intestinal ont chacun un rôle spécifique à jouer dans la désintégration des aliments – les premiers agissant sur les glucides, les seconds sur les protéines. Si le mécanisme est contrarié à son début, il le sera jusqu'au bout, et la nourriture mal assimilée deviendra ama. Par conséquent, mâchez bien jusqu'à la transformation des aliments en liquide.

En même temps, laissez vos sens savourer le repas. Mangez lentement et avec toute la bouche. Soyez sensible aux différents goûts que vous sentez sur votre langue (dans l'ordre, et du bout de la langue à la gorge : le sucré, le salé, l'aigre, l'amer) ; notez ses diverses textures ; prêtez attention aux changements de votre humeur et de votre physiologie ; écoutez votre corps. Manger ainsi constitue en fait une expérience remarquable. Vous découvrirez des sensations que vous n'avez probablement jamais remarquées jusque-là et constaterez que vos aliments vous procurent un plaisir et une satisfaction que ne pouviez sans doute imaginer. L'une des grandes révélations de l'Ayurveda est précisément cette possibilité que nous avons de percevoir la complétude de la vie en une seule expérience sensitive – grâce à l'un ou à l'autre de nos sens – dès lors que nous sommes parfaitement attentifs à l'objet de notre perception pendant la méditation.

En fait, il existe une pratique védique qui développe le contrôle sensoriel en utilisant une technique faite pour maîtriser le goût. Elle demande que l'on soit assis, les yeux fermés, et que l'on mâche avec concentration un grain de raisin – *un seul* – pendant des heures, sans autre intention que de le savourer. Je vous invite instamment à essayer, par simple amusement, mais uniquement pendant une minute. Si vous avez du mal à garder le grain de raisin dans votre bouche pendant plus de vingt à trente secondes, ne vous tracassez pas. On ne devient pas un yogi en un clin d'œil.

Cependant, sentir l'épaisseur du grain de raisin diminuer progressivement sur votre langue, couche après couche, en quelque sorte, peut vous donner un aperçu de l'infini. Disons, en tout cas, que vous n'êtes pas loin alors de pouvoir imaginer comment, à partir d'une simple saveur, on peut parvenir à un sentiment d'accomplissement total et de félicité.

Prenez vos repas en silence ou ayez une agréable conversation. L'Ayurveda nous recommande de prendre nos repas en silence pour la simple raison que, si nous nous concentrons sur nos aliments et leur ingestion, nous pouvons difficilement nous servir en même temps de notre esprit, de notre bouche et de notre langue pour parler. Pour toute activité, il nous est conseillé d'accorder notre totale attention à ce que nous faisons. Ceci s'appelle vivre dans le moment présent, ou être présent – ou, simplement, être totalement à ce que l'on fait. Quand notre attention est divisée entre la nourriture et une conversation, ou entre la nourriture et un journal ou la télévision, ni la digestion ni le reste ne se font avec l'attention que requiert une bonne digestion, ou qui permet de converser, de lire ou de suivre une émission avec plaisir. La vie est alors à moitié vécue.

Doit-on en conclure qu'il faille manger seul ou dans un silence monacal, et se concentrer sur chaque bouchée comme si notre vie en dépendait ? Pas du tout. En toute circonstance, soyez *naturel*. Si vous êtes seul, ouvrez votre esprit et vos sens à votre expérience ; ce qui arrive, arrive. Si vous avez de la compagnie, posez vos couverts, et parlez avec plaisir. Si vous avez le choix, prenez vos repas avec ceux que vous chérissez et parlez-leur de ce que vous aimez et du plaisir que vous éprouvez à partager le repas avec eux. C'est ainsi que l'on fait de chaque repas une fête pour le corps et pour l'âme.

Mangez modérément. Mettez vos mains en coupe et imaginez-les remplies de votre nourriture favorite. L'Ayurveda nous dit que c'est ainsi que l'on mesure la portion de nourriture qui devrait représenter un repas. Comme vous le voyez, c'est à peine plus que le contenu d'un bol normal et, en fait, seulement une demi-poignée en dessous de ce qui remplit ordinairement l'estomac. La règle est la suivante : remplissez votre estomac d'un tiers de nourriture, d'un tiers d'eau (et non de jus), et laissez l'air occuper le tiers restant. *Buvez* l'eau pendant le repas. Prenez-la chaude, tiède ou à température ambiante afin d'éviter d'étouffer ou de ralentir le feu digestif. Ne vous gavez jamais. C'est mauvais pour la digestion, ça dilate l'estomac, et l'appétit augmente à chaque repas.

Ce régime peut sembler spartiate, surtout aux yeux des Américains qui ont tendance à confondre, en la matière, quantité et qualité. Toutefois, si votre repas respecte l'équilibre des saveurs qui convient à votre constitution, et si vous mangez en pensant à ce que vous faites, vous constaterez que l'on peut être entièrement satisfait par son repas bien avant d'être rassasié.

DES RECETTES POUR CONTRÔLER VOTRE POIDS

La satisfaction orale vient de l'équilibre des six goûts dans les repas pris avec concentration. C'est, en une seule phrase, le secret ayurvédique du contrôle de notre poids. Toute méthode qui prétend ignorer ces principes de base ne peut qu'*engendrer* le déséquilibre puis le renforcer, quand il est installé.

Selon l'Ayurveda, il y a trois raisons possibles à la prise de poids. On est né avec un corps du type Kapha qui a naturellement tendance à grossir ; ou bien, on est affligé d'un déséquilibre de Kapha, provoqué par le stress ou par une mauvaise alimentation ; ou encore, on a un métabolisme lent dû à un manque d'agni. Par conséquent, il n'y a que trois moyens sains de perdre du poids : en pacifiant Kapha, en ravivant l'agni ou les deux. Dans tous les cas, il n'est question que d'équilibre.

Nous avons déjà vu qu'en état de déséquilibre nous sommes attirés par les aliments mêmes qui créent ou qui accroissent le déséquilibre. C'est la raison pour laquelle les personnes qui font un régime ont précisément envie des aliments qu'elles cherchent à éviter. Et lorsqu'elles ont la volonté de ne pas y toucher, c'est un sentiment de privation qui s'installe, ajoute au stress et augmente le déséquilibre, ce qui renforce le désir de la nourriture à éviter. Ce cycle déséquilibre-désir-déséquilibre apparaît toujours, sans être nécessairement provoqué par une frustration alimentaire. Tout stress, y compris celui qu'engendre l'abandon de la cigarette, peut déclencher cette réaction en chaîne. Par conséquent, les problèmes de poids ne sont pas seulement une question de régime. Ils sont liés au stress et, si l'on ne prend pas cela en considération, on regagne vite le poids éventuellement perdu. Donc, si je vous donne des recommandations concernant, en cas de problème de poids, votre alimentation (et qui comprennent le régime de détoxication, le rééquilibrage de Kapha et de l'agni, la concentration nécessaire au moment des repas), je vous encourage également à faire, quotidiennement, des exercices de méditation, de respiration, des massages, de l'exercice physique, ou à pratiquer toute autre technique antistress décrite dans ce livre.

En fait, ce livre ne contient pas autre chose que la réponse de l'Ayurveda aux problèmes de régime. Lorsque notre équilibre physique, mental, spirituel, respiratoire est parfait, nous n'avons pas cette faim psychologique, cette frustration qui est à la racine de tous nos problèmes alimentaires. L'équilibre est un état de totale satisfaction – l'ultime satisfaction. Nous *pensons* avoir une folle envie de chocolat, de chips, de pizza ou d'une glace. En vérité, ce n'est pas d'une saveur dont nous avons faim, mais d'un état de félicité, de plénitude.

Comment satisfaire vos envies sans culpabiliser. Si vous voulez céder à vos envies, j'ai pour vous une arme secrète, facile à utiliser et qui peut s'employer sans culpabiliser. Dans le chapitre consacré à l'aromathérapie, vous trouverez des instructions pour la préparation d'huiles agissant sur l'humeur – huiles essentielles parfumées par des herbes ou par des épices qui équilibrent les doshas. Ces huiles agissent selon le principe qui veut que ce soit le goût d'une plante – ou d'une épice – qui lui donne son odeur. Ainsi, le piquant donne une odeur piquante ou épicée, le sucré une odeur sucrée, etc. Quand nous avons envie d'un certain aliment, c'est beaucoup moins sa saveur elle-même qui nous manque que le sentiment d'équilibre qu'il nous procure. En fait, les principes de circulation de l'énergie nous permettent de manger une saveur avec un sens ou un autre, s'il s'agit de satisfaire une faim psychologique. Voici quelques exemples de la façon dont ce principe fonctionne :

– *Pour les envies d'aliments réconfortants.* Quand on a faim d'aliments réconfortants – plats à la crème, glucides – on a, en fait, envie de quelque chose de chaud, de nourrissant, d'apaisant, qui nous leste. Cette envie s'accompagne en général (consciemment ou non) d'un sentiment d'anxiété, d'insécurité, de peur ou de contrariété, et d'une certaine agitation. En d'autres termes, on subit les effets d'un déséquilibre de Vata et l'on recherche une façon d'apaiser Vata. Pour satisfaire votre envie, vous pouvez faire pénétrer dans votre peau quelques gouttes d'huile de fleur d'oranger ou de néroli, à l'endroit où bat votre pouls, ou utiliser l'huile en massage ; évoquer un souvenir doux à votre cœur ; parler avec une personne qui vous est chère, écouter une musique douce, ou encore boire une infusion de fenouil.

– *Pour les envies d'aliments énergétiques.* Le désir de vous donner un coup de fouet – avec du café, un Coca, une barre de chocolat, par exemple – est en réalité le désir de quelque chose qui réchauffe et qui stimule et, habituellement, s'accompagne d'un sentiment d'ennui, de léthargie, de tristesse et de dépression. Ce sont là les symptômes d'un déséquilibre de Kapha qui vous pousse à pacifier ce dosha. Pour vous apaiser, utilisez une huile épicée – à la bergamote, au clou de girofle, au romarin, par exemple –, écoutez une musique entraînante, faites-vous un massage vigoureux, ou buvez une boisson au gingembre, par exemple, avec du miel.

– *Pour les envies d'aliments calmants.* La surexcitation, la frustration, la colère et l'agacement qui s'accompagnent d'une envie de nourriture expresse, comme les chips salées ou les cacahuètes, indiquent un déséquilibre de Pitta. Pour vous satisfaire, respirez un parfum au jasmin ou au santal, faites une promenade au clair de lune, un massage apaisant, laissez-vous séduire par un paysage ou par une œuvre d'art, buvez une boisson à la réglisse ou à la cardamome.

Comment se débarrasser d'un comportement compulsif. J'ai déjà mentionné le fait que manger avec concentration permet de retenir un appétit compulsif. Mais si vous avez depuis longtemps de mauvaises habitudes, vous constaterez peut-être que l'idée même de vous concentrer vous rebute, ou que vous vous sentez agité ou mal à l'aise quand vous tentez l'expérience. L'une de mes clientes, qui cherchait depuis toujours à maigrir et s'était décidée à pratiquer la concentration à table, avait remarqué qu'au début, dans un restaurant, elle avait dû résister à l'envie de se servir dans l'assiette du voisin. D'abord contrariée, elle avait ensuite réfléchi et avait fini par se rendre compte qu'elle avait grandi dans la peur de manquer de nourriture parce que sa mère, une malade mentale, n'avait cessé de l'insulter et de vouloir la priver de nourriture à cause de son poids.

Bien que cette histoire soit personnelle, elle révèle un type de réaction émotionnelle que l'on retrouve généralement chez ceux qui ont passé toute une vie à se nourrir sans prendre conscience de ce que cela implique réellement. Certes, quand vous êtes présent à table, quand vous savez ce que vous faites, au lieu d'utiliser la nourriture pour étouffer des émotions ou calmer votre stress, vous n'empêchez pas des sentiments oubliés de remonter à la surface. Dans ce cas, reconnaissez ces sentiments au lieu de les repousser. Posez vos couverts et respirez. Soyez avec vos sentiments en oubliant ce que vous avez dans votre assiette. Prenez le temps qu'il faut. Si ça vous tente, quittez la table et allez vous asseoir dans une autre pièce jusqu'à ce que vos émotions commencent à s'estomper. Il s'agit de s'en détacher suffisamment pour éviter un repas perturbé, mais non de les rejeter. Comme des aliments, ces émotions mal digérées ont besoin d'être évacuées pour assurer l'équilibre des doshas.

Changer des habitudes alimentaires qui ne datent pas de la veille est généralement une entreprise difficile, même pour ceux qui n'ont pas une façon de se nourrir réellement problématique. Mais l'on ne peut pas espérer changer son apparence sans modifier son comportement alimentaire puisque, au niveau cellulaire, notre nourriture est notre corps. Comme je l'ai dit au commencement de ce chapitre, l'Ayurveda appelle le corps physique : annamaya kosha – l'enveloppe faite de nourriture. Tout tissu corporel se développe à partir des nutriments que nous absorbons. Faut-il alors s'étonner que des aliments rances, traités chimiquement, qui ont perdu leur valeur énergétique, donnent une peau terne, molle, vieillie ? Ce que nous apportons à notre peau est ce qui nous habille. Par conséquent, nourrissez-vous de produits frais, comme de pensées positives et d'amour, si vous voulez obtenir l'éclat de la beauté absolue.

Chapitre 8

LES MASSAGES THÉRAPEUTIQUES

C'est avec le toucher que commencent l'amour et l'humanité.

ASHLEY MONTAGU

Le toucher est une expérience tellement vitale que les nouveau-nés, privés de tout contact avec les autres, meurent, même si leurs autres besoins sont assurés. Inversement, les caresses régulières renforcent le système immunitaire des nourrissons. En dépit de cette évidence, quand nous quittons le giron de nos parents pour aller vers l'âge adulte, les contacts physiques nourriciers se font rares dans la société occidentale. Si nous considérons comme un châtiment étrange et cruel le fait de priver quelqu'un de stimulation visuelle, de bruits et de musique, ou de la saveur et de l'odeur des aliments, il nous arrive fréquemment de vivre pendant des jours, voire des semaines, sans que personne nous serre dans ses bras ou nous fasse une caresse. À l'exception des quelques minutes que l'on passe quotidiennement dans le bain ou sous la douche, la plupart d'entre nous ne prennent même pas le temps de toucher régulièrement ou de soigner leur peau – alors que c'est la seule partie de nous-même qui soit totalement exposée à notre vue et toujours à portée de main.

Le toucher nourrit la vie aussi sûrement que les aliments. Cependant, aussi riches que nous soyons en Occident sur le plan matériel, nous restons affamés d'expériences tactiles. A. Montagu, dans son livre intitulé *Touching*, dit que, « en Occident, la passion pour le sexe [...] est, souvent, non pas l'expression d'un réel intérêt pour la sexualité, mais bien plutôt d'un désir de satisfaire un besoin de contacts ».

Ce n'est généralement pas le cas en Inde où, en accord avec les enseignements de l'Ayurveda, les familles qui respectent les traditions pratiquent avec régularité des massages à la maison. Les bébés, par exemple, sont massés au moment de la naissance, puis chaque jour jusqu'à l'âge de trois ans, tandis que les jeunes mères reçoivent un massage quotidien, spécial, pendant quarante jours après l'accouchement. Jusqu'à leur adolescence, les enfants continuent à être massés fréquemment.

Le manque de contacts physiques nourriciers chez les enfants et chez les adultes, dans les sociétés occidentales qui vivent à un rythme effréné, est parfaitement regrettable, étant donné l'importance des fonctions de la peau. Organe du toucher et de la sensation, la peau est à la fois point de contact et barrière de défense, entre nous et le reste de l'humanité, aussi bien qu'entre nous et notre environnement. Ses nerfs, ses vaisseaux sanguins et ses glandes transmettent une information vitale, ainsi que des nutriments à tous les autres organes, et aident au bon déroulement de processus corporels fondamentaux comme le contrôle de l'eau et de la température, l'absorption, la sécrétion et l'excrétion. Des recherches récentes ont prouvé qu'elle joue aussi un rôle clé dans le système immunitaire. Si nous pouvons survivre, jusqu'à un âge avancé, privés de la vue, de l'ouïe, du goût ou de l'odorat, nous ne résistons pas plus de cinq heures à une défaillance des fonctions de la peau.

Sur une superficie égale à un quart de sa surface totale, la peau renferme trois millions de cellules, au moins une centaine de glandes sudoripares, et près d'un mètre de vaisseaux sanguins. Six cent quarante mille récepteurs sensoriels la mettent en communication constante avec le cerveau, même pendant le sommeil. C'est grâce à elle que nous faisons l'expérience de la chaleur, du froid, de la pression, de la douleur, de la tendresse et de toute la gamme des émotions humaines. La peau ne se contente pas d'être sensitive. Elle fait la différence entre une caresse et une gifle, un pincement et une poussée, une égratignure et un chatouillement, un frémissement et la chair de poule. C'est aussi la source de la sensualité et du plaisir érotique, en particulier dans la zone des lèvres, des seins, des organes génitaux, où les terminaisons nerveuses sont les plus abondantes. « C'est dans la relation sexuelle que le rôle de la peau est le plus important », note A. Montagu.

Comme je l'ai dit, la peau est notre second cerveau. Elle opère des distinctions, pense, sait, communique, sent, fait l'amour et le reçoit. Comment s'étonner, dans ce cas, que la stimulation de l'organe sensoriel le plus étendu que nous possédions ait une influence profonde sur notre santé et sur notre bien-être ?

Purification, massages aux huiles et élimination

Vous avez vu dans le chapitre 3 que chacune des sept strates de la peau fonctionne en liaison avec l'un des sept dhatus, ou tissus corporels. Par conséquent, chaque fois que nous nourrissons ou stimulons la peau, nous nourrissons et équilibrons en même temps le sang, le muscle, le tissu adipeux, l'os, le nerf et le tissu reproducteur. L'Ayurveda appelle ce phénomène *rasarasa*, ou montée de l'essence vers le tissu extérieur qui fait penser à celle de la crème à la surface du lait.

À partir de là, l'Ayurveda recommande naturellement la pratique régulière de massages aux huiles, ou *snehana*. En fait, pratiqués avec un nettoyage aux herbes *(lepas)*, et une sudation *(swedana)*, les massages aux huiles qui aident à la détoxication du corps constituent le premier stade, vital, du pancha karma, le traitement présenté dans le chapitre 6 comme une pratique de base de la médecine ayurvédique. Ainsi que je vous l'ai alors expliqué, seuls les praticiens expérimentés peuvent administrer correctement le traitement du pancha karma. Néanmoins, vous pouvez faire, chez vous, une partie de ce traitement, en particulier le massage qui se pratique sur l'intégralité du corps, ou *abhyanga*, ainsi qu'un minimassage, et un massage réservé à l'estomac, aux yeux et au nez. Vous pouvez même faire un massage divin, réservé au troisième œil, porte de la conscience.

Ce chapitre va vous apprendre comment effectuer ces massages aux huiles ainsi que la technique de nettoyage et de sudation préliminaire et postérieure. Purification, massages aux huiles et sudation constituent avec votre programme quotidien d'entretien de la peau une cure complète de santé et de beauté. Ceux pour lesquels un pancha karma est impossible – en l'absence d'un praticien ayurvédique à proximité de chez eux ou pour des raisons financières – découvriront également une technique très simple de nettoyage interne, basée sur l'utilisation d'un purgatif et une légère diète, à suivre comme régime saisonnier pour équilibrer les doshas. Puis vous apprendrez quelques exercices de yoga – ou massage intérieur –, très simples, les uns faits pour garder sa souplesse et l'apparence d'une personne jeune et tonique, les autres – qui constituent ce qu'on appelle la fontaine de jouvence –, destinés à réactiver les principaux centres d'énergie du corps.

Comme vous le verrez, les massages ayurvédiques ne se contentent pas de détendre vos muscles et d'apaiser votre esprit. Ils se présentent, d'abord et avant tout, comme un traitement très efficace du déséquilibre, en ce sens qu'ils stimulent les canaux énergétiques du corps et préparent l'esprit à l'expérience de l'éveil intérieur. En fait, le massage ayurvédique est un moyen de cultiver la conscience heureuse – ou félicité – qui est l'unique source de la beauté radieuse.

À deux doigts d'une peau irrésistible : le secret du massage ayurvédique

Si vous désirez que votre peau soit irrésistible, le secret consiste à la toucher vous-même. Le massage corporel ayurvédique est l'un des plus sûrs moyens de ralentir le processus du vieillissement et d'obtenir une douceur et un lustre parfaits, simplement parce qu'il purifie, qu'il nourrit et qu'il tonifie le corps en profondeur. Les soins quotidiens que je vous recommande suffisent à éliminer l'accumulation de la saleté et des cellules mortes. Mais seule l'action d'un massage qui purifie et qui régénère en profondeur peut vous débarrasser des déchets cellulaires accumulés sous la peau – l'ama – qui, pour l'Ayurveda, accélèrent la dégénérescence et la maladie.

Le massage ayurvédique permet également de lutter efficacement contre le stress en débloquant les canaux d'énergie bouchés, et en équilibrant la psychophysiologie. Une cliente qui était venue pour un simple massage est revenue le lendemain me dire que, dans les heures suivantes, elle avait eu ses règles, alors qu'elles avaient disparu depuis qu'elle avait commencé un travail particulièrement stressant, trois mois plus tôt.

En fait, le massage ayurvédique, qui agit à plusieurs niveaux, réduit le stress, améliore le fonctionnement du système immunitaire, revitalise le corps et accroît le facteur Tej. En premier lieu, il supprime la tension musculaire et tonifie les muscles, stimule les glandes qui sont sous la peau et produisent des hormones, dont la sérotonine qui apaise l'esprit et les émotions. Il aide également au drainage du système lymphatique, qui a pour fonction de filtrer le plasma sanguin et joue un rôle essentiel dans le système immunitaire. La lymphe apporte des nutriments aux cellules et permet d'évacuer les déchets cellulaires et les particules étrangères. Tandis que le fluide passe à travers les nœuds lymphatiques, les déchets sont évacués du plasma qui repasse, purifié, dans le cœur et dans le flux sanguin. Toutefois, contrairement au système sanguin où le cœur sert de pompe, le système lymphatique ne fonctionne pas seul. Ce sont les contractions musculaires qui servent de pompe au flux lymphatique. Quand les muscles sont inactifs, le fluide stagne avec ses déchets dans les vaisseaux et dans les nœuds et affaiblit ainsi les défenses de l'organisme. Le massage est indispensable à la santé parce qu'il fait travailler les muscles et draine les nœuds. Mis à part l'exercice physique, c'est le seul moyen que nous ayons, dans notre univers de travail sédentaire, de faire circuler correctement la lymphe.

Les bienfaits du massage ayurvédique viennent en grande partie de l'utilisation des huiles essentielles. Ces huiles renforcent le processus de purification en même temps qu'elles nourrissent la peau et apaisent l'esprit. Comme vous l'avez vu dans le chapitre 4, les huiles utilisées pour le visage et pour le corps sont préparées à partir d'essences végétales pures – huiles essentielles –, diluées dans du beurre clarifié ou une huile organique, en fonction de votre type de peau. Les huiles essentielles ont les propriétés antioxydantes, antibactériennes, anti-inflammatoires des plantes médicinales dont elles sont extraites, et une densité moléculaire semblable à celle de la peau, ce qui leur assure un pouvoir de pénétration que vous pouvez vérifier vous-même, puisque l'on constate la présence de traces huileuses dans l'urine après le massage. En fait, les huiles utilisées pour les massages ayurvédiques imprègnent le derme en cinq minutes, et les autres strates de la peau, huit à dix minutes plus tard. Par conséquent, elles ne laissent jamais la peau grasse, et le bain que l'on vous recommande de prendre après le massage n'est destiné qu'à aider le corps à se détendre, et les huiles à achever leur pénétration.

Les huiles n'agissent pas simplement sur la peau, qu'elles adoucissent et dont elles apaisent toute irritation. Dès que celles-ci ont été totalement absorbées par le corps, leurs nutriments passent directement dans le sang par l'intermédiaire des capillaires de la peau. Lorsque l'on fait pénétrer une huile dans la peau, elle lubrifie l'intérieur du corps, désagrège les amas de toxines et les entraîne vers le système digestif qui les élimine. Elle stimule également *dhatu-agni*, le feu métabolique de chaque tissu et, ainsi, renforce l'ojas. Autrement dit, les huiles essentielles améliorent la circulation sanguine, réchauffent le corps et redonnent à la peau sa souplesse et son éclat naturels. Bien entendu, leur arôme contribue en même temps à équilibrer les émotions et à détendre l'esprit, donc renforce les bienfaits du toucher, en lui-même thérapeutique.

La recherche contemporaine a découvert que le massage ayurvédique permet aussi de limiter l'activité nocive des radicaux libres, l'un des plus importants facteurs du vieillissement des cellules, du cancer et des maladies cardiaques. Les radicaux libres sont des atomes d'oxygène instables qui se combinent, au hasard, avec d'autres molécules qu'ils « oxydent » et, par conséquent, altèrent. Il a été prouvé que la prolifération de ses molécules oxydantes augmente le stress et affaiblit le système immunitaire. Chez les personnes qui se sont soumises aux expériences du Dr Hari Sharma de la faculté de médecine de l'Ohio, on a observé une diminution significative du peroxide lipidique – radical libre trouvé dans le sang –, trois jours seulement après un traitement de détoxication ayurvédique, et un massage aux huiles essentielles. Ce qui indiquait une amélioration du système immunitaire.

Marmas et chakras : les centres de l'énergie vitale

Il est possible que le massage ayurvédique doive son efficacité particulière au fait qu'il soit avant tout une méthode de rééquilibrage – appelée la *marmathérapie* – qui s'appuie sur le fonctionnement des centres d'énergie vitale du corps. L'Ayurveda décrit ces centres marmiques comme des points de jonction entre la matière et la conscience – c'est-à-dire des points où les forces de vie subtiles que sont Vata, Pitta et Kapha convergent et, par conséquent, où l'intelligence du corps est la plus concentrée. Il existe, selon l'Ayurveda, cent sept marmas fondamentaux dans le corps, dont sept *mahamarmas*, ou grands marmas, que l'on appelle aussi les sept *chakras*. Ces centres sont essentiels à la vie et, parce qu'ils sont proches de la surface de la peau, extrêmement sensibles

au toucher. Tous les marmas sont reliés entre eux par des courants énergétiques invisibles – ou ondes –, appelés *nadis* et qui traversent le corps. Le nombril, siège du deuxième chakra, est particulièrement riche en nadis – les soixante-douze mille courants subtils du corps convergent vers ce point, emplacement du cordon ombilical qui a permis à la mère de transmettre la vie à son enfant.

Les marmas se situent au-dessus des nœuds lympathiques et aux intersections de cinq structures anatomiques qui sont les vaisseaux sanguins, les ligaments, les muscles, les nerfs et les os. En conséquence, ils jouent un rôle déterminant dans l'équilibre des doshas, et dans la stimulation des trois systèmes circulatoires du corps : la lymphe, le sang et les nerfs.

Les mahamarmas, ou chakras, sont centrés sur les sept glandes endocrines, principales productrices d'hormones, messagers chimiques contrôlant notre physiologie et nos émotions. Au premier chakra correspondent les glandes reproductrices. Puis viennent le pancréas et la région abdominale ; la glande médullo-surrénale ; le thymus ; la thyroïde ; l'hypophyse, ou troisième œil ; la glande pinéale, également appelée le chakra-couronne. Les chakras sont reliés par trois canaux entrelacés, qui ondulent tel un serpent de la base de la moelle épinière à la couronne, et font circuler l'énergie de *kundalini*, la force latente spirituelle qui se trouve dans le premier chakra. Comme vous le verrez, massages, exercices de yoga et méditation permettent d'ouvrir ces centres d'énergie, et donc de développer concentration et vitalité.

Les canaux d'énergie, connus des Occidentaux, grâce à l'acupuncture, sous le nom de méridiens, ne sont pas exactement ceux dont on parle ici et que la médecine ayurvédique a découverts avant la médecine chinoise. La connaissance des centres d'énergie vitale date, en effet, du *Dhanurveda*, écrits védiques concernant l'art de la guerre. Le *Dhanurveda* établit une classification des marmas en fonction des conséquences qu'entraîne leur blessure. Si un corps étranger – une flèche, par exemple – les atteint ou les transperce, la blessure, selon le marma, peut être fatale, sur-le-champ, ou à plus long terme, voire provoquer une invalidité. Plus tard, un grand vaidya, qui est également l'inventeur de la chirurgie, s'est servi de cette étude des centres d'énergie vitale pour établir les techniques d'équilibrage et de soins.

Les Occidentaux sont souvent surpris d'apprendre que la culture, d'où viennent les swamis et la méditation, est aussi experte dans l'art de la guerre. Cette réaction est parfaitement révélatrice d'une méconnaissance de la science védique, qui est foncièrement pratique. Après tout, à quoi servirait d'apprendre à atteindre la pureté et la félicité si l'on ignorait comment vaincre le mal ? Pensez à la *Bhagavad Gita*. L'une des œuvres maîtresses de la littérature védique est essentiellement l'histoire de Krishna préparant le grand archer, Arjuna, à se lancer sur le champ de bataille.

La connaissance des marmas, jointe à l'utilisation des plantes médicinales et des huiles essentielles, permet au massage ayurvédique d'être une technique achevée d'équilibrage de l'énergie subtile du corps et de l'esprit. Les techniques spécifiques de massage vous sont présentées un peu plus loin.

La cure Tej à faire chez vous : nettoyage externe et massages aux huiles

Snehana, le terme sanscrit qui désigne le massage aux huiles, a pour racine le mot *sncha*, ou « amour ». Au sens littéral, *snehana* veut dire « aimer son propre corps ». L'amour de son corps est donc l'essence du massage ayurvédique que l'on effectue soi-même. Non seulement ce massage aide la peau à paraître plus jeune, plus lisse, plus claire, et le teint plus éclatant, mais il aide également le corps à surmonter tension et fatigue, tout en rafraîchissant et en apaisant l'esprit.

La cure Tej, à domicile, comporte trois stades : un nettoyage à l'aide de plantes, un massage aux huiles essentielles – que, dans ce cas, l'on fait soi-même – et une sudation. Bien que je vous recommande ces soins amoureux, au moins une fois par semaine – ce qui demande de soixante à quatre-vingt-dix minutes –, vous pouvez choisir de les faire moins souvent ou, au contraire, plus fréquemment, ou bien vous pouvez n'en faire qu'une partie. Mais il est important que vous fassiez le massage, convenant à votre type de peau, le plus souvent possible.

LE NETTOYAGE

Première phase du traitement Tej, le nettoyage prépare votre peau à recevoir les huiles essentielles, en débouchant les pores encrassés à l'aide de pâtes végétales, appelées lepas (voir les recettes p. 314). Il doit être fait avant un massage ou, au moins, une fois par semaine. Toutefois, vous pouvez également utiliser la pâte, quotidiennement, à la place du savon. En plus d'éliminer les bactéries et les odeurs de transpiration, elle améliore la circulation, nourrit, et stimule le métabolisme des tissus cutanés, vous donnant ainsi un teint plus sain et plus éclatant.

LES LEPAS (NETTOYANTS AUX PLANTES)

Vos préparations :

– *Pour un usage quotidien* : Mélangez le quart d'1 c. à c. de curcuma à 1 c. à c. de farine de pois chiches. Pour faire la pâte, ajoutez :
Pour une peau sèche : 1 c. à c. d'huile d'amande + de l'*eau.*
Pour une peau sensible : du *lait* seul.
Pour une peau sèche : de l'*eau* seule.

– *Pour un usage mensuel (une exfoliation plus profonde)* : Mélangez 2 c. à c. de poudre de lentilles rouges dans une demi-tasse de lait non écrémé. Laissez tremper une nuit. Ajoutez une petite cuillère de pâte d'amandes + une petite cuillère de beurre de noix de cajou + une petite cuillère de poudre de lait + une demi-tasse d'huile de germes de blé. Pour obtenir une pâte, ajoutez de l'eau de rose.

Utilisation : Appliquez la pâte sur tout le corps. Allongez-vous et détendez-vous un quart d'heure à vingt minutes, pendant que la pâte sèche. Avec vos mains ou une serviette sèche, enlevez doucement la pâte à l'aide de mouvements circulaires. Terminez le traitement par le massage aux huiles.

LES DIFFÉRENTES PHASES DE VOTRE MASSAGE

Le massage que vous vous faites vous-même, ou abhyanga, comprend le massage des articulations et celui de plus de quinze marmas particulièrement importants. Il s'agit d'un traitement parfaitement équilibrateur, étant donné que chaque point massé correspond à un autre point, à la manière d'un reflet dans un miroir. Les points sur les mains et sur les jambes correspondent aux sept chakras ; sur la tête, aux pieds et aux doigts ; sur le cou, aux chevilles et aux poignets ; sur la poitrine, aux mollets ; sur l'estomac, aux genoux et aux coudes ; sur les reins, aux cuisses ; sur la ceinture pelvienne, aux épaules et aux hanches. Quand vous massez un point, vous stimulez aussi le point correspondant.

Votre massage comporte neuf phases, et l'on peut vraiment dire que vous vous massez de la tête aux pieds. Il se fait, dans l'ordre, sur le cuir chevelu, les pieds, les membres inférieurs, les membres supérieurs, le dos, l'estomac, le haut de la poitrine, le cou, et le visage, et se termine par un lifting naturel. Si vous ne disposez pas du temps nécessaire à un massage complet, vous pouvez effectuer des minimassages, en fonction de ce qui paraît le plus urgent à traiter. Vous pouvez faire, par exemple, le miniahbyanga, ou massage de trois minutes du cuir chevelu et des pieds (phases 1 et 2) ; le massage de l'estomac (phase 6) et le lifting naturel (phase 9). Vous verrez que chaque massage a des bienfaits spécifiques. Avant de commencer, lisez les instructions qui suivent.

La préparation. Les massages, effectués régulièrement, sont bénéfiques à tous les types de constitutions et indispensables à la santé et à la beauté de la peau. Cependant, ils doivent être adaptés à la proportion des éléments qui forment notre constitution, demandent un certain type de plantes, d'huiles, de parfums, et un certain toucher pour être équilibrateurs. Un massage léger, de tout le corps, avec une huile de sésame, réchauffante et apaisante, sera bénéfique à une personne du type Vata. En revanche, la même huile augmentera Pitta et peut irriter la peau sensible des personnes de ce type. Par conséquent, chaque élément du processus – la fréquence, l'heure, la catégorie d'huile ou de poudre, la méthode d'application, le degré de pression et de stimulation – doit s'accorder à votre type de peau. Autrement, vous risquez de vous faire plus de mal que de bien.

Le lieu et l'heure du massage. Le matin, avant la douche, ou le soir, avant de se coucher, sont les meilleurs moments pour se masser. N'oubliez pas d'aller d'abord aux toilettes, et ne faites jamais un massage immédiatement après un repas.

Pour ceux qui ont la peau sèche, et ont souvent tendance à se sentir flotter, les massages fréquents sont particulièrement bénéfiques (souvenez-vous que la peau est le siège de Vata). Ils peuvent, par conséquent, se masser sans problème deux fois par jour, quoique les désordres de Vata, comme l'insomnie et l'anxiété, sont plutôt à traiter dans la soirée. Les personnes qui ont la peau sensible demandent généralement des massages moins fréquents et profitent particulièrement de leurs effets apaisants dans l'après-midi, pendant le cycle de Pitta. Si vous avez la peau grasse, vous n'avez pas besoin de massages aussi fréquents – un ou deux par semaine suffisent – et vous en profiterez mieux pendant le cycle matinal de Kapha, quand vous avez besoin d'être stimulé.

La meilleure façon d'entreprendre votre massage c'est de vous asseoir sur un drap de bain ou sur une natte (facilement lavable), de préférence dans un endroit chaud, calme et confortable. Si vous en éprouvez le besoin, mettez une musique douce et faites brûler de l'encens.

L'utilisation des huiles. Servez-vous toujours d'huiles chaudes, médicinales, qui conviennent à votre type de peau (voir chapitre 5). Vous pouvez réchauffer les huiles en faisant couler de l'eau chaude sur le récipient qui les contient – à condition qu'il soit bien bouché. Utilisez une huile faciale, et *non* pas corporelle, sur le visage. Afin de vous éviter un shampoing après le massage, utilisez également une huile faciale, qui est moins grasse que les huiles corporelles, sur le cuir chevelu.

Utilisez au moins quelques gouttes d'huile pour masser les marmas et les articulations. Vous ajoutez ces gouttes dans votre main, ou directement sur la peau à chaque point que vous massez. Vous en mettez *plus* pour une peau sèche que pour une peau sensible, et *moins* pour une peau grasse que pour une peau sensible. Dans le cas d'une peau très grasse, *ne mettez aucune huile*. Utilisez à la place une farine sèche de pois chiches et frictionnez-vous avec un luffa ou avec une brosse pour le corps.

L'art du massage. Pour vous masser correctement, vous devez connaître les gestes adéquats et le bon degré de pression de vos mains sur la peau. Le massage ayurvédique comporte trois sortes de gestes, qui dépendent de la partie du corps sur laquelle vous travaillez.

Sur les marmas et aux articulations, faites, avec les doigts ou les paumes, des mouvements circulaires. À certains endroits, cependant, la technique est différente. Par exemple, sur les zones les plus délicates de la peau, contentez-vous de presser sur le point qui vous intéresse. Dans certains cas, on tapote les points marmiques afin de réveiller l'énergie subtile.

– *Entre les articulations,* frictionnez-vous en massant alternativement de haut en bas, puis de bas en haut.

– *Sur les pieds et sur les mains,* massez seulement de bas en haut.

– *Sur le cou et sur le visage,* ne massez que vers le haut et vers les côtés.

D'une façon générale, le massage ayurvédique ne comporte pas de massages énergiques, étant donné qu'il est destiné à stimuler les énergies subtiles des marmas et des nadis. Il vous suffit d'avoir la main ferme mais légère. Le degré de pression qu'il vous faut exercer dépend de votre type de peau :

– *Le toucher sattvique* est léger, régulier et lent. Il convient généralement aux peaux *sèches* ou à un état de tension. Trop de pression augmenterait l'air, et un massage qui est trop profond ou trop vigoureux peut provoquer chez les personnes de type Vata une sensation de désincarnation et d'agitation.

– *Le toucher rajasique* a une vitesse et une pression moyennes. Il convient aux peaux *sensibles.* Une stimulation trop marquée aurait pour effet de déséquilibrer Pitta.

– *Le toucher tamasique* est le plus profond et le plus vigoureux. Il est fait pour les peaux *grasses* reflétant la lourdeur d'un Kapha ayant besoin d'être stimulé.

Il n'existe aucun moyen précis de calculer la pression exercée sur la peau. C'est uniquement une question de sensation.

Le temps que requiert chaque phase du massage. La tradition ayurvédique conseille, pour chaque point, sept à onze mouvements. À ce rythme, le massage complet prend de quinze à vingt minutes. Si vous manquez de temps, réduisez le nombre de mouvements. Si vous êtes vraiment très pressé, contentez-vous d'un minimassage, en vous massant simplement le cuir chevelu et les pieds. Ceci vous est particulièrement recommandé, le soir, si vous avez des insomnies et, le matin, si vous êtes anxieux. Les effets apaisants de ce minimassage sont toujours bénéfiques si Vata ou Pitta sont en excès. Les personnes du type Kapha ont, bien entendu, rarement besoin d'être aussi régulièrement apaisées.

Toutefois, c'est beaucoup plus la *qualité* que le nombre des mouvements qui importe. Je veux dire que le degré de pression exercée sur la peau ne serait rien sans *l'attention* que l'on porte à ses sensations. La conscience de la réaction du corps à chacun de nos mouvements facilite la diminution du stress et le processus de purification. Pour obtenir un effet maximal, *gardez toujours les yeux fermés et concentrez-vous, avec naturel, sur chaque point que vous êtes en train de masser.*

En cas de perturbation ou de maladie, les médecins ayurvédiques effectuent souvent un massage quotidien aux huiles médicinales, et ceci pendant des mois. Comme mesure préventive contre la maladie ou contre le déséquilibre des doshas, la pratique fréquente, mais non quotidienne, du massage ayurvédique est généralement suffisante. Si vous voulez rester en forme en évitant les déséquilibres, faites au minimum trois massages complets au cours de la première semaine, et un massage hebdomadaire par la suite. Augmentez la fréquence si vous avez un déséquilibre mais ne faites *jamais* de massage, ou *renoncez* aux massages de certains points dans les cas suivants.

Attention !

– Si vous avez vos règles, ou si vous êtes particulièrement faible, émacié, constipé ou fiévreux : *jamais* de massage. Vos toxines seraient repoussées dans la profondeur de vos tissus.

– Si vous êtes enceinte ou si vous avez un ulcère intestinal ou une maladie cardiaque : ne vous faites *jamais* de massage abdominal.

Nous pouvons passer maintenant aux instructions concernant les différentes phases du massage intégral. Elles sont accompagnées d'illustrations qui indiquent l'emplacement des différents marmas et la direction de vos mouvements.

Phase 1 : Le cuir chevelu

Massez les trois points qui vont vous être indiqués en trois temps. Mettez d'abord de l'huile sur votre paume, *tapoter* le point en exerçant une légère pression. Puis massez en mouvements circulaires, dans le sens des aiguilles d'une montre. (Utilisez votre majeur au lieu de votre paume et placez-le sur le *medulla oblongata*.) Pour finir, attrapez vos cheveux, à l'emplacement du point, enroulez-les autour de votre doigt et tirez dessus fermement afin de stimuler les nerfs. Relâchez-les.

– Le *Brahma Randhra (1)*. Il est situé sur le crâne, à environ huit doigts des sourcils. C'est l'emplacement de la fontanelle, la partie qui est encore molle après la naissance parce que la formation de la boîte crânienne n'est pas achevée. L'Ayurveda y voit le siège de la félicité, ou samashi, et également l'endroit où le prana – l'énergie vitale – quitte le corps. Là commence tout massage ayurvédique. (Soulagement des maux de tête qui donnent l'impression d'avoir un poids sur le crâne.)

– L'*Adhipati (2)*. Le chakra-couronne, situé au sommet du crâne, à mi-distance des oreilles. (Diminution de l'hypertension.)

– Le *Manya Mula (3)*. Il est situé sur le *medulla oblongata*, renfoncement à la base du crâne, juste au-dessus de l'implantation des cheveux sur la nuque. C'est aussi l'endroit où le prana entre dans le corps avant la naissance. (Améliore le fonctionnement du pancréas et soulage les maux de tête dus au stress.)

Phase 2 : Les pieds

Massez entièrement le pied droit et la jambe, puis le pied et la jambe gauches. Le massage du pied se fait de la façon suivante :

– Le *Talahridaya (4)*. Avec le pouce, massez ce point situé au milieu de la voûte plantaire. (Bénéfique pour le cœur.)

– Le *gros orteil*. Avec le pouce, massez le point situé au milieu du dessous de l'orteil. (Régularise l'activité hormonale.)

– Les *orteils*. En commençant par le gros orteil, massez la base de chaque orteil du côté de la crête plantaire. Puis revenez en arrière et massez entièrement les orteils, les uns après les autres, en poussant doucement vers leur extrémité. (Chaque orteil correspond à un organe. À savoir, en partant du gros orteil, le cerveau, les poumons, les intestins, les reins, le cœur.)

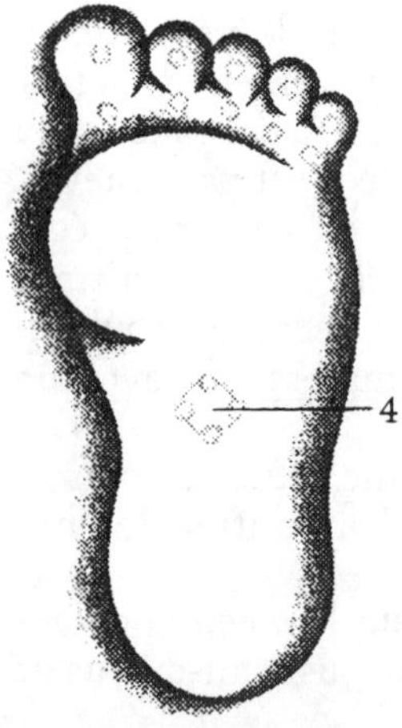

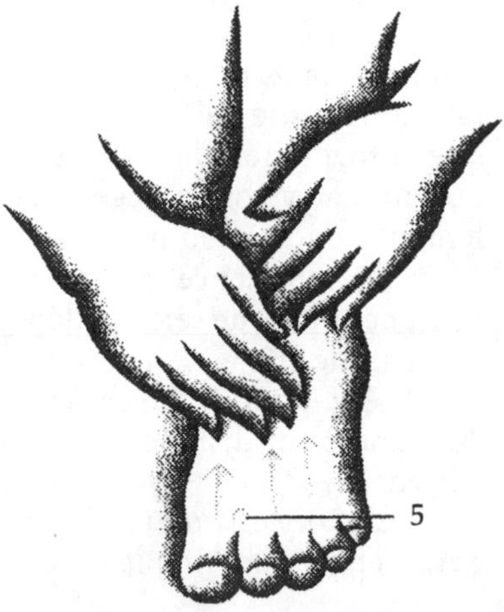

– Le *Kshipra (5)*. Point marmique situé sur le pied, à la jonction entre le gros orteil et l'orteil suivant. Posez le bout de vos pouces entre ces deux orteils et massez sur environ trois centimètres (jusqu'à ce que vous sentiez l'os) vers la cheville.

– Le *pied*. Avec les deux mains, et en allant des orteils à la cheville, massez le pied dessus et dessous.

Phase 3 : Les membres inférieurs

– La *cheville*. Enveloppez votre cheville dans vos mains et massez-la avec des mouvements circulaires, dans le sens des aiguilles d'une montre.

– La *jambe*. Massez sur tous les côtés, de haut en bas, et *vice versa*.

– Le *genou*. Avec les paumes, massez dans le sens des aiguilles d'une montre toute l'articulation et répétez les mouvements circulaires sur la face postérieure.

– La *cuisse*. Massez de haut en bas et *vice versa*, du genou à l'aine. Si vous avez de la cellulite, pétrissez également les muscles.

– Le *Lohitaksha (6)*. Point marmique, situé en haut de la jambe, à mi-distance de la hanche et de l'aine, au-dessus du nœud lymphatique. Avec le majeur, massez dans le sens des aiguilles d'une montre.

Phase 4 : Les membres supérieurs

La technique est la même que pour les pieds et pour les membres inférieurs. Massez entièrement la main et le bras droits, puis la main et le bras gauches, de la manière suivante :

– Le *Talahridaya (7)*. Massez ce point, situé au milieu de la paume.

– Les *doigts*. Commencez à masser avec le pouce la base de chaque doigt. Puis revenez en arrière, et massez chaque doigt entièrement, en poussant doucement vers son extrémité.

– La *main*. Sur le dessus de la main, massez en allant vers le poignet.

– Le *poignet*. Tenez légèrement l'articulation entre le pouce et les autres doigts. Massez dans le sens des aiguilles d'une montre.

– L'*avant-bras*. Massez entièrement l'avant-bras, de haut en bas et *vice versa* du poignet vers le coude.

– Le *coude*. Entourez l'articulation de votre pouce et des autres doigts, et massez dans le sens des aiguilles d'une montre.

– Le *bras*. Massez entièrement le bras, de bas en haut et *vice versa*, du coude à l'épaule.

– L'*épaule*. Avec les paumes, massez l'articulation dans le sens des aiguilles d'une montre.

– Le *Kashadra (8)*. Levez le bras et, avec votre majeur, massez doucement ce point, situé au centre de l'aisselle, où se trouve un nœud lymphatique.

Phase 5 : Le dos

Il est difficile de se masser le dos soi-même. Faites au mieux, sans trop forcer, de la façon suivante :

– Avec les paumes, massez de haut en bas, et inversement, tout le bas du dos et, autant que vous le pouvez, le long de la colonne vertébrale. Puis massez les épaules et la partie supérieure du dos qui vous est accessible. Ou bien tordez une serviette de toilette et appliquez-y directement l'huile. Puis, en la tenant à deux mains, passez-la dans votre dos, comme une corde à sauter, en un mouvement de scie.

Phase 6 : Le ventre

Renoncez au massage abdominal si vous êtes enceinte ou si vous avez un ulcère intestinal voire un problème cardiaque.

– Le *Nabhi (9)*. Point marmique, ou deuxième chakra, qui correspond au nombril. Versez directement les huiles du massage sur le nombril. Avec vos doigts, massez-le doucement dans le sens des aiguilles d'une montre. Puis, à l'aide de votre paume, élargissez les cercles jusqu'à ce que vous ayez massé toute la région abdominale. Inversez le sens de vos mouvements et réduisez les cercles jusqu'à ce que vous soyez revenu au nombril.

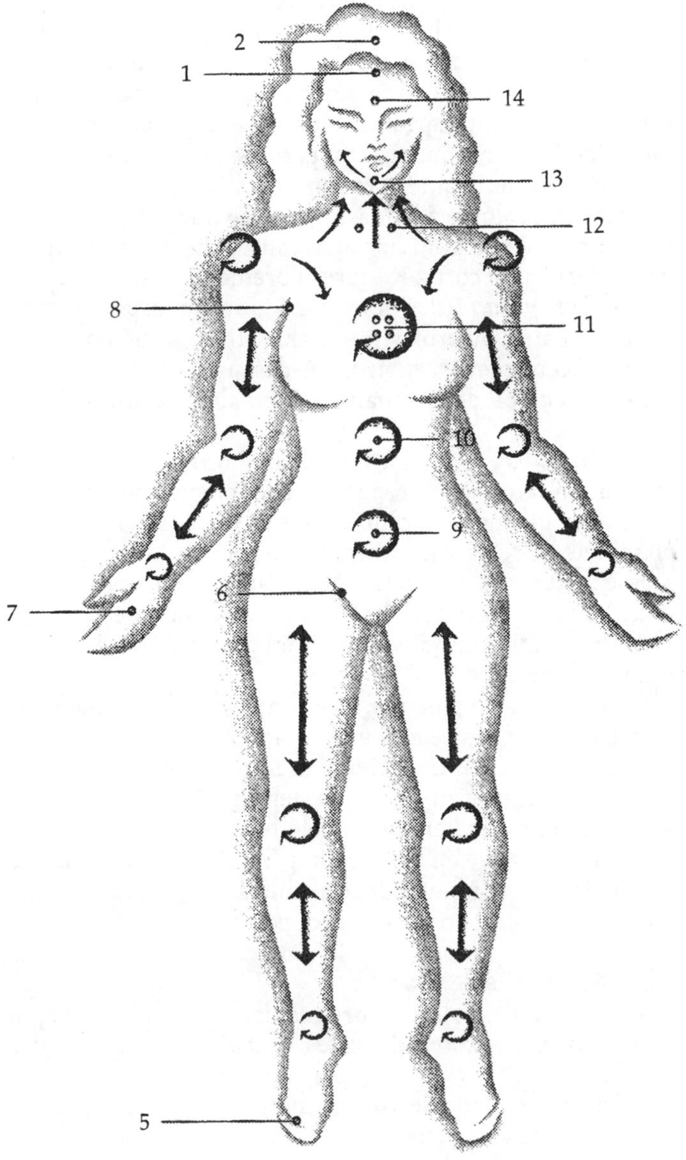
2
1
14
13
12
8
11
10
9
6
7
5

Phase 7 : La partie supérieure du torse

Les points sur le haut du torse correspondent aux troisième, quatrième et cinquième chakras qui sont liés aux émotions et à l'expression verbale. Leur massage (comme celui de tout point marmique) libère l'énergie des émotions bloquées. Par conséquent, il est possible que vous éprouviez des émotions puissantes pendant que l'énergie se libère. Si c'est le cas, prolongez le massage d'une minute ou de deux tandis que votre conscience accompagne les sensations éprouvées par le corps. Respirez librement.

– L'*Agrapata (10)*. Point marmique correspondant au plexus solaire, ou troisième chakra. Il est situé entre dix et douze centimètres environ au-dessus du nombril. Massez-le avec vos doigts, dans le sens des aiguilles d'une montre.

– L'*Hridaya (11)*. C'est, au niveau du cœur, le quatrième chakra. En fait, il comprend plusieurs points couvrant une surface de quelque dix centimètres de diamètre. Il est situé au milieu des seins, légèrement sur la gauche. Avec la paume, massez cette zone très doucement, dans le sens des aiguilles d'une montre. (Stimule l'amour et la passion de la vie, et facilite les émotions. Si vous êtes en colère ou frustré, prolongez ce massage.)

– Le *haut de la poitrine*. Avec une main de chaque côté, massez la zone des pectoraux sous les clavicules.

– Le *Neela (12)*. Cinquième chakra, correspondant à la gorge et situé juste au-dessus du sternum. Massez à l'aide de votre majeur. (Également appelé le chakra Saraswati, ce marma est le siège de l'expression. Si vous prenez la parole en public ou si vous avez des difficultés à exprimer vos pensées, insistez sur le massage de ce point.)

Phase 8 : Le cou et le visage

Pour obtenir les meilleurs résultats possibles lorsque vous massez ces zones délicates, n'utilisez que des huiles faciales.

– Le *cou*. À l'aide de vos paumes, massez doucement le cou de la base vers le menton.

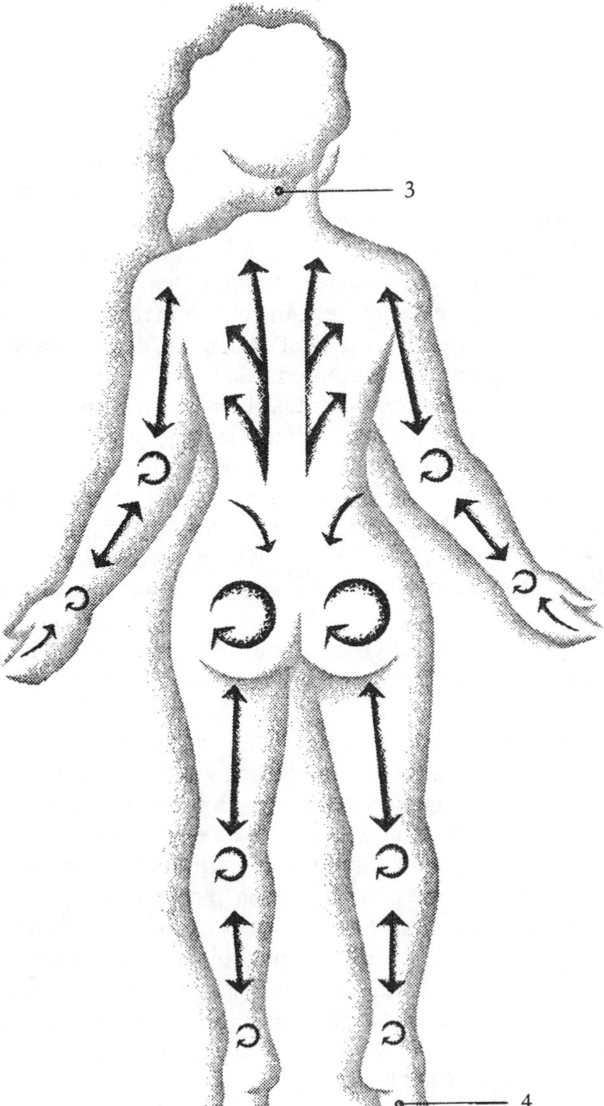
3
4

– L'*Hanu (13)*. Ce point marmique est situé dans le creux entre le menton et la lèvre inférieure. La paume droite tournée vers le visage, placez votre index sur ce point, et votre majeur sous le menton, afin que ces deux doigts prennent le menton en tenaille. Puis utilisez-les pour masser le menton ainsi que le contour du visage jusqu'à l'oreille droite, avec des mouvements orientés vers le haut. Alternez avec le côté gauche, et recommencez plusieurs fois.

– Les *rides du rire et les joues*. À l'aide de vos index, massez les rides du rire avec des mouvements orientés vers le haut du visage, en commençant par le menton pour aller vers la base du nez. Puis, du plat de la main, massez les joues, de la base du nez jusqu'aux tempes.

– Les *yeux*. Placez vos annulaires à la rencontre des sourcils et du nez, puis les autres doigts le long des arcades sourcilières. Massez en allant vers les tempes puis descendez sur les paupières avant de revenir à votre point de départ, comme si vous dessiniez des cercles sur vos yeux.

– Le *Sthapani (14)*. Il s'agit du sixième chakra, que l'on appelle aussi le troisième œil. Il se trouve au centre du front, un peu au-dessus des sourcils, là où les femmes indiennes portent un point rouge que l'on nomme *bindi*. Avec vos médiums, massez chaque côté du nez en remontant vers ce point.

– Le *front*. Placez le majeur et l'annulaire de part et d'autre de l'arête du nez et massez votre front jusqu'à la racine des cheveux. Recommencez six à dix fois en vous servant alternativement de la main droite et de la gauche. Puis placez vos doigts de la main droite sur la tempe gauche et faites glisser votre paume vers la tempe opposée. Faites ensuite le même mouvement en sens inverse, avec la paume gauche, à partir de la tempe droite. Répétez six à dix fois, en utilisant alternativement main gauche et main droite. (Estompe les rides sur le front.)

Phase 9 : Le lifting naturel

Le lifting complète le massage intégral du corps, mais vous pouvez le faire chaque fois que vous en éprouvez le

besoin. Massez les points qui vont vous être indiqués dans le sens des aiguilles d'une montre pendant vingt à trente secondes. Utilisez vos majeurs, s'il n'y a aucune indication particulière :

– *Le milieu du menton.* (Soulage les rhumes de cerveau.)

– *Les coins de la bouche.*

– *De part et d'autre du nez,* là où les narines s'élargissent. (Ce point correspond à l'intestin grêle. Son massage dégage les sinus.)

– *Le centre des joues.* Placez vos doigts sous l'os et remontez en poussant.

– *Les paupières inférieures,* juste au-dessus des pommettes. *Appuyez doucement* du bout de l'annulaire. *Ne massez pas.*

– *Les paupières supérieures.* Utilisez le bout du pouce pour presser vers le haut, à la racine du nez. Puis, avec le pouce et l'index, pincez le sourcil en glissant vers la tempe. Renouvelez l'opération. (Quand le massage est bien fait, vous pouvez éprouver une légère douleur due à la tension accumulée. Bon pour les maux de tête et pour les problèmes de vessie.)

– *Les tempes.* Mettez les doigts à plat et massez doucement.

– *Le troisième œil.*

– *La couronne.* Posez les mains sur le sommet du crâne, et imprimez-leur un mouvement rapide de va-et-vient pour faire vibrer le crâne.

LES MINIMASSAGES

Massage du cuir chevelu et des pieds

Si vous n'avez pas le temps de faire chaque jour un massage complet, le mieux est de faire celui du cuir chevelu et des pieds (phases 1 et 2). Ces deux phases seules équilibrent bien les énergies subtiles du corps, étant donné que les points marmiques du crâne sont le miroir de ceux des pieds, et *vice versa.* Masser le Brahma Randhra et les autres marmas du cuir chevelu permet également de revitaliser le corps et l'esprit, d'augmenter le flux du liquide cérébro-spinal, d'améliorer la vue et la mémoire et d'équilibrer l'hypophyse et la glande pinéale. Les huiles végétales que l'on fait pénétrer dans les pieds pacifient Vata et pénètrent également dans le cerveau et dans le système nerveux par l'intermédiaire des terminaisons nerveuses situées dans la peau, ce qui produit un effet apaisant et stabilisant. Si vous avez la peau sèche, ou si votre Vata a besoin d'être détoxiqué, vous serez les premiers à bénéficier de ce minimassage, rapide et facile à effectuer.

Le massage qui développe les abdominaux

Un massage abdominal, effectué deux fois par jour, le matin et au coucher, constitue, quand il est associé à un régime et à des exercices physiques réguliers, la méthode la plus simple et la plus saine pour avoir un ventre plat. Non seulement il fait diminuer la graisse et la cellulite (les meilleurs résultats sont obtenus avec de l'huile Medodhara Tej ou Bindi), mais il développe et fortifie les muscles, en particulier après un accouchement. (Toutefois, renoncez à ce massage si vous êtes enceinte, si vous avez un ulcère ou un problème cardiaque.)

Le massage abdominal est aussi une excellente façon de réduire les effets du stress. C'est dans l'abdomen et dans le plexus solaire (deuxième et troisième chakras) – où nous retenons généralement nos émotions – que les toxines s'accumulent le plus facilement. Par ailleurs, soixante-douze mille nadis convergent vers le nombril, si bien que le massage abdominal stimule le flux d'énergie à travers tout le corps. Il équilibre aussi les éléments Eau et Feu, situés dans le deuxième et le troisième chakra, supprime les constipations chroniques, améliore la digestion et la fonction rénale.

Conformez-vous à la phase 6. Massez dans le sens des aiguilles d'une montre, pendant une minute, puis pendant une autre minute, en sens inverse.

Le lifting naturel

Ce minimassage (phase 9) tonifie les joues et gomme les pattes d'oie, les rides du rire et celles du front. Étant donné que, sur ces parties délicates du visage, il doit être très léger, il n'y a aucune raison pour que vous ne le fassiez pas aussi souvent que vous en avez envie, quel que soit votre type de peau. N'oubliez pas d'utiliser votre huile faciale pour ce massage.

compresse divine

L'un des plus grands délices du pancha karma est un traitement aux huiles que l'on nomme *shirodhara*. Cette thérapie demande un équipement spécial, comprenant un récipient permettant de verser lentement un filet continu de liquide médicinal sur le troisième œil, pendant que le patient est allongé, le dos contre une table pourvue, à sa tête, d'un système de drainage. Ce traitement a pour but d'apaiser la tension mentale et de procurer un absolu bien-être. Malheureusement, ce n'est pas une technique facile à appliquer quand on est chez soi. Vous pouvez néanmoins profiter en partie de l'effet divin du shirodhara en utilisant une compression imprégnée d'huiles, ou *pichu*.

Afin d'obtenir les meilleurs résultats, faites le massage complet et une sudation afin de préparer votre corps à ce traitement. Ou, si vous êtes pressé, contentez-vous d'un massage aux huiles, du cou, du visage et du cuir chevelu, suivi de l'application de la compresse imprégnée d'huile. Pour la préparer, trempez la partie centrale d'une serviette, pliée, dans la préparation qui convient à votre type de peau. Allongez-vous et appliquez la serviette sur le point marmique qui se trouve au centre du front, juste au-dessus de la ligne des sourcils. Détendez-vous, les yeux fermés, pendant dix minutes. Si vous le désirez, écoutez une musique douce et faites brûler de l'encens.

Pour Vata : Réchauffez de l'huile de sésame.

Pour Pitta : Mélangez, à parts égales, du lait non glacé, de l'huile de noix de coco, du beurre clarifié + 2 ou 3 gouttes d'eau de rose. Permet également de se rafraîchir en été.

Pour Kapha : Mélangez trois quarts d'huile de sésame chaude à un quart d'infusion au gingembre. Sert aussi à soulager les rhumes de cerveau et à dégager les sinus.

En général, ces traitements sont bons pour la déshydratation, la constipation, les migraines, les saignements de nez, les douleurs au bas du dos, les problèmes de reins et les désordres nerveux. Bien entendu, ils sont aussi une source de grand bien-être.

Le lavage des yeux et du nez

Le pancha karma comprend également un traitement aux huiles pour les yeux, ou *netra basti* – qui aide à améliorer la vue et estompe les rides, et un autre pour le nez – *nasya* – qui dégage les voies respiratoires, renforce l'odorat et purifie le prana. Comme le shirodhara, ces thérapies sont habituellement conduites par des praticiens confirmés. Toutefois, vous pouvez, chez vous, avoir recours à la cure Tej ou, plus simplement, vous masser le cou, le visage et le cuir chevelu puis faire l'application de la compresse.

Pour vous laver les yeux, mettez une goutte de beurre clarifié dans chaque œil, à l'aide d'un compte-gouttes. Allongez-vous et détendez-vous, les yeux fermés, pendant cinq à dix minutes.

Pour vous laver les narines, nettoyez vos narines avec un doigt humide ou un Coton-Tige, puis massez l'extérieur en remontant vers la racine du nez. Posez une compresse chaude sur votre nez et allongez-vous, la tête rejetée en arrière. Ajoutez sept ou huit gouttes de beurre clarifié dans chaque narine, puis inspirez. Laissez les gouttes couler dans la gorge et avalez-les. Ne les crachez pas. Détendez-vous pendant quelques minutes.

Je vous encourage à faire ces massages ayurvédiques régulièrement sur vous-même et sur ceux qui vous sont chers. Ils représentent un acte d'amour tout autant qu'un soin, et une merveilleuse façon de prendre soin de vous et des autres. De plus, les effets de ces massages – quand ils sont réguliers – produisent à long terme des bienfaits profonds. L'exemple de la personne dont je vais vous parler, Susan, est sans doute extrême, mais aussi très révélateur du type de traitement que l'Ayurveda peut nous procurer, grâce à sa connaissance des doshas, et de la façon dont notre corps s'exprime à travers la maladie.

Susan, la cinquantaine, souffrait d'une arthrite particulièrement douloureuse, et subissait depuis des années les conséquences d'un mariage raté, quand elle est venue me voir pour la première fois. Comme elle avait une constitution de type Vata qui lui permettait de très bien réagir aux huiles de massages, elle a naturellement été enchantée par le premier soin et, pendant deux ans, est revenue chaque semaine, en s'imposant quatre heures de déplacement, pour le plaisir de recevoir un traitement d'une heure. Au bout d'un an, elle a eu l'heureuse surprise de constater la disparition totale de ses douleurs.

Pour ma part, avec ma connaissance de l'Ayurveda, je n'ai été nullement surprise. L'arthrite révèle un déséquilibre de Vata touchant l'os et le tissu conjonctif qui, tous deux, charpentent le corps. Incapable de porter son propre poids sans provoquer d'horribles souffrances, le corps arthritique de Susan exprimait ainsi ce qu'elle était incapable de dire à son mari depuis des années. À savoir le manque d'amour et de soutien qu'elle ne cessait de ressentir. Associé à des modifications dans son alimentation, et à des plantes faites pour aider la digestion, le toucher tonifiant et nourricier qui est caractéristique de « l'expérience de l'amour du corps » – ou snehana – avait finalement comblé un manque et fait ainsi disparaître l'arthrite, sans même que sa situation maritale ait changé.

La sudation

Le massage aux huiles ne représente dans le pancha karma que la première phase du processus de préparation. La seconde est la sudation, ou snehana. La méthode de sudation ayurvédique demande soit une chaleur sèche, comme celle des saunas, soit la chaleur humide d'un hammam, ou bien encore une chaleur fournie au corps par des exercices physiques ou des enveloppements. La sudation permet de renforcer la détoxication, d'une part en liquéfiant l'ama et, d'autre part, en activant les glandes sudoripares. Elle a aussi pour effet de stimuler l'agni, de soulager rhume et raideur des muscles, et de dissiper les ballonnements. Attention : *si vous avez un déséquilibre de Pitta, ne faites pas de sudation.*

La sudation suit régulièrement le massage. Si le temps vous manque, faites-la moins fréquemment mais, au moins, une fois par semaine. Elle dure le temps qu'il vous faut pour transpirer – généralement cinq à dix minutes.

– *La chaleur humide du bain de vapeur.* Remplissez votre baignoire d'eau chaude additionnée de quelques gouttes de décoction végétale. Utilisez du dashamala ou du bala pour la peau sèche ; de la conferve ou de l'ortie pour une peau sensible ; du romarin ou de la sauge pour une peau grasse. Asseyez-vous dans la baignoire, et fermez le rideau de la douche afin de conserver la vapeur.

– *La chaleur sèche.* Enveloppez-vous dans des serviettes chaudes, et allongez-vous sous une couverture pour transpirer.

Terminez toujours la cure Tej par votre programme quotidien de soins de la peau. Quand vous avez achevé ces techniques de purification externe, vous êtes prêt pour la lubrification interne et pour le pancha karma.

Le pancha karma à domicile : nettoyage interne et lubrification

L'Ayurveda prescrit, pour tout le monde, le pancha karma professionnel comme mesure préventive à prendre au moins trois fois par an, aux changements de saisons. Même si vous êtes dans l'impossibilité de vous offrir ce traitement, ou si vous ne trouvez pas de praticien pour vous l'administrer, vous pouvez néanmoins faire chez vous le nettoyage et les massages qui aident à rétablir le bon fonctionnement des doshas, des dhatus et des malas.

Comme toutes les thérapies du pancha karma, ce traitement à domicile comporte trois phases :

– La phase préparatoire de lubrification interne, externe, et de sudation, qui entraîne les toxines dans le système gastro-intestinal où elles seront éliminées.

– Le processus d'élimination lui-même.

– La phase centrée sur le régime alimentaire destiné à raviver le feu digestif et à régénérer le corps.

Le pancha karma doit toujours se faire pendant les dix derniers jours d'une saison et les dix premiers de la saison nouvelle. Durant ce laps de temps, vous consacrerez environ neuf jours consécutifs à compléter le traitement en vous nourrissant légèrement et en vous reposant le plus possible. Lorsque, le septième jour, vous faites le traitement d'élimination, vous devez respecter un jeûne partiel et *un repos total*. Par conséquent, je vous suggère de planifier le traitement en fonction de votre temps libre.

Les précautions qui s'appliquent aux massages réguliers et à la sudation habituelle sont aussi à respecter dans ce traitement. Renoncez-y si l'une ou l'autre de ses phases vous est contre-indiquée en raison de symptômes déclarés. Si vous avez un déséquilibre ou une maladie, consultez d'abord votre médecin. Cette thérapie à domicile n'est qu'un palliatif et ne saurait se substituer à l'intervention d'un praticien ayurvédique, ou à tout autre traitement prescrit par votre médecin.

LE PROGRAMME DE NEUF JOURS

La veille du traitement

Le soir précédant le début du traitement, commencez la phase préparatoire en prenant une cuillère à café de lait clarifié dans un demi-verre de lait chaud avant de vous coucher.

Du 1er au 3e jour : Lubrification interne

Régime quotidien. Le régime traditionnel du pancha karma consiste à se nourrir de khichadi, un plat composé de lentilles et de riz. Prenez-en environ deux tasses à chaque repas. Au cours de la journée, buvez au moins six à huit verres d'eau (à température ambiante) et autant d'infusions de gingembre ou de citron que vous le désirez.

Activité. Détendez-vous le plus possible. Faites de courtes promenades, lisez, écoutez de la musique, méditez et dormez. Essayez de réduire au maximum vos activités, surtout si elles demandent un effort physique. Éteignez la lumière à 22 h 30 au plus tard.

Lubrification interne. Avant le dîner, prenez :

Le 1er jour :	2 c. à c. de beurre clarifié dans 1/2 verre de lait chaud.
Le 2e et 3e jour :	3 c. à c. de beurre clarifié dans 1/2 verre de lait chaud.

Du 4e au 6e jour : Lubrification externe et sudation

Régime quotidien. Le même que pour les premiers jours.

Activité. Comme les premiers jours.

Lubrification interne. Ne prenez plus de lait clarifié. Préparez le corps pour le traitement d'élimination, faites le massage intégral (snehana), suivi de la sudation (swedana) chaque jour, matin ou soir. *Si vous avez une peau sensible ou un Pitta en excès, limitez la sudation à deux ou à quatre minutes par jour*. L'alternative pour les personnes de type Pitta consiste à s'envelopper dans des serviettes chaudes et à se détendre.

Quand le massage complet est terminé, c'est alors le meilleur moment pour appliquer la compresse divine et effectuer l'un des minimassages décrits précédemment.

7e jour : Purge et jeûne partiel

C'est un jour de nettoyage, de jeûne partiel et de *repos complet*. Au réveil, prenez de l'huile pure de castor (celle qui est inodore convient parfaitement) avec une infusion de gingembre ou de citron, en respectant les doses suivantes : 2 c. à c. d'huile de castor pour les peaux sèches ou grasses (Vata ou Kapha) et 1 c. à c. pour les peaux sensibles (Pitta).

Régime. Faites suivre la purge d'une tasse d'infusion toutes les demi-heures. *Ne prenez aucune nourriture solide jusqu'à ce que vous soyez allé aux toilettes environ quatre à six fois*. Le soir, prenez un léger repas fait de riz et d'un légume sec (lentilles, haricots en grains ou petits pois).

Activité. Pas de travail ni d'activité qui demande un effort physique. Détendez-vous, méditez, lisez, écoutez une musique douce, et dormez aussi souvent que vous en avez envie. Encore une fois : c'est la journée idéale pour l'application de la compresse divine.

8e et 9e jour : Tonus et régénération

Adaptez votre alimentation à la nouvelle saison. Mangez légèrement, et reposez-vous aussi souvent que vous en avez l'occasion pendant au moins un jour ou deux.

Le massage interne : postures et exercices de yoga

L'exercice physique est un massage interne. Comme le massage de la peau, il fait travailler les muscles afin de réduire la tension du corps, tonifie la peau, améliore la circulation et stimule le flux lymphatique. Il s'intègre donc, naturellement, dans toute cure de beauté et de santé.

Bien avant la mode de l'aérobic et du weight watching, les rishis enseignaient des exercices physiques, qui savaient tenir compte de la relation corps-esprit, et dont l'ensemble formait ce qu'on appelle le *Hatha Yoga*, l'une des huit branches du yoga, ou *union*. Cette discipline spirituelle millénaire comprend une série de postures, ou *asanas*, qui non seulement développent la souplesse physique, la force et la grâce, mais également ravivent les énergies subtiles, équilibrent la prana, stabilisent les émotions et accroissent la vigueur de l'esprit. Contrairement aux techniques modernes qui cherchent à obtenir les mêmes effets, le yoga intègre tous les aspects de la vie : le corps, la respiration, l'intellect et le spirituel.

Les trois catégories d'exercices que j'ai retenus pour vous conviennent à tous les types de peau, et sont particulièrement efficaces lorsque l'on veut garder une apparence jeune, une bonne énergie sexuelle, ainsi que force et souplesse du corps comme de l'esprit. La première catégorie équilibre et réactive les sept chakras, ou centres d'énergie vitale ; la deuxième développe la vigueur de l'esprit et du corps ; la troisième préserve la souplesse de la colonne vertébrale. Vous pouvez faire ces exercices de yoga à n'importe quel moment, mais seulement l'estomac vide. Toutefois, il est particulièrement recommandé de les joindre aux exercices de respiration et de méditation, décrits dans les chapitres 12 et 13. Portez des vêtements amples, en coton, et installez-vous sur une natte, posée sur le sol, ou sur un tapis.

LA RÉACTIVATION DES CHAKRAS

Les chakras sont les sept centres où l'énergie vitale est la plus concentrée. Le flux d'énergie est la vie même. Sa stagnation entraîne vieillissement et maladie.

Cette catégorie d'exercices est appelée la fontaine de jouvence parce qu'elle ouvre les canaux énergétiques et soutient leur activité. Les sept chakras étant aussi en correspondance avec, dans l'ordre, les éléments Terre, Eau, Feu, Air et Espace, ainsi qu'avec l'esprit et l'âme, les massages internes que permettent ces exercices ont pour effet d'équilibrer la vie à tous ses niveaux.

Faites ces exercices en une seule fois, dans l'ordre indiqué. Le tout demande environ vingt minutes. Mais, si vous avez un élément déséquilibré, contentez-vous de n'activer, pendant deux ou trois jours, que le chakra correspondant à cet élément. Puis faites l'ensemble des exercices.

Attention : renoncez à ces trois exercices si vous êtes malade.

Premier chakra. Cet exercice comporte deux parties.

– Assis très droit, inspirez tandis que vous resserrez l'anus et le vagin, en contractant les fesses et les muscles du bas-ventre. Restez ainsi quelques secondes ; expirez et détendez-vous. Cet exercice équilibre l'énergie vitale de l'homme et de la femme. Il stimule en même temps les glandes sexuelles et fait remonter l'énergie libérée le long de la colonne vertébrale, ce qui lui permet de circuler dans les canaux énergétiques avant de revenir vers les organes génitaux. En faisant circuler l'énergie sexuelle sans la dépenser vous luttez contre le vieillissement. C'est un exercice particulièrement revitalisant pendant les périodes d'inactivité sexuelle.

– Levez-vous et tenez-vous très droit. Étendez les bras sur les côtés, la paume droite tournée vers le haut, la gauche vers le bas. Pivotez sur vous-même dans le sens des aiguilles d'une montre. Au début, répétez ces mouvements trois ou quatre fois par jour. Puis allez progressivement jusqu'à dix ou douze fois par jour. Cet exercice imprime un mouvement rotatif à l'énergie des sept chakras et aide à équilibrer l'élément Terre. Il peut provoquer un vertige passager.

Deuxième chakra. On appelle cette posture la chandelle. Allongez-vous sur le dos, les mains sous les hanches. Inspirez tandis que vous contractez les muscles du sphincter et levez vos jambes en les maintenant droites au-dessus de votre tête, les pieds pointés vers le plafond. Pliez vos coudes et soutenez vos hanches à l'aide des mains et des bras ; appuyez le menton sur la poitrine. Restez dans cette position pendant quelques secondes, le dos le plus droit possible. Expirez tandis que vous reposez lentement votre tête et votre corps sur le sol. Répétez dix fois. *Ne faites pas cet exercice si vous êtes constipé.*

On dit que cet exercice assure une éternelle jeunesse. Il stimule la glande thyroïde qui renforce le tejas, ou feu métabolique, et le système immunitaire. Il favorise en même temps l'équilibre de l'élément Eau.

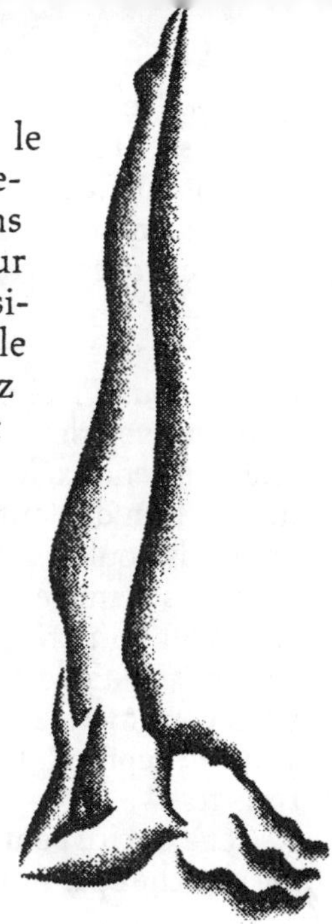

Troisième chakra. Agenouillez-vous sur le sol, la tête et le dos droits, les fesses tendues. Attrapez l'arrière de vos cuisses pour qu'elles vous servent de support, et approchez doucement le menton de la poitrine jusqu'à ce qu'il s'y appuie. Inspirez lentement tandis que vous relevez la tête et creusez votre dos au maximum, puis laissez retomber doucement votre tête en arrière. Expirez lentement et revenez à votre position initiale. Recommencez trois ou quatre fois.

Cet exercice favorise l'équilibre de l'élément Feu.

Quatrième chakra. Asseyez-vous, les jambes étendues devant vous. Placez vos mains près des hanches, les paumes tournées vers le sol, les doigts pointés vers l'arrière ; puis pliez les genoux, les pieds à plat sur le sol et à trente centimètres l'un de l'autre. Prenant appui sur vos mains et sur vos pieds, soulevez doucement vos fesses du sol tout en tendant vos hanches et votre ventre vers le haut. Laissez retomber votre tête. Votre torse et vos membres font alors comme une table. Inspirez et contractez les muscles quand vous vous mettez dans cette position ; expirez et détendez-vous en reprenant votre position assise. Répétez deux ou trois fois.

Cet exercice peut vous paraître un peu difficile au début. Ne cherchez pas immédiatement la perfection. Il s'agit d'un

exercice qui favorise l'équilibre de l'élément Air.

Cinquième chakra. Cette posture est celle du cobra. Allongez-vous à plat ventre, les mains sur le sol à la hauteur des épaules, les pieds écartés, à soixante-dix centimètres l'un de l'autre. Appuyé sur vos mains, décollez votre torse du sol en relevant lentement la tête et le menton, tout en creusant le dos. Inspirez tandis que vous levez le menton vers le plafond; puis baissez-le et appuyez-le fortement contre votre torse. Expirez et revenez lentement à votre position de départ.

Cet exercice stimule les centres cervicaux et favorise l'équilibre de l'élément Espace.

Sixième chakra. Allongez-vous sur le dos, les mains sur les côtés. Inspirez tandis que vous levez les bras par-dessus la tête, pointez les orteils en avant et étirez votre colonne vertébrale. Gardez cette position pendant quelques secondes tout en visualisant le mouvement de rotation du flux énergétique dans chaque chakra, puis son rayonnement qui sort du corps comme de la lumière et illumine peu à peu chaque cellule. Expirez pendant que vous ramenez vos bras sur les côtés. Au début, répétez trois fois puis allez progressivement

vers six répétitions par jour.

Cet exercice aide à se débarrasser des blocages d'énergie et équilibre l'esprit.

Septième chakra. C'est un exercice de méditation qui utilise le son « so-houm ». (Voir chapitre 13 pour d'autres exercices de méditation.) Dans un endroit calme et confortable, asseyez-vous, fermez les yeux et redressez le dos. Inspirez lentement tandis que vous écoutez le son « so » dans votre tête, puis expirez de même en écoutant le son « houm ». Respirez ainsi pendant une à deux minutes.

So-houm est la respiration universelle. Nous faisons entrer en nous l'énergie universelle avec « so » et nous nous libérons de notre ego avec « houm ». Ainsi, nous faisons tomber la barrière entre le moi individuel et le moi universel, ce qui nous aide à faire l'expérience de la conscience illimitée, autrement dit de l'équilibre parfait.

TONIFIER L'ESPRIT ET LE CORPS

Le yoga muscle le mental autant que le corps. La série d'exercices que je vous propose maintenant commence par quatre exercices faits pour renforcer les pouvoirs de l'intellect : la concentration, la pensée analytique, la persévérance, la mémoire et la contention. Le développement de ces aptitudes est nécessaire à la conscience des choses. Dans le dernier chapitre, je parlerai longuement de la façon dont vous pouvez utiliser volonté, intention et attention pour transformer les pensées et les comportements qui, engendrant stress et malaise, conduisent au vieillissement et à la maladie. Lorsque vous commencerez à agir consciemment en fonction de ces principes, les exercices de yoga que vous allez découvrir vous aideront à développer le muscle mental dont vous avez besoin pour interrompre des habitudes négatives et parvenir à accomplir avec succès ce que vous entreprenez.

Les autres exercices de cette série ont des effets directs sur le visage et sur le corps. Ils permettent de réduire les rides, de tonifier les muscles, de préserver votre souplesse et favorisent une circulation fluide et constante de l'énergie vitale.

Vous pouvez faire l'ensemble des exercices ou un seul à la fois, à votre convenance. *Commencez chaque exercice en étant assis en tailleur ou dans la position du lotus ou, si vous préférez, debout, les pieds joints.* Le fait d'être assis en tailleur ou dans la position du lotus présente l'avantage de vous permettre d'avoir le dos bien droit et le corps stable sans effort particulier, ce qui vous évite fatigue et distraction.

Prière yogique. Pressez les paumes l'une contre l'autre, les doigts – à l'exception du pouce – pointés vers le haut, le bout des pouces appuyé sur le creux de l'estomac. Fermez les yeux et respirez pleinement mais doucement, tandis que vous vous focalisez pendant une minute sur l'être divin qui est en vous ou sur toute autre image de lumière, d'amour ou de paix. L'exercice développe la concentration.

Pensée et persévérance. Lentement, relevez le menton et rejetez votre tête en arrière jusqu'à la limite de l'effort. Fermez les yeux, puis respirez par le nez, rapidement et en forçant pendant douze minutes. Laissez votre torse ressembler à un soufflet qui se gonfle et se dégonfle pendant que vous respirez. Cet exercice renforce la faculté de penser et la persévérance.

Mémoire. Placez un objet sur le sol à environ 1,50 mètre devant vous. Regardez-le en inspirant et en expirant douze fois, rapidement, tout en focalisant votre attention sur le sommet de votre crâne. Vous développez ainsi votre mémoire.

Contention. Penchez doucement la tête et appuyez le menton sur le torse. Fermez les yeux puis inspirez et expirez rapidement douze fois de suite, tout en vous focalisant sur votre nuque. L'exercice développe la faculté de contention.

Fermeté des joues et santé des dents. Touchez votre palais avec le bout de la langue, arrondissez vos lèvres comme pour siffler, inspirez et fermez la bouche. Avec l'air que vous avez inspiré, gonflez vos joues et retenez votre respiration jusqu'à ce que vos joues deviennent rouges. Relevez doucement la tête et exhalez par le nez. Recommencez six fois.

Cet exercice gomme les rides, tonifie les joues et les dents, et aide à prévenir ou à guérir la pyorrhée, une maladie des gencives.

Vigueur du cou. Fermez la bouche et faites un grand sourire qui relève au maximum les coins de la bouche. Respirez par le nez tandis que les muscles des joues travaillent et, en même temps, étirez votre gorge et votre cou. Restez ainsi le plus longtemps possible puis exhalez lentement et détendez vos muscles du visage et du cou. Recommencez six fois.

En faisant cet exercice, vous améliorez le fonctionnement de la glande thyroïde ainsi que votre métabolisme, et vous corrigez un double menton qui résulte d'un métabolisme déficient.

Vigueur de la mâchoire. Ouvrez votre bouche en un large sourire, le cou en avant, puis fermez les mâchoires, les dents du bas *en avant*. Introduisez votre pouce et votre index droits dans votre bouche, de chaque côté des dents, et écartez vos joues au maximum. Rapprochez vos doigts pour laisser les joues se détendre. Recommencez cet exercice trente fois en agissant avec la rapidité d'un ressort.

Cet exercice tonifie les muscles de la joue, de la mâchoire et du cou. Associé à celui qui tonifie le cou, il produit les mêmes effets qu'un drainage lymphatique onéreux. En faisant travailler les muscles qui vont du menton, de la mâchoire et du cou aux oreilles, vous favorisez dans cette zone le drainage de la lymphe vers le cœur.

Vigueur du torse. Debout, les bras sur les côtés, inhalez lentement en levant les bras sur le côté jusqu'au-dessus de votre tête, sans plier les genoux. Exhalez lentement tandis que vous baissez les bras pour revenir à votre position de départ. Répétez cet exercice douze fois.

Vigueur de l'abdomen. Exhalez par le nez et rentrez le ventre ; puis inhalez et ressortez le ventre. *Ne retenez pas* votre respiration. Répétez l'exercice trois fois.

Vigueur du muladhara. Cet exercice comporte trois phases : il s'effectue d'abord avec les pieds joints, ensuite avec les pieds à dix centimètres, puis à soixante-dix centimètres l'un de l'autre. Pour chaque phase, tenez-vous debout, droit, les jambes raides. Inhalez tandis que vous contractez les muscles du rectum et du vagin. Conservez votre position le plus longtemps possible puis exhalez et détendez-vous. Répétez l'exercice trois fois.

Le flux d'énergie sexuelle est libéré par le premier chakra, ou muladhara. Il peut s'écouler vers le bas et sortir du corps – c'est le cas au moment de l'orgasme – ou monter vers les autres chakras, jusqu'à la couronne, comme cela arrive quand notre esprit s'éclaire. En lui barrant le chemin vers le bas lorsque nous faisons cet exercice, nous l'obligeons à remonter le long de la moelle épinière, ce qui favorise l'équilibre de l'esprit et du corps, et l'expansion du champ de la conscience. Cet exercice renforce la vigueur sexuelle et aide à se débarrasser des problèmes sexuels.

Salutation au soleil. La salutation au soleil, ou *surya manascar*, est une pratique yogique classique qui préserve la flexibilité de la colonne vertébrale et ouvre les trois canaux d'énergie principaux qui, montant le long de la colonne, relient les sept chakras et tous les autres canaux d'énergie du corps. Quand notre colonne vertébrale devient raide, on peut dire que nous sommes vieux. Par conséquent, la salutation au soleil nous permet de rester en forme dans un corps entièrement équilibré.

Comme son nom l'indique, cette pratique se fait habituellement de bonne heure, face au soleil que l'on regarde se lever. Elle comprend une série de six postures que l'on prend en suivant un double cycle, d'abord selon un ordre croissant puis selon l'ordre décroissant. Le programme court prend environ une minute. L'exercice est rythmé comme une danse, les postures se succédant à chaque respiration.

On trouve les instructions qui concernent la salutation au soleil pratiquement dans tous les manuels de Hatha Yoga. Plutôt que de les répéter ici, je préfère vous renvoyer à votre librairie habituelle.

D'AUTRES EXERCICES POUR VOTRE ÉQUILIBRE INTÉRIEUR

Comme je vous l'ai dit, tous les exercices dont je viens de parler conviennent à n'importe quel type de peau. Mais vous êtes peut-être nombreux à vouloir faire également d'autres exercices, soit pour entretenir votre silhouette soit pour vous distraire, ou les deux en même temps. Aujourd'hui, on propose des exercices adaptés à tous les âges et à tous les tempéraments. Il y a des cours de gymnastiques pour les tout-petits comme des cours pour le troisième âge. Il m'est impossible ici de parler de chacune de ces options mais, en revanche, je peux vous prodiguer quelques conseils en ce qui concerne le choix d'un programme, en fonction d'un impératif : l'équilibre de vos doshas.

Les personnes de type Kapha qui ont la peau grasse, ont tendance à choisir l'inactivité et à grossir. Mais, comme elles sont aussi dotées d'une bonne endurance physique, les exercices d'aérobic, vigoureux et d'un fort impact, leur sont particulièrement recommandés, une heure par jour, si elles le peuvent. En raison de leur tendance innée à la rétention d'eau, elles ont aussi tout intérêt à transpirer le plus possible. Cependant, leur vrai problème est de se mettre en mouvement. Pour cette raison, elles ont besoin d'être entraînées, par un professeur d'aérobic, par exemple, ou de tennis. Après l'effort, elles doivent nettoyer leur peau et la nourrir avec une particulière vigilance, afin d'éviter l'acné qui est souvent provoquée par l'exercice physique, surtout pendant les mois chauds de l'année.

Les personnes de type Pitta, à la peau sensible, mais d'une grande énergie, tirent les meilleurs bénéfices d'exercices rapides qui leur permettent de brûler leur surplus d'énergie et de les faire décompresser. Cependant, elles n'ont pas la résistance de Kapha. Si elles n'aiment pas se ménager, elles doivent limiter leurs efforts afin d'éviter de se retrouver à plat. Entreprenantes de nature, elles n'ont habituellement aucun problème à se motiver et n'ont, par conséquent, besoin de personne pour les pousser à faire de l'exercice. Mais leur agressivité, leur esprit de compétition – même lorsque, par exemple, elles courent ou nagent seules – les entraîne à se conduire comme si elles se préparaient pour un marathon ou une épreuve de natation.

Aux personnes de type Vata qui ont la peau sèche, ce sont les exercices réguliers, quotidiens, qui conviennent le mieux. À l'inverse du type Kapha, elles se lancent facilement et avec enthousiasme dans l'activité physique, mais n'ont qu'une endurance et une ténacité limitées. Par conséquent, les Vatas ont intérêt à choisir un programme d'exercices à l'impact et au rythme modérés, des cours de danse classique ou moderne, par exemple, ou de Hatha Yoga, ou encore des randonnées à pied, de la natation ou de la course à petites foulées. Il leur est recommandé de limiter la durée de leurs exercices physiques à trente ou à quarante-cinq minutes par jour.

Pour tous les types de peau, le cycle matinal de Kapha est le meilleur moment de la journée pour faire des exercices. Le métabolisme est lent, et l'esprit comme le corps ont besoin d'être stimulés. L'après-midi, pendant le cycle de Vata, les exercices fatiguent et, le soir, stimulent l'esprit et provoquent ainsi des insomnies. Étant donné que les exercices vigoureux altèrent le métabolisme, abstenez-vous d'en faire une demi-heure avant le repas, une ou deux heures après le repas. En revanche, une promenade d'un quart d'heure, en se levant de table, favorise la digestion.

Comme l'a écrit un auteur : « Le toucher est la plus personnelle des expériences sensorielles ». C'est aussi le sens qui est le plus étroitement lié à la peau tandis que la peau, qui permet les contacts humains les plus intimes, est le *plus grand* des organes corporels. Nous sommes, à l'évidence, des créatures conçues pour l'expérience tactile. Chaque centimètre de peau est fait pour toucher et être touché. Par conséquent, le toucher devrait jouer un rôle primordial dans l'expérience humaine. Or, nous vivons dans une culture qui nous isole de plus en plus les uns des autres, dans laquelle bien des enfants ne connaissent qu'une seule forme de toucher – la maltraitance – et où les adultes limitent souvent leurs contacts physiques affectueux aux relations sexuelles. En même temps, la « stimulation artificielle », produit des dernières technologies, engendre une société à « faible contact ». On se sert de machines même pour faire travailler son corps et l'on rêve de muscles fessiers, d'abdominaux, de pectoraux d'acier, ce qui traduit une envie de *devenir* de vraies machines qui pourraient prendre de vitesse ou inverser le processus du vieillissement.

La seule façon de vaincre le vieillissement et la maladie c'est de réduire le stress et d'étendre le champ de notre conscience. Les technologies de la *conscience* sont les outils de la science de la longévité. Les machines s'usent et s'arrêtent ; l'intelligence du corps-esprit s'autorégénère. Faites travailler vos biceps en prenant un bébé dans vos bras ou en massant quelqu'un qui vous est cher. Serrez des amis sur votre cœur, et vous aurez soulevé un haltère de cent kilos. Un contact physique nourricier peut effacer le stress et la tension physique accumulés pendant toute une journée.

Chapitre 9

L'AROMATHÉRAPIE

Comme ton amour est meilleur que le vin !
Et l'odeur de tes onguents, que n'importe quelle épice.
Un jardin clos, est ma sœur, mon épouse ;
Une source close, une fontaine scellée.
Tes élans, un jardin de grenadiers,
Aux fruits précieux ;
De henné et de nards,
De nard et de safran, d'acole et de cinnamome,
De toutes les sortes d'encens ;
De myrrhe et d'aloès, et des plus belles épices.
Tu es une fontaine de jardins…

LE CANTIQUE DES CANTIQUES

Nous pratiquons tous l'aromathérapie vingt-quatre heures sur vingt-quatre. Nous respirons un air qui est un pot-pourri d'odeurs et de fumées qu'exhalent savons, lotions, sprays, cires, peintures, aliments, fleurs, ordures, essences, substances chimiques, êtres humains et animaux de toutes sortes. Lorsque nous dormons, nous avons sous le nez l'odeur de notre crème de nuit et de nos draps. Cependant, nous ne sommes conscients que des effets évidents de ce constant flux olfactif.

Pour l'Ayurveda, qui insiste sur l'importance des cinq sens dans l'équilibre des doshas, notre ignorance est parfaitement regrettable. Comme vous allez le voir, l'influence des odeurs est primordiale dans notre vie. Sur le plan anatomique, le nez est la porte d'entrée du cerveau et chaque odeur inhalée a un effet direct sur l'esprit et sur les émotions. En même temps, toutes les odeurs s'insinuent dans le corps, portées par notre souffle comme l'est le prana, ou énergie vitale. Par conséquent, le nez est aussi la porte d'entrée de la conscience, et l'Ayurveda se préoccupe autant de *ce que* nous respirons – sujet de ce chapitre – que de notre *manière* de respirer – sujet du chapitre 13.

L'odeur : ancienne racine des émotions

L'organe olfactif humain comprend dix millions de cellules olfactives dont chacune comporte deux terminaisons nerveuses, qui ressemblent à des cils et retirent les molécules odorantes du mucus où elles se sont dissoutes. Ces vingt millions de *cils* sont sensibles à des milliers de composants moléculaires odorants. D'après l'étude de Peter et de Kate Damian, auteurs de *Aromatherapy: Scent and Psyche,* un nez bien entraîné peut identifier des centaines d'odeurs distinctes, et même un nez ordinaire peut repérer une seule molécule de poivre parmi un milliard d'autres molécules odorantes. Mais, si nous sommes ainsi pourvus d'un sens olfactif qui est le plus sensible de nos cinq sens, cette sensibilité olfactive n'est rien par rapport à celle des animaux. Les chiens de bergers, par exemple, possèdent vingt-deux fois plus de cellules olfactives que l'homme, ce qui leur donne une sensibilité un *million* de fois plus développée que la nôtre.

Pour les reptiles et tous les animaux à quatre pattes qui vivent le nez au ras du sol, il est évident qu'un odorat très fin est vital, et une phylogénèse millénaire n'a pas entamé leur aptitude à détecter les odeurs les plus subtiles. Tel n'est pas le cas de l'*Homo sapiens*. Comme la plupart des autres primates et des oiseaux, nous avons un horizon plus vaste et, par conséquent, notre expérience fait beaucoup plus appel à la vue et à l'ouïe qu'à l'odorat, au toucher et au goût, considérés comme des sens chimiques. De plus, la raison humaine et la civilisation qu'elle a forgée nous ont dotés de moyens mieux adaptés à la protection de notre espèce que l'odorat dont elle a encore réduit le rôle. Il en résulte, selon la loi de sélection naturelle établie par Darwin, une diminution de la sensibilité olfactive qui fait que le nez n'est plus ce qu'il était, bien qu'il demeure un organe sensoriel encore très sensible. Aujourd'hui, si l'odorat reste primordial dans la petite enfance, il ne joue plus ensuite de rôle prépondérant dans notre survie. En revanche, il intervient de façon importante dans le développement de notre bien-être mental et participe amplement à l'expérience du plaisir.

Dans *Emotional Intelligence*, Daniel Goleman écrit, à propos du développement du cerveau, que l'odorat est « la plus ancienne source de la vie émotionnelle ». Il explique que le centre de l'olfaction fut d'abord deux fines strates de neurones encerclant la partie supérieure du pédoncule du cerveau reptilien – excroissance de la moelle épinière et première esquisse du cerveau. Ces neurones pouvaient réagir à l'environnement et commander les fonctions d'adaptation. Les uns déterminaient ce qui était « comestible ou toxique, sexuellement utilisable ou non, et distinguaient l'ennemi du repas » ; les autres donnaient le signal de l'action : « mordre, cracher, s'enfuir, chasser » – mais ni les premiers ni les seconds ne permettaient de penser ou d'apprendre.

L'apparition des premiers mammifaires s'est accompagnée de l'émergence d'une nouvelle couche de neurones en forme d'anneau – ou limbe – autour du centre olfactif et du pédoncule cervical. Avec le temps, ce *système limbique* a développé une capacité de mémorisation et d'apprentissage, et établi un lien vital entre l'olfaction et l'émotion. « Cette révolution a permis à l'animal de choisir plus habilement ses moyens de survie. [...] Si un aliment rendait malade, l'expérience n'était pas renouvelée », écrit D. Goleman. Bien que l'animal ne décidait encore de « manger ou de rejeter » un aliment qu'en fonction de l'odeur, le lien entre le centre olfactif et le système limbique permettait désormais la comparaison entre odeurs nouvelles et odeurs connues, ainsi que la distinction entre bonnes et mauvaises odeurs, si bien que l'animal pouvait adapter son comportement à chaque situation inédite. On a appelé très judicieusement ce nouvel instrument discriminatif « le cerveau olfactif », ou *rhinencéphale*. C'est lui qui nous a procuré notre choix émotionnel primal – la distinction subjective entre l'attrait et le rejet qui induit le plaisir ou la douleur – et qui est devenu le point de départ de la fonction cognitive. Les nuances émotionnelles et la « capacité d'avoir des sentiments *au sujet* de nos sentiments » sont apparues plus tard, avec le fonctionnement de la raison humaine. Toutefois, étant donné la façon dont sont connectées nos structures encéphaliques, l'ancien cerveau continue à réagir en premier dans les moments de crises émotionnelles, de désir sexuel, de passion, et à susciter les comportements nécessaires à la survie de l'être humain. D. Goleman dit : « Quand nous sommes tenaillés par la faim ou pris de fureur, éperdus d'amour ou recroquevillés par la peur, c'est le système limbique qui nous gouverne ».

L'olfaction de l'homme conserve également un lien privilégié avec le « cerveau émotionnel ». Tandis que les autres stimuli sensitifs atteignent le système limbique par l'intermédiaire de structures cérébrales plus élaborées, les stimuli olfactifs parviennent directement, par les fosses nasales, l'organe et les nerfs olfactifs, à la matrice neurale qui réagit à la peur, à la passion, à l'agression, au désir, au plaisir, au besoin, et qui, en tant que structure limbique, échappe à la raison. Il en résulte que parfums et odeurs ont le pouvoir unique de faire ressurgir des impressions vivaces et des saveurs « émotionnelles », dont certaines nous viennent d'une époque où nous ne savions pas encore les nommer. L'aromathérapie ayurvédique utilise ce pouvoir en choisissant, pour chaque type de peau, des fragrances connues pour favoriser l'équilibre de l'esprit et des émotions.

Perdue et retrouvée : l'aromathérapie redécouverte par la science occidentale

Après avoir éclairci les mystères des rapports cerveau-esprit et découvert les liens entre nos sens et nos émotions, grâce à la technologie, les scientifiques modernes se sont mis à étudier de près l'influence des arômes sur notre psychophysiologie et sur notre comportement. En fait, l'utilisation de parfums pour réveiller l'esprit et détendre le corps remonte à des temps très anciens dans de nombreuses civilisations. Toutefois, en Europe, aux lendemains de la Renaissance, on a, la plupart du temps, suspecté la science aromatique d'être une forme d'alchimie et, jusqu'à la fin du XIXe siècle, elle a été abandonnée à la parfumerie et à l'occultisme. Néanmoins, à la même époque, la médecine a eu l'occasion de s'intéresser aux huiles aromatiques quand, au cours d'une épidémie de tuberculose, on a observé qu'en France les floriculteurs et les parfumeurs présentaient une résistance inhabituelle à la maladie, ainsi qu'à d'autres désordres respiratoires.

Dans les années vingt, l'un de ces parfumeurs, René M. Gattefosse, fit beaucoup parler des vertus curatives des huiles essentielles lorsqu'à la suite d'une explosion dans son laboratoire, il guérit ses mains brûlées en les plongeant par inadvertance dans de l'huile pure de lavande. Constatant que la guérison était intervenue dans les heures suivantes, sans que fût apparue la moindre infection ou la plus petite cicatrice, R.M. Gattefosse commença à expérimenter les effets thérapeutiques et cosmétiques des huiles essentielles. Les Occidentaux reconnurent ses travaux en les désignant sous le nom nouveau d'« aromathérapie », titre de son premier livre. Mais l'aromathérapie, elle, n'était pas nouvelle. L'Inde, l'Égypte, la Perse, la Grèce, Rome, entre autres, la Chine ne cessaient, depuis longtemps, de pratiquer la thérapie par les plantes, sous une forme ou sous une autre.

À la même époque, mais travaillant indépendamment de R.M. Gattefosse, deux physiciens italiens démontrèrent les effets sédatifs ou stimulants de certaines essences végétales sur les fonctions physiologiques et soulevèrent ainsi un intérêt scientifique pour les arômes et leur influence sur les émotions et le comportement. Au cours des décennies suivantes, de nombreux scientifiques de par le monde entreprirent à leur tour des recherches et, en 1990, un physiologiste de Yale démontra, à partir de l'odeur du chocolat, que les arômes pouvaient participer à la résurgence de souvenirs et favorisaient l'étude. Aujourd'hui, c'est toute une industrie qui analyse l'influence des odeurs sur le comportement et sur l'humeur. Des études récentes ont prouvé, par exemple, que les mauvaises odeurs provoquent des attitudes antisociales, tandis que les parfums floraux renforcent l'étude et la mémoire. Ce qui a conduit à la conclusion que certaines fragrances peuvent être utiles dans les salles de cours, les bureaux et même le métro.

Lorsqu'ils ont utilisé des huiles essentielles pures, les chercheurs ont, généralement, pu confirmer les vertus thérapeutiques de ces huiles… des siècles après les physiciens ayurvédiques. Cependant, à la plupart des aromathérapeutes occidentaux et des « aromatologues » – comme se désignent eux-mêmes ces spécialistes industriels –, il manque encore – partiellement ou totalement – des connaissances fondamentales : celle du rôle joué par les constitutions individuelles, comme celle de données complémentaires, intervenant dans l'utilisation des arômes. Ces insuffisances les induisent en erreur en ce qui concerne l'usage de ce qu'ils proposent, simplement parce qu'ils croient qu'une huile essentielle produit les mêmes effets sur tout le monde. Si la recherche a démontré les effets spécifiques d'une essence particulière, nous savons, grâce à l'Ayurveda, qu'un certain effet ne peut être indifféremment conseillé à chacun. Comme vous le verrez, un arôme apaisant, rafraîchissant, qui *réduit* le stress chez une personne fougueuse de type Pitta, peut le *provoquer* chez une autre, de type Kapha, parce qu'il augmente la nonchalance naturelle de Kapha et sa sensibilité au froid. Ou bien, un arôme stimulant, qui équilibre Kapha, renforcera en revanche l'excitabilité de Pitta. La pratique de l'aromathérapie demande non seulement de connaître parfaitement les essences, mais aussi la nature de la personne qui est amenée à les utiliser.

Le Dr John Ryder, physiologiste new-yorkais, a entrepris l'étude des effets thérapeutiques des arômes, en se conformant aux principes de l'Ayurveda et, utilisant mes huiles Tej, il associe l'aromathérapie ayurvédique aux techniques modernes de gestion du stress afin d'aider ses clients à se détendre. Après leur avoir remis un questionnaire permettant de déterminer leur constitution, il leur demande de choisir l'arôme qui leur paraît le plus séduisant parmi trois arômes Tej, puis leur apprend à se relaxer en pratiquant l'autohypnose. Quand ces personnes sont totalement sous hypnose, J. Ryder leur fait inhaler l'arôme choisi, tandis qu'il suscite un processus de visualisation favorisant la guérison et la détente. En trois à cinq séances, cette association entre l'arôme – stimulant externe agréable – et l'expérience d'un calme profond provoque un réflexe qui permet de se détendre, simplement en respirant l'arôme approprié.

« Ceci accélère considérablement la disparition de perturbations émotionnelles, parce que c'est une façon de réajuster le niveau de résistance du système limbique en faisant directement appel à certains mécanismes neuropsychologiques », explique J. Ryder. « Du même coup, on fait disparaître les effets du stress et l'on rétablit le contrôle de soi. »

Mis à part quelques études indépendantes de ce genre, la recherche scientifique concernant les effets des odeurs – tout comme l'étude annexe des saveurs – est financée par des entreprises qui prêtent un avenir prometteur au marché des « parfums d'ambiance », au « conditionnement sensoriel » et qui, dans ce genre d'optique, ne pensent qu'à augmenter leur productivité et celle de leurs employés, et à influencer le comportement des acheteurs. Le plus large profit, et de loin, ne peut venir que de l'utilisation de fragrances synthétiques, qui coûtent bien moins cher que les arômes naturels ; et ce sont généralement ces produits synthétiques qu'utilisent la recherche et les entreprises. Comme je l'ai déjà signalé, si une étiquette ne spécifie pas « huile essentielle », le mot « parfum » se réfère immanquablement à un produit de synthèse.

La fabrication des parfums : la valeur intrinsèque des huiles essentielles

Dans le chapitre 4, je vous ai présenté les essences végétales, en vous expliquant qu'elles sont l'essence de la plante – son parfum et sa saveur –, qu'en même temps elles jouent un rôle dans son système immunitaire, et je vous ai parlé des usages qu'en fait l'Ayurveda, y compris en aromathérapie. Comme je l'ai également précisé, les huiles essentielles extraites de la plante en contiennent les hormones, ces messagers chimiques qui, comme nos propres hormones, gouvernent les processus vitaux des plantes. L'essence elle-même – le parfum – a une double utilité : d'une part, elle attire les abeilles et autres insectes qui assurent la pollinisation et propagent le pollen ; d'autre part, elle repousse les prédateurs et tue les bactéries qui ont tendance à envahir la plante. Elle est la force vitale de la plante et donne sa vie et son intelligence à notre corps quand nous la respirons ou l'avalons. Comme l'affirment Peter et Kate Damian dans *Aromatherapy: Scent and Psyche*, l'action équilibrante de l'essence est à la fois biochimique, électromagnétique et hormonale. Elle établit avec l'intelligence subtile du corps une correspondance d'« élément chimique à élément chimique, de charge à charge, de phytohormone à hormone humaine ». Ce langage partagé est, en fait, « à peine surprenant », ajoutent ces deux auteurs, « étant donné que notre existence physique dépend, à plus d'un égard, directement du monde végétal ».

Contrairement aux parfums qui sont des produits de synthèse ou qu'un procédé chimique a isolés de leur source naturelle, les huiles essentielles pures renferment des centaines de composants biochimiques – parfois des milliers. La plupart d'entre eux n'ont pas encore été isolés ni même identifiés, si bien que la complexité biochimique des huiles pures est impossible à reproduire. Ainsi, avec des structures nécessairement simplifiées, et aucune force vitale, les essences synthétiques ne risquent pas d'imiter l'action holistique et l'intelligence des huiles essentielles. De plus, quand elles passent dans le flux sanguin, leurs éléments chimiques sans vie deviennent des toxines pour le corps. Lorsqu'elles sont inhalées, elles exposent à un déséquilibre du système nerveux central et à des réactions allergiques immédiates. Ces effets nocifs, nous les connaissions déjà. Ce que l'on découvre maintenant, ce sont les conséquences à long terme d'une exposition continue et croissante aux déodorants, sprays, parfums et autres arômes artificiels propagés dans l'atmosphère. Les recherches les plus récentes révèlent que les nerfs olfactifs perdent de leur sensibilité quand ils sont stimulés avec excès, et qu'en fait nous sommes en train d'altérer notre olfaction au point de ne plus savoir identifier la source naturelle d'une odeur ou d'une saveur. Cette situation a des effets très insidieux sur notre santé.

À l'instar de l'Ayurveda, Peter et Kate Damian recommandent l'utilisation d'extraits végétaux purs. Ils décrivent des expériences au cours desquelles on a demandé à des sujets, appartenant à la génération d'après-guerre et à la suivante, d'identifier des arômes. On a pu constater que ces personnes associaient l'odeur du citron, non pas au fruit mais à des produits d'entretien, et confondaient l'odeur du pin avec celle du citron, pour la même raison.

D'autres expériences ont démontré qu'entre des boissons à l'arôme artificiel de fraise et des boissons à l'arôme naturel, les gens choisissaient les premières. Un chercheur a expliqué aux Damian qu'en fait, si l'on écrase des fraises fraîchement cueillies devant des sujets qui ont les yeux bandés, ceux-ci affirment qu'il ne s'agit pas de fruits. Les auteurs soulignent les dangers auxquels nous expose l'habitude des succédanés : « À force de sentir et de goûter des aliments qui ressemblent à ceux qui nous sont bénéfiques, nous sommes, la plupart du temps, induits en erreur, et respirons et ingurgitons des substances nocives. Ainsi, nous trouvons le plaisir que nous recherchons, mais sans nous procurer les bienfaits nutritionnels dont nous avons besoin. »

Il faut savoir qu'en réalité arômes et saveurs artificiels ne suscitent pas un plaisir réel. Si les molécules de synthèse arrivent à satisfaire les sens sur le moment, elles deviennent ensuite des toxines pour le corps et provoquent le déséquilibre des doshas, tout simplement parce qu'il leur manque l'intelligence des molécules naturelles. Or, sans équilibre nous ne pouvons connaître les plaisirs ultimes et durables de la vie que sont la félicité illimitée et la beauté absolue. En accord avec les principes de l'Ayurveda, les arômes naturels ne se contentent pas de nous procurer un plaisir sensuel passager. Ils vivifient l'esprit et équilibrent les énergies subtiles du corps. Dans ce qui va suivre, vous découvrirez comment choisir et utiliser les arômes qui vous sont bénéfiques.

Le choix des arômes : une affaire de goût

Vous êtes-vous jamais demandé pourquoi certaines personnes ne vous attirent pas ? Ou pourquoi vous constatez que vous avez des atomes crochus avec une personne et pas avec une autre ? L'Ayurveda nous dit que chacun a une essence spécifique – notre ojas – qui est sécrétée par des glandes et, par conséquent, est le produit d'une chimie particulière du corps. Comme l'écrit D. Goleman : « Chaque entité vivante, qu'elle soit un aliment, un poison, un partenaire sexuel, un prédateur ou une proie, possède un sceau moléculaire qui est porté par le vent. Tout comme l'essence d'une fleur, ce sceau moléculaire est détecté par notre odorat et, à la façon de n'importe quelle odeur, provoque une réaction psychophysiologique spécifique. »

Par conséquent, notre « goût » pour certains n'est guère différent de notre goût en matière de parfums. Si nous ne sommes attirés que par quelques fragrances, parmi les centaines qui sont sur le marché, de la même manière nous ne sommes attirés que par l'essence de certaines personnes, pendant que nous nous écartons de celle des autres. Ce qui nous attire, nous apaise ou nous stimule, et ce que nous rejetons, dépend en grande partie de notre nature – à savoir du mélange spécifique d'éléments dont nous sommes constitués.

Comme je l'ai mentionné dans des chapitres précédents, l'odeur vient du goût. Un aliment qui a un goût sucré a également une odeur sucrée ; un goût aigre s'accompagne d'une odeur aigre, etc. Il y a six goûts fondamentaux, ou *rasas*, et par conséquent six odeurs fondamentales. Chacune a les caractéristiques des éléments qui la composent :

RASA/ODEUR	COMPOSITION	CARACTÉRISTIQUES
Sucrée	Terre + Eau	Froide, huileuse, lourde.
Aigre	Terre + Feu	Chaude, huileuse, lourde.
Salée	Eau + Feu	Chaude, huileuse, lourde.
Piquante	Feu + Air	Chaude, légère, sèche.
Amère	Air + Espace	Froide, légère, sèche.
Astringente	Air + Terre	Froide, moyenne.

Un goût et son odeur, comme l'eau et sa vapeur, sont une même chose, sous des formes différentes et, par conséquent, ont des effets similaires sur notre constitution. Le feu dans un aliment épicé, par exemple, augmente Pitta, que vous le *mangiez* ou simplement le *respiriez*. Toutefois, le goût d'un aliment doit être digéré, absorbé, et passer dans le sang avec les nutriments avant d'envahir le corps. En revanche, les molécules aromatiques, passant par les alvéoles et les capillaires des poumons ou par les nerfs olfactifs, atteignent directement le flux sanguin et le système limbique, ainsi que l'hypothalamus, où elles stimulent le système endocrinien et la production d'hormones. Ces effets sont de courte durée mais immédiats et, par conséquent, font de l'aromathérapie un moyen idéal d'apaiser les émotions, de s'égayer et de réduire le stress sur-le-champ. Rapide et facile, l'aromathérapie est un complément parfait de vos soins quotidiens, en particulier si vous avez un déséquilibre d'origine émotionnelle.

Les huiles essentielles constituent l'outil de base de l'aromathérapie ayurvédique. Vous pouvez choisir un procédé ou un autre parmi ceux que je vous indique ici – ou même recourir à l'ensemble de ces méthodes. Mais n'utilisez jamais que les essences dont le goût et les propriétés conviennent à votre type de peau et à votre constitution.

Pour la peau sèche (Vata) :	Huile sucrée, réchauffante, calmante, hydratante
Pour la peau sensible (Pitta) :	Huile sucrée, rafraîchissante, apaisante, hydratante
Pour la peau grasse (Kapha) :	Huile épicée, réchauffante, stimulante, asséchante

L'aromathérapie utilise environ cent cinquante huiles essentielles. Vous trouverez la liste de celles dont on se sert le plus fréquemment pour chaque type de peau dans l'appendice D.

L'utilisation des arômes

L'essence des huiles essentielles ajoute sa valeur aromatique à plus d'un traitement ayurvédique. Mais vous n'avez pas besoin d'attendre l'heure de vos soins pour profiter de leurs bienfaits équilibrants. Je vais vous indiquer plusieurs façons très simples de bénéficier d'une source de beauté que l'olfaction peut vous assurer vingt-quatre heures sur vingt-quatre. Vous n'êtes pas tenu de vous limiter à ces pratiques. À partir du moment où vous utilisez l'arôme approprié, vous ne risquez ni la fausse manœuvre ni l'overdose. Par conséquent, vous pouvez, dans ce domaine, vous en remettre à votre esprit inventif autant que vous le souhaitez. Pour plus d'information concernant les diverses préparations, reportez-vous à l'appendice B.

Les parfums

Toute huile essentielle, adaptée à votre type, donne à votre peau un parfum qui semble lui appartenir. Prenez celle que vous préférez – ou mélangez-en plusieurs – et mettez-la sur votre peau comme de l'eau de Cologne. Ces arômes naturels remplacent à merveille les parfums tout préparés quand ils irritent votre peau ou déclenchent une allergie. Vous pouvez également préparer vos parfums à partir d'une base d'alcool.

EXEMPLES DE RECETTES

Parfum sucré	8 gouttes de bois de rose + 4 gouttes de jasmin et 4 d'ylang-ylang + 3 gouttes de rose + 1 de vanille + alcool (80 gouttes).
Parfum musqué	10 gouttes de patchouli + 8 gouttes de santal + 4 d'ylang-ylang et 4 de jasmin + 2 de clou de girofle + 1 de vanille + alcool (80 gouttes).

LES HUILES QUI AGISSENT SUR L'HUMEUR

Quels que soient notre constitution et notre type de peau, nous connaissons tous des moments d'inconfort. Les huiles qui agissent sur l'humeur sont un mélange d'essences variées qui vous débarrassent sur-le-champ de vos idées noires ou renforcent votre bonne humeur. Sédatives, elles calment les emportements. Chaudes, apaisantes, elles font disparaître les accès de panique. Stimulantes, elles remontent le moral. Prenez ces huiles pour masser le pouls ou les points marmiques, ou ajoutez-les à n'importe quel traitement ayurvédique qui fait appel aux huiles essentielles.

EXEMPLES DE RECETTES

Huile calmante et réchauffante (Fait disparaître l'anxiété ; équilibre Vata)	3 gouttes de néroli et 3 de citron + 2 gouttes de jasmin et 2 de santal + 1 de vanille + 30 ml d'huile de jojoba pure.
Huile calmante et rafraîchissante (Fait disparaître l'anxiété ; équilibre Pitta)	5 gouttes de santal et 5 de vétiver + 1 goutte de jasmin + 30 ml d'huile de jojoba pure.
Huile stimulante (Fait disparaître la dépression ; équilibre Kapha)	4 gouttes de bergamote + 3 gouttes de lavande et de basilic + 30 ml d'huile de jojoba pure.
Huile sédative (Fait disparaître l'insomnie ; équilibre Vata et Pitta)	6 gouttes de rose + 2 gouttes de jasmin et de camomille + 30 ml d'huile de jojoba pure. (Ou prenez l'arôme du sommeil dans ma gamme Bindi. (Bindi Sleep Aroma.))
Huile stabilisante et fortifiante (Fait disparaître la peur ; équilibre Vata)	4 gouttes de patchouli + 2 gouttes de santal et de cannelle + 30 ml d'huile de jojoba pure.

LES HUILES APHRODISIAQUES

Les huiles aphrodisiaques stimulent la production d'endorphines, les hormones du bien-être, qui sont les analgésiques naturels du corps. Pour pouvez ajouter à vos heures romantiques une note supplémentaire de plaisir en appliquant ces huiles aux endroits où le pouls est perceptible – intérieur du poignet ou tempe par exemple –, et où elles passeront directement dans le flux sanguin.

LES HUILES D'AMOUR TEJ

Pour elle :	Mélangez 3 gouttes d'ylang-ylang + 2 gouttes de noix de muscade et 2 de rose jaune + 1 goutte de jasmin et 1 de clou de girofle + 30 ml d'huile d'amande.
Pour lui :	Mélangez 4 gouttes de santal + 2 gouttes de jasmin et 2 d'ylang-ylang + 1 goutte de cannelle et 1 de clou de girofle + 30 ml d'huile d'amande.

SPRAYS AROMATIQUES

Mettez 120 ml d'eau distillée, additionnée de 4 à 5 gouttes d'huile essentielle dans un pulvérisateur de la taille d'un porte-monnaie. Emmenez le spray avec vous et vaporisez le mélange sur votre visage autant de fois que vous en aurez envie. Pour se rafraîchir ou pour équilibrer Pitta, utilisez un arôme apaisant comme le vétiver ou le santal. Combattez le dessèchement que provoquent les voyages en avion en choisissant une senteur du type rose rouge ou orangée. Remontez-vous le moral et équilibrez Kapha avec l'arôme épicé du clou de girofle ou du genièvre, par exemple.

Les bains parfumés

Il n'y a pas de meilleure façon de se nettoyer à la fois l'esprit et le corps que de prendre un bain parfumé – chose très agréable, et que l'on peut facilement avoir envie de partager avec la personne qui nous est la plus chère. Prenez un bain apaisant avant le coucher, ou un bain stimulant avant de commencer votre journée. Ou bien n'écoutez que vos envies. Les personnes de type Pitta préféreront une eau plutôt tiède. Les autres, de type Vata ou Kapha, la préféreront plus chaude. Les Kaphas ne devraient pas rester plus de cinq à dix minutes, une ou deux fois par semaine, dans un bain chaud afin de ne pas renforcer leur penchant à la léthargie.

AJOUTEZ À L'EAU DU BAIN

Apaisant	8 gouttes de néroli + 4 gouttes de rose, de géranium et d'orange douce.
Détoxifiant (Soulage toutes les douleurs)	4 gouttes de gingembre + 3 gouttes de sauge et de romarin.
Aphrodisiaque	5 gouttes d'ylang-ylang + 3 gouttes de lavande + 2 gouttes de géranium et 2 gouttes de cardamome.
Stimulant et aphrodisiaque (Soulage la fatigue ; favorise l'énergie sexuelle)	3 gouttes de romarin, de bergamote et d'ylang-ylang + 1 tasse de vin blanc.
Régénérant	5 gouttes de rose et 5 gouttes de jasmin.
Relaxant	Une poignée, au choix, de valériane, lavande, tilleul, ou de la camomille enveloppée dans de l'étamine.
Anti-inflammatoire (Soulage les démangeaisons)	Une tasse de vinaigre + 2-3 gouttes d'huile de santal.
Réchauffant et apaisant (Bon pour la peau sèche)	1 c. à c. de miel + 10 gouttes d'huile de rose.
Rafraîchissant et apaisant (Bon pour la peau sensible)	Une poignée de lait en poudre.
Réchauffant et stimulant (Bon pour la peau grasse)	5 gouttes de lavande + 3 gouttes de romarin + 2 gouttes d'orange douce *ou* de menthe.

LES PARFUMS D'AMBIANCE

Il y a plusieurs façons d'utiliser les arômes dans votre environnement et d'en faire profiter ceux qui vous entourent. Choisissez la fragrance selon l'ambiance. Prenez un parfum stimulant pour une soirée entre amis, une senteur aphrodisiaque pour une soirée romantique, un arôme apaisant pour une conversation détendue et intime, etc.

Diffuseurs de parfums

Si vous voulez obtenir un parfum très léger, versez 5-10 gouttes d'huile essentielle dans une tasse d'eau chaude que vous laissez, sans la couvrir, dans la pièce. Vous pouvez aussi acheter ou préparer vous-même un pot aromatique que vous associez à une source de chaleur (lampe votive, Sterno ou chauffe-plat) afin de favoriser la diffusion de l'arôme. Un autre moyen, tout aussi facile, de diffuser une essence dans l'atmosphère consiste à mettre une goutte d'huile aromatique sur une ampoule qu'*ensuite* vous allumez. Ne faites jamais tomber l'huile sur une ampoule chaude.

Bougies parfumées et encens

Les bougies parfumées ont une influence doublement apaisante, en ce sens qu'elles sont aussi agréables pour la vue que pour l'odorat. Elles sont, en outre, faciles à trouver et à utiliser.

L'encens est une résine – ou une autre substance – aromatique que l'on fait brûler pour qu'il s'en dégage une fumée odorante. L'encens est généralement vendu sous la forme d'un bâtonnet ou d'un petit cône. Pour l'utiliser, vous devez le mettre dans un brûle-encens, et l'allumer avec un briquet ou une allumette. Puis vous soufflez sur la flamme, et laissez l'encens se consumer lentement comme une braise rougeoyante.

Les soins du nez

L'être humain possède environ dix millions de cellules olfactives. Mais ces cellules ne peuvent faire leur travail si les fosses nasales sont obstruées. À la manière d'une brosse d'aspirateur, les poils minuscules qui tapissent les parois nasales ramassent la poussière et la saleté contenues dans l'air avant qu'il pénètre dans le corps. Si ces poils ne sont pas nettoyés, l'air ne le sera pas plus. Par ailleurs, la saleté altérant l'olfaction, nous parvenons plus difficilement à reconnaître les odeurs, qu'elles soient agréables ou agressives.

Le nettoyage du nez – ou *nasya* – est l'une des techniques du pancha karma (les instructions la concernant sont données p. 331) et est particulièrement recommandé aux personnes qui ont la peau grasse et l'odorat plus développé que les autres, en raison de leur nature kaphique. Mais c'est aussi un moyen de nettoyer le cerveau. Le nez étant, comme je l'ai déjà dit, la porte d'entrée du cerveau, et celle du prana, l'Ayurveda considère que la propreté du nez est essentielle à une expérience claire de la conscience.

Les occasions de jouir des parfums de la vie sont quotidiennes, et ne demandent aucune technique particulière. Mais depuis combien de temps avez-vous oublié d'inviter votre famille, ou vos amis, à *respirer* les arômes d'un repas avant qu'ils saisissent leurs couverts ? Quand avez-vous, vous-même, pris le temps de savourer ces arômes pour la dernière fois ?

L'odorat est un moyen de digérer le monde, et l'aromathérapie vous aide à trouver l'équilibre et la plénitude. Ne ratez jamais l'occasion d'en profiter. Respirez les fleurs de votre jardin. Emplissez-vous les poumons de l'air marin. Laissez-vous envahir par les senteurs d'une forêt de pins. Faites une pause, et inhalez l'arôme de votre café.

Chapitre 10

LA CHROMOTHÉRAPIE

Te regarder est une joie ; tes yeux sont du miel, ton beau visage ruisselle d'amour...

SAPPHO

Si vous avez, un jour, eu l'occasion de vous promener au printemps dans un jardin botanique, d'explorer un récif de corail dans une mer tropicale, d'assister à un coucher de soleil sur le Grand Canyon ou sur le Taj Mahal, alors vous avez probablement constaté à quel point une vue magnifique peut réjouir l'esprit. En effet, le « ravissement » que vous avez éprouvé n'était pas dû à votre imagination. Il révélait un changement hormonal bien réel dans votre organisme, qui réagissait ainsi aux stimuli visuels reçus par les nerfs optiques et transmis électro-chimiquement au cerveau et au système limbique. Si l'on vous avait connecté aux instruments nécessaires à ce genre d'expérience, des scientifiques auraient pu constater, à des kilomètres de distance, votre changement d'humeur, en mesurant, entre autres, les modifications de votre pression artérielle, de votre pouls, de votre activité cérébrale, engendrées par votre contemplation.

Bien entendu, cette réaction euphorique, tout comme la réaction au stress, dépend en partie de votre interprétation de l'événement. Une personne qui a le vertige ne peut pas se sentir à l'aise au bord d'un canyon, quelle que soit la beauté de la vue. Mais l'Ayurveda nous enseigne que ce que nous avons sous les yeux a toujours un effet spécifique sur notre psychophysiologie, en raison de la nature même de la lumière, de la couleur et de la matière.

Regarder la lumière : la science de la couleur

La lumière est une radiation énergétique faite de fluctuations ou vibrations subtiles, dans le champ électromagnétique. Toutes les ondes lumineuses voyagent dans l'espace à la vitesse de quelque 299 000 km par seconde. En revanche, leur longueur et leur fréquence varient dans des proportions astronomiques. À une extrémité du spectre, une onde radio peut atteindre plusieurs kilomètres de longueur. À l'autre extrémité, un rayon cosmique peut être d'une longueur microscopique, pendant que la zone médiane est essentiellement occupée par les rayons X, les rayons ultraviolets et les infrarouges. Dans ce large spectre, seules les ondes de haute fréquence – entre 3 900 et 7 700 angströms de longueur, et qui ne constituent qu'un faisceau étroit – produisent la sensation *subjective* de la lumière dans l'œil humain.

L'effet de la lumière dépend de sa fréquence. À la manière des fréquences sonores qui donnent différentes notes, les fréquences lumineuses, visibles, sont à l'origine de la variété des couleurs. Quand les fréquences qui la composent se partagent, la lumière blanche ordinaire produit le spectre que l'on appelle un arc-en-ciel : juxtaposition de rouge, d'orange, de jaune, de vert, de bleu clair, d'indigo et de violet. Chaque ruban de couleur, chaque bande de fréquence, possède des effets vibratoires spécifiques.

La plupart des couleurs que nous percevons sont de l'énergie lumineuse réfléchie par des objets ordinaires, absorbée par les cent millions de cellules rétiniennes, convertie ensuite en un schéma d'impulsions électriques, transmises au cerveau par les nerfs optiques. C'est alors que l'esprit donne au schéma sa signification qui devient, par exemple, un gros ballon rond et rouge. Nous voyons de la lumière blanche quand toutes les couleurs – ou fréquences – sont présentes, et nous voyons du noir lorsqu'elles sont toutes absentes. (En fait, les couleurs que nous voyons – ou, plus exactement, l'intégralité de notre image de la réalité, comprenant contours et formes – n'existent vraiment que par notre perception sensorielle. Il n'y a, par exemple, ni rouge ni blanc, mais seulement une énergie vibratoire spécifique – une onde lumineuse – que l'esprit voit comme du rouge et du blanc, quand notre conscience entre en contact avec cette onde par l'intermédiaire du système oculaire.)

Bien que ce soit sur la vue que la lumière ait le plus d'impact, il faut savoir qu'elle agit aussi sur le système nerveux et les énergies subtiles du corps par l'intermédiaire de la peau. Nous connaissons tous les effets physiques de certaines radiations invisibles. Les rayons X, par exemple, pénètrent dans la matière solide, transforment les gaz en particules électriques, produisent une image photographique et, à haute dose, mettent en danger les êtres vivants. Les ultraviolets détériorent la peau et gâchent le plaisir que l'on prend à se faire dorer au soleil. Les rayons gamma constituent, avec les rayons X, la forme de lumière la plus pénétrante. Mais sachez que toutes les ondes lumineuses, y compris la lumière visible, pénètrent, à divers degrés, dans tout le corps.

La couleur a aussi un impact psychologique direct. Des scientifiques hollandais, entre autres, ont découvert récemment que les pilules bleues de somnifère sont plus efficaces que les rouges, parce que nous prêtons au bleu des vertus apaisantes et curatives.

L'œil humain normal peut distinguer cent cinquante teintes obtenues par diverses combinaisons des couleurs primaires que sont le rouge, le jaune et le bleu.

LE SPECTRE VISIBLE

COULEURS PRIMAIRES	SECONDAIRES	TERTIAIRES
Rouge	Orange (rouge + jaune)	
Jaune	Vert (jaune + bleu)	
Bleu	Violet (rouge + bleu)	Indigo (bleu + violet)

Diverses couleurs ont la capacité de revitaliser, animer, guérir, éveiller, donner de l'énergie, inspirer et satisfaire l'esprit, en fonction de leur vibration spécifique. Parmi les couleurs primaires, le rouge a la plus basse fréquence, mais c'est la couleur *la plus dense* et *la plus puissante*. Chaud et stimulant, il équilibre Kapha mais augmente Pitta et Vata. Le bleu, qui a la plus haute fréquence, est la couleur *la moins dense* et *la moins intense*. Apaisant et rafraîchissant, il est trop lénifiant pour Kapha mais, en revanche, harmonise Pitta. Le jaune, plus chaud que le bleu et moins intense que le rouge, équilibre Vata. L'Ayurveda nous dit que nous voulons et désirons en bleu, pensons en jaune et agissons en rouge. Quand le jaune (la pensée) et le rouge (l'action) sont en harmonie, notre corps et notre esprit sont équilibrés.

Vos vraies couleurs

La chromothérapie ayurvédique a pour but de vous mettre de bonne humeur et de vous permettre de rayonner. À l'instar de l'aromathérapie, elle est un traitement aux effets immédiats, facile à faire, même quand vous disposez de peu de temps et manquez d'énergie. Elle est particulièrement bénéfique aux personnes de type Pitta dont le système sensitif répond facilement aux stimulations extérieures. Cependant, chacun peut bénéficier d'un supplément de couleurs dans sa vie – pour autant qu'elles conviennent à votre type de peau.

Il ne s'agit pas ici d'une variation sur le thème « je dois mettre ce qui flatte mon teint ». L'Ayurveda vous convie plutôt à choisir les couleurs – de votre garde-robe, de la décoration de votre intérieur ou de votre bureau – qui sont faites pour vous égayer. Quand la joie vous habite, vous devenez radieux, et c'est là, précisément, l'essence de la beauté ayurvédique.

Je ne vais pas vous conseiller d'adapter toute votre garde-robe à votre constitution. Elle deviendrait monochrome et, par conséquent, vous vous en lasseriez très vite. Il convient plus exactement de se souvenir que la couleur est un moyen supplémentaire d'atteindre à l'équilibre, et d'accorder vos couleurs à l'état d'esprit que vous recherchez, pour la journée ou pour un événement particulier.

COULEURS ET HUMEURS

DOSHA/HUMEUR	DESCRIPTION	CHOISISSEZ	ÉVITEZ
Vata (Anxiété, peur, surexcitation)	Couleurs chaudes, feutrées, apaisantes.	Or, orange, jaune, vert d'eau, blanc bleuté, pourpre sombre, indigo ; un peu de couleurs sombres, comme le marron, stabilisent.	Rouge vif.
Pitta (Colère, frustration, jalousie, hostilité, épuisement nerveux)	Couleurs fraîches, tendres, apaisantes.	Blanc, bleu ou vert tendre, pastels.	Couleurs vives ou sombres, noir.
Kapha (Dépression, chagrin, léthargie, morosité)	Couleurs chaudes, stimulantes, vives, mais claires.	Rouge vif, orange, jaune.	Rose, blanc, bleu, vert, marron.

Couleurs dans un verre

Comme je l'ai déjà dit, le corps absorbe les couleurs de différentes manières, et non pas simplement par les nerfs optiques. Au niveau vibratoire subtil de l'existence, les ondes lumineuses influent sur tout ce qu'elles touchent. Exposés à la lumière, les liquides se chargent de ces infimes vibrations. Si la lumière filtre à travers du verre teinté, par exemple, le liquide absorbe la couleur sous forme de vibrations. À son tour, le tissu corporel absorbe ces vibrations quand nous buvons le liquide.

En fonction de ce principe, l'Ayurveda recommande de prendre de la couleur, d'en faire un usage à la fois externe et interne, en conservant des préparations végétales et de l'eau dans des récipients en verre teinté, que l'on expose au soleil pendant plusieurs heures avant de s'en servir. Le vert renforce le prana, le rouge stimule le tejas, et le jaune l'ojas.

Thés précieux

Comme les couleurs, gemmes, pierres fines et cristaux, les métaux ont des effets énergétiques particuliers sur l'esprit et sur le corps. Vous pouvez non seulement porter des bijoux en métal mais également absorber de l'eau ou des huiles conservées dans des récipients en or, en argent ou en cuivre, ou bien vous faire un thé précieux à partir d'or ou d'argent. Pour préparer un thé de ce genre, faites bouillir un bijou en argent massif ou en or (d'au moins 22 carats), puis laissez l'eau frémir pendant une heure. Prenez deux cuillères à soupe de ce thé chaque jour. L'argent apaise l'intellect, l'or stimule l'esprit, le cuivre réduit Kapha et la graisse.

Vous pouvez aussi conserver vos huiles de massage et vos autres préparations à base de plantes dans des récipients en métal qui renforceront leurs propriétés.

Pour la peau sèche :	Or, cuivre
Pour la peau sensible :	Argent
Pour la peau grasse :	Or, cuivre
Pour tous types de peau :	Inox

BIJOUX

Les bijoux sont un symbole de pouvoir et de royauté, mais vous n'avez pas besoin d'en porter beaucoup pour paraître et vous sentir majestueux. Les sages ayurvédiques avaient remarqué que la structure et la composition des pierres et des métaux précieux leur procuraient une énergie très utile pour renforcer les fonctions de l'esprit et équilibrer les émotions. En raison de leur pouvoir de conduction et de réfraction, agissant sur plusieurs formes d'énergie, pierres et métaux protègent en même temps contre les radiations potentiellement nocives de l'atmosphère.

L'utilisation thérapeutique des pierres précieuses, semi-précieuses, des cristaux et des métaux trouve son origine dans l'astrologie védique. Il faut savoir que l'astrologie et l'Ayurveda furent des sciences complémentaires. On faisait appel à l'astrologie pour soigner les désordres mentaux, et à l'Ayurveda pour les désordres physiques. Les astrologues védiques utilisaient des pierres spécifiques afin d'équilibrer les influences énergétiques subtiles du soleil, de la lune et des planètes sur la force vitale. Pour lui assurer toute son efficacité, une pierre doit être portée directement sur la peau, avoir au moins deux carats métriques, si elle est précieuse, et quatre si elle est semi-précieuse. Une boisson obtenue en laissant tremper toute une nuit un diamant dans l'eau est bénéfique pour le cœur. Bien que l'Ayurveda recommande également l'utilisation des minéraux purifiés, ces remèdes sont généralement délaissés par les Occidentaux.

Le tableau ci-contre montre les propriétés équilibrantes de divers métaux et pierres. La première pierre de chaque groupe (pierre précieuse en général) produit les effets les plus évidents ; les autres ont les mêmes effets, mais à des degrés moindres.

Certains d'entre vous risquent d'avoir du mal à concilier une vue rationnelle et scientifique du monde avec l'astrologie et l'influence sur la vie humaine des étoiles, des planètes, des métaux, et des pierres, aussi précieuses soient-elles. Pour un Occidental, tout ceci semble appartenir au domaine de l'occulte. En revanche, rien n'est plus facile à comprendre dans une perspective ayurvédique qui prend en considération la nature énergétique de toute matière, ainsi que les effets de toute action vibratoire – ondes électromagnétiques, ondes sonores, force de gravité, et même imperceptible mouvement des molécules sur l'énergie et sur l'intelligence subtiles du corps.

LES EFFETS DES PIERRES PRÉCIEUSES, SEMI-PRÉCIEUSES, DES CRISTAUX, ET DES MÉTAUX PRÉCIEUX

Rubis, grenat, pierre de soleil : Diminuent Vata et Kapha ; augmentent Pitta ; améliorent la circulation et la digestion ; tonifient le cœur.

Perle, pierre de lune, quartz laiteux : Diminuent Pitta et Vata ; nourrissent le tissu corporel ; améliorent la fertilité ; réduisent l'anxiété.

Corail rouge : Équilibre Pitta, diminue Vata ; améliore les systèmes circulatoire et reproductif ; accroît l'énergie.

Émeraude, péridot, jade, malachite : Équilibrent Vata ; diminuent Pitta ; accélèrent la guérison, tonifient les poumons ; équilibrent le système nerveux.

Saphir jaune, topaze jaune, citrine, ambre : Diminuent Vata ; augmentent énergie et vitalité ; équilibrent le fonctionnement des hormones ; augmentent l'ojas.

Diamant, zircon cubique, quartz clair : Diminuent Vata et Pitta, accroissent légèrement Kapha ; renforcent le fonctionnement des reins et du système reproductif ; renforcent l'ojas.

Saphir bleu, améthyste, lapis-lazuli, topaze bleue, turquoise, aigue-marine : Diminuent Kapha et Vata ; éliminent les infections et guérissent les plaies ; protègent contre l'énergie négative ; stoppent le développement des tumeurs et la prise de poids.

Opale irisée : Équilibre Vata et Kapha ; augmente la créativité ; favorise la compassion et la compréhension des autres.

Diamant noir (hématite), tourmaline noire, jais, quartz fumé : Accroissent Pitta et Vata ; protègent contre le négativisme.

Or : Équilibre Vata et Kapha ; accroît tejas et ojas ; harmonise et fortifie.

Argent : Équilibre Pitta ; rafraîchit et apaise.

Dans *The Re-Enchantment of Everyday Life,* Thomas Moore interpelle le scepticisme des Occidentaux quant à ces idées millénaires, et plaide avec éloquence pour l'indéniable pouvoir du ciel sur nos humeurs et sur nos émotions ainsi que pour les bénéfices que nous retirerions d'une vision astrologique du monde

T. Moore écrit : « Avez-vous un jour suspendu vos pas en voyant apparaître à l'horizon, dans la chaleur d'un soir d'été, une énorme lune jaune en forme d'œuf ? Vous est-il arrivé de parler avec enthousiasme d'un coucher de soleil orange et pourpre, dispensant sa magie à des milliers de gens, dans une vallée ou sur une plaine ? Avez-vous au moins une fois pris la peine de vous lever tôt afin d'assister au lever du soleil, de l'autre côté d'un lac, ou au sommet d'une montagne ? Si oui, alors, pour ma part, je vous considère comme un astrologue ou, pour le moins, un aspirant astrologue. »

Il est certain que nous avons tous fait ce genre d'expérience. Néanmoins, sur le plan individuel, nous pouvons trouver bien difficile de confondre, d'un point de vue conceptuel, la vision fascinante d'une énorme lune jaune et l'éclat apaisant d'une topaze de deux carats.

Pourtant, la valeur des deux expériences est identique. Les lois fondamentales de la nature s'appliquent aux structures subtiles de toutes les choses, indépendamment de leur taille. L'intelligence, fondement de notre nature, se retrouve à la base de toute nature. Ainsi se manifestent la sagesse et la compassion de mère Nature pour l'ensemble de la création. Elle les exprime à chaque niveau de l'existence et, par conséquent, si nous passons à côté de cette perfection dans un domaine, nous sommes sûrs de la retrouver ailleurs.

La perspicacité de T. Moore lui permet de définir l'essence de l'astrologie : « À la base, c'est une forme de lien entre la vie humaine et le monde, un lien qui nous donne la possibilité d'apprendre à nous connaître en observant le ciel. Si nous opérons un renversement à partir de l'idée qu'il y a un ciel à l'intérieur de nous-même, nous voyons le ciel comme notre intérieur retourné. Dans la mystérieuse dynamique qui unit le macrocosme au microcosme, le ciel a une âme qui, dans une certaine mesure, se confond avec notre propre âme. »

Si nous substituons la couleur bleue ou le saphir bleu au bleu du ciel, comme le permet l'Ayurveda, les affirmations de T. Moore gardent leur vérité. Chaque chose est un miroir pour la conscience, si nous savons bien regarder. Chaque chose est, pour nous, le reflet d'un aspect de notre propre nature si nous nous ouvrons à la perception de l'intelligence subtile qui nous entoure, et prêtons attention à ses effets.

Visions pour des yeux fatigués

Nos pattes d'oie et nos cernes sont souvent dus à une fatigue oculaire. Organes de la vue, les yeux ne cessent pendant la journée de chercher un sens à notre environnement, en examinant et en triant un nombre incalculable de stimuli visuels. En fait, nous absorbons plus d'énergie par les yeux que par n'importe quel autre sens, en raison de la très haute fréquence des ondes lumineuses. Malgré un seuil de saturation particulièrement élevé, l'œil est sensible à la plus subtile des variations énergétiques. Des études menées sur des sujets plongés dans le noir complet ont révélé que le nerf optique est capable d'enregistrer un corpuscule de lumière isolé, agrégat d'ondes infiniment petit, ou *photon*.

Selon l'Ayurveda, les yeux sont l'un des sièges de Pitta. Ils digèrent l'énergie lumineuse qui est l'élément Feu. Quand ces fenêtres de l'âme sont embuées par la fatigue, c'est notre expérience de la vie qui devient brumeuse. En général, les problèmes oculaires sont ceux de Pitta. Ils sont aggravés par la colère, la frustration, la tension, l'anxiété, des aliments trop chauds, trop épicés, trop amers, trop salés, les stimulants, l'exposition à la chaleur, à la poussière et à la fumée, les pensées erronées, l'imagination imparfaite, la malnutrition et les habitudes qui altèrent l'équilibre. Quand l'esprit est fatigué ou surmené, rien ne peut reposer les yeux ; et, quand l'esprit est reposé, rien ne peut les fatiguer. Par conséquent, le meilleur remède pour reposer sa vue est la méditation, la réduction du stress, le nettoyage et la détente des yeux qu'apportent des visions agréables. Cette dernière méthode est particulièrement bénéfique pour les personnes de type Pitta – type très visuel –, mais aide aussi les autres types. Vata se détend en faisant une promenade, dans le soleil matinal, en regardant la mer ou une bougie qui se consume doucement, ou encore les flammes d'un feu de bois dans une cheminée. Pitta s'apaise en se promenant au clair de lune, en attardant son regard sur le ciel et sur des arbres, en traversant un jardin fleuri ou en contemplant une œuvre d'art. Quant à Kapha, il s'anime devant un coucher de soleil ou en se promenant dans la nature.

D'autres techniques de prévention ou de soulagement de la fatigue oculaire ont été consignées dans le chapitre 5.

Chapitre 11

LA MUSICOTHÉRAPIE

Il y a de la géométrie dans le murmure des cordes.
Il y a de la musique dans l'espacement des sphères.

PYTHAGORE

Imaginez un crissement d'ongles sur un tableau noir, un bruit de marteau piqueur sur du béton, le frémissement des feuilles quand une brise d'été passe dans un bosquet, le clapotis des vagues sur une plage. Certains sons produisent sur le corps et sur l'esprit des effets tellement caractéristiques que leur évocation suffit à provoquer une réaction prévisible.

L'Ayurveda utilise les effets de sons particuliers pour équilibrer notre psychophysiologie. Dans ce but, il recourt tantôt à la musique, tantôt aux mantras, qui sont des sons d'une qualité vibratoire spécifique et dont on se sert pendant la méditation. Comme dans tous ses autres domaines, l'Ayurveda tient compte de notre tempérament et de notre constitution pour déterminer la musique ou les mantras qui peuvent nous équilibrer. Si vous pensez aux cinq éléments en termes de densité – du vide de l'espace à la solidité de la terre –, vous pouvez commencer à comprendre comment une constitution particulière peut réagir à une certaine catégorie de sons.

Quand il est audible, le son possède une qualité palpable, évidente, dont nous pouvons faire l'expérience immédiate, comme lorsque nous portons à notre oreille un diapason que nous venons de frapper sur du bois. Nous entendons les ondes sonores qu'il émet et, en même temps, nous sentons leur vibration. En fait, les sourds peuvent écouter de la musique grâce à ces vibrations.

L'une de mes clientes – Karen – a fait un jour l'expérience évidente de l'impact du son en allant voir, avec une amie, un spectacle musical intitulé *Stomp* (pas lourd et bruyant). Sur scène, les comédiens, non seulement dansaient bruyamment mais s'accompagnaient également de résonances de balais, de poubelles métalliques, de bottes, ou frappaient dans leurs mains. Les sons produits étaient originaux, souvent drôles, mais surtout très forts. Il n'y avait ni paroles, ni musique autre que les tonalités et les rythmes changeants produits par ces percussions particulières. Karen a eu très vite des maux de tête. Cherchant un soulagement, elle a plaqué ses mains sur ses oreilles. Mais si les sons ont été étouffés, Karen a senti leurs vibrations au niveau du plexus solaire. Ses maux de tête ont empiré et elle est sortie de la salle de spectacle, agitée et tendue. En revanche, son amie éprouvait une totale exaltation.

L'Ayurveda permet d'expliquer l'extrême différence entre ces deux réactions. Karen, qui était venue me voir parce qu'elle avait la peau desséchée, est l'exemple même de la personne de type Vata qui présente un déséquilibre de Vata – autrement dit un excès d'Air et d'Espace. Des bruits lourds et répétés, au rythme changeant, ne pouvaient qu'être nocifs pour une personne si peu enveloppée physiquement et d'un tempérament craintif et instable. Son amie était au contraire une personne robuste, stable, difficilement perturbée, un type Kapha qui, non seulement ne se laisse pas impressionner par les sons puissants, mais leur trouve un effet stimulant qui lui donne envie de bouger, de se lever et de se remuer.

D'où le son tient-il cette capacité à produire des effets si évidents et si variables sur l'esprit et sur le corps ? Ce chapitre va répondre à cette question, autant du point de vue objectif de la science moderne que de celui, subjectif, de l'Ayurveda. Mais vous y trouverez également les conseils qui vous permettront de choisir les musiques qui conviennent à votre type de peau.

L'Ayurveda nous indique qu'il existe deux catégories de sons : le son *frappé* qui s'obtient en faisant vibrer quelque chose et qui, par conséquent, peut faire l'objet d'une recherche scientifique ; et le son *non frappé*, qui est insonore et fondamental, et dont on ne peut faire qu'une expérience subjective au niveau de la pure conscience. Les formes de musicothérapie qui utilisent effectivement une musique font évidemment appel aux sons frappés, étant donné qu'elles ont pour point de départ des vibrations audibles.

L'expérience intérieure du son non frappé s'acquiert au cours de la méditation dont parlera le chapitre 13. Bien que les mantras aient un aspect audible, ils véhiculent avant tout l'expérience de la pure conscience pendant la méditation et, comme vous le verrez, doivent essentiellement leur pouvoir à leur qualité de sons fondamentaux qui ne requièrent aucun objet pour se manifester.

Le son et le corps

Le son, pour la physique moderne, est une énergie kinésique, ou énergie en mouvement. Il se produit quand le déplacement de l'énergie dans l'air, ou dans n'importe quel élément de constitution similaire, met en mouvement les particules de l'air. Ce mouvement s'effectue toujours dans la même direction que celle qu'emprunte l'énergie sonore. Lorsque le son voyage dans l'air, il fait vibrer autour de lui les molécules de l'air, ce qui a pour effet de compresser certaines molécules tandis que d'autres sont éparpillées, ou raréfiées. Cette compression et cette raréfaction – qui traduisent des différences de pression – créent l'onde sonore. La fréquence d'une onde sonore – le nombre de cycles ou compressions par seconde – donne au son sa hauteur, ou note.

Une haute fréquence, induite par des vibrations rapides – les compressions sont plus fréquentes –, produit un son aigu, tel le grincement d'un train qui freine avant d'entrer dans une gare. Les basses fréquences, ou vibrations lentes – les compressions sont moins fréquentes –, produisent un son sourd, comme un grondement de tonnerre dans le lointain.

Dans le corps humain, nous entendons le son quand l'air comprimé des ondes sonores fait vibrer les tympans. Toutefois, la gamme de fréquences que peut percevoir l'oreille humaine – environ de vingt à vingt mille cycles par seconde – est si réduite, par rapport à celle des sons qui nous environnent, que l'on peut établir une comparaison avec la lumière visible : étroite bande dans le spectre de l'énergie lumineuse. Les vingt-huit notes sur le clavier d'un piano représentent presque tout l'éventail des fréquences qui nous sont audibles. De nombreux animaux possèdent une perception auditive plus limitée que celle des humains, mais d'autres, comme les dauphins et les chauves-souris, perçoivent des fréquences sonores de cent mille cycles par seconde, et au-delà. Par définition, ces ultrasons, comme les infrasons, ne sont pas perçus par l'homme ; néanmoins, comme toute forme de son et d'énergie, ils ont un impact sur le corps.

Réagissant à certaines fréquences vibratoires, le sens auditif est semblable au sens visuel. Mais, tandis que l'œil réagit à une seule octave de fréquences (les notes de l'arc-en-ciel), l'oreille réagit à dix octaves, et est mieux équipée pour l'identification des schémas. D'un autre côté, le son est, en lui-même, beaucoup moins puissant que la lumière. En soixante secondes, l'énergie sonore parcourt environ dix-neuf kilomètres pendant que l'énergie lumineuse en parcourt près de dix-neuf millions. En termes d'expérience ordinaire, disons que le bruit de tout un orchestre qui joue fort ne produit guère plus d'énergie que la chaleur et la lumière qui émanent d'une ampoule ordinaire. Autrement dit, l'oreille réagit à infiniment moins de stimuli que l'œil et est en surcharge beaucoup plus rapidement. Si l'oreille transmet au cerveau environ trente mille informations par seconde, l'œil en transmet quelque cent millions.

Pour comprendre comment l'énergie sonore influe sur l'ensemble du corps, il faut d'abord savoir ce qu'est la *résonance*. La résonance est l'état de vibration amplifiée qui apparaît quand un élément est frappé par un stimulus sonore possédant une fréquence identique, ou similaire, à sa fréquence vibratoire naturelle. Autrement dit, quand l'interaction de deux fréquences identiques amplifie le son. La résonance est une démonstration du principe fondamental de l'Ayurveda, dont j'ai longuement parlé, et selon lequel le semblable augmente le semblable.

Étant donné qu'elle accroît l'intensité – l'amplitude – des ondes sonores, la résonance possède une force puissante. Les récepteurs radio et de nombreux instruments de musique, comme la guitare et le violon acoustiques, utilisent cette force, soit pour produire des sons soit pour en augmenter le volume. Cependant, quand le volume d'un stimulus externe augmente trop, la résonance peut faire éclater l'objet vibrant, comme c'est le cas du verre qui se brise sous l'effet de notes suraiguës.

La résonance a également une influence sur la peau et sur le corps. Ashley Montagu rapporte dans *Touching* des expériences, réalisées en Russie, qui ont montré que les corpuscules de Pacini – récepteurs sensoriels du toucher profond, ou de la pression – se prêtent à une « très nette résonance » quand ils sont soumis à une stimulation acoustique. On trouve ces corpuscules à proximité des muscles, des articulations, des ligaments, des tendons – donc exactement dans les mêmes zones que les marmas, centres de l'énergie subtile du corps, décrits dans le chapitre 8 consacré aux massages (p. 304). Riches de récepteurs « résonants », ces centres d'énergie, reliés entre eux par tout un réseau de canaux subtils, ne peuvent qu'être sensibles à la stimulation sonore, ce qui vérifie l'explication ayurvédique du marma.

D'autres études concernant les effets du son sur le corps indiquent que la peau elle-même est très sensible aux vibrations sonores. Des sujets dont la peau était exposée à des ondes sonores d'intensités variables ont su situer le point d'impact des diverses ondes avec une parfaite précision. Une expérience réalisée sur des sujets sourds a montré que l'exposition à des sons de fréquence basse diminue la sensibilité tactile, tandis que les sons de haute fréquence la renforcent.

On a par ailleurs observé que les très hauts niveaux de basses fréquences, tout comme les infrasons, entraînent rapidement des effets physiques tels le vertige ou la nausée. Et ces malaises semblent particulièrement intenses, puisque l'armée a étudié la possibilité d'utiliser les ondes sonores comme des armes.

Bien évidemment, les sons ont aussi une influence sur notre humeur et sur notre comportement. L'industrie sensorielle a fait du son un élément de décoration d'intérieur, au même titre que l'espace, la lumière et la couleur. Elle a également investi des sommes considérables dans la recherche des sons qui incitent le plus à l'achat et détournent du vol dans les centres commerciaux, et de ceux qui rendent plus productifs et réduisent la fatigue au travail.

À l'évidence, c'est notre corps entier qui entend et qui réagit aux sons. De plus, nous enregistrons des effets qui varient en fonction du type de son que nous percevons. L'Ayurveda a basé ses recherches sur l'hypothèse d'une correspondance entre certains sons et notre constitution, sans laquelle il ne peut y avoir ni équilibre ni bien-être. La question qui se pose alors est la suivante : « Quels sons conviennent à notre type ? » La réponse exige que l'on se penche d'abord sur la science du son, élaborée dans l'optique de l'Ayurveda.

Les origines du son dans le veda

Quand les premiers rishis firent l'expérience du silence absolu de la pure conscience illimitée, ils rencontrèrent un paradoxe. Leur esprit, parfaitement calme et vide de toute pensée, était en même temps empli d'un ordre immense et de son dynamisme. Bien que ce flux appartînt au champ non manifeste de la conscience, et ne pouvait être perçu par les sens, les rishis sentirent sa force dans leur corps. Ils virent ses mouvements et entendirent sa vibration silencieuse. En percevant cette énergie vitale, ils éprouvèrent la sensation de percevoir leur être même – leur moi – et, tandis qu'elle se manifestait à l'infini dans leur conscience, un chant monta de leur gorge. Les sons de ce chant furent la première expression humaine des sons fondamentaux de la nature.

Selon l'Ayurveda, tout son émerge du silence, mais d'un silence plein et non vide – le silence qui sous-tend la diversité de la création. Non manifeste par nature, ce silence dynamique crée une sorte de vibration ou de murmure en lui-même. Les grands *yogis* – les sages védiques – firent l'expérience de ces impulsions de l'intelligence dans leur conscience en méditant, et parvinrent à les traduire en sons audibles. Ils furent les spécialistes de la conscience qui discernèrent deux types de son : le son exprimé – son frappé et perceptible – qu'ils appelèrent *shruti,* et le son silencieux, ou veda.

Le flux védique est la séquence précise et ordonnée des sons fondamentaux. C'est en partant de cette « gamme » silencieuse que toutes les lois de la nature ordonnent les structures et dirigent, depuis la conscience, le développement de la matière et de l'énergie. Maharishi Malesh Yogi décrit le son fondamental comme le « murmure (ou houm) de la vibration, produit par la dynamique auto-interactive de la conscience pure tandis qu'elle se modifie » – autrement dit : tandis qu'elle passe du non-manifeste à la création manifeste.

Ce processus par lequel les sons non frappés de la nature deviennent les sons frappés du langage est décrit dans un traité védique, le *Panini Shiksha,* consacré au son, au langage et à la grammaire. L'esprit, uni au moi dans la conscience pure, perçoit un aspect du moi, et cette idée, cette impulsion, conduit l'esprit à l'expression. Poussé par le désir de parler, l'esprit fait appel à la force d'agni – la force transformatrice – qui fait naître le souffle. Passant dans le corps, le souffle engendre une vibration dans les organes de la parole. Reliée à la mémoire de l'expérience, cette vibration – ce « doux murmure » – va imprégner les rythmes spécifiques du langage, dont le plus fondamental est appelé le *mètre Gayatri*. Ces rythmes reflètent les structures de l'intelligence dans la conscience qui constituent ce que l'on nomme la loi naturelle.

La transformation du son fondamental en langage est à la base des sons védiques, ou mantras. La science des mantras est celle des premiers sons de la création, et nous vient des expériences directes de la conscience par les premiers rishis. Les mantras sont des sons spécifiques ou des séries de sons qui s'accordent à l'énergie vibratoire naturelle du corps – c'est-à-dire l'intelligence du corps – en produisant des effets spécifiques. La séquence de sons du mètre Gayatri, par exemple, donne un mantra que vous pourrez apprendre dans le chapitre 13.

Toute maladie, tout désordre, vient de la perturbation de ces schémas de l'intelligence dans la psychophysiologie. Correctement utilisés pendant la méditation, les mantras réalignent les schémas vibratoires perturbés sur la séquence parfaite, établie dans la conscience et, par conséquent, restaurent l'équilibre d'une constitution. Dans *The Physiology of Consciousness*, Robert Keith Wallace rapproche ce processus de correction du travail d'un chef d'orchestre qui dirige une répétition. Le chef d'orchestre a en tête l'exécution de toute l'œuvre musicale et, en même temps, la partition de chaque instrument ; il connaît le registre, le rythme, les séquences, l'intensité des notes – il comprend la parfaite intelligence de l'œuvre – et compare ce qu'il entend à cette connaissance parfaite. Si une erreur est commise, écrit R.K. Wallace, il interrompt la répétition et reconnecte la « performance de l'orchestre aux schémas de l'intelligence musicale qu'il a en tête. [...] Ce processus rétablit le parfait déroulement séquentiel de la musique. »

Les sons védiques psalmodiés par les rishis, et qui sont la source des mantras, ne constituent pas uniquement le langage de la création ; ils en sont également la musique. Selon les maîtres védiques, nous pouvons déjà améliorer la cohérence de l'esprit et du corps simplement en *écoutant* le chant des sons fondamentaux. Encore une fois, il n'est pas nécessaire d'en connaître la signification, étant donné que c'est la qualité sonore des chants védiques qui favorise l'équilibre. Traditionnellement, les chants védiques sont psalmodiés par les *pundits* qui consacrent leur vie à apprendre à moduler des sons dont l'efficacité dépend précisément de leur musique. Aujourd'hui, nous avons la chance de disposer d'enregistrements qui nous permettent de profiter des bienfaits de ces chants, sans être obligés d'aller en Inde.

Récemment, des scientifiques occidentaux ont entrepris de se pencher sur les affirmations des rishis. Des études préliminaires, menées à l'université de l'Ohio, ont mis en évidence l'influence bénéfique des vedas sur des cellules cancéreuses chez les rats. Une autre étude suggère une explication de ce phénomène. Dans les années quatre-vingt, un généticien, le Dr Susumu Ohno, a découvert que les nucléotides de la molécule d'ADN présentent des configurations identiques à celles que l'on trouve en musique. Or le code génétique qui crée la vie est inscrit dans les nucléotides et, lorsque les configurations de l'intelligence biologique sont endommagées, et ne peuvent être réparées par les mécanismes naturels, le cancer apparaît. En convertissant quelques-uns de ces schémas génétiques en notations musicales, S. Ohno a découvert que des gènes différents créaient des sons très différents, dont certains rappelaient le style de Bach et de quelques autres compositeurs renommés. Il a également provoqué le processus inverse, en transformant des séquences musicales en schémas d'ADN, et constaté qu'un morceau de Chopin, par exemple, contenait le code génétique d'un cancer humain. Cette similitude entre l'intelligence de la vie humaine et la musique permet de penser qu'en utilisant ce lien entre mélodies et ADN on pourrait raviver l'intelligence cellulaire et, peut-être, réparer un code génétique endommagé. Ce qui ne serait pas autre chose qu'une application du principe par lequel l'Ayurveda explique les effets du son sur l'équilibre de notre constitution.

Bien entendu, il s'agit là d'un champ d'investigation si nouveau que toute découverte demande à être corroborée.

Mais ce qu'implique ce genre de perspective ne peut laisser indifférent…

Des mantras védiques à la musique védique

L'ancien sage Bharata, première et suprême autorité de l'Inde en matière d'esthétique et de conscience, nous a enseigné qu'à partir du moment où les êtres humains sont capables de faire entendre les sons fondamentaux, et où la voix humaine est le premier instrument, tous les autres instruments et tous les autres arts devraient s'inspirer de la voix humaine. Comme l'expliquent Reginald et Jamila Massey dans *The Music of India*, Bharata illustra cette idée en racontant l'histoire d'un roi qui, voulant sculpter des divinités, lui demande conseil. « Pour comprendre les lois de la sculpture, répond Bharata au roi, il vous faut apprendre les lois de la peinture. Pour comprendre les lois de la peinture, vous devez apprendre l'art de la danse. Et ceci, ajoute-t-il, est difficile si vous ne connaissez pas les lois de la musique instrumentale. » Le roi s'impatiente et lui dit : « Alors, apprends-moi les lois de la musique instrumentale ! » Mais Bharata reprend : « Pour bien comprendre la musique instrumentale, vous devez étudier la musique vocale. Elle est la source de tous les arts. » Le roi s'incline et prie le sage de lui enseigner cet art sublime.

L'idée que la voix humaine est l'instrument essentiel, et que tout art doit s'inspirer de ses formes d'expression sous-tend le développement du *raga*, forme classique de musique indienne. Bien que l'on puisse équilibrer nos doshas en écoutant des musiques de diverses cultures, nous ne rendrions pas justice à la notion ayurvédique de musicothérapie si l'on oubliait de se tourner vers la musique qui est née de la tradition védique même. Nous avons déjà vu comment les sons fondamentaux des mantras et des chants védiques constituent de puissants outils au service de la santé et de la beauté. Mais c'est en fait toute la musique classique de l'Inde qui, à un degré ou à un autre, reflète le principe ayurvédique voulant que le son soit la première et, par conséquent, la plus puissante expression de la conscience. Le son unique du raga découle de cette vision unificatrice de la nature qu'apporte le veda.

Contrairement à la musique classique occidentale, qui a une structure et un développement linéaires, avec un commencement, un milieu et une fin, le raga est construit autour d'un *swara*, unique son, ou note, constamment soutenu, et qui donne une musique répétitive et monocorde. Ce principe de la note unique, qui s'oppose aux riches harmonies de l'Occident, et paraît si monotone aux oreilles occidentales, est considéré dans la culture védique comme le moyen de reproduire la musique des sphères. Si les mélodies occidentales ont pour but de raconter une histoire ou de témoigner de la diversité des sons, le raga, en revanche, cherche à exprimer l'unité qui sous-tend toute la création. Par conséquent, il adopte une structure plus circulaire qui lui permet de reprendre sans cesse la même note, en variant son approche, afin d'évoquer diverses émotions ou humeurs. Comme l'a fait remarquer le Dr Frawley, l'absence d'une structure rigide permet au raga de produire un déconditionnement de l'esprit qui aide à aligner la conscience individuelle sur la conscience universelle.

En même temps, les notes du raga – individuellement et en combinaisons séquentielles – produisent des effets spécifiques sur le corps. Les sept notes de la gamme indienne – ou *saptak* – correspondent aux sept chakras, aux sept dhatus, ou tissus corporels, aux sept aspects de l'existence (les cinq sens, l'esprit et l'âme), ainsi, par exemple, qu'aux sept couleurs du spectre. En termes ayurvédiques, ceci signifie que ces formes – ces aspects de l'existence – partagent une fréquence énergétique commune, bien que chaque forme représente un multiple différent ou, si l'on veut, une octave différente de cette fréquence. (À rapprocher du type de correspondance que l'on observe dans la gamme occidentale où les fréquences des divers *la*, par exemple, sont de 110, 220, 440, 880, etc., en montant et en descendant les octaves.) Saisir cette correspondance entre les énergies permet de comprendre pourquoi l'Ayurveda affirme l'existence d'une harmonie naturelle entre les différentes formes de création. Il est vrai que, dans l'Univers, tous les phénomènes sont de l'énergie en mouvement – autrement dit des sons qui se manifestent suivant des séquences et des transformations diverses. Ainsi le raga peut effectivement utiliser des fréquences sonores naturelles pour équilibrer le corps et harmoniser les énergies.

Le *Gandharva Veda*, qui est un aspect du veda, explique comment contrôler le pouvoir harmonisateur de la musique. Dans la littérature védique, les gandharvas sont les chanteurs et les musiciens qui se produisaient au cours des grands banquets. En accord avec les principes du *Gandharva Veda*, les musiciens védiques ont créé des ragas particuliers, destinés à équilibrer les cycles quotidiens et saisonniers de la nature, ou à influer sur les conditions atmosphériques, par exemple. La séquence de sons qui constitue la mélodie du raga entre en communication avec les rythmes de la nature. Ces rythmes, ou lois naturelles, ne sont évidemment pas les mêmes, par exemple à l'aube qu'à midi ou au crépuscule. Il en va de même pour nos rythmes biologiques, également liés au pouls cosmique. Le *Gandharva Veda* divise la journée en huit sections de trois heures chacune. En jouant ou en écoutant des ragas aux moments appropriés de la journée, nous accordons nos énergies intérieures aux rythmes changeants de la nature, ce qui contribue à notre équilibre et, en même temps, restaure l'harmonie de l'environnement.

Il existe, pour illustrer le pouvoir des ragas, l'histoire d'un groupe de musiciens de cour et d'un chanteur renommé. Jaloux de la notoriété du chanteur, les musiciens incitent leur empereur à demander un chant appelé « La mélodie des lumières », tout en sachant que ce raga provoque tant de chaleur que celui qui le chante est vite consumé par le feu qui le saisit. Un soir, l'empereur demande effectivement ce chant. Bientôt, les torches commencent à brûler intensément et le chanteur lui-même a si chaud qu'il menace de se consumer. Comprenant ce qui est en train d'arriver, un ami va chercher l'aimée du chanteur, elle-même musicienne. Aussitôt, la jeune femme se met à chanter un raga qui attire la pluie et, ainsi, sauve son bien-aimé.

À défaut d'être en mesure de prouver la véracité de cette histoire, on peut remarquer que la recherche moderne reconnaît aux ragas des effets bénéfiques sur le corps et sur l'esprit. Au cours d'une expérience récente, on a observé une diminution notable de la respiration, accompagnée d'un sentiment de clarté intérieure et de félicité, chez des sujets qui écoutaient une musique inspirée du *Gandharva*.

Raga ou rock : équilibrez vos doshas en musique

Parce qu'ils activent les lois de la nature, chants védiques et ragas du *Gandharva Veda* vous sont bénéfiques, indépendamment de votre type de peau. Cependant, les différentes variétés de sons musicaux n'ont pas toutes des effets identiques sur les doshas, et peuvent donc constituer des thérapies équilibrantes spécifiques ; ou plus simplement nous permettre d'être d'une humeur ou d'une autre.

Si vous avez la peau sèche, ou un Vata en excès, comme ma cliente Karen, vous avez tendance à modifier facilement vos habitudes et à avoir l'humeur changeante, surtout si votre Vata est déséquilibré. Physiquement, vous êtes mince, vif, et vous vous fatiguez vite. Par conséquent, vous avez besoin d'une musique lente pour contrebalancer votre hyperactivité, de sons suaves pour apaiser votre excitabilité, de tonalités sourdes pour l'harmonie de votre tempérament enflammé et de rythmes mesurés pour contrer une nature fantasque. Vous apprécierez les sons profonds de la basse, du violoncelle, de l'alto, du basson, du saxophone, et le tempo régulier des tambours qui se fait entendre par-dessus des notes hautes. La musique classique d'Inde, mélodieuse et répétitive, peut vous convenir facilement, tout comme les chants grégoriens et baroques, et les premières œuvres de Bach ou de Haydn, par exemple. La folk music, les valses, et les grands classiques des salles de bals, ont également le genre de rythme qui apaise Vata. En général, vous vous sentirez plus à l'aise avec des airs légers et faciles à écouter qu'avec les rythmes appuyés du rap, l'agressivité électrique du hard rock, ou de fortes sonorités métalliques.

Si vous avez une peau sensible, ou un Pitta trop fort, vous êtes naturellement fougueux, passionné, actif, débordant d'énergie mais d'une résistance moyenne. Si vous avez un déséquilibre, vous devenez irritable, vous êtes facilement en colère, et tenez des propos acerbes. Par conséquent, vous avez besoin de sons apaisants, fluides, harmonieux, d'une sonorité modérée, et d'un rythme assez lent pour vous calmer, mais avec une rapidité suffisante pour ne pas provoquer votre impatience. Vous aimerez les sons mélodieux du piano, de la flûte, de la clarinette, du hautbois et du cor. Pitta se laissera sans ennui bercer par la musique de Paul Horn ou de James Galway, par certains morceaux de Benny Goodman, par le cool jazz, en général, par Mozart, Beethoven, l'opéra italien, et les sonorités new age, à doses modérées.

Si vous avez la peau grasse, ou un Kapha en excès, votre nature lente et lourde, dans sa solide charpente, demande à être stimulée et vivifiée. D'un tempérament doux et affectueux, vous n'avez guère besoin d'une musique romantique pour vous laisser aller, à moins que vous ayez envie d'en rajouter un peu. Les notes hautes du piccolo et du violon, les voix de soprano, et même les sons criards du rock and roll sont faits pour vous convenir. Plus le tempo est rapide et le volume élevé, plus Kapha est prêt à se secouer. Vous avez assez d'endurance pour danser jusqu'aux calendes grecques, mais il vous faut du rythme pour vous donner de l'entrain. Vous aimez les éclats d'une musique d'opéra, Handel, Beethoven, et toutes les musiques électriques, toniturantes. Vous pouvez écouter à hautes doses des musiques latines, du rythm and blues, du rock, du rap, quand le rythme est suffisamment rapide. Les sons aériens d'un cool jazz ou d'une musique new age peuvent, à petites doses, vous procurer une certaine exaltation, mais leur tempo irrégulier et leur côté lénifiant ne vous apportent pas assez de tonus pour tenir le coup.

Gardez à l'esprit qu'il ne s'agit là, concernant l'écoute de la musique, que de recommandations générales, et non de règles absolues. Les états d'esprit sont changeants, et il en va de même pour nos goûts en musique. L'Ayurveda vous considère comme les meilleurs juges de ce qui vous convient en matière de sons. Ne suivez ces quelques directives à la lettre que dans un but expérimental, et voyez si vous constatez une différence dans vos sensations. Je dois dire que les résultats pourraient bien vous surprendre.

Voix purifiée, parole agréable

Le son qui a sur nous le plus d'effet est peut-être celui de notre discours. Ce que nous disons, et la façon dont nous parlons, non seulement ont une forte influence sur notre environnement, mais influent aussi sur notre corps et sur notre esprit. La science occidentale estime que la voix est produite par le plus performant de nos organes sensoriels, et déverse des informations dans le monde à un taux de dix mille bits à la seconde.

Le son vocal naît du contact du souffle avec diverses parties du corps : la gorge, la trachée, la langue, les dents et les lèvres, qui toutes vibrent subtilement dans le but de produire le son. Pour l'Ayurveda, ces vibrations se répandent dans le système nerveux et influent, par son intermédiaire, sur toutes les cellules du corps, ainsi que sur les chakras et les autres centres d'énergie subtile. La gorge elle-même est le cinquième chakra, qui gouverne l'expression. La qualité de notre expression détermine la qualité de notre vie à laquelle elle apporte équilibre et félicité ou, au contraire, discorde et malheur. Rien ne brouille plus sûrement notre éclat qu'une conversation déplaisante ou des paroles empreintes de laideur.

En sanscrit, le son est appelé *nada* – *na* signifiant « le souffle », et *da* « le feu ». Le feu est la force transformatrice et, dans son expression prépondérante, rajas, il est aussi l'élan de la création. En d'autres termes, le son vocal naît, dans la conscience, de l'interaction entre la volonté individuelle et le souffle qui, ensemble, agissent sur le corps. Il est le souffle – le prana – transformé par le besoin de créer. Par conséquent, chaque mot que nous prononçons récapitule la création première qui transforme le pur être non manifeste en univers manifeste.

En tant qu'organe de la parole – et organe de l'action pour le sens auditif –, la gorge est l'objet d'une attention particulière dans l'Ayurveda. Afin de purifier le son de la voix, les vaidyas recommandent une gargarisation quotidienne, au lever, et avant chaque méditation, selon la recette suivante :

GARGARISME AYURVÉDIQUE

Ajoutez 1-2 gouttes d'huile essentielle de menthe, de clou de girofle ou de cannelle dans une 1/2 tasse d'eau distillée chaude. Gargarisez-vous.

Vous pouvez, si vous le préférez, vous gargariser avec de l'eau salée et chaude. Les gargarismes proposés dans le commerce ne sont pas recommandés. Ils contiennent généralement de l'alcool, qui dessèche la bouche, ainsi que des colorants et autres substances chimiques.

Au sujet des mots, l'Ayurveda a encore beaucoup à dire. Dans les derniers chapitres de ce livre, nous nous pencherons de plus près sur le pouvoir créatif de la pensée et de la parole qui ont, en tant que sons, l'impact le plus immédiat sur nos actions et sur notre conscience. Comme je l'ai déjà dit, le son sous-tend toute chose et, par conséquent, chaque forme dans l'Univers émet un son spécifique qui est sa fréquence naturelle. L'ensemble de ces myriades de notes – le mouvement du vent, les vagues de l'océan, le sol et le soubassement géologique sous nos pieds, le système solaire, les galaxies – crée la musique céleste. Ils sont le murmure cosmique – *Aum*. De la même manière, les battements du cœur, le flux sanguin, le jeu des muscles, le rythme de la respiration s'unissent pour créer la symphonie unique qu'est une vie humaine. Allez avec des amis au bord de la mer, au sommet d'une montagne, dans les profondeurs d'une forêt. Joignez les mains, fermez les yeux et, à l'unisson, faites entendre longuement un « Aum ». Vos voix se confondront naturellement, vos notes ne feront plus qu'une, et vous connaîtrez alors la joie d'être un instrument accordé à l'orchestre cosmique. Quand tous les sons, extérieurs et intérieurs, sont en harmonie, la vie atteint à l'équilibre parfait.

Maintenant que ce goût de félicité a pénétré dans votre conscience, je vous invite à dépasser les limites de la vie sensorielle et à explorer le souffle, l'esprit et la conscience.

Quatrième partie

DES SENS À L'ÂME : SOUFFLE, ESPRIT, ET PURIFICATION DE L'ÂME

Prana, manas et atma shudhi

C'est, forgée de l'intérieur, une beauté qui a imprégné la peau, le sédiment, peu à peu, cellule par cellule, et qui est faite de pensées étranges, de rêveries fantastiques et d'exquises passions.

Walter Pater

Chapitre 12

LA THÉRAPIE RESPIRATOIRE

Le souffle est la passerelle qui relie la vie à la conscience et qui unit notre corps à nos pensées.

THICH NAHT HANH

Si mes clients ne savent pas ce qu'ils pensent, sentent ou désirent, leur peau parle pour eux. Elle me dit exactement ce qui se passe dans leur esprit et dans leur corps. Alors, en tenant compte des cinq sens, je leur prescris un traitement externe, à base de plantes et d'huiles, et un traitement interne qui fait intervenir un régime, des massages, des arômes, des couleurs et de la musique. Il arrive que tout ce remue-ménage, ce besoin de se servir de tout un tas de *trucs* renforce l'idée que maladie et santé sont essentiellement des phénomènes physiques. Il est vrai que nous vivons dans un corps qui demande de l'entretien et des soins d'ordre physique, et toutes les thérapies ayurvédiques que je vous ai exposées jusqu'ici sont effectivement destinées à vous redonner vigueur et équilibre. Cependant, le parcours conduisant à la beauté absolue n'est pas pour autant achevé.

J'ai commencé ce livre en vous racontant l'histoire du daim qui ne parvient pas à trouver la source du parfum céleste qu'il respire, tout simplement parce qu'il le cherche partout, sauf au bon endroit, c'est-à-dire à l'intérieur de lui-même. Nous sommes exactement comme lui et, du regard, nous cherchons en vain une perfection qui ne peut se trouver qu'*au-delà* des sens, dans notre propre nature, notre moi, notre âme. L'Ayurveda nous dit que le chemin de l'âme nous fait, comme vous le verrez, pénétrer dans la nature de la pensée et de la perception et, ensuite, nous conduit, au-delà de l'esprit, à l'expérience de la conscience elle-même. Mais ce voyage intérieur commence avec l'essence vitale du souffle qui permet au corps, et à l'esprit, de vivre.

À l'évidence, rien n'est plus essentiel à la vie que le souffle. Privé de l'oxygène que nous inspirons, le cerveau cesse de fonctionner en quelques minutes et le reste du corps n'y survit pas longtemps. Le besoin d'air est ce qui différencie les êtres vivants des choses. Un seul mouvement respiratoire fait toute la différence entre la vie et la mort. Le début de l'existence est marqué par le premier cri du bébé et, la fin, par les dernières paroles ou le dernier souffle de la personne qui s'en va. Souvent la vie est présentée comme un ensemble de séries respiratoires. Nous naissons avec un certain nombre d'entre elles et, quand on en arrive à son dernier souffle, on *expire*. Même aux racines du langage, la vie et la mort sont mêlées.

Le prana : source de la vitalité et de l'équilibre

Pour l'Ayurveda, la respiration n'est pas seulement l'air et l'action des poumons. Elle est la forme physique du *pranamaya kosha*, l'une des strates subtiles de l'existence, et le véhicule du prana, l'énergie vitale, qui entre dans le corps et l'anime. Le prana lui-même est l'essence de l'intelligence du corps et de sa vitalité ; l'échange de cette force vitale entre amants est l'une des raisons qui font du baiser un moyen d'expression puissant et très intime.

Le pranamaya kosha constitue également le lien entre l'annamaya kosha et le manomaya kosha – entre le corps et l'esprit. Nous faisons l'expérience directe de ce lien chaque fois que notre respiration ou notre humeur change. Tous deux sont si étroitement liés dans notre psychophysiologie que nous ne pouvons altérer l'un sans que l'autre en subisse l'influence. Quand nous sommes heureux, notre respiration est régulière et profonde; lorsque nous sommes déprimés, elle devient spasmodique; en colère, nous nous essoufflons; pris de peur, nous avons une respiration courte, rapide, irrégulière. Si nous sommes stressés, la respiration est l'une des premières fonctions physiologiques à subir une modification.

Les perturbations respiratoires ont des effets sur la peau aussi bien que sur notre humeur. Courte, superficielle, la respiration fait pâlir le teint; laborieuse, elle le congestionne. S'il est constamment perturbé par le stress, le prana s'appauvrit. Et si ce mouvement de la force vitale, qui avec les tejas engendre l'ojas, devient insuffisant, la peau perd sa vitalité et son éclat. En fait, c'est tout le système immunitaire qui est affaibli par une respiration déficiente. Comme l'explique Weil, dans *Spontaneous Healing* (La Guérison spontanée), « c'est la force de la respiration – les variations rythmiques de la pression de l'air dans les poumons – qui assure la circulation de la lymphe », laquelle est nécessaire à la détoxication du sang.

En dehors du stress, d'autres facteurs appauvrissent le prana : les mauvaises habitudes respiratoires; les aliments morts, et la nutrition inappropriée; le fait de parler, de discuter, de crier ou de pleurer pendant un long moment; les problèmes de digestion et d'élimination, dont diarrhée, dysenterie, constipation, besoin fréquent d'uriner, transpiration excessive; et les excès sexuels. Un blocage des nadis, les soixante-douze mille canaux de l'énergie subtile, ralentit également le mouvement du prana. Quand la perturbation se prolonge, et quelle qu'en soit la raison, les doshas sont déséquilibrés et le désordre ou la maladie s'installent inévitablement.

Une respiration équilibrée pour une vie équilibrée

Pensée et respiration sont toujours associées. Quand l'esprit est contrarié, la respiration l'est également ; quand il est calme, le souffle l'est aussi. L'inverse va dans le même sens. Lorsque la *respiration* est régulière, l'esprit et les émotions s'apaisent spontanément, et la physiologie s'équilibre.

Les techniques respiratoires de l'Ayurveda se basent sur cette correspondance. Si nous sommes en pleine crise émotionnelle, haletants et l'esprit en ébullition, nous tentons souvent de nous « raisonner » afin de retrouver notre calme. Cette technique mentale peut marcher temporairement, mais tous ceux qui ont fait ce genre d'expérience en connaissent la difficulté – la pensée étant, par nature, perpétuellement changeante, essayer de la contrôler revient à tenter d'arrêter le courant d'une rivière.

Il est beaucoup plus facile de contrôler le flux respiratoire. Si, comme l'a dit A. Montagu, « le besoin de respirer est le besoin le plus fondamental de l'homme, et le plus automatique », nous pouvons néanmoins retenir notre respiration, ou inhaler et inspirer *à volonté*, pendant de brefs moments. C'est une prérogative que nous exerçons d'ailleurs sans effort lorsque nous soufflons sur une bougie, plongeons dans une piscine ou, simplement, en avalant notre salive ou en parlant.

Les exercices « neurorespiratoires » de l'Ayurveda, que vous allez découvrir, utilisent le pouvoir intégrateur du prana, non seulement pour normaliser la respiration, mais également pour apaiser en même temps les émotions et harmoniser les doshas.

La technique de la respiration naturelle

Qu'est-ce qu'une *respiration naturelle* ? L'expression semble redondante. Après tout, qu'y a-t-il de plus naturel que le fait de respirer ? Rien n'est plus instinctif. Donnez une claque dans le dos d'un nouveau-né en bonne santé et le processus de la respiration se met en marche pour la vie, sans avoir besoin d'un second démarrage. N'est-ce pas exact ?

Eh bien ! pas complètement... Il y a une *bonne* façon de respirer. Elle est naturelle, procure un maximum de santé et de beauté, et les bébés la connaissent d'instinct. Observez un nouveau-né pendant son sommeil. Sa poitrine se gonfle comme un ballon puis se contracte, doucement et à un rythme régulier. Le mouvement du corps suit trois directions en même temps : le thorax et le dos se soulèvent et s'affaissent, s'élargissent puis se rétractent, tandis que tout le torse s'allonge et se rétrécit. Chez le bébé, cette respiration naturelle, qui utilise la pleine capacité des poumons, ne demande aucun effort. Mais, plus tard, quand nous sommes adultes, nous avons, la plupart du temps, perdu cette faculté instinctive de respirer correctement, et cela à cause du stress, d'une santé déficiente, ou de mauvaises habitudes. Inconsciemment, nous retenons notre respiration ou nous nous contractons et perturbons la fonction des poumons. Cette perturbation qui entrave le souffle est tout simplement mortelle, parce qu'elle prive le corps du prana qui est essentiel à toute vie.

Une inspiration normale apporte aux poumons un demi-litre d'air. Une inspiration profonde lui en fournit environ sept fois plus. Plus loin, vous trouverez la description d'une technique très simple qui permet de revenir à une respiration correcte, qui est bien rythmée et fait travailler le diaphragme, comme il se doit. Je vous recommande de l'appliquer au moins une fois par jour, le matin, afin de commencer la journée avec une bonne réserve de prana.

Cet exercice respiratoire, comme tous ceux décrits dans ce chapitre, peut déclencher un sentiment d'anxiété, ou même une crise de rire ou de larmes. C'est une réaction très naturelle, étant donné que chaque respiration est porteuse d'anxiété. Ashley Montagu parle d'une légère manifestation phobique qui est une survivance de l'anxiété éprouvée dans les instants qui précédèrent notre toute première respiration. Ketul Arnold, professeur au Rasa Yoga Studio de New York, où l'on apprend la respiration yogique, souligne qu'à cette peur primale s'ajoute généralement une contraction involontaire des cordes vocales ou des muscles de la poitrine et du diaphragme, destinée à retenir des sentiments perturbateurs. Il en résulte une perte de flexibilité de la cage thoracique et une réduction de la fonction respiratoire. Quand les personnes dont la respiration est entravée finissent par prendre une bonne bouffée d'air, les émotions refoulées pendant des années remontent à la surface et, dans certains cas, provoquent un rire ou des larmes incontrôlables.

C'est un *bon* signe. Il veut dire que vous respirez correctement. Essayez alors de faire passer votre souffle au travers de vos émotions. Vous constaterez qu'elles s'effacent d'elles-mêmes. En même temps, vous vous débarrassez de vos toxines – le stress émotionnel ayant bloqué le flux de l'intelligence du corps comme le font les aliments indigestes. En fait, la respiration, à l'instar des pores de la peau, des glandes sudoripares, de l'urine et des matières fécales, est un moyen naturel de se détoxiquer. À chaque inhalation, le sang, chargé d'oxygène, nettoie le corps et, à chaque exhalation, le dioxyde de carbone et autres déchets toxiques sont expulsés.

Le pranayama ou comment respirer de la tête aux pieds

Le *pranayama*, dans le vocabulaire ayurvédique, désigne un ensemble d'exercices neurorespiratoires, et se traduit littéralement par « respiration de la tête aux pieds ». Ses diverses techniques équilibrent des émotions spécifiques ainsi que les doshas qui leur sont associés.

Certains exercices impliquent la respiration nasale alternée. Chaque narine est physiquement reliée au côté du cerveau qui lui est opposé. La narine droite est ainsi reliée à l'hémisphère gauche, et la gauche à l'hémisphère droit. Cette connexion est importante à connaître, étant donné que chaque hémisphère est associé à des activités mentales précises. Au cours des dernières décennies, la recherche neurologique a permis d'établir que le cerveau gauche commande les fonctions analytiques, ou linéaires, comme la logique et le langage et, le cerveau droit, les fonctions conceptuelles ou spatiales, telles l'intuition et l'imagination. On a également appris que la respiration nasale alternée, en stimulant systématiquement les deux moitiés du cerveau, facilite, d'une façon générale, leur fonction intégratrice. Elle améliore en même temps la fonction pulmonaire qui s'affaiblit avec l'âge, et ralentit le pouls.

Les anciens savants connaissaient eux aussi le partage des fonctions cérébrales entre les deux hémisphères, mais ils utilisaient pour en parler une terminologie différente. Pour l'Ayurveda, le cerveau gauche est le centre de l'énergie « masculine », ou solaire, qui a pour caractéristiques d'être active, calculatrice et réchauffante ; le cerveau droit est le centre de l'énergie « féminine », ou lunaire, qui est créative, apaisante et rafraîchissante. Par conséquent, respirer par la narine gauche (cerveau droit) permet, en activant l'énergie lunaire, de réduire un Feu excessif, d'apaiser colère et frustration. Cet exercice est particulièrement recommandé aux personnes qui ont la peau sensible, un déséquilibre de Pitta, ou qui ont simplement besoin de se rafraîchir un jour de grande chaleur. Respirer par la narine droite (cerveau gauche) permet de stimuler l'esprit en activant l'énergie solaire et de se réchauffer quand il fait froid. La respiration nasale alternée réduit le stress, l'anxiété et la peur qui s'attachent à Vata.

– Asseyez-vous confortablement ou tenez-vous debout, les pieds légèrement écartés, en respirant normalement par le nez.

– Plaquez vos paumes sur l'abdomen. Sentez votre ventre se tendre et se contracter tandis que vous inhalez et expirez normalement. Si vous ne le sentez pas bouger, laissez vos mains au même endroit, mais rejetez doucement en arrière la tête, le cou et les épaules, puis respirez. Revenez ensuite aux instructions initiales.

– Plaquez vos paumes sur vos seins, le bout des doigts se rejoignant au-dessus du sternum. Sentez vos mains s'écarter naturellement l'une de l'autre pendant que vous respirez normalement.

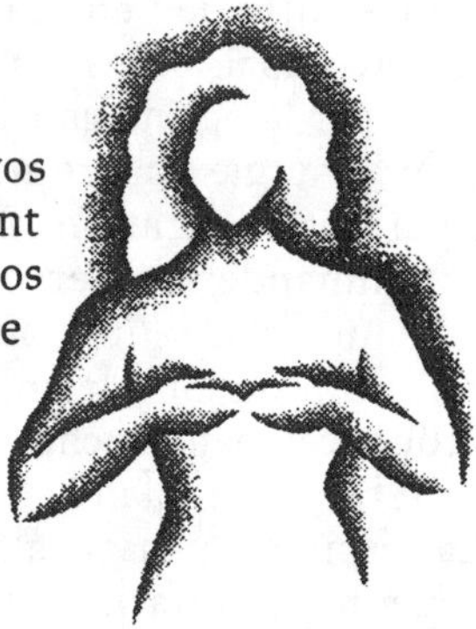

– Le dos de la main plaqué de chaque côté de votre cage thoracique, les doigts pointés vers le haut, sentez vos côtes se dilater puis se rétracter pendant que vous respirez normalement. Remarquez si un côté se dilate plus que l'autre. Si c'est le cas, levez le bras du côté le plus faible et respirez. Revenez aux instructions initiales et voyez si le mouvement des côtes s'est unifié.

– En gardant les mains dans la même position, faites-les glisser vers la taille. Sentez l'estomac se gonfler comme un ballon tandis que vous respirez normalement. Voyez si un côté se dilate plus que l'autre. Si c'est le cas, levez le bras du côté le plus faible, jusqu'au-dessus de la tête, et penchez-vous du côté le plus fort. Revenez aux instructions initiales pour voir si le mouvement de votre taille est le même des deux côtés.

– Plaquez le dos de vos mains au creux du dos, avec le bout des doigts qui se touche. Sentez vos mains s'écarter l'une de l'autre puis se rapprocher pendant que vous inhalez et exhalez normalement. Si le dos ne se dilate pas, prenez une autre respiration et, tandis

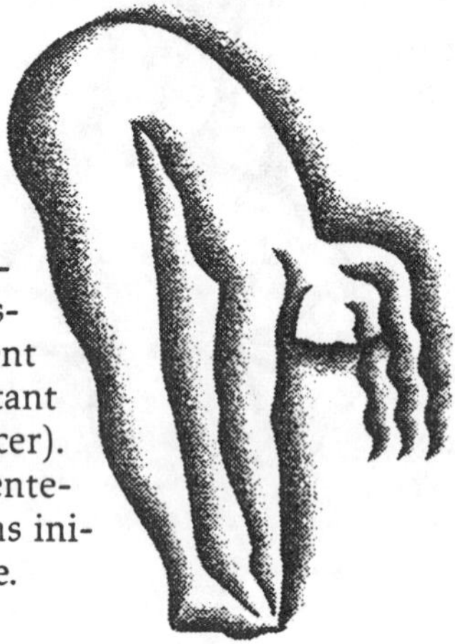

que vous exhalez, ramenez vos bras en avant, baissez doucement la tête et pliez la taille, jusqu'à ce que vos doigts touchent vos orteils (ou, du moins, autant que vous le pouvez, sans forcer). Inhalez en vous redressant lentement. Revenez aux instructions initiales pour voir si le dos se dilate.

Respiration nasale alternée

(Équilibre Vata)

– Asseyez-vous droit, les yeux fermés. Approchez la main droite de votre nez et comprimez la narine gauche avec l'annulaire. Inhalez lentement par la narine droite en gonflant doucement le ventre puis les poumons. Enlevez votre annulaire et, à l'aide du pouce, comprimez la narine droite. Exhalez lentement par la narine gauche pendant que vous laissez vos poumons puis votre ventre se dégonfler. Inversez la fonction des narines en inhalant avec la gauche, puis en exhalant avec la droite. Faites neuf respirations alternées sans vous arrêter.

– Ne retenez pas votre respiration. Ne pensez qu'à respirer normalement. Ne forcez pas votre souffle, inhalez et expirez comme si vous vouliez éviter de faire frémir une feuille séchée, placée sous vos narines. Ne cherchez pas à compter vos respirations. Respirez à fond, mais sans forcer. Les mouvements de votre torse vont naturellement suivre le va-et-vient de l'air dans vos poumons. Le corps ne peut rester immobile pendant que la respiration trouve son rythme normal, c'est-à-dire régulier et fluide.

– Cet exercice est excellent pour éliminer les problèmes des peaux sèches et apaiser l'anxiété et la peur.

Respiration shitalique

(Équilibre Pitta)

– Asseyez-vous droit, les yeux fermés. Recourbez les bords de votre langue, pour qu'elle ait la forme d'un tube, et sortez-en l'extrémité de votre bouche. (Si vous ne pouvez pas donner cette forme à votre langue, mettez son extrémité contre le palais, dents fermées.) Inhalez par la bouche. Les poumons pleins, fermez la bouche, détendez la langue puis, lentement et sans forcer, exhalez par le nez. Ne retenez pas votre respiration. Répétez ce processus pendant 1-2 minutes. Le nombre de respirations variera en fonction de votre rythme naturel. Générale-

ment, exhaler prend environ deux fois plus de temps qu'inhaler. De toute façon, ne faites pas de calculs de temps.

– *Shitali* signifie « frais » en sanscrit. Quand vous inhalez par le nez, la chaleur du corps réchauffe l'air avant qu'il pénètre dans les poumons. Lorsque vous inhalez par la bouche, vous sentez encore la fraîcheur de l'air quand il entre dans les poumons. Cette fraîcheur est bénéfique aux tempéraments vifs et aux problèmes de peau sèche que sont les irruptions de rougeurs, l'acné, l'eczéma et le psoriasis.

Respiration kapalbhatique

(Équilibre Kapha)

– Asseyez-vous droit, yeux et bouche fermés. Mettez vos paumes sur votre ventre et inhalez lentement par le nez, tout en détendant votre diaphragme et en remplissant d'air la partie inférieure de vos poumons. Le reste du corps détendu, rentrez rapidement votre estomac, contractez-le, de façon à ce que vous exhaliez automatiquement par le nez. Relâchez les muscles de l'estomac en arrondissant le ventre afin d'inhaler instinctivement par le nez. Respirez de cette manière pendant une minute. Commencez l'exercice lentement mais, dès que vous ne vous sentez plus à l'aise, cherchez à augmenter le nombre de respirations par minute.

– Avec cette technique, vous aurez l'impression de prendre votre bouffée d'air en plein estomac, et de l'expulser brutalement. Mais cette sensation ne s'accompagne d'aucune douleur. En fait, cette respiration est extrêmement grisante quand elle est bien conduite. Kapalbhati signifie « nettoyage de la couronne », et vous ressentirez peut-être des picotements autour des oreilles, sur le cou et sur le crâne. Le fait de rentrer le ventre et de contracter ses muscles produit un massage de la colonne vertébrale et fait circuler le fluide spinal. En même temps, vous massez votre estomac et vos intestins. K. Arnold souligne qu'une fois le rythme pris, le bruit de la respiration kapalbhatique ressemble à celui d'un jet d'arrosage automatique.

– Cet exercice revigorant est recommandé lorsque votre Kapha est surchargé. Il redonne du tonus si vous êtes dépressif et vous aide à vous détacher de vos problèmes émotionnels. Améliorant la digestion et faisant disparaître les gaz, il est également bénéfique pour Vata.

Soins du nez et de la bouche

Le pranayama tonifie les poumons et augmente l'apport d'oxygène au sang. Mais n'oublions pas le nez et la bouche qui, étroitement associés à la respiration, ont aussi besoin d'être soignés si vous voulez garder l'haleine fraîche et préserver le flux de prana.

Les instructions concernant le nettoyage du nez ont été consignées p. 331. Voici maintenant celles qui concernent le nettoyage de la bouche. Étant donné que les bactéries s'accumulent autant sur la langue qu'entre les dents et les gencives, il est important de vous nettoyer la langue afin d'éviter une mauvaise haleine.

Les soins de la bouche comportent quatre phases :

– *Phase 1* : Le matin, grattez votre langue avec un petit grattoir destiné à cet usage. Pour ceux qui n'en ont jamais utilisé, je précise qu'il s'agit d'un instrument métallique d'une largeur d'environ six millimètres, en forme de U. En Inde, il en existe quatre sortes : en or, pour les personnes de type Vata ; en argent pour celles de type Pitta ; en cuivre pour les types Kapha ; et en acier inoxydable pour tous les types. Si vous n'avez pas de grattoir, vous pouvez utiliser le bord d'une cuillère. Partez de l'arrière de la bouche et grattez doucement la langue pour enlever la couche d'impuretés.

– *Phase 2* : Massez-vous les gencives avec une préparation comportant 1 goutte d'huile essentielle de camphre, de clou de girofle ou de cannelle + 1 c. à c. d'huile de sésame. Si vos gencives saignent, rincez-vous la bouche avec une infusion au fenouil à laquelle vous avez ajouté 1 pincée de poudre de curcuma.

– *Phase 3* : Brossez-vous les dents. Les dentifrices habituels contiennent souvent des substances chimiques et des arômes artificiels. Préparez un dentifrice ayurvédique en mélangeant 1 pincée de gros sel, 1 de cannelle, 1 de clou de girofle, à 1/2 c. à c. de triphala. Ajoutez quelques gouttes d'eau pour obtenir une pâte et brossez-vous les dents comme d'habitude.

– *Phase 4* : Gargarisez-vous avec de l'eau salée ou avec la préparation ayurvédique, décrite à la fin du chapitre 11, p. 392.

La respiration est un aspect de la vie physique qui dépasse les limites du corps et perdure après la mort. L'écrivain Guy Murchie a comparé le nombre des atomes d'air d'une respiration individuelle au nombre total d'atomes de l'atmosphère. Il a pu en conclure que plus d'un million d'atomes sont respirés par un individu, à chaque inhalation. Nous pouvons dire que nous partageons notre essence vitale avec tous les êtres humains qui vivent et ont vécu et que, même après notre mort, les atomes de notre respiration continuent d'alimenter d'autres vies.

Chaque respiration que nous prenons naît et retombe dans un présent éternel. Contrairement au fait que nos pensées circulent entre passé, présent et futur, notre souffle se manifeste ici et maintenant. On ne peut respirer pour le lendemain, et ce que l'on a respiré la veille ne nous donne pas le souffle du jour présent. Chaque respiration vient à son heure, ne peut pas resservir et, par conséquent, nous lie au temps. Néanmoins, chaque respiration, *en elle-même*, a un goût d'éternité. Laissez l'esprit suivre votre respiration – ce qui vous obligera à vivre pleinement chaque instant.

Chapitre 13

LA MÉDITATION AYURVÉDIQUE

Les yogis, les grands esprits, par un effort spirituel projettent leur esprit dans les sons non frappés [...] et atteignent ainsi à la libération.

LE SANGEET-MAKARANDA

Comme le terme « conscience », « méditation » est un mot auquel on attribue des significations variées, et il est vrai qu'il existe au moins autant de formes de méditation que de cultures de par le monde. Mais si la méditation se réfère toujours au processus de la pensée et si toutes ses formes sont, en fait, des pratiques « mentales », ces diverses pratiques ne suivent pas une seule et même méthode ni n'aboutissent à des résultats identiques.

Les Occidentaux connaissent plus d'une technique de concentration ou de contemplation. En général, la concentration est synonyme d'une attention active et focalisée sur un objet particulier, une idée ou un but. Ce qui est aussi le point de vue de l'Ayurveda, déjà exposé dans un chapitre précédent, et qui sera repris dans le dernier chapitre. La contemplation implique *l'évocation* d'une idée, comme l'idée de Dieu ou de l'amour, laquelle permet d'élever l'esprit et de rechercher le sens de la vie. Par définition, elle s'attache au *contenu* de la pensée et, en conséquence, engage l'esprit *dans* le processus de la pensée – une pensée conduisant naturellement à une autre. Comme vous le verrez dans le chapitre 14, ces deux techniques mentales sont aussi utiles l'une que l'autre au développement de *la volonté* consciente et nous aident à modifier les perceptions qui sont à l'origine du stress. Toutefois, elles n'engendrent pas automatiquement les effets qui nous conduisent nécessairement à l'équilibre, à la félicité et à la beauté absolue – c'est-à-dire au-delà de l'expérience directe et continue de la pure conscience.

Les méditations ayurvédiques que je décris dans ce chapitre ont une fonction bien différente de celle de la contemplation et de la concentration, en ce sens qu'elles conduisent l'esprit, *par-delà* le processus de la pensée, jusqu'à la source de la pensée qui se trouve dans la pure conscience. Si ces techniques font appel aux mécanismes de la pensée et de la perception, elles *ne s'attachent pas* aux idées en elles-mêmes ni à leur signification, et elles ne demandent pas que nous contrôlions la direction de nos pensées. Ces techniques millénaires s'appliquent à sortir spontanément la conscience des limites de la pensée, afin que nous puissions faire l'expérience du silence absolu et de la félicité sans bornes de l'être pur. Cette expérience directe de la pure conscience, inscrite dans le moment présent, l'Ayurveda l'appelle *la conscience transcendantale*. C'est la paix totale de l'esprit.

On trouve des descriptions de cette *transcendance* – de ce passage de la pensée au silence de l'esprit – dans la poésie et dans la philosophie de chaque civilisation. C'est une expérience parfaitement normale, spontanée et, par conséquent, universelle, caractérisée par une sensation d'expansion et de calme intérieurs, celle d'un niveau de conscience élevé et de perception qui dépasse les sens, de silence profond, de clarté et de certitude. Prenons l'exemple du poème intitulé *Inspiration*, écrit par Henry David Thoreau :

J'entends au-delà des sons,
Je vois au-delà du visible,
De nouveaux cieux, de nouvelles terres, de nouvelles mers,
Et le soleil de mes jours pâlit.

Une harmonie ancienne et claire
Perce mon âme à travers ses discordances,
Comme à travers ses plus belles mélodies –
Bien au-delà d'elles – bien plus profondément.

Elle m'atteint plus rapidement que l'éclair,
Sa voix est plus forte que le tonnerre,
Elle ouvre mon refuge à tous
Et me laisse seul dans la foule.

Elle parle avec tant d'autorité,
Sur un ton si serein et si noble,
Que le temps qui passe s'en va flâner ailleurs ;
Et me laisse face à l'éternité.

Il faut savoir que l'expérience de la conscience transcendantale ne se limite pas à des efforts intellectuels et ne requiert aucun niveau d'éducation particulier. C'est une expérience que nous pouvons faire à n'importe quel moment au cours de n'importe quelle activité. Les athlètes, par exemple, évoquent souvent à ce sujet une sensation de « fluidité » dans l'effort, et d'harmonie parfaite entre le corps et l'esprit. À propos de ses victoires, Roger Bannister, le premier champion qui ait parcouru un mile en quatre minutes, a écrit : « La terre semblait bouger avec moi, [...] un rythme neuf me pénétrait. Cessant d'avoir conscience de mes mouvements, je découvrais une unité nouvelle avec la nature, [...] une source neuve de pouvoir et de beauté, une source dont j'ignorais jusque-là l'existence. »

Toutefois, sans une méthode de transcendance spécifique, nous ne pouvons qu'espérer le hasard heureux qui nous fera profiter d'une « fissure » dans les limites de nos pensées – telle que H.D. Thoreau et R. Bannister l'évoquent. Si nous possédons une technique, non seulement nous pouvons faire l'expérience régulière de la félicité, mais nous pouvons aussi acquérir la possibilité de connaître une conscience « empreinte de félicité » à n'importe quel moment. Nous allons maintenant examiner la valeur pratique de cette expérience, puis je vous ferai découvrir deux exercices de méditation qui permettent à l'esprit de se transcender.

Les vertus de la transcendance

De toutes les thérapies ayurvédiques, celles qui font appel à la transcendance sont les plus efficaces et les plus complètes, en ce sens qu'elles interviennent directement sur le niveau de notre conscience – *anandamaya kosha* – qui est la manifestation la plus subtile de l'intelligence du corps-esprit. En faisant l'expérience de l'étendue illimitée de la conscience, nous équilibrons spontanément les champs d'existence immédiats : ego, esprit, respiration, sens. Par conséquent, des exercices de méditation réguliers profitent autant au corps qu'à l'esprit. Les bénéfices mentaux sont inhérents à la nature même de la conscience, pendant que les bénéfices physiques proviennent des connections du système psycho-neuro-immunitaire.

J'ai déjà expliqué que la conscience est infinie, silencieuse, continue et immuable. Si nous n'avons jamais fait l'expérience directe et claire de sa présence, nous pouvons néanmoins avoir une idée de ses autres caractéristiques, à partir de la nature de nos pensées dont elle est la source. Toute pensée – quel que soit son contenu – est à la fois énergie, créativité et intelligence. La pensée est une forme d'énergie parce qu'elle est animée – nous n'avons pas une pensée qui se déroule sans fin, mais un flot de pensées qui vont et viennent – et il n'y a pas de mouvement sans énergie. La pensée est créative parce que les pensées changent. Si nous pouvons avoir – et c'est le cas – des idées qui se répètent, chaque jour nous en avons de nouvelles. Une pensée conduit à une pensée neuve et, en conséquence, on peut dire que la pensée et créative. Enfin, la pensée est intelligence parce que, si elle change, ce n'est pas au hasard. Elle se développe, se construit à partir d'elle-même, non sans suivre un ordre déterminé. Par exemple, nous nous disons : « J'aimerais aller au cinéma. Quel film je pourrais voir ? » Je vais regarder le programme des salles dans le journal. Si la pensée partait dans tous les sens – si elle n'était pas intelligence –, nous ne pourrions jamais passer à l'action pour satisfaire un désir. On se dirait alors : « J'aimerais aller au cinéma. Je vais manger une banane. C'est un soir de pleine lune ». Certes, il nous arrive d'avoir des pensées « irrationnelles » et, de temps à autre, des pensées totalement impromptues. Toutefois, placé dans le cadre plus large de l'évolution humaine, le cerveau pensant – l'esprit cognitif, discriminatif, capable de résoudre des problèmes – apparaît comme un élément d'adaptation. Son existence même indique un développement supérieur. Toute pensée étant synonyme d'évolution – en ce sens qu'elle est axée sur la survie (la vie) et la croissance –, elle exprime nécessairement de l'intelligence.

Source de la pensée, la conscience est donc, également, la source des caractéristiques de la pensée. Nous sommes par conséquent en mesure de déduire, à partir de la nature de la pensée, que la conscience est elle-même énergie, créativité et intelligence. Comme notre réserve d'idées est illimitée – on n'a jamais vu un être humain cesser de penser avant la mort –, il nous est également possible de nous dire que le champ de la conscience peut nous procurer des vertus à l'infini. Au niveau de la conscience, le potentiel de l'esprit ne connaît pas de limites.

Faire l'expérience de l'absence de limites de l'esprit c'est faire l'expérience d'une plénitude parfaite et, comme je l'ai déjà dit, d'une félicité absolue. Lorsque nous permettons à l'esprit d'éprouver régulièrement et systématiquement l'étendue de son potentiel, en méditant, nous finissons par acquérir la capacité de préserver en toutes circonstances l'état de félicité de la conscience. Dans cet état, que l'Ayurveda appelle *la conscience cosmique*, toutes les ressources du champ infini de la conscience – c'est-à-dire énergie, créativité, intelligence infinies – sont à notre disposition. Quand nous agissons à partir de ce niveau de conscience quantique, il nous est impossible de commettre une erreur, étant donné que nous sommes alors spontanément en accord avec les lois naturelles. Agir en harmonie avec notre propre nature et avec notre environnement est une garantie de succès, et engendre la joie. Nous atteignons à l'accomplissement que nous propose l'Ayurveda ainsi qu'à la beauté absolue.

Tout en apportant la félicité, donc tout en agissant à un niveau subjectif, l'expérience de la conscience transcendantale influe également, et en profondeur, sur le corps. Ce qui était une évidence pour l'Ayurveda est aujourd'hui confirmé par la médecine holistique moderne. Comme nous l'avons vu, tout changement provoqué par une expérience mentale produit des changements physiques, et *vice versa*. La transcendance est un processus mental dans lequel la pensée devient de moins en moins active. Tandis qu'au cours de la méditation, l'esprit rejoint une conscience apaisée, les pensées elles-mêmes deviennent plus subtiles, moins distinctes, et finissent par s'effacer complètement pour faire place au silence de la pure conscience. Dans ce processus, pendant que l'activité mentale décroît, l'activité biochimique du corps fait de même, ce qui permet de dire que le corps se repose.

Les études scientifiques portant sur les effets de la méditation – dont Robert Keith Wallace a donné le coup d'envoi en 1968, à l'université de Los Angeles et à Harvard – ont amplement démontré une amélioration des fonctions psychophysiologiques. En fait, les premières conclusions de ces expériences furent si surprenantes que, comme l'a dit l'un des fondateurs de l'Institut de médecine holistique du New England Deaconess Hospital, et de la faculté de médecine d'Harvard, elles marquèrent le début de la recherche médicale holistique actuelle. Ces découvertes révélaient des modifications de l'activité cérébrale qui indiquaient un repos, une détente, une réduction spectaculaire de la consommation d'oxygène, du taux respiratoire, et d'albumine dans le sang. Un taux élevé d'albumine est associé au malaise et à l'anxiété ; un taux bas, au calme et à la paix. Les sujets en méditation présentaient un taux d'albumine *parmi les plus bas jamais enregistrés chez des êtres humains.*

L'ensemble de ces résultats prouva que la transcendance engendrait un état de repos et de relaxation qui est habituellement caractéristique du sommeil ou de l'hibernation. Lorsque des études ultérieures démontrèrent que la méditation n'était ni l'un ni l'autre, R.K. Wallace dut reconnaître que la science occidentale venait de découvrir un aspect jusque-là inconnu, et sans équivalent, du fonctionnement du corps-esprit. Cette spécificité tient au fait que la profonde relaxation qu'apporte la méditation s'accompagne d'une vigilance et d'une clarté d'esprit qui ne se trouvent pas dans le sommeil. R.K. Wallace a appelé cet « état de repos vigilant » le « quatrième état de la conscience », les premiers étant la veille, le rêve et le sommeil. Mais cette parfaite description de l'expérience de la conscience transcendantale n'est pas une nouveauté. Elle a été faite par l'Ayurveda il y a déjà quelques millénaires. Sa signification pratique repose sur le fait que la médecine occidentale dispose désormais d'une méthode éprouvée de réduction spectaculaire et immédiate des effets du stress, qui ne demande aucun médicament, n'implique aucun risque pour la santé, et est naturelle, facile et gratuite.

Si ces effets, immédiats et profonds, ne sont pas obtenus par n'importe quelle sorte de méditation, néanmoins, quand elle est quotidienne, la méditation produit toujours des bienfaits à long terme. Elle diminue le tabagisme, l'usage des drogues, l'activité des radicaux libres, le développement des maladies cardiaques et les facteurs qui les provoquent, améliore la mémoire, l'intelligence et la perception visuelle, accroît l'estime de soi et la confiance en soi. Apparemment, il n'y a pas d'âge pour bénéficier de ces bienfaits. Une étude menée par l'université d'Harvard pendant trois ans dans une maison de retraite, où la moyenne d'âge était de quatre-vingt-un ans, a montré une réduction du stress et de la pression artérielle plus importante chez les sujets qui méditaient que chez ceux qui pratiquaient simplement la relaxation.

Comme je l'ai indiqué, il faut une pratique régulière de la méditation pour provoquer des changements importants. Comme avec toutes les autres techniques ayurvédiques, on ne peut espérer parvenir à l'équilibre du jour au lendemain. Il ne s'agit ni de vouloir se contenter de quelques séances de méditation, ni de méditer seulement quand on s'estime être dans un mauvais jour. Si une seule séance de méditation suffit à vous soulager des effets immédiats du stress, et à accroître votre énergie et la clarté de votre esprit, seule une pratique quotidienne et bien menée peut durablement améliorer votre santé, et prolonger votre expérience de la félicité et du champ illimité de la conscience.

Les techniques de méditation dont je vais vous parler maintenant font appel à la transcendance par le son, qui est le chemin d'accès à la conscience le plus direct, étant donné que le son en est la première manifestation. Ces techniques, présentées dans le chapitre 11, utilisent la qualité vibratoire particulière des mantras pour conduire l'esprit, au-delà de la perception sensorielle, jusqu'au son « insonore » ou « non frappé » qui est le son fondamental. C'est la combinaison des effets de la vibration subtile des mantras sur le corps et sur l'esprit, et l'expérience du silence intérieur profond, révélé par la transcendance, qui produit les bienfaits holistiques de la méditation.

Le son : véhicule transcendantal

À la base du son, il y a le silence. Le son n'est pas autre chose que le silence de la pure conscience quand elle cesse d'être silencieuse. C'est la première manifestation de l'être et, par conséquence, il nous ramène très vite à l'être.

Dans sa forme la plus subtile, le son est la vibration fondamentale à partir de laquelle se développe toute création. En fait, toute *forme* est d'abord un son, ou vibration, et tout son produit une forme, à un niveau ou à un autre. Autrement dit, il n'y a pas de forme qui ne soit du son, ou énergie vibratoire, ayant progressivement acquis une densité lui donnant une forme plus manifeste. Différentes « octaves de vibration » produisent différents aspects de l'expérience sensorielle. Les sept notes de la gamme musicale et les sept couleurs du spectre lumineux, par exemple, représentent deux octaves vibratoires distinctes : la première note, le *do*, a la même fréquence que la première couleur, le rouge, mais sa manifestation est plus subtile. Les sens sont essentiellement des instruments accordés à ces différents niveaux vibratoires. La pensée, autre forme du son, représente le plus subtil de ces niveaux vibratoires.

Le sanscrit est le langage pur du veda et, par conséquent, le langage de la création. Selon l'Ayurveda, le mot sanscrit qui désigne un objet – c'est-à-dire son son et sa « pensée » – et l'objet lui-même ne font qu'un. Lorsque vous percevez le monde à partir du niveau le plus subtil de la conscience individuelle – là où la vibration se manifeste et où les premiers frémissements de la pensée apparaissent –, vous pouvez penser à une rose, par exemple, et faire, en même temps, dans votre conscience, l'expérience de la forme de la rose, de son parfum, de la douceur de ses pétales, de sa couleur et de son goût rafraîchissant. À ce niveau de l'existence, la chose elle-même et, par conséquent, tout ce que vous savez d'elle, est contenue dans son nom. L'Ayurveda parle du *principe du nom et de la forme*, et ce principe est en fait ce qui permet de comprendre la légendaire aptitude des saints à faire surgir des objets de nulle part.

La mécanique quantique décrit le même phénomène en termes de dualité entre les ondes et les particules : les ondes agissant parfois comme des particules, et *vice versa*. Autrement dit, au niveau quantique il n'existe aucune différence entre énergie et matière – entre le nom (la vibration) et la forme. L'Ayurveda ajoute simplement à ceci que la pensée est énergie, et que la pure conscience, qui est à la base de la pensée, est identique au champ quantique. En fait, nous pouvons, au moins jusqu'à un certain degré, observer directement, dans la vie ordinaire, la relation de cause à effet entre le nom et la forme, ou la pensée et la matière. Par exemple, il nous suffit de penser à un citron pour que les glandes salivaires soient activées, comme si nous avions du jus de citron dans la bouche.

Les techniques de méditation décrites un peu plus loin utilisent comme moyen de transcendance des mantras, ou sons. Le son est, comme nous l'avons vu, la plus puissante et la plus subtile des vibrations sensorielles et, quand il prend la forme d'une pensée, il devient le moyen le plus direct pour ramener l'esprit à sa source, dans le champ silencieux de la pure conscience. Le chapitre 2 vous a expliqué que dans la vie quotidienne nous ne faisons pas, en permanence, l'expérience transcendantale de l'unité de l'esprit parce que nous dirigeons avant tout notre attention vers l'extérieur, vers l'activité et vers la diversité. L'une des fonctions essentielles des mantras est de permettre à notre attention de se tourner vers l'intérieur, ce qui facilite le processus de la transcendance. D'autres techniques (comme celles qui font appel à la visualisation de *mandalas*) utilisent d'autres vibrations que celles du son mais, en général, leurs effets sont moins rapides. En tant que vibration fondamentale, de laquelle dérivent les autres formes, le son a le pouvoir d'influer sur toutes les strates de la création. Par conséquent, il est l'énergie thérapeutique par excellence. En Inde, on voit que même un serpent comme le cobra peut être endormi par la mélodie d'une flûte. À défaut d'avoir observé ce genre de scène, vous avez pu constater le pouvoir guérisseur du son, en écoutant de la musique qui vous a détendu, après une journée de travail.

En allant, grâce à la méditation, du son « frappé » au son « non frappé », nous faisons l'expérience de quatre strates sonores : le son de la parole exprimée à haute voix ; le son perçu par l'ouïe ; le son perçu par l'esprit ; et finalement le son-racine, ou *para*, qui ne se manifeste qu'au niveau du prana, la force de vie elle-même. Lorsque l'esprit transcende le plus subtil des sons et atteint le niveau du para, ou son silencieux, nous entrons en *samadhi* – nous atteignons à la félicité. C'est alors que la paix intérieure illumine votre teint.

S'il existe des pratiques différentes, la préparation est toujours la même, et se fait selon les lignes directrices suivantes.

Choisissez une heure et un lieu. Il est préférable de méditer chaque jour à la même heure et à la même place. Le meilleur moment se situe le matin, peu après le réveil et avant le petit déjeuner. Prenez une légère collation si vous craignez de ressentir la faim. Le meilleur endroit pour méditer est toujours une pièce calme et confortable où vous ne serez pas dérangé. Vous pouvez méditer assis sur votre lit mais, comme votre esprit et votre corps y sont habitués au sommeil, il est plus prudent de s'asseoir sur une natte ou sur une chaise, si l'on veut éviter de somnoler. Si vous avez de l'espace, réservez un coin de votre appartement à la méditation. Chez moi, nous avons une pièce guère plus grande qu'un dressing-room, avec un autel, comme l'exigent nos traditions. Vous pouvez arranger quelque chose dans ce goût, en accord avec votre culture, ou simplement en vous entourant de vos objets préférés. Je ne cherche nullement à vous éloigner de vos pratiques religieuses ou à vous en proposer de nouvelles. Il s'agit simplement pour vous de créer un espace personnel sacré – un espace consacré au contact avec votre moi, tout comme les pièces de votre appartement sont consacrées à d'autres activités précises. Si plusieurs religions enseignent la méditation, elle n'est pas pour autant une pratique religieuse en elle-même, mais une pratique spirituelle. Méditation et prière sont deux activités distinctes. Comme l'a dit un jour quelqu'un avec beaucoup de perspicacité : « Quand on prie, on parle à Dieu ; quand on médite c'est Lui qui nous parle ».

Une heure et un espace convenus aident à créer l'habitude de la méditation, la faisant ainsi entrer dans notre vie quotidienne. Paradoxalement, c'est aussi une façon de l'élever au rang d'expérience supramondaine. En tant que rituel quotidien – une sadhana –, elle est un moyen d'honorer l'existence qui est la nôtre. Lorsque vous méditez, vous

vous accordez une part du temps et de l'attention – donc de vos plus précieuses richesses – et, de cette manière, vous nourrissez tout en même temps : votre corps, votre esprit et votre intellect. C'est en particulier l'occasion de développer l'expérience unique du silence de la conscience. Si vous méditez régulièrement pendant des mois et des années, vous constaterez à un certain moment que le calme, l'énergie et la clarté de l'esprit dont vous bénéficiez jusque-là pendant la méditation et juste après ne vous quittent plus, quoi que vous fassiez. Et c'est bien là le but ultime de la pratique.

Mais il faut ajouter que, si une méditation régulière crée le silence dans votre vie intérieure, elle le crée aussi dans votre environnement. En méditant chaque jour au même endroit, vous modifiez en fait l'énergie subtile du lieu au point que vous ressentez calme et apaisement dès que vous regagnez ce lieu. Votre espace de méditation devient une oasis de paix et de lumière qui régénère votre esprit, assoiffé par le stress d'une journée de travail.

Purifiez votre corps et votre gorge. Nettoyer le corps aide à purifier l'esprit. Il vous est donc conseillé d'effectuer vos soins de beauté avant de méditer. Ce qui implique d'aller aux toilettes, de vous brosser les dents, de gratter votre langue, de prendre une douche et de faire un gargarisme afin de clarifier votre gorge, qui est l'organe du son.

Les nombreux bienfaits de la méditation comptent parmi eux une augmentation de la production d'ojas par la peau, ce qui explique que, la plupart du temps, la méditation donne un air radieux. Alors, afin d'éviter de perdre ce bénéfice, appliquez-vous à prendre une douche avant de méditer et non après. Si vous avez le temps, faites un massage complet du corps, puis nettoyez-vous et hydratez-vous comme d'habitude. Autrement, prenez au moins une douche, et faites une application d'huiles sur votre peau.

Portez des vêtements propres et confortables. Les vêtements serrés qui entravent la respiration et la circulation ou ceux qui ne respirent pas avec la peau peuvent vous distraire et vous empêcher de vous détendre complètement. Si possible, méditez en portant des vêtements amples, en coton, en soie, ou en toute autre fibre naturelle.

Créez une atmosphère conductible. Si vous méditez chez vous ou dans un autre espace privé, assurez-vous un maximum de calme et de confort. Débranchez le téléphone et faites tout ce que vous pouvez pour éviter d'être interrompu. Éteignez la télévision, la radio, la stéréo. La musique a ses bienfaits, comme vous le savez, mais ils ne sont pas les mêmes que ceux de la méditation. Quand on écoute de la musique, l'attention est tournée vers l'extérieur. Or, le but de la méditation est de lui permettre de se tourner vers l'intérieur afin de faire l'expérience des profondeurs silencieuses de la conscience. En revanche, vous pouvez vous servir de fleurs ou d'encens, au parfum particulièrement apaisant de jasmin ou de santal, pour purifier et pour apaiser l'atmosphère de la pièce.

Faites des asanas et le pranayama. Vous pouvez renforcer les effets de la méditation en la faisant précéder de quelques exercices décontractants comme les postures de yoga, décrites dans le chapitre 8. Puis faites l'un des exercices respiratoires indiqués dans le chapitre 12. C'est une façon de faciliter le fonctionnement du corps-esprit, et de susciter une expérience plus approfondie de la pure conscience.

Asseyez-vous, les yeux fermés. Tenez-vous très droit, les yeux clos. Étant donné que le corps et l'esprit sont étroitement liés, il est difficile d'apaiser l'un quand l'autre est actif. Mais ne vous allongez pas ni ne relâchez votre dos pour autant, vous risqueriez de vous assoupir. N'essayez pas plus de méditer tout en faisant du sport, en conduisant, en discutant, en travaillant, en regardant la télévision, enfin en vous livrant à une quelconque activité. Si vous vous y preniez ainsi, non seulement vous aboutiriez à une fatigue mentale, mais vous risqueriez d'être légèrement désorienté. C'est pour des raisons similaires qu'il faut méditer les yeux clos. Une grande partie des informations qui parviennent au cerveau étant d'ordre visuel, en fermant les yeux vous éliminez les stimuli visuels et favorisez ainsi l'apaisement de l'esprit et du corps.

Soyez souple. Bien que ce qui concerne la régularité de votre pratique, les soins préalables, la qualité de l'atmosphère et la respiration soit indéniablement d'une grande importance, *si vous n'avez pas le temps de vous préparer comme il convient, ou si vous ne pouvez pas méditer chaque jour, à une heure et dans un endroit précis, il vaut quand même mieux méditer comme vous pouvez que pas du tout.* Essayez simplement de vous trouver un coin calme et confortable, en évitant de méditer après un repas copieux, ou juste avant de vous coucher. La position du lotus – jambes croisées l'une sur l'autre – favorise l'expérience de la pure conscience, mais vous pouvez aussi méditer en position assise ordinaire, les yeux fermés. Par conséquent, n'hésitez pas à profiter du temps que vous passez dans les transports en commun, d'une pause dans un parc, dans un musée, dans un hall d'immeuble, ou dans n'importe quel lieu public. Ceux qui vous regarderont croiront que vous somnolez. Un environnement bruyant ne doit pas vous empêcher de méditer. Le bruit n'est qu'une autre forme du son, ou pensée, qui sera transcendée par la méditation.

L'utilisation des mantras

Mantra signifie « pensée libératrice et protectrice ». Le mantra libère en ce sens qu'il tourne l'attention vers l'intérieur, et permet à l'esprit de se transcender. La transcendance nous fait franchir les frontières de la pensée qui fractionne l'être et nous donne la possibilité de faire l'expérience de notre nature infinie. Le mantra protège en ce sens qu'il guérit et équilibre – s'il est utilisé correctement – notre psychophysiologie. En fait, on l'utilise pour méditer parce qu'il est composé de syllabes qui ont une qualité vibratoire spécifique. Comme je l'ai dit, chaque son a un effet particulier sur le corps et il est, par conséquent, crucial d'utiliser un son qui soit en accord avec votre constitution et votre façon de vivre. Le son mal utilisé ne protège pas. Il peut même engendrer un déséquilibre.

Les effets les plus probants des mantras sur le corps et sur l'esprit passent par l'expérience mentale la plus subtile, à un niveau où la conscience est elle-même au maximum de sa puissance. Tout son active chaque cellule du corps, selon un schéma vibratoire déterminé. Par conséquent, il vous faut recourir au son dont on sait qu'il apaise, purifie et équilibre les niveaux les plus profonds de la pensée. Si la science occidentale a réussi à démontrer les bienfaits de la transcendance, il lui manque encore la compréhension – ou l'analyse technologique – du processus qui est en cause, parce qu'au lieu d'être physique, il se déroule à ce niveau de l'intelligence où l'énergie vibratoire a son plus grand impact. Ceux qui prônent les techniques de relaxation affirmeront que le choix du son utilisé comme support de méditation importe peu. Certains estiment même que l'on peut simplement se mettre à compter. Mais ces affirmations ignorent la nature fondamentale du son. Il faut savoir que la méditation védique doit son efficacité d'une part à sa sélection de mantras faite par les anciens rishis, qui avaient découvert par eux-mêmes la relation entre le nom et la forme et, d'autre part, à une expérience probante qui remonte à plusieurs millénaires.

J'ai sélectionné pour vous deux mantras que je consigne un peu plus loin. Vous constaterez que les instructions qui les accompagnent sont très simples. Toutefois, la méditation elle-même peut être une expérience changeante, soumise à une évolution, variable d'un individu à l'autre, d'une pratique à une autre, en raison de la différence de nos constitutions, et de notre état psychophysiologique au moment de la pratique. C'est pour cela qu'en Inde la méditation s'apprend avec un *guru*, ou maître spirituel. Expert en matière de méditation, il peut vous guider vers le territoire inconnu de la conscience. En l'absence d'une personne capable de répondre à leurs interrogations, et de leur fournir des informations concernant des expériences inédites, les Occidentaux ne comprennent pas très bien le processus de la méditation et, par conséquent, estiment difficile de méditer avec persévérance. Malheureusement, un livre ne peut suffire à expliquer l'infinie variété des pensées, des sensations, des images, des sentiments qui peuvent surgir au cours de la méditation. Je me suis donc contentée de vous donner des instructions de base et des lignes directrices très générales. Si votre pratique vous satisfait, n'y voyez surtout pas une raison d'en rester là. Cherchez-vous un maître. Vous progresserez immanquablement et apprécierez sans doute le silence renforcé par la méditation en groupe.

LES MANTRAS BIJ

Les mantras *bij* sont des sons d'une syllabe utilisés pour équilibrer les cinq éléments et les cinq centres d'énergie, ou chakras, qui leur sont associés. Ces sons germes dérivent de combinaisons plus complexes de sons fondamentaux, et n'ont aucune signification. Ils sont énumérés – ainsi que leurs effets – dans le tableau suivant :

MANTRA	ÉLÉMENT	CHAKRA	EFFETS
Lum (ou Lam) *	Terre	1er	Apporte stabilité, sensation d'avoir les pieds sur terre, joie, vivacité. Contrôle le système reproducteur.
Vam	Eau	2e	Contrôle la partie inférieure de l'abdomen, les reins, le processus d'élimination. Réduit les gonflements dus à la rétention d'eau.
Ram	Feu	3e	Stimule le plexus solaire, centre du pouvoir. Accroît l'agni (le feu de la digestion), la volonté, la perception, le goût de l'ordre.
Yam	Air	4e	Stimule le chakra du cœur ; accroît l'amour et la compassion.
Ham	Espace	5e	Stimule le chakra de la gorge. Améliore la parole, la communication ; augmente le succès.

* *Prononcez « a » comme « ze » et « u » comme « ou ».*

Utilisation des mantras

– *Si vous n'avez pas de déséquilibre particulier*, utilisez les cinq mantras dans l'ordre du tableau. Méditez pendant environ 15 minutes chaque jour, en récitant chaque mantra, 2-3 minutes. Mais un minutage exact n'est pas très important : il ne s'agit pas de compter les minutes. N'utilisez pas la sonnerie d'un réveil. Jetez simplement un coup d'œil à votre montre ou à votre réveil, de temps en temps.

– *Si vous avez un déséquilibre particulier*, consacrez votre séance de méditation à un ou à deux mantras, choisis en fonction de votre déséquilibre. Procédez ainsi 3-4 jours d'affilée ; puis utilisez tous les mantras, comme indiqué précédemment.

– Préparez-vous selon les instructions données.

– Les yeux fermés, portez votre attention, sans effort, sur le chakra et, après quelques secondes, récitez le mantra correspondant, à voix haute mais *douce* et à un *rythme normal* – ni trop rapide ni trop lent. Émettez un premier son, puis attendez de l'avoir à nouveau à l'esprit. Répétez-le en laissant votre voix devenir peu à peu un murmure inaudible jusqu'à ce que le son ne soit plus qu'une pensée silencieuse. Ce processus peut s'installer lentement ou très rapidement. De toute façon, ne le forcez jamais et n'essayez pas plus d'adopter un rythme particulier. Il n'y a pas une bonne façon de procéder. Les choses doivent se faire naturellement.

– S'il vous arrive d'oublier le mantra, ou d'être distrait par un bruit, une pensée, un sentiment ou une sensation, vous le réactivez *calmement* (sans avoir besoin de le prononcer de nouveau à voix haute). Ceci peut ne jamais arriver ou se produire une ou deux fois, ou bien très souvent. Ne vous focalisez pas à tout prix sur le son et n'essayez pas de contrôler votre pensée. Par définition, ce genre de comportement se rattache au champ de l'*action*, alors que la conscience est le champ de la *non-action* – le champ de l'être et non du faire.

– Lorsque vous avez achevé votre méditation, gardez les yeux fermés, et restez assis, ou allongez-vous pendant deux minutes avant de retourner à vos activités. Si vous vous releviez aussitôt, vous risqueriez de ressentir un choc, comme quand on sort précipitamment de son lit après un sommeil profond.

LE MANTRA GAYATRI

Le mantra Gayatri est une séquence de vingt-quatre syllabes qui contient tout le spectre du savoir humain – c'est-à-dire le veda. Quand on le formule, le son de chaque syllabe a un effet de résonance fait pour activer un chakra déterminé. Ces syllabes appartiennent à des mots qui ont une signification, mais le mantra n'est pas pour autant destiné à imposer une idée. Sa compréhension intellectuelle n'a rien à voir avec son efficacité. Il s'agit toujours de transcender et non d'engager l'esprit dans une réflexion, de se laisser guider par la qualité vibratoire des sons, choisis pour leur effet équilibrant sur la conscience.

Les sons du mantra Gayatri sont écrits en sanscrit, la langue du veda. Je vous indique ici leur traduction ainsi que leur translittération :

Tat savitur varenyam bhargo devasya Dheemahi dhiyo yo nah prachodayat.*

Ô Dieu, Tu es Celui qui donne la vie, qui efface la douleur et le chagrin, qui accorde le bonheur ; Ô Créateur de l'Univers, puissions-nous être touchés par Ta lumière suprême, destructrice du péché ; puisses-Tu guider notre intellect dans la bonne direction.

---

* *Prononcez : e, é, ee ;* le *en fin de mot, ai ; oo, ou (de où) ; u, ou (de pou).*

Pour méditer en utilisant le mantra Gayatri, répétez le mantra sanscrit en entier pendant 5-10 minutes, en vous référant à la méthode indiquée pour les mantras bij, à une différence près. *Ne portez pas* votre attention sur les chakras, mais sur le son lui-même. Vous pouvez aussi utiliser la traduction comme prière, ou pour une méditation contemplative.

Si vous méditez régulièrement, au bout d'un moment vous remarquerez un approfondissement de vos expériences, pendant et hors de la méditation. Ce qui signifie que le silence intérieur s'accroît peu à peu, et que le sentiment de paix et de force intérieure ressenti pendant la pratique accompagne de plus en plus vos activités quotidiennes. L'Ayurveda nous enseigne que la pure conscience est infinie et éternelle. Par conséquent, les bénéfices de la médiation sont illimités. Vous en arriverez à vouloir parler de méditation à votre maître et aux autres élèves, à vouloir comprendre les différents niveaux du développement de la conscience, qui vous font passer de la conscience transcendantale à la conscience cosmique, puis à l'expérience sublime de l'unité de la conscience qui vous offre la possibilité de découvrir tout le savoir de l'Univers, ou veda.

Chapitre 14

LA PURIFICATION DE L'ÂME ET LES PRINCIPES DE L'ACTION

Je deviens ce que je vois en moi-même. Tout ce que la pensée me suggère de faire, je peux le faire. Tout ce qu'elle révèle en moi, je peux le devenir. La foi de l'homme en lui-même devrait être inébranlable parce que Dieu l'habite.

SRI AUROBINDO

Quand le but de notre vie s'impose à nous, la pensée comme l'action deviennent claires – le corps, la respiration, l'intellect et l'esprit travaillent à l'unisson. C'est la définition de l'équilibre, qui est nécessaire à la santé et à l'éclat de la peau. Si nous ne savons pas très bien ce que nous voulons, si nous voyons mal où nous allons, le doute harcèle l'esprit, le distrait, et l'emplit de confusion. Le bruit mental qui en résulte est une forme de stress qui divise l'intellect : physiquement, nous sommes ici, mais nos pensées sont ailleurs. Notre physiologie est alors entièrement perturbée. La respiration devient irrégulière, le pouls s'accélère, notre biochimie se modifie. La quiétude de la conscience s'éloigne, et nous sommes pris dans un cercle vicieux où dominent la peur, le surmenage et le déséquilibre. L'énergie et le mental se dispersent, l'action perd son efficacité et, par conséquent, parvient de moins en moins à réaliser ses objectifs. Incapables de réussir ce que l'on entreprend, nous passons à côté de l'accomplissement intérieur, qui est l'essence même de la beauté absolue.

En plus de méditer chaque jour, nous devons poursuivre un but précis si nous voulons parvenir à la purification de l'âme qui est la quatrième et ultime étape vers l'équilibre. Tandis que l'anxiété et la confusion sont synonymes de déséquilibre, la clarté de l'intention, qui harmonise pensée et action, est le secret de la beauté radieuse et de la santé. Nous avons déjà vu que la méditation est le moyen le plus efficace et le plus direct de se débarrasser d'un stress profondément enraciné en nous, et d'unifier le corps et l'esprit. En allant au-delà du processus de la pensée, la méditation permet l'expérience de la conscience illimitée qui, libérant des peurs et des anxiétés, nettoie l'esprit. L'équanimité qui est alors la nôtre nous rend beaucoup plus aptes à faire face à nos problèmes et à les résoudre parce qu'elle nous fournit la clarté, l'énergie, la créativité et la concentration nécessaires. En même temps, nous évitons plus facilement les erreurs, ce qui, automatiquement, nous évite du stress. Toutefois, tant que la nature illimitée du moi ne s'impose pas de façon permanente à notre conscience – c'est-à-dire tant que nous ne sommes pas devenus des rishis –, nous sommes encore susceptibles d'être submergés par les difficultés de la vie. Dans ces moments-là, nous avons besoin d'un surplus de connaissances et de capacités pour répondre aux défis de la vie, et changer ce qui, dans notre façon de penser et de nous comporter, provoque l'échec. En surface, l'existence quotidienne a ses hauts et ses bas, même pour les êtres éveillés. Si un train de banlieue est en retard, tout le monde arrivera en retard à son travail, quel que soit l'état de conscience des uns ou des autres. Ce genre d'événement ne dépend pas de l'éveil personnel. Mais, ce qui change, en revanche, c'est notre perception des événements, et dans ce changement réside la possibilité de nous libérer du stress et de la maladie, et notre unique chance de connaître un bonheur inébranlable.

Ce dernier chapitre propose de se pencher sur le rôle de la perception, du conditionnement, de la peur dans l'expérience du stress, ainsi que sur les idées qui font naître la peur. Vous y trouverez également l'analyse des huit manières de se choisir un but et de s'y tenir, en même temps que l'art de considérer les événements de votre vie d'un regard neuf et libérateur. Armé de ces outils de base, destinés à vous débarrasser d'attitudes défaitistes ou qui induisent le stress, vous serez en mesure d'avancer sans peur, d'exercer pouvoir et sagesse – c'est-à-dire d'agir à l'instar de Chymunda, et de suivre le chemin qui mène à la beauté absolue.

Le stress n'est qu'un point de vue

Le fait que les êtres humains puissent changer leur vie en changeant leur état d'esprit a été l'une des plus grandes découvertes de ma génération.

WILLIAM JAMES

Le stress est la cause principale de la maladie, du vieillissement et des problèmes de peau. Mais comment le définir ? Vous avez vu dans le chapitre 3 qu'au lieu d'être stressants en eux-mêmes, les événements de la vie le deviennent parce qu'on leur assigne un certain sens, basé sur ce que l'on sait, et ce qui nous conditionne. Si un New-Yorkais, perdu dans une forêt, tombe sur un serpent, il aura sans doute une peur bleue tandis qu'un charmeur de serpent se dira qu'il a gagné sa journée. La réaction au stress est parfaitement similaire. Ce n'est qu'une réaction physiologique provoquée par une idée, et non par des circonstances objectives. Autrement dit, elle n'est qu'une interprétation subjective et, si nous pouvons changer cette interprétation, nous changeons la réaction de notre corps.

Les scientifiques estiment qu'une personne ordinaire a environ soixante mille pensées par jour. Quatre-vingt-dix pour cent d'entre elles sont les mêmes que la veille. Lorsque nous « changeons » notre façon de voir la vie – quand nous

nous débarrassons de nos schémas de pensée habituels, ou quand la méditation transcende la pensée –, deux choses se produisent et nous libèrent de la maladie. Un : nos réactions conditionnées sont court-circuitées, et les bons vieux facteurs de stress ne nous font plus réagir de la même façon. Deux : notre neurochimie change spontanément. Le New-Yorkais tremblant de peur et le charmeur de serpent satisfait envoient à leurs cellules des messages chimiques bien différents, basés sur leur façon divergente de regarder le reptile. Un message peut être un poison pour le corps, un autre peut être porteur de joie.

La matière qui compose le corps humain est, en permanence, recyclée dans l'Univers. La poussière dont nous sommes nés n'est pas tout à fait la même que celle que nous laissons derrière nous, après notre mort, mais elle est constamment échangée, au cours de nos réactions biochimiques, contre une autre poussière cosmique – constituée des particules subatomiques qui passent, invisibles, dans l'atmosphère. En même temps, quatre-vingt-dix-huit pour cent de nos cellules meurent et se régénèrent chaque année tandis que le tissu cutané lui-même se régénère chaque mois. Ce qui signifie qu'au niveau de la matière, tous les douze mois nous sommes flambants neufs (bien que les particules de remplacement soient aussi vieilles que l'Univers), et si nous ne changeons pas d'apparence c'est parce que nous continuons à penser comme l'année précédente. À moins de modifier la mémoire des cellules – l'intelligence qui orchestre tout développement –, nous ne pouvons changer ses manifestations.

L'on rejoint ici l'enseignement védique selon lequel l'on devient ce que l'on pense. Moderne ou ancienne, la science du corps-esprit nous apprend que l'intellect et les émotions – c'est-à-dire la perception et le sens qu'on lui donne – sont aussi indispensables à la santé que l'eau et un régime approprié. Une fois que nous avons adhéré à cette vérité, nous ne pouvons échapper aux questions existentielles suivantes : Qu'est-ce que je pense et ressens ? Pourquoi suis-je contrarié(e) par certains événements ? Qu'est-ce qui pourrait rendre ma vie moins stressante ? Que me faudrait-il pour être heureux(se) ? Quel est le but que je poursuis ? Qui suis-je ? Vous verrez que ce sont les réponses à ces questions qui vous libèrent des effets du stress.

La réaction du corps au stress n'est pas autre chose qu'une réaction instinctive à la peur. À l'époque de la préhistoire, quand nous n'avions d'autres armes que la ruse et les massues, le monde naturel représentait une menace réelle et constante pour la vie humaine. Il fallait, pour survivre à l'attaque d'autres hommes ou des animaux, une grande force physique qui permettait soit de contrer l'adversaire, soit de prendre ses jambes à son cou. La peur était le signal qui déclenchait la poussée d'adrénaline en autres réactions salvatrices. Le problème, pour l'homme des temps modernes, c'est que ce mécanisme primaire fonctionne comme un pompier parfaitement discipliné : il se met en marche à chaque alarme, même s'il s'agit d'une fausse alarme. Aujourd'hui, si nous avons peu l'occasion de nous défendre contre une attaque physique réelle, nous sommes, en revanche, nombreux à vivre en état de perpétuelle réaction contre l'environnement, à cause du rythme de la vie moderne et de la pression qu'elle impose. Étant donné que le corps-esprit ne peut faire la différence entre une peur motivée et une peur imaginaire (s'il le pouvait, nous ne nous réveillerions pas en sursaut, le cœur battant la chamade, lorsque nous faisons un cauchemar), il nous faut inventer des moyens de nous adapter à cet excès de signaux inquiétants si nous voulons éviter des réactions qui endommagent le corps et la peau. L'une des façons les plus efficaces d'y parvenir consiste à acquérir de nouvelles manières de penser et d'agir.

Une perception, dit Ashley Montagu dans *Growing Youth* (Devenir jeune), « est une sensation à laquelle nous avons donné un sens ». Comme je l'ai expliqué dans le premier chapitre, nous naissons avec la capacité de distinguer deux sensations basiques : le plaisir et la douleur. L'une nous satisfait instinctivement, l'autre provoque de l'aversion – autrement dit la première nous équilibre, la seconde nous stresse. Plus tard, nous apprenons à nommer ces sensations opposées : calme ou anxiété ; satisfaction ou frustration ; bonheur ou malheur… Mais, en fait, toutes les sensations ne représentent que de subtiles variations des émotions humaines primales que sont l'amour et la peur. Chacun d'entre nous cherche à convertir la douleur et la peur en réactions émotionnelles spécifiques, liées à notre constitution naturelle, comme je l'ai expliqué précédemment. En réalité, toutes les caractéristiques mentales qui sont négatives – dépression, fureur, malhonnêteté, doute, envie, possessivité, etc. – dérivent de la peur, ou du manque d'expérience de la conscience illimitée et de son pouvoir, ce qui est, par essence, la même chose.

De la peur à la liberté

La plupart des gens ne se préoccupent que de leur manque d'harmonie corporelle, parce que c'est quelque chose de très tangible et de très évident. Ils ne comprennent pas que leurs perturbations mentales, dues à leurs soucis, à leur égotisme, etc., et leur cécité spirituelle quant au sens profond de leur vie sont les causes réelles de toute souffrance humaine.

PARAMAHANSA YOGANANDA

Que redoutez-vous ? Perdre votre jeunesse ? Un être cher ? Votre argent ? L'estime de vous-même ? Le contrôle de vos actes ? Perdre la vie ? Quelle que soit votre crainte, sachez que toutes les peurs n'ont qu'une seule et même source : l'idée erronée que nous avons quelque chose à perdre.

Le stress émotionnel est immanquablement le produit de cette erreur de l'intellect. La vraie nature du moi est celle de la conscience infinie, et à cette plénitude rien ne peut être ajouté ou enlevé. Le moi naît, avec sa singularité et sa complétude, et quitte le monde avec ces mêmes caractéristiques. « À cause de notre déformation matérialiste, nous considérons les molécules comme la source de la vie », écrit Deepak Chopra dans *Ageless Body, Timeless Mind* (Un corps sans âge, un esprit immortel), « et nous négligeons le fait que le corps d'une personne qui vient de mourir contient exactement les mêmes molécules qu'avant la mort, dont celles de l'ADN au grand complet ». Quand je mourrai, on dira : « Elle n'est plus de ce monde ». Je serai partie. Mais qui sera ce *Je* ? Quelque chose quitte le corps, et ce quelque chose *est moi*. Je n'ai rien apporté dans ce monde au moment de ma naissance, et je n'emporterai rien en mourant sinon *celle que j'étais*. Le reste ne sont que des biens empruntés, y compris mon corps. Lorsque vous vous débarrassez de votre déformation matérialiste, vous découvrez la merveilleuse unité et fluidité de l'existence. Vous n'êtes plus le corps, mais le corps-esprit. Vous n'êtes plus des cellules, mais la mémoire des cellules. Vous cessez d'être des structures moléculaires pour devenir l'intelligence derrière les structures ; vous comprenez que vous n'êtes pas un flux de particules quantiques, mais une conscience vibratoire indestructible qui prend une infinité de formes. Tout passe, *sauf vous*, qui êtes éternel. Par conséquent, que pouvez-vous craindre ?

La nature de la conscience est pure félicité, ou *ananda*. La nature de la peur est illusion, ou *maya*. La peur est la perception erronée de ce que vous êtes réellement, et du but de votre vie. Quand la lumière de la conscience éclaire votre être et votre but, la peur se dissipe comme se dissipe l'obscurité lorsqu'une lampe s'allume. Alors, la peur ayant disparu, le stress cesse d'exister et, sans le stress, vieillissement et maladie disparaissent.

En clair, la perspective qui vous est offerte par l'Ayurveda est aussi éloignée du point de vue matérialiste de la culture moderne occidentale que l'est la mécanique quantique de la physique classique. La plus ancienne et la plus moderne des sciences ont en commun la certitude que la conscience humaine influe sur l'univers physique – ce qui signifie que ce que nous percevons, ce que nous considérons comme la réalité est une création de la pensée. L'enseignement védique ajoute à cette conclusion un principe corollaire, selon lequel l'attention développe ce à quoi elle s'attache. Ces idées constituent la base d'une attitude spécifique, face au stress et à la quête de la beauté, qui s'appuie sur le rôle déterminant de la conscience, et de la concentration dans l'action.

L'être humain se distingue par sa capacité à manifester un libre arbitre qu'il confond volontiers avec la possibilité de *faire* ce qu'il veut. Mais ce n'est nullement le cas. Nous ne disposons pas d'une liberté d'action illimitée, en ce sens que toute action humaine ordinaire (les miracles sont des cas particuliers) est soumise aux lois de la physique, et limitée par elles. Par exemple, si nous pouvons marcher en choisissant notre direction, il nous faut néanmoins rester sur terre. Nous ne marcherons jamais de la terre à la lune. Notre libre arbitre n'est pas l'expression de notre capacité à agir comme nous l'entendons, mais celle de choisir de nous *intéresser* à certaines choses et pas à d'autres. Ce pouvoir-là est réellement sans limites. Au niveau de la conscience, nous sommes capables de voler sans machine, de voyager à la vitesse de la lumière, et même de contempler l'esprit divin, si nous en avons envie. Nous pouvons imaginer le mal le plus horrible ou le bien le plus parfait. Nous avons la possibilité de concevoir l'inconcevable. En réalité, nous n'avons d'autre liberté absolue que celle de choisir une pensée ou un but à tout moment. Notre attention consciente est aussi ce sur quoi nous exerçons une autorité absolue. Cependant, nous ne cessons d'ignorer ce pouvoir en nous laissant gouverner par des pensées et des sentiments destructeurs, et en acceptant de prendre pour des vérités absolues de simples données convenues, des perceptions et des significations qui nous ont été inculquées et que nous ne cherchons pas à vérifier. Nous évitons de nous poser des questions, d'écouter, de regarder réellement, de tenter des expériences, pour nous en tenir à un éventail de possibilités très étroit. De plus, nous nous accrochons craintivement à notre petit univers en nous imaginant que nous ne pouvons espérer être autre chose que ce que nous sommes.

Cette attitude n'est pas uniquement individuelle. Nous l'adoptons aussi en tant que communautés et sociétés. Les auteurs de *Thinking Body, Dancing Mind* (Corps pensant, esprit dansant) nous présentent l'histoire de Roger Bannister, recordman du mile en 1954, comme un exemple éloquent des effets limitatifs d'un préjugé collectif. Avant que Roger Bannister courût le mile en quatre minutes, pas moins de cinquante revues médicales avaient publié les « preuves » scientifiques de l'impossibilité, pour un être humain, de courir un mile en quatre minutes. Alors que le monde du sport considérait ces preuves comme irréfutables, dans les dix-huit mois qui suivirent le record de Bannister, quarante-cinq autres athlètes accomplirent eux aussi l'« impossible ». Faudrait-il se dire que ces sportifs réussirent à améliorer leur performance en l'espace de quelques mois ? « Il est beaucoup plus vraisemblable, écrivent Huang et Lynch, qu'une fois le record des quatre minutes battu, ils se sont persuadés qu'il pouvait l'être de nouveau. »

L'Ayurveda nous offre, en ce qui concerne notre manière de vivre, une alternative basée non sur la connaissance des molécules, mais sur celle de la conscience, qui est le champ de toutes les potentialités. Dans cette perspective, elle nous apprend à nous servir au maximum de notre liberté de choisir nos pensées, nos croyances et les objets de notre concentration, en nous disant que ce qui retient notre attention ne manque jamais de se développer. Si nous laissons notre esprit en souffrance, c'est nous qui souffrons. Si nous exerçons notre libre arbitre – le pouvoir qui fait que tout est possible –, nous devenons capables de réaliser des miracles.

Les étapes de la purification de l'âme

L'âme n'imprègne pas la vie automatiquement.
Elle fait appel à nos capacités et à notre attention.

THOMAS MOORE

Personne n'a jamais prétendu qu'il est facile de se défaire des perceptions et du conditionnement de toute une vie. Certains spécialistes estiment qu'il faut au moins vingt-huit jours pour modifier un comportement devenu habituel. Cependant, la plupart du temps ce n'est pas par manque de désir ou de discipline que l'on échoue, mais par manque de connaissance, de compréhension et d'habileté. Reconnaître que l'on ne sait pas être heureux et sain est une chose ; trouver la bonne démarche en est une autre. Si la solution était évidente, vous l'auriez déjà adoptée.

Les principes que je vais vous indiquer constituent une approche basée sur la concentration et sur l'exercice de votre libre arbitre. Si vous les appliquez à vos activités quotidiennes, vous pourrez facilement abandonner vos pensées et vos comportements défaitistes. Vous aurez confiance en vous et vous saurez vous exprimer. Le corps, la respiration, l'intellect et l'esprit seront en parfaite harmonie. Tout ce que vous entreprendrez vous permettra de vous développer, et vous apportera la félicité. La richesse de l'Univers sera entre vos mains. Une vie menée à partir de ces principes est une vie de grâce et de beauté.

L'action et le savoir

Rien ne purifie mieux en ce monde que le savoir...

LA BHAGAVAD GITA

Cultiver une belle âme, c'est vivre dans le mépris de la morosité. Cela exige de se connaître, et de connaître son environnement.

MULK RAJ ANAND ET KRISHNA NEHRU HUTHEESING

Le savoir – l'aspect de Chymunda représenté par la déesse Saraswati – est le premier et le plus fondamental des principes d'action, car toute action entreprise sans lui est condamnée, au mieux, à échouer, au pire, à vous être préjudiciable. Le savoir, au sens védique, comporte deux facettes : la réalisation de l'être, qui est l'expérience de l'immuabilité de la conscience qu'apporte une méditation régulière, et l'introspection qui nous fait découvrir l'impermanence de nos désirs, de nos croyances et de nos comportements. Toutes deux sont des préalables nécessaires à la purification de l'âme.

La connaissance de soi-même est la base et le but de toute l'expérience humaine. Dans la *Bhagavad Gita*, le dieu Krishna dit au grand guerrier Arjuna : « Sûr de ton moi, agis ». Quand nous agissons, à partir du silence de la pure conscience et non sous l'emprise de l'inquiétude et de la distraction, nous ne pouvons commettre les erreurs qui sont à l'origine de la souffrance humaine. Nous cultivons cette conscience équilibrée au cours de la méditation et nous la conservons en équilibrant le corps et les émotions à l'aide de l'ensemble des outils que l'Ayurveda nous procure.

Il est essentiel de comprendre que l'équanimité n'est pas un état d'esprit que l'on acquiert par l'intellect. Elle résulte d'un fonctionnement particulier du corps-esprit qui correspond à une biochimie et à une neurophysiologie spécifiques, comme l'a prouvé, il y a presque trente ans, la première recherche concernant la conscience transcendantale. Les techniques d'affirmation et de visualisation sont utiles au changement de la perception mais, employées seules, ne suffisent pas à engendrer l'expérience holistique de la transcendance, préalable incontournable de la félicité. Si vous ne prenez pas des mesures pratiques pour équilibrer le corps et apaiser les émotions, vos tentatives de pensée positive, quand vous vous sentez très mal à l'aise, peuvent être stressantes et provoquer une fatigue mentale. Certes, vous pouvez réduire le stress par la pensée positive, mais vous ne réussirez pas à guérir le corps-esprit sans aller au-delà de la pensée en méditant. L'expérience directe de plénitude intérieure que vous apporte la méditation représente le savoir qui purifie. Il vous est impossible d'atteindre, par la pensée, l'illumination qui est au-delà de la pensée. En revanche, comme vous le verrez, la pensée peut vous permettre d'échapper à ce stress qui vous prive du plaisir de vivre dans ce qu'il y a de plus absolu.

Ce que l'on appelle l'introspection est indispensable si l'on veut se libérer des peurs et du conditionnement qui nous rendent vulnérables au stress. Le changement de nos réactions émotionnelles ne peut se faire sans que ces réactions aient été préalablement identifiées. Cette réflexion sur soi permet de prendre conscience de sentiments inconscients et, par conséquent, améliorer notre capacité de choisir. Les réactions conditionnées ont apparemment l'immuabilité des effets de la gravité sur le corps. Par exemple, une personne qui a appris à croire qu'elle n'attire pas l'amour trouvera dans chaque critique de ses actes une preuve de son manque de valeur. Mais là n'est pas le seul effet possible de cette persuasion. Elle peut très bien empêcher de voir plusieurs choses : par exemple, que les erreurs et les critiques sont sans rapport avec la valeur individuelle et ne constituent en fait qu'une partie naturelle de l'apprentissage et du développement – la personne qui n'a jamais fait de faux pas est celle qui n'a jamais fait un pas en avant ; ou bien que quelque chose de positif pourrait ressortir d'une approche différente du problème qui permettrait de se dire que la personne qui prend le temps d'émettre des critiques manifeste en réalité de l'intérêt et de l'amour ; ou encore qu'une critique n'est qu'une opinion personnelle, qui peut être parfaitement erronée et ne saurait, par conséquent, déterminer ce que l'on est ou n'est pas. L'un ou l'autre de ces raisonnements permettraient d'éviter le stress. D'un autre côté, une croyance entretenue est faite pour se perpétuer, se nourrir d'elle-même et, quand on croit à son manque de valeur, le stress est constamment encouragé. En retour, comme il affaiblit le système immunitaire et conduit à la maladie, on voit dans la défaillance physique la preuve d'un manque de valeur personnelle.

Lorsque nous commençons à prêter attention à nos motivations profondes et à nos attitudes inconscientes, et à nous interroger à leur propos, nous interrompons le cycle de la négativité. L'introspection comprend trois processus distincts : l'écoute de notre voix intérieure, qui est l'intelligence ou le savoir inhérent à la conscience individuelle ; l'ouverture d'esprit, qui est la volonté de nous étudier avec honnêteté, de considérer d'autres points de vue que le nôtre et, finalement, de tenter de nouveaux comportements ; et le pardon, qui importe encore plus que le reste, et signifie la reconnaissance inconditionnelle de notre imperfection et de celle des autres – c'est-à-dire la volonté d'accepter le droit à l'erreur.

En développant notre concentration, nous accroissons notre potentiel. Dans *Growing Young*, A. Montagu définit l'intelligence (opposée à l'instinct) comme « la réaction la mieux appropriée au défi que représente une situation inédite ». Les réactions conditionnées, comme les réactions instinctives, usurpent ponctuellement le pouvoir du cœur et de l'intellect – autrement dit court-circuitent notre capacité à discerner et à choisir la réaction qui serait la plus bénéfique pour nous et pour les autres. S'appliquer continuellement à la concentration revient à tenter d'actualiser tout le potentiel d'une vie humaine. Une vie sans introspection n'est pas forcément sans intérêt, mais elle ne peut jamais atteindre à la plénitude.

L'introspection apporte un authentique pouvoir personnel, c'est-à-dire un pouvoir indépendant de la position sociale ou de l'argent. Que nous soyons ou non conscients de notre comportement, nous sommes toujours responsables des effets qu'il produit. C'est la loi du *karma*, la loi de cause à effet. Lorsque nous agissons inconsciemment, et que le résultat de notre action est déplaisant, nous avons tendance à considérer que nous sommes victimes des circonstances. Ignorant nos motivations, nous ne discernons pas l'importance de notre rôle dans le résultat de notre comportement. Même si le résultat nous est favorable, nous avons vite fait de parler de chance, plutôt que de mérite, et nous tremblons de voir la chance s'éloigner. Choisir de vivre à la lumière de la conscience, c'est choisir de renoncer à notre statut de victime en acceptant la pleine responsabilité de nos actes. Nous accédons ainsi à un très *grand* pouvoir (le pouvoir créatif de la conscience humaine), mais un tel pouvoir implique d'importantes responsabilités. Bien des gens préfèrent traverser la vie comme des somnambules plutôt que de se considérer comme responsables d'eux-mêmes et de leur bonheur. Le pouvoir du roi ne va pas sans la responsabilité du royaume. Nombreux sont ceux qui restent, toute leur vie, assujettis à la peur. Pourtant, nous sommes en mesure de choisir à tout moment autre chose en nous libérant de la peur.

Par définition, l'introspection nous permet d'effectuer un cheminement personnel unique. Mais il est très difficile de faire le voyage seul. Il est même souvent impossible d'avoir une image claire de ce que nous sommes sans le miroir que les autres nous tendent. Les groupes qui assurent soutien et conseils, les ateliers, les maîtres spirituels, la famille, les amis, et parfois même des étrangers, sont autant de sources d'information et de guides sur la voie de la connaissance de soi. Les grands livres sacrés, les mythologies, les philosophies, l'Histoire, les romans, les légendes, les arts, la science, le théâtre, les films, comme tout ce qui explore la nature humaine, peuvent aussi vous tendre un miroir, si votre quête est réelle.

L'observation du monde lui-même est également un moyen de réfléchir sur ce que l'on est, étant donné que toute la création est l'expression d'une seule et unique conscience. Une histoire védique raconte qu'un roi comprit cela le jour où il demanda à un grand saint comment il était parvenu au sublime. Le saint répondit qu'il avait suivi les enseignements de vingt-quatre gurus, ou maîtres spirituels. Dans la tradition védique, les saints n'ont jamais qu'un seul maître. Le roi fut donc fort surpris, et le saint lui expliqua : « L'Univers est plein de maîtres si l'on est attentif ». Réfléchissez à ce que vous voyez et appliquez l'enseignement de l'Univers à votre vie. Puis le saint présenta le roi à ses « gurus » – la terre, l'air, le ciel, l'eau, le feu, le soleil, la lune, la colombe, le python, l'océan, la rivière, la phalène, l'abeille butineuse, l'abeille travailleuse, l'éléphant, le daim, le poisson, la vierge, la courtisane, l'orfraie, le fabricant de flèches, le serpent, la guêpe et l'araignée – et lui énuméra ce qu'il avait appris d'eux.

Miroir de l'âme, la peau est évidemment notre premier guru sur la voie de l'introspection. Comme vous l'avez vu, il vous suffit d'observer les subtils changements de votre teint pour découvrir les forces intérieures qui vous gouvernent, ainsi que les aspects émotionnels qui ont besoin d'être équilibrés. L'Ayurveda nous offre la plus fondamentale des leçons d'introspection et de connaissance de soi-même, en nous apprenant à identifier notre constitution et nos tendances innées, et à vivre en harmonie avec elles – c'est-à-dire à prendre soin de soi et à éviter au maximum la souffrance. Nous apprenons par conséquent à équilibrer tous les niveaux de la vie, autrement dit à s'attaquer à nos problèmes sous tous les angles. Ce qui implique que nous devons utiliser tous les moyens dont nous pouvons disposer pour réduire le stress, y compris les interventions médicales. (N'oublions pas que la chirurgie a été inventée par les vaidyas.) Dans certains cas, le malaise physique ou l'instabilité mentale rendent inopérantes les cures d'ordre holistique parce que notre attention est trop dispersée, alors que la guérison du corps-esprit exige de la concentration. Si, à long terme, les médicaments peuvent avoir un effet toxique, à court terme ils apportent un soulagement physique et mental. La douleur et la peur qui perdurent finissant toujours par être aussi nocives que les médicaments, vous n'avez aucun intérêt à refuser ce qui peut atténuer votre détresse. Une fois que les symptômes les plus inconfortables ont diminué, il vous est plus facile de vous rééquilibrer. L'Ayurveda exclut toute rigidité – y compris celle d'un idéal de pureté – parce qu'elle y voit l'antithèse de l'équilibre et de la sagesse. Qu'il soit matérialiste ou ayurvédique, le fanatisme aveugle nous empêche de comprendre qu'il est plus sage de se poser les bonnes questions que de connaître les bonnes réponses.

Cette idée est illustrée par l'histoire de cet homme qui, se prenant pour un saint, refuse de quitter sa maison menacée par une inondation. Tandis que l'eau monte dans les rues du village, la police arrête sa voiture devant chez lui pour l'emmener à l'abri, mais l'homme refuse en disant : « Je n'ai pas peur. Dieu me protège. » Quand l'eau atteint le premier étage de sa maison, on vient le chercher avec une barque. De nouveau, il refuse de s'en aller et répète : « Dieu me protège ». Quand l'eau est au niveau du toit, les secouristes arrivent en hélicoptère, mais l'homme s'entête. Finalement, l'eau recouvre le toit et le saint homme, emporté par le flot, meurt noyé. Aux portes du Ciel, il s'emporte : « Comment as-Tu pu me laisser mourir ! crie-t-il à Dieu. Je pensais que Tu me sauverais ». « Qu'est-ce que tu racontes ? lui répond Dieu. Par trois fois j'ai essayé de te sauver, mais quand je t'ai vu refuser la voiture, la barque et l'hélicoptère, j'ai cru que tu voulais mourir. »

On peut rater même un miracle si l'on n'a pas l'ouverture d'esprit nécessaire pour voir la sagesse qui s'exprime en toute chose. Si le divin est omniprésent, alors même un grain de poussière porte son message. Dans *Song of Myself* (Le Chant de moi-même), le poète Walt Whitman nous parle de cette volonté absolue de chercher dans le présent tous les dons du Ciel :

> *Pourquoi souhaiterais-je voir Dieu mieux qu'aujourd'hui ?*
> *Je perçois le divin à chaque heure du jour et de la nuit,*
> *et à chaque instant,*
> *Sur le visage des hommes et des femmes, je vois Dieu, et sur mon*
> *propre visage dans le miroir,*
> *Je trouve des lettres de Dieu dans la rue, et chacune*
> *porte la signature divine,*
> *Et je les laisse là où elles sont, car je sais que,*
> *où que j'aille,*
> *D'autres apparaîtront aussitôt et sans fin.*

L'introspection et la connaissance qu'elle apporte nous préparent à l'action. Elles correspondent à une phase de repli sur nous-même qui rappelle le retrait nécessaire de la flèche sur l'arc, quand l'archer ajuste son tir, et sont le fondement de l'action dans le monde. Mais savoir et expérience étant indispensables à toute progression, il est, par conséquent, essentiel de ne pas s'égarer dans l'introspection. Comme c'est au moment de l'action que vous constatez ce que vous savez et ce que vous êtes, on peut dire que l'action elle-même est votre plus grand maître.

L'ACTION ET L'INTENTION

Si nous pensons à la défaite, elle se produit.
Si nous sommes indécis, rien ne nous arrive.
Nous devons simplement opter pour une grande entreprise et passer à l'acte.
Ne pensez jamais à l'échec, car nos pensées présentes déterminent ce qui nous attend.

MAHARISHI MAHESH YOGI

Oui, que tous ceux qui ont des oreilles écoutent. Car je vous le dis : à la jonction critique de toute relation humaine se pose une question : « Que ferait l'amour, maintenant ? » Nulle autre question n'est pertinente, nulle autre question n'a de sens, nulle autre question n'a d'importance pour votre âme.

NEALE DONALD WALSCH

La clarté de l'intention, comme nous l'avons vu, est essentielle à la purification de l'âme, étant donné qu'elle nous libère du tumulte intérieur qui divise le corps et l'esprit. Si le savoir est l'océan qui porte l'action et nous procure une vision claire, l'intention est le gouvernail qui nous donne la direction et la stabilité nécessaires à l'action qui se prolonge Sans elle, nous sommes ballottés par les marées. L'intention est l'aspect de Chymunda symbolisé par la déesse Lakshmi qui représente la volonté, le désir, l'expansion du moi, le rêve, le souhait, l'imagination et la plénitude.

Au sens le plus large, la clarté de l'intention est intimement liée à la signification spirituelle de notre vie, contenue dans la réponse aux questions suivantes : Pourquoi suis-je ici ? Qui suis-je ? Questions qui demandent parfois toute une vie pour être élucidées, ou dont la réponse varie plusieurs fois en cours de route. Je ne saurais prévoir pour vous un but particulier, mais je peux, en revanche, vous conseiller une méthode de recherche et vous démontrer à quel point il est important, pour votre santé et pour votre beauté, de prêter attention à ces questions fondamentales.

De telles interrogations sont naturellement provoquées par le processus d'introspection qui, la plupart du temps, nous révèle non seulement nos croyances inconscientes, mais aussi nos plus profonds désirs. Souvent, les buts que nous poursuivons, ou ce qui les motive, relèvent moins d'un choix déterminé, ou de ce que nous pensons être, que d'un conditionnement familial ou culturel. Il est clair que l'insatisfaction, ressentie par la plupart d'entre nous, vient de la sensation d'un moi profond laissé en friche. Le fait de réfléchir à nos pensées et à nos actions éclaire habituellement notre but. Cette révélation n'exige pas nécessairement un changement de direction, d'habitudes ou de carrière. Où que nous en soyons, nous pouvons trouver un moyen d'actualiser nos désirs, sans abandonner brutalement nos responsabilités. Cependant, réaliser ce qui nous tient à cœur requiert généralement un changement de priorités et d'attitudes, ou une redéfinition des mobiles de nos actes. En opérant ces réajustements, nous harmonisons la pensée et l'action et, de ce fait, nous nous libérons du stress.

Découvrir et poursuivre notre but est, en soi, un but et un processus. Mais, dans une culture qui privilégie la gratification immédiate et les solutions rapides, nous sommes peu nombreux à avoir la patience de laisser ce processus se développer naturellement. Nous pensons que nous devons disposer des réponses et des preuves sans attendre. Nous ne tolérons pas de ne pas savoir. Peu de gens sont disposés à avouer aux autres, ou à s'avouer à eux-mêmes : « Je ne sais pas » ou « Je me sens perdu(e) ». Il est difficile d'être celui ou celle qui reste immobile quand tout le monde s'agite. Pourtant, c'est parfois exactement ce qu'il faut faire si l'on veut découvrir ce que l'on cherche. Une légende hassidique parle d'un jeune homme qui, marchant dans une rue d'un pas précipité, est arrêté par un sage qui lui demande après quoi il court. « Je cours après ce qui me fait vivre », répond le jeune homme. « Comment sais-tu que ce qui te fait vivre est devant toi et t'oblige à courir ? » s'étonne le sage. « Ce que tu poursuis est peut-être derrière toi et, dans ce cas, tu n'as rien d'autre à faire que de suspendre ton pas. »

Être dans la situation de celui qui ne sait pas peut être très intéressant, en ce sens que tout alors reste possible. Si vous figez votre esprit pendant la méditation, pour ensuite réfléchir à votre vie quotidienne, vous avez une chance de vous découvrir un but que vous n'aviez jamais imaginé, et que vous n'auriez jamais vu si vous aviez continué à vous agiter. La maladie de la précipitation n'engendre jamais qu'un supplément de stress. Comme le dit Larry Dossey dans *Space, Time and Medicine* (Espace, temps et médecine) : « À la manière du chien de Pavlov, qui a appris à saliver sans raison, nous avons appris à nous *dépêcher* sans raison. [...] Nos clochettes ce sont notre montre, notre réveil, notre café matinal, et les centaines d'attentes que nous nous imposons dans notre existence quotidienne. Le message sublimal est [...] : le temps file ; il nous est compté ; il faut se dépêcher. Il résulte de ces perceptions une accélération des rythmes corporels, comme celui de la respiration et du pouls, qui induisent le syndrome du stress à l'origine du vieillissement et de la maladie. »

Maintenant, doit-on penser qu'il faille rester inactif lorsqu'on ignore quel but l'on poursuit ? Certes pas. La *Bhagavad Gita* nous dit : « Aucun effort au monde n'est jamais perdu ou gâché ; une infime partie du devoir sacré vous évite beaucoup de crainte ». Avoir un but clair et déterminé ne concerne pas seulement le cheminement qui s'inspire du sens de la vie humaine. Les petits objectifs qui jalonnent notre parcours demandent également à être clairement perçus. Nous pouvons très bien avoir une vie satisfaisante et riche de réussites, sans une vision précise de notre ultime destination, pour autant que l'on agisse en ayant au moins une idée claire de notre but immédiat, même s'il s'agit simplement de gagner le prix de son loyer. Être responsable de nous-même, tendre avec les autres et avec nous-même, nous efforcer de faire de notre mieux en toute circonstance, nous réjouir des bienfaits que l'on reçoit : voilà autant de buts valables pour le présent. Et plus le but est clair, plus nous nous impliquons dans l'action, tandis que de notre implication naît une complète absorption dans notre tâche. Comme vous le verrez, c'est cette aptitude à être totalement présents à chaque instant de la vie qui donne des êtres accomplis et équilibrés.

À l'évidence, l'action intentionnelle exige non seulement que l'on soit conscient du but poursuivi, mais également que l'on s'y tienne. Malheureusement, cette idée est, pour certains, aussi stressante qu'elle est libératrice pour d'autres. Si la peur qu'elle engendre vous empêche de vous choisir une direction déterminée, dites-vous que tous les engagements ne sont pas éternels. Le fait de s'axer sur un but représente un principe de stabilité comportementale qui nous permet de rester en course et assure notre progression. Mais, comme vous le verrez, la souplesse d'adaptation joue un rôle tout aussi important dans le domaine de l'action, qui est, de par sa nature même, en perpétuel changement. Comment se concilient alors ces deux principes apparemment contradictoires ? Encore une fois, il s'agit de comprendre avant tout que nous sommes en mesure, à n'importe quel moment, de changer d'état d'esprit. Mais ce qui peut paraître évident à beaucoup de personnes en paralyse d'autres et les retient de s'engager et d'agir. Une telle stagnation est synonyme de stress et d'une vieillesse marquée par l'amertume.

L'un des meilleurs moyens de dépasser la peur et de s'assurer succès et beauté est de toujours se donner un but, même s'il n'est pas passionnant, et même s'il est à très court terme. Poursuivez-le et, à défaut de vous sentir satisfait, profitez de la situation pour réfléchir. Analyser tous les messages, négatifs et positifs, que suscitent vos réactions. Voyez si vous arrivez à les considérer avec un certain humour. (Vous pouvez appliquer cette méthode à votre vie sociale.) Si vous êtes prêt à apprendre en toute circonstance, aucun effort n'est jamais inutile. Une fois que vous avez atteint le but que vous vous étiez fixé, rien ne vous empêche de prendre une nouvelle décision et, quand cela vous est possible, de changer de travail si celui que vous faites ne vous satisfait pas. (En fait, un travail insatisfaisant accroît le risque de maladie et l'on a d'ailleurs observé qu'il n'y a jamais autant d'accidents cardiaques que les lundis, à 9 heures, c'est-à-dire au moment de recommencer une semaine de travail.) Mais, dès que vous vous êtes fixé un but, consacrez-y toute votre énergie et votre attention. Considérez que vous jouez à pile ou face. Si vous misez sur « face » et que vous tombez effectivement dessus, votre cœur vous dira immédiatement si, en vérité, vous préférez « pile ». Toutefois, vous engager totalement dans l'action est le seul moyen que vous ayez d'en être convaincu. Observez, posez-vous des questions, agissez. Ne renoncez pas à la recherche de votre vérité. Comme l'enseigne le bouddhisme, la flèche n'atteint l'œil du buffle qu'après l'avoir cent fois ratée.

La recherche d'un but n'est pas exclusivement une recherche intérieure. Elle s'accompagne de nombreuses dispositions pratiques, et l'Ayurveda vous aide à découvrir autant vos pouvoirs que vos défaillances, à la fois physiques et mentales, ce qui est très utile quand il s'agit de prendre une décision. Par ailleurs, les tests psychologiques, les conseils concernant les carrières et la recherche d'un emploi, les réseaux d'information sur ordinateurs, l'éducation comptent parmi les nombreux outils mis à votre disposition pour vous aider à choisir et à développer un plan d'action qui puisse vous convenir.

Chaque vie humaine est une expression unique de la conscience et, en ce sens, inscrit dans le monde sa contribution personnelle et originale. Cependant, nous participons aussi à une entreprise collective. Cette entreprise universelle doit être présente à l'esprit parce qu'elle est un réconfort quand le sens de notre vie semble nous échapper. Un maître spirituel a dit : « Le premier but à poursuivre sur cette terre est l'amour. Quand vous commencez à vous imprégner de cette vérité, le but de votre activité, de vos relations interpersonnelles, de votre créativité s'impose comme un sentiment intérieur. Alors, poursuivez ce tout premier but si vous voulez découvrir que la vie vous en offre beaucoup d'autres. »

L'ACTION ET LE COURAGE

Que vous pensiez pouvoir, ou que vous pensiez le contraire, dans les deux cas vous avez probablement raison.

HENRY FORD

Le principe du courage dans l'action, symbolisé par le fait que Chymunda soit assise sur le dos d'un tigre, nous enseigne combien la détermination de notre pensée et de notre action est importante. Même si notre but nous apparaît clairement, il nous arrive parfois d'être paralysés par la peur et par le doute. L'Ayurveda nous dit : « On devient ce que l'on pense ». En conséquence, il est essentiel d'apprendre à ne pas s'appesantir sur les tracas et le négatif et à favoriser pensées positives et actions constructives. Ce sont deux choses qui vont de pair car, si vous faites un pas en avant tout en restant dubitatif, votre action est trop faible pour parvenir aux meilleurs résultats.

Le doute, et non la peur, est l'opposé du courage. Nous pouvons évidemment agir avec courage et succès, même lorsque la peur nous tenaille. Les pompiers et tous ceux qui font souvent preuve d'héroïsme se sentent généralement gênés quand on parle de leur courage et ne nient jamais leur peur. En revanche, ils n'évoquent pas le *doute*. N'éprouvant ni hésitation ni besoin de s'interroger sur leur choix, ces héros parlent, au contraire, de leur détermination. On les entend généralement dire : « Je n'ai pas pensé au danger, je savais simplement que je devais aider des gens ». La peur est nécessaire pour accomplir des actes courageux. Elle donne la force de relever les défis. Dans la vie quotidienne, une gère tension apporte le bon stress, le stress euphorisant qui stimule, mentalement et physiquement. Les doutes, en revanche, fatiguent et nous distraient de notre but. « Ce sont les traîtres, comme le dit Shakespeare, qui nous font perdre le bénéfice que l'on pourrait souvent retirer de nos actions s'ils ne nous empêchaient pas de les entreprendre. »

Acquérir du courage exige, par conséquent, de nous débarrasser du doute. S'il prend des formes variées, le doute trahit toujours un sentiment de manque, d'incomplétude. Nous doutons de nos capacités et de nos mobiles, nous mettons en doute notre droit au succès et notre valeur, nous doutons d'être appréciés par les autres, de mériter leur amour, etc. Douter de soi résulte souvent d'un conditionnement provoqué par les parents, par les professeurs, ou par toute une communauté. On nous a fait comprendre que nous étions sans valeur, sans talent, et peut-être même que nous n'avions pas été désirés (autant de messages qui reflètent les doutes et les peurs de ceux qui les émettent et *nullement* ce que nous sommes en réalité). Toutefois, la façon dont on nous a transmis ces messages, leur contenu, le lieu ou l'époque qui s'y attachent, rien de tout cela ne doit nous empêcher de progresser. Ce qui compte c'est d'entreprendre de nous débarrasser de ce genre de doute dès que l'on en prend conscience. Il y a cinq étapes à franchir – on peut le faire facilement – pour cesser de douter de soi et trouver le courage nécessaire à l'action. Il s'agit de prendre conscience de son manque de confiance en soi et de le corriger ; de s'accepter tel que l'on est ; de se jauger et d'acquérir les connaissances nécessaires à ce que l'on veut entreprendre ; de pratiquer l'affirmation et la visualisation positive, et de jouer à faire « comme si » ; de se construire une mentalité de battant.

Prise de conscience et correction. La plupart du temps, quand on reconnaît que l'on doute de soi, on a comme réflexe d'aggraver la situation en multipliant les jugements négatifs et en renforçant l'autocritique. Autrement dit, nous augmentons le stress en nous punissant à cause de nos mauvaises pensées. Les pensées négatives ne sont jamais que des erreurs de l'intellect – le symptôme de la perte de notre complétude – de la peur qui nous habite. Elles naissent de perceptions erronées dues à notre conditionnement et, dans le cas de pensées accablantes ou obsessionnelles, d'un déséquilibre psychophysiologique. L'Ayurveda nous apprend que, quel que soit notre cas, il convient de réagir à tout sentiment négatif, y compris le doute, d'une seule et même façon qui est très simple : prendre le sentiment négatif pour ce qu'il est (réaction apprise ou signe de stress ou de déséquilibre) ; s'attarder sur la sensation qu'il provoque (respirer profondément, se détendre et être attentif à la sensation physique) ; écarter doucement la pensée négative de votre esprit (quelques techniques indiquées ci-après vous y aideront) ; puis corriger le déséquilibre par un régime, par des massages et par la méditation.

En l'occurrence, l'équilibre ne signifie pas la disparition des émotions. Selon l'Ayurveda, il existe neuf émotions, ou *rasas* – le terme sanscrit qui signifie également le « goût » –, et ces émotions font partie de la vie et sont nécessaires à l'expérience humaine. Ce sont l'amour romantique et érotique, source de jouvence, de vigueur et de beauté ; les bienfaits de l'humour, du goût du jeu, et de la plaisanterie (le rire est particulièrement important pour la santé et pour le bonheur) ; la compassion, qui inclut la pitié, la charité et l'aide que l'on apporte aux autres ; l'audace ou courage, qui est parent du charisme ou de l'héroïsme ; la satisfaction ou tranquillité, qui implique des qualités de tolérance et de sociabilité ; l'émerveillement, la surprise et la stupéfaction ; la fureur naturelle ou passion, ou l'empressement émotionnel à affronter le danger (une bonne description du je-me-bats-ou-je-fuis) ; la spontanéité, l'impulsivité, et le choc ; et la violence ou force, qui est une utilisation de l'émotion réservée aux guerriers qui vont à la bataille. La souplesse d'adaptation est inhérente à la physiologie humaine. Nous sommes naturellement aptes à éprouver toute la gamme des émotions et nous devrions les éprouver avec bonheur. Mais quand la même émotion négative se manifeste constamment, quand elle devient prédominante, elle est le signe d'un déséquilibre.

L'équivalence entre goût et émotion – appelés tous deux rasas – nous permet de mieux comprendre la nature de nos sensations, comme la façon dont nous pouvons nous débarrasser du doute et des autres émotions négatives. Quand nous goûtons à un aliment, nous découvrons sa douceur ou son amertume, par exemple. Nous avons son goût dans la bouche, puis il passe, et nous savons que d'autres saveurs suivront. Les émotions sont comme les saveurs dont nous faisons l'expérience et, tels les goûts que nous avons en bouche, elles s'effacent naturellement dans notre conscience. Cependant, si l'on veut résister à leurs effets ou les nier, elles deviennent, à leur façon, une nourriture indigeste qui se transforme en toxines dans le corps. Si nous nous y accrochons, elles accaparent notre attention parce qu'elle les fait vivre. Par conséquent, il faut prendre le doute ou l'émotion négative pour ce qu'ils sont ; goûter toutes les sensations qu'ils suscitent ; puis les laisser passer. De cette manière, comme un goût longuement savouré, l'expérience de ces sensations sera brûlée par le feu de l'agni et, tout naturellement, disparaîtra pour laisser le palais libre d'éprouver de nouvelles sensations.

Savoir s'accepter. Le doute se manifeste toujours quand on se compare aux autres, ce qui est une habitude dans une culture compétitive comme celle de l'Occident qui nous propose sans cesse des modèles. Mais la *Bhagavad Gita* nous apporte une autre perspective. On y entend Krishna dire à son élève, Arjuna, qu'il vaut beaucoup mieux s'attacher à réaliser le but de sa vie, ou dharma, que d'essayer à tout prix de ressembler à quelqu'un d'autre, même si cela nous paraît moins méritoire. Pourquoi est-ce mieux ? Parce qu'on *peut* toujours atteindre la réalisation de notre but, explique le texte, étant donné que nous sommes faits pour notre dharma qui, autrement, ne serait pas le nôtre. Comme un penseur moderne l'a expliqué : il vaut toujours mieux être soi-même, parce que c'est la seule façon de ne pas être surpassé par quelqu'un d'autre.

L'Ayurveda reprend cette idée en nous enseignant que nous ne pouvons changer notre nature – notre équilibre constitutionnel inné. Par exemple, une personne de type Kapha, qui n'aime pas les perturbations, est incapable de manifester l'agressivité naturelle d'une personne de type Pitta, sans déséquilibrer sa physiologie. De même, si Pitta domine votre constitution, vous n'avez pas l'endurance du type Kapha qui vous permet de vous concentrer sur un travail pendant des heures. Le secret de la beauté absolue et du succès, en général, consiste à reconnaître et à accepter ses vulnérabilités et ses limites autant que ses forces et d'en tenir compte. Si vous prenez une direction qui ne correspond pas à ce que vous êtes (ou si vous recherchez la perfection dans la vie quotidienne), non seulement vous vous surmenez, mais vous suscitez également le doute dans votre esprit. Ce qui n'est pas une raison pour être vite satisfait de vous-même et paresseux. Comme vous le verrez un peu plus loin, si vous avez du mal à faire certaines choses, n'estimez pas pour autant que vous êtes incapable de les faire. Ce n'est peut-être qu'une question d'apprentissage ou de développement de vos dons.

Autoévaluation et éducation. Douter de soi et s'interroger sur soi-même sont deux choses différentes. Comme je l'ai dit, l'introspection est nécessaire au succès. Vous pouvez douter avec raison de vos capacités devant un but à accomplir, à condition d'avoir inventorié vos connaissances et vos aptitudes, et conclu avec réalisme que vous n'êtes pas à la hauteur.

Prenez le temps de vous regarder sans complaisance afin de pouvoir juger de vos capacités comme de vos penchants naturels et de vos vraies passions. Un bon apprentissage et une pratique disciplinée suffiront à effacer vos doutes. Encore une fois, ne sautez pas sur l'occasion pour vous reprocher vos échecs passés. Où que vous en soyez, il ne pouvait en être autrement, et il n'est jamais trop tard pour acquérir de nouveaux talents. Ashley Montagu a souligné que, contrairement aux autres espèces, « l'homme est capable de se développer tout au long de sa vie, autant sur le plan comportemental que spirituel ». De nombreux artistes et penseurs, dont Léonard de Vinci et Thomas Jefferson, ont accompli leurs plus grandes œuvres tardivement, si bien que l'âge ne peut être une excuse légitime pour arrêter d'entreprendre ou d'essayer. Si vous croyez qu'il est trop tard pour accomplir vos buts, écoutez l'histoire de cette femme qui avait toujours voulu jouer du piano mais n'avait jamais eu l'occasion d'apprendre. À cinquante-cinq ans, elle décida de prendre des leçons. Bien que douée d'un vrai talent musical, l'apprentissage lui parut d'une lenteur frustrante. Au bout d'un an, persuadée qu'elle n'avait plus le temps de devenir une pianiste, elle renonça à son projet. Mais son amour de la musique ne l'abandonna pas pour autant et, à soixante-treize ans, elle céda de nouveau à son désir. Reprenant ses leçons, elle fit rapidement de grands progrès... après avoir perdu vingt ans d'études et de plaisir uniquement parce qu'elle *se croyait* trop vieille.

Affirmations, visualisations, et jeu qui consiste à faire « comme si ». Souvent la pensée négative est un moyen d'autodéfense qui nous vient d'un conditionnement précoce. Comme je l'ai dit, il existe une façon simple de maîtriser ce genre de doute et de négativité qui consiste à prendre la pensée pour ce qu'elle est, sans se juger, puis à s'en détacher doucement. Une fois que vous avez adopté cette attitude, les techniques de pensée positive et de visualisation et celle du jeu qui consiste à faire « comme si » favorisent amplement la restructuration des schémas de pensée qui permettent la répétition des sentiments négatifs.

L'affirmation est une méthode de pensée positive qui vous permet de remplacer une idée destructrice par une idée constructive. Par exemple, vous pouvez cesser de douter de vous-même en pensant à vos réussites, en vous disant : « Je me suis fait des amis formidables dans ma vie », ou « J'ai gagné un tournoi de tennis à l'université », ou « Je cuisine très bien », ou encore « J'ai d'excellentes initiatives dans mon travail ». Le succès évoqué peut être mineur ou important, récent ou ancien. Écrivez sur une feuille de papier la phrase positive (ou plusieurs si elles vous viennent à l'esprit), respirez profondément mais sans forcer, puis lisez trois ou quatre fois ce que vous avez écrit à haute voix. Recommencez à respirer comme précédemment deux fois de suite en répétant mentalement vos affirmations. Ne fixez pas votre attention sur l'idée qu'elles contiennent; *contemplez* simplement ces affirmations, c'est-à-dire ne vous attachez pas au mot mais au concept et à la signification qu'il a pour vous. Le but de cette technique est de stimuler la mémoire du succès qui induit une réaction biochimique particulière. Souvenez-vous que l'esprit ne fait pas la distinction entre le goût réel du citron et le souvenir de cette saveur, ce qui explique que l'un comme l'autre fasse saliver. De la même façon, les affirmations modifient la psychophysiologie et peuvent nous libérer du stress. Une manière efficace de renforcer l'affirmation consiste à lui adjoindre une action constructive. Plutôt que de rester assis en pensant à vos soucis ou à vos doutes puis à votre nouvelle idée, levez-vous, faites quelque chose de simple et de rapide, comme ranger votre bureau ou vous laver les cheveux. Le changement d'activité – ou, si vous préférez, de comportement – renforce votre sens de la détermination et de l'accomplissement, tandis que vous répétez et pensez à vos affirmations.

Il s'agit là d'un processus naturel qui consiste simplement à prendre, en toute conscience, la décision de changer l'objet de notre attention dans le moment présent. Il est inutile de forcer l'esprit à repousser le doute et à se concentrer sur une idée positive. Dès lors que vous percevez un doute et que vous le laissez passer, le mouvement même de votre conscience révèle que l'émotion a commencé à relâcher son emprise sur vous, et que vous pouvez lui substituer facilement une autre pensée. Gardez à l'esprit que, par nature, la pensée va et vient. En fait, vous pouvez constater vous-même qu'il est parfaitement impossible de s'accrocher à une idée – positive ou négative – en fermant les yeux et en vous répétant mentalement le mot « éléphant ». Au bout de quelques secondes vous observerez que la pensée change spontanément; par exemple, « éléphant » peut faire penser à républicains (l'éléphant est, aux États-Unis, l'emblème du parti républicain : Ndt), politique, etc. La fonction fondamentale de l'affirmation est de développer une façon nouvelle de penser. La perception d'une pensée négative finit par devenir, pour ainsi dire, la clochette mentale qui nous avertit que c'est le moment d'axer notre conscience sur la pensée positive et l'action. Après une période de pratique régulière, vous serez surpris de constater que l'automatisme se substitue à l'effort.

La visualisation et le jeu du « comme si » vous permettent, si je puis m'exprimer ainsi, de vous rendre maître du doute par droit de préemption, en créant des attentes positives. Si l'affirmation utilise le souvenir de succès passés pour induire une réaction biochimique équilibrante, la visualisation et le jeu du « comme si » se servent de l'imagination – la pensée d'événements et de possibilités futurs – pour modifier également la biochimie et créer une sensation de bien-être, vécue dans le présent. La visualisation suscite une image mentale positive de l'action que vous désirez entreprendre et de son résultat – par exemple, elle vous permet de vous voir franchir avec succès toutes les étapes d'un processus d'embauche et obtenir le poste que vous avez demandé. Faire « comme si » est, en l'occurrence, la version adulte d'un jeu d'enfant, et représente une méthode très efficace pour se débarrasser d'une opinion de nous-même qui nous entrave. C'est une manière d'appliquer la leçon des vingt-quatre gurus. Non seulement vous réfléchissez aux qualités d'une autre personne, ou d'une autre créature, en vous demandant ce qu'elles peuvent vous enseigner, mais vous devenez en même temps, grâce à votre imagination, cette personne ou cet animal, et agissez ensuite comme si vous possédiez réellement leurs qualités afin de voir ce que vous ressentez.

Dans *Thinking Body, Dancing Mind,* Huang et Lynch offrent quelques exemples de l'efficacité de ces techniques pour l'entraînement sportif. Ils nous parlent d'un joueur de football – un attaquant – qui a fortement contribué à la victoire de son équipe en jouant comme un véritable renard, et d'une équipe de coureurs de cross-country qui a donné quelques superchampions parce que ses membres s'entraînaient quotidiennement comme s'ils étaient déjà des champions. Afin de démontrer le pouvoir de la visualisation, les deux auteurs décrivent une expérimentation au cours de laquelle deux groupes de basketteurs ont cherché à améliorer le pourcentage de réussites aux lancers francs. Un groupe eut cent réussites par jour pendant trois semaines ; l'autre groupe se contenta de s'imaginer faisant la même chose. Qu'en est-il résulté ? Les performances du groupe qui a visualisé ses victoires ont subi une amélioration significative par rapport à celles des joueurs qui ont effectivement réussi leurs tirs.

Une psychologue, Susan Olson, a proposé une visualisation particulièrement efficace pour aider ceux qui doutent d'eux-mêmes et se critiquent. Dites-vous : « Je t'aime. Je pense que tu es magnifique », chaque fois que vous vous regardez dans le miroir. Cette affirmation peut sembler ridicule, précise Susan Olson, mais elle est en fait très importante, car il faut que vous soyez les premiers à croire ces paroles si vous voulez qu'elles soient crédibles dans la bouche des autres.

Construction du succès. L'homme d'État anglais Lloyd George a un jour donné le conseil suivant : « N'ayez pas peur de faire un grand pas en avant s'il le faut. On ne franchit jamais un gouffre en deux temps. » Il n'existe pas de meilleur conseil quand on parle de courage. Cependant, si vous n'avez jamais jusqu'ici fait le moindre petit bond en avant, vous aurez peut-être envie de vous préparer en douceur et même avec un filet de sécurité. Une petite expérience vous aidera toujours à visualiser plus facilement le succès.

La force mentale et la psychologie du gagnant se développent exactement comme les muscles, en faisant des exercices réguliers et progressifs. Commencez par vous imposer quelque chose de nouveau, mais simple à apprendre, comme apprendre à jouer au poker ou à changer un pneu crevé, faire un gâteau ou tricoter une écharpe. Si vous n'êtes pas très sportif, entreprenez un sport facile. Marchez chaque jour en augmentant progressivement la distance que vous parcourez, en un temps donné. (Développer l'endurance physique c'est aussi développer la force mentale, ce que les athlètes savent parfaitement.) Le but est de vous choisir une activité sans aucun rapport avec votre travail, ou avec ce qui relève de vos responsabilités d'ordre privé – autrement dit une activité qui ne vous procurera qu'une fierté toute personnelle si vous la réussissez. Poursuivez-la jusqu'à ce qu'elle soit achevée en refusant d'envisager un échec. Lorsque vous l'avez menée à bien, entreprenez quelque chose de plus difficile, et ainsi de suite. À chaque succès, votre self-control, votre confiance en vous-même et votre témérité seront renforcés. Votre esprit s'habituera au succès, si bien qu'au lieu de manifester des hésitations ou des doutes devant un nouveau défi, vous vous montrerez optimiste, vous aurez l'esprit clair et axé sur l'action. En un rien de temps, vous allez franchir des gouffres avec hardiesse.

L'ACTION ET LA FOCALISATION

Si nous faisons attention aux minutes, nous n'avons pas besoin de nous soucier des années.

BEN FRANKLIN

Le travail, c'est l'amour devenu visible.

KHALIL GIBRAN

Un maître apprend le tir à l'arc à cinq princes. Pointant une flèche sur un moineau posé, au loin, sur la branche d'un arbre, il demande à ses jeunes élèves de viser l'œil. Tandis qu'ils ajustent leur tir, le guru demande aux cinq frères ce qu'ils voient. Le premier décrit en détails l'arbre et l'oiseau. Le deuxième décrit seulement les branches et le moineau. Le troisième, l'oiseau et uniquement la branche où il se tient. Le quatrième, l'oiseau seul. Mais Arjuna, le grand guerrier, dit : « Maître, je ne vois rien de plus que l'œil du moineau ! »

Cette histoire védique met parfaitement en lumière le principe de la concentration de l'esprit dans l'action. C'est cette focalisation sur la tâche à accomplir qui est le produit d'une volonté maîtrisée. Quand nous sommes complètement immergés dans l'action, l'esprit ne supporte pas de se laisser distraire. Hier et demain n'existent plus. Nous faisons corps avec le présent, nous sommes hors du temps. Avec cette totale absorption dans l'action, nous faisons l'expérience de l'absence de limites. L'esprit est calme et cependant en activité ; le corps se repose tout en manifestant son énergie. Les actions produites par cet état de sereine vigilance ont une précision et une grâce qui ne doivent rien à l'effort, comme celles des flèches d'Arjuna. C'est cette unité active du corps et de l'esprit qui rendent fascinants les champions olympiques et les grands danseurs.

Nous avons tous fait l'expérience de cette fluidité dans notre vie, ne serait-ce que pendant quelques minutes. Elle s'accompagne d'un sentiment d'expansion intérieure et de félicité, et donne aux autres une impression d'énergie, aussi forte que sereine. Les vertus de la focalisation sont symbolisées par le trident de Chymunda, la flèche à trois pointes avec laquelle la déesse Kali tue la douleur physique, morale et émotionnelle. Ces trois douleurs sont associées aux trois gunas (les forces fondamentales de la conscience) : sattva, rajas et tamas, qui engendrent toute l'activité créative. La focalisation absolue se produit lorsque nous transcendons le champ des gunas pendant la méditation – c'est-à-dire quand l'esprit se tait – et faisons l'expérience de la concentration totale de la conscience dans le champ de l'être. Ce que nous retrouvons dans l'enseignement de Krishna, rapporté par la *Bhagavad Gita* : « Sans les trois gunas, Ô Arjuna, tu es libéré de la dualité [...] possédé par le moi. » Tant que nous restons dans le champ de la dualité – le champ de l'action –, la focalisation, ou concentration de l'esprit, nous sauve du stress et de la douleur. Le maître védique Maharishi Mahesh Yogi résume le principe de la focalisation dans l'action par ce conseil simple : « Voyez ce que vous avez à faire, faites-le, évitez-vous de la souffrance ».

La focalisation sur une tâche entraîne la concentration, mais la focalisation en elle-même n'est pas synonyme de concentration. Dans le meilleur des cas, elle correspond à une *relaxation* de l'esprit qui permet de porter toute son attention sur une seule activité. Ce qui ne peut être dû à un contrôle de l'esprit qui, par définition, ferait intervenir effort et concentration, mais à une soumission de l'esprit à l'action. Les questions qui se posent alors sont les suivantes : Comment l'esprit peut-il se soumettre ? À quoi renonce-t-il exactement ? L'enseignement védique nous explique que l'esprit se détache des *résultats* de l'action. Nous oublions de nous en préoccuper afin de nous focaliser complètement sur le *seul processus* de l'action.

Quand nous faisons le contraire, quand nous sommes soucieux des résultats de l'action, une part de notre attention est toujours tournée vers le futur. Il en résulte une division de l'esprit et un affaiblissement de l'action. Mais il ne faut pas confondre détachement à l'égard du résultat de ce que l'on entreprend et absence d'un réel *désir* d'agir. Le désir est l'aiguillon de toute création. Comment pourrions-nous agir un tant soit peu si ce n'était pour satisfaire un désir (aussi fondamental soit-il, comme celui de se nourrir) ? La vision du but est, je l'ai déjà dit, un préalable nécessaire à l'action et à son accomplissement, mais l'*attachement* aux résultats ne peut que nous éloigner du but à atteindre. Selon le veda, l'esprit focalisé sur l'action est *impartial* à l'égard du succès ou de l'échec, mais pas pour autant indifférent, et c'est cette impartialité qui est le secret de la félicité.

La culture occidentale moderne voit les choses d'un autre œil. Dans une société affamée de pouvoir, le contrôle – à savoir le contrôle des retombées d'une action – est perçu comme l'arme absolue dans le jeu de la vie. Nous croyons que c'est ce contrôle qui comble nos désirs et nous l'assimilons au bonheur. Certes, même la recherche holistique souligne que le *sens* du contrôle est un facteur déterminant dans la réduction des effets du stress sur la santé. Alors pourquoi devrais-je vous conseiller d'y renoncer ? Parce que, comme il est dit à Arjuna dans la *Bhagavad Gita* : « Tu ne peux avoir de contrôle que sur l'action elle-même, pas sur ses fruits ». Par conséquent, nous n'avons de pouvoir que sur nos pensées, notre intention et notre attention, et sur la façon dont on les utilise. Nous pouvons contrôler dans une certaine mesure nos actes physiques et exercer ce contrôle quand nous sommes complètement concentrés sur notre tâche. Mais, à part ceci, toute notion de contrôle n'est que pure illusion. Nous pensons que le stress naît du fait que nous ne contrôlons pas le résultat de nos actions mais, en fait, il vient de l'idée que nous ne savons pas exercer notre pouvoir de contrôle, et c'est une idée fausse. Nous ne contrôlons pas les forces de la nature, qui fonctionnent selon leurs propres lois, et nous n'avons pas l'omniscience qui nous permettrait de prévoir une conjonction de tous les événements de l'Univers, favorables ou défavorables à notre entreprise. Nous *pouvons* effectivement exercer un contrôle sur nos actions, comme le souligne l'enseignement védique, et il est de notre responsabilité de le faire. Mais, quand nous comprenons que nous n'avons aucun pouvoir sur ce qu'engendra notre action (pas plus que nous ne pouvons changer des résultats déjà obtenus), nous apportons à notre esprit la liberté de se concentrer totalement sur le présent, et le moment présent est le *seul* espace où nous pouvons contrôler l'action et connaître la félicité. « Ne vis pas pour les fruits de l'action, mais ne t'attache pas pour autant à l'inaction », enseigne Krishna à Arjuna. Par tous les moyens, *agissez* – agissez avec passion et avec compassion – mais en cédant à la joie de le *faire* sans convoiter un *résultat* (ayez des *préférences* plutôt que des objectifs exclusifs ; soyez prêt pour tout mais n'espérez rien, comme le suggèrent Huang et Lynch), et chaque instant vous apportera un sentiment d'accomplissement, indépendamment du résultat final de votre entreprise. Là est la recette du succès absolu, et de la beauté absolue.

Vivre en accord avec ces principes, en acceptant d'admettre que notre pouvoir de contrôle est réduit, en nous inclinant devant cette vérité, demande autant de foi qu'il faut de courage pour franchir un gouffre. Un peu plus loin, il sera question de foi : foi dans la création et ses ressources qui nous permettront d'obtenir ce dont nous avons besoin. Cependant, contrairement au saut au-dessus du gouffre qui ne peut s'accomplir qu'en une seule fois, la focalisation dans l'action peut s'obtenir progressivement, et il est même conseillé de procéder pas par pas, de commencer par une succession de buts mineurs, au lieu de s'attaquer d'emblée à un but majeur. Encore une fois, l'essentiel de nos soucis en ce qui concerne le résultat de nos actions et, par conséquent, une grande partie de ce qui nous distrait du présent vient soit de la crainte d'échouer, soit de celle de ne pas mériter ce que l'on souhaite obtenir. Mais rien n'est plus facile de surmonter ce genre de doute, ou de peur, si l'on avance dans le sillage de ce coureur de fond de soixante-quatre ans qui a expliqué : « Je ne cours pas cent miles ; je cours un mile – cent fois ».

Adoptez cette attitude, et tout deviendra possible. Où que vous en soyez par rapport à votre but, vous pouvez toujours trouver une petite chose à faire qui vous en rapprochera, même si vous êtes en plein stress ou complètement découragé. Continuer à avancer malgré tout est un défi à relever pour bien des gens, parce que cela exige une discipline quotidienne qui ne débouche pas sur des résultats immédiats. En particulier au début, quand votre résistance morale et votre estime de vous-même demandent à être renforcées, le but peut vous paraître inaccessible. Cependant il y a toujours un moyen de faire un pas en avant, en modérant votre appétit au prochain repas, par exemple, ou en choisissant un nouveau passe-temps, ou en faisant une petite promenade. Une recherche menée à l'université de Pittsburgh a montré que les femmes qui font de l'exercice physique pendant dix minutes, quatre fois par jour, profitent plus de ce genre de pratique et perdent plus facilement du poids que celles qui font de l'exercice pendant quarante minutes d'affilée. Vous pouvez par conséquent fragmenter votre programme de gymnastique et obtenir quand même les résultats souhaités. Développez votre endurance et votre confiance en vous-même pendant une seule journée ou même une heure à la fois. Quoi que vous fassiez, ne baissez pas les bras. Suivez le conseil du coureur de fond, et réconfortez-vous en vous récitant le proverbe africain suivant : « Peu importe que vous avanciez lentement, vous y arriverez toujours ». Puis concentrez-vous sur la tâche qui vous attend – évitez la souffrance, réussissez.

> *Biologiquement, votre corps est fait pour vivre dans le présent, et y trouve ses plus grandes joies et sa plus grande satisfaction. Votre corps ignore ce que sera sa pression artérielle dans la seconde suivante, si bien qu'il sait naturellement s'adapter à divers degrés de pression ; la même flexibilité innée gouverne toutes les autres réactions involontaires. C'est la sagesse de l'incertitude qui permet à l'inconnu de se manifester, et qu'elle accueille comme une source de développement et de compréhension. Nous voyons s'exprimer cette sagesse dans la spontanéité de chaque cellule et de chaque organe.*
>
> DEEPAK CHOPRA

Même si nous avançons, l'esprit concentré et avec détermination, vers un but clairement défini, nous n'exerçons pas un contrôle absolu sur les événements de notre vie. Il arrive que nous ayons à affronter des circonstances qui semblent défier nos efforts de développement et de succès. Dans ce cas, *la souplesse d'adaptation*, comme la concentration, est particulièrement utile. Une histoire très simple illustre ce propos :

Un jour, un pauvre fermier, fort laborieux, et son fils trouvèrent un cheval sauvage, égaré sur leurs terres. Dans tout le village se répandit la nouvelle que le vieil homme avait enfin un animal pour alléger son fardeau, et les voisins vinrent le féliciter de sa bonne fortune. « Bonne fortune, mauvaise fortune ! Qui peut dire ? » répondit le vieux fermier. Le lendemain, il voulut, avec son fils, atteler le cheval à sa charrue. L'animal, nullement domestiqué, se mit à ruer dans tous les sens avant de prendre la fuite en écrasant la jambe du fils. Bientôt les voisins revinrent chez le vieil homme pour le consoler de sa mauvaise fortune. « Mauvaise fortune, bonne fortune ! Qui peut dire ? », répéta le fermier. Le jour suivant, la guerre fut déclarée dans la province et tous les jeunes gens valides furent envoyés au combat. Seul le fils du fermier put rester chez lui tandis que le village pleurait en voyant partir ses fils. Une nouvelle fois, les voisins vinrent féliciter le fermier de sa bonne fortune. Et de nouveau il leur répondit : « Bonne fortune, mauvaise fortune ! Qui peut dire ? » Le lendemain, la bataille fit rage à proximité de la ferme. Finalement, l'ennemi se dispersa, mais après avoir brûlé les collines environnantes et détruit la vieille clôture en pierre du fermier. Le jour suivant, les jeunes villageois retrouvèrent les maisons de leurs parents qui étaient restées intactes. Les villageois allèrent encore une fois consoler le vieux fermier de sa mauvaise fortune. De nouveau, il leur répondit : « Mauvaise fortune, bonne fortune ! Qui peut dire ? » Les jours passèrent. Le fermier travailla jour et nuit pour reconstruire sa clôture. Un après-midi, épuisé, le vieil homme s'endormit avant d'avoir achevé sa clôture. Tandis qu'il dormait, le cheval sauvage descendit des collines brûlées en quête d'un vert pâturage et retrouva le chemin de la ferme. Voyant un passage libre dans la clôture, il hennit pour rameuter son troupeau et, quand le fermier se réveilla, une centaine de chevaux broutaient allégrement l'herbe de son enclos.

Il faut un esprit concentré mais souple pour adhérer à un présent qui ne cesse d'évoluer. Enfant, j'ai entendu ma mère me dire que rien dans la vie n'est immuable. « Le bon comme le mauvais, m'expliquait-elle dans mes moments de détresse, change avec le temps. » Ma mère a vécu en accord avec son enseignement. Je sais que la vie n'a pas réalisé tous ses vœux, et aussi qu'elle lui a occasionné des désagréments. Mais ma mère acceptait toutes les situations sans jamais se plaindre ou manifester de la tristesse parce qu'elle comprenait que rien n'arrive sans raison. Ce qui ne signifie pas qu'elle vivait dans la résignation, ni qu'elle se comportait en martyre. Elle n'a jamais raté l'occasion de prendre sa vie en main quand elle le pouvait. Mais elle n'oubliait jamais que le gouvernail qui nous donne une direction et une stabilité devait être mobile. La souplesse d'adaptation est ce qui nous permet de naviguer dans des courants changeants sans perdre de vue notre destination.

Quand nos préférences, sinon nos attentes, restent hors d'atteinte, il n'y a pas de meilleure stratégie que de poursuivre nos activités, comme le fermier impartial, au lieu de se laisser piéger par une situation momentanée. La vie va toujours de l'avant et suit une progression cyclique. Nous nous infligeons beaucoup de stress et de fatigue si nous refusons d'accepter qu'il puisse y avoir naturellement des hauts et des bas au lieu d'apprendre à nous y adapter. Ceux qui pratiquent les arts martiaux connaissent parfaitement cela. Au lieu de contrer l'attaque, ils s'alignent sur son mouvement et sur sa force et, par conséquent, réussissent à annihiler son pouvoir. Huang et Lynch nous suggèrent une approche identique quand il s'agit de relever un défi personnel : « Si vous considérez vos revers comme une force adverse, vous pouvez tout de même les accepter, les intégrer, et en tirer une leçon qui vous sera profitable. Ainsi, le pouvoir de la force opposée est annulé, et vous pouvez alors imprimer une autre direction à cette force et vous en servir pour aller de l'avant. »

Cependant, même les personnes qui ont un grand pouvoir d'adaptation peuvent être, à l'occasion, sérieusement ébranlées. Dans ces moments critiques où le stress et la souffrance sont extrêmes, il devient difficile de prendre les choses comme elles viennent et de rester philosophes. Encore une fois, c'est le moment ou jamais de respecter une alimentation et des comportements équilibrants, et d'essayer des thérapies additionnelles comme les massages, l'aromathérapie et le pranayama qui apaisent les émotions. Transcrire des expériences difficiles est également une façon efficace de minimiser les effets du stress. Une étude a démontré que des sujets manifestaient un renforcement significatif de leur système immunitaire après avoir passé vingt minutes par jour, pendant quatre jours, à transcrire un événement qui les avait traumatisés, ainsi que les sentiments négatifs qu'il avait engendrés. J'ai proposé cette technique à bien des clients et constaté une amélioration de l'état de leur peau après qu'ils furent revenus sur leurs émotions douloureuses et qu'ils les avaient exprimées. C'est en résistant à nos émotions que nous tombons malades ; les *vivre* puis s'en *détacher* – en fait, s'aligner sur leur force – nous apporte la guérison. Elle vient aussi avec l'ouverture aux autres, la joie qu'on peut leur procurer, la patience, la réflexion, la prière et le langage du silence – la méditation.

Une fois que l'emprise des émotions s'est relâchée, nous pouvons commencer à prendre le recul qui nous permet d'examiner les messages subtils que nous nous adressons à propos de la signification de notre situation. Les moments de crise nous permettent souvent de donner le meilleur de nous-même mais, tout aussi fréquemment, remuent nos pires craintes et doutes en ce qui nous concerne et provoquent un état dépressif. Si, dans ces moments-là, les forces de l'Univers semblent se liguer contre nous, c'est néanmoins plus que jamais l'occasion de nous *aligner sur* elles. En attendant d'être imprégnés d'une vision cosmique de la vie qui nous permette de comprendre que toute vie a un but ultime, et que chacun de ses événements a un sens, nous devons faire preuve de foi et nous dire que nos expériences se justifieront avec le temps, quelles que soient la difficulté et la douleur qu'elles nous coûtent sur le moment. Pensez à l'histoire vraie de cette femme, reporter dans une station de radio qui consacre ses émissions à faire le point de la circulation. Un jour, elle perd son emploi, pour des raisons de politique corporatiste qui n'avaient rien à voir avec la qualité de son travail. Désemparée, elle fait une dépression. Mais, quelques semaines plus tard, l'hélicoptère de la station s'écrase au cours d'un reportage de routine et tue celui qui lui avait succédé.

Certes, nous ne découvrons pas toujours aussi vite et avec tant de clarté les bienfaits que nous réservent les événements apparemment regrettables de notre vie. Cependant, si nous gardons un esprit ouvert et curieux, et considérons chaque tournant non comme une crise, mais comme une nouvelle opportunité, et prenons chaque échec comme une leçon, nous finirons par comprendre que nous sommes toujours à notre place. Ayez confiance, suivez le mouvement de la vie et poursuivez votre route. En se retournant sur le chemin tortueux de sa vie, une femme a déclaré : « J'ai vécu pour remercier Dieu de ne pas avoir exaucé toutes mes prières ».

L'ACTION ET L'ÉQUILIBRE

> *Ne ressassez pas vos problèmes. Oubliez-les de temps en temps et vous aurez peut-être la surprise de les voir se résoudre tout seuls ; mais faites en sorte de ne pas les oublier trop longtemps, ce qui vous ferait perdre votre pouvoir de discrimination. Quant à vos périodes de repos, profitez-en pour explorer plus profondément les régions apaisées de votre moi intérieur. Accordé à votre âme, vous serez en mesure de juger correctement tout ce que vous faites ; et, si vos pensées ou vos actions ne sont plus justes, vous pourrez les réaligner sur votre objectif.*
>
> PARAMAHANSA YOGANANDA

Ce principe est exactement celui de la stratégie de base que l'Ayurveda prône pour acquérir une beauté sans âge. Le secret de la sérénité de Chymunda, assise sur le tigre, se trouve dans l'équilibre des cinq sens, de l'intellect, de l'ego et de l'esprit, symbolisé par la présence de Kali, de Lakshmi et de Saraswati.

Si le stress se définit comme une surcharge imposée à l'intellect et au corps, ou à l'émotionnel, alors il est évident que l'on peut l'éviter en vivant de façon équilibrée, en accord avec notre nature. Deepak Chopra définit ainsi les quatre composants de l'équilibre : modération, régularité, repos et activité. Nous avons déjà vu que l'accomplissement dépend d'une pensée claire et d'une action réussie. Ce qui dépend aussi de périodes régulières de grand repos. Pour l'Ayurveda, le sommeil est le repos du corps, la méditation, le repos de l'intellect et la régénérescence de l'esprit. Ces deux types de repos sont quotidiennement nécessaires à une santé optimale et à une absolue beauté. Mais, alors que les animaux respectent instinctivement un cycle de repos et d'activité, l'être humain doit, chaque jour, se choisir une façon de vivre.

En ce sens, l'équilibre se réfère également à la compréhension des oppositions. Il faut savoir que la vie progresse à travers l'alternance de valeurs opposées qui sont celles de la stabilité et de l'adaptabilité, de l'action et de l'inaction, de la focalisation et de l'ouverture de l'esprit, de la sagesse et de l'innocence, de la création et de la destruction. L'équilibre ayurvédique est toujours un processus dynamique et conscient qui fait penser à la navigation d'un bateau dans des eaux agitées. Le pilotage automatique ne fonctionne qu'en eaux calmes, mais, de toute façon, demande un œil attentif aux variations des conditions de navigation. Quand nous nous alignons sur les cycles de variation, au lieu de leur résister, nous sommes à l'abri d'un déséquilibre et le voyage ressemble beaucoup moins à une lutte.

Il existe un autre aspect du principe d'équilibre que l'on appelle communément la loi du karma. En termes de physique moderne, cette loi universelle veut qu'à toute action corresponde une réaction homologue.

Selon les rishis, ce principe naturel et fondamental s'applique autant aux actions humaines qu'aux mouvements des planètes et à ceux des boules de billard. Chaque expression de nous-même, de notre comportement extérieur à nos pensées les plus intimes, envoie des ondes d'influence à travers l'Univers et nous lie à jamais à leurs effets. Nos pensées sont une forme d'énergie et, qu'elles soient exprimées silencieusement ou à travers des mots ou des actions, elles ont une vie infinie dont l'intellect n'est pas en mesure d'évaluer les ultimes résultats. Harold Kushner, auteur de *When Bad Things Happen to Good People* (Quand de mauvaises choses arrivent à des gens bien), dit que l'âme humaine est faite de tout ce qui n'est pas *physique* dans la vie d'un individu et, par conséquent, comprend notre personnalité, nos valeurs et nos idées qui, n'étant pas physiques, ne peuvent mourir. Tout comme une plaisanterie ne peut pas mourir, ni une idée ni l'âme, les paroles et les actions ont également une vie sans fin, portée par la chaîne infinie des réactions qui partent des effets que chaque parole et chaque acte ont sur les autres. Étant à l'origine du mouvement de ces ondes, chacun d'entre nous est *définitivement* responsable du résultat de ce que nous avons mis en mouvement.

Par conséquent, nous dit l'Ayurveda, il est important non seulement de faire preuve de modération, mais aussi de sagesse, afin d'éviter de nous faire mal, et de faire mal aux autres en agissant comme en pensant. C'est une question d'éthique, ou de *yama*, et de *niyama*, ou de retenue, les deux premiers principes du *yoga* Patanjali, ou union avec Dieu, qui en comporte huit. Le Yama nous enseigne :

– De ne pas blesser quelqu'un par la pensée ou par l'action. Ce qui, bien entendu, inclut le principe de non-violence.

– De toujours se dire et dire aux autres la vérité, mais en douceur ; ne jamais brandir la vérité.

– De ne pas voler. Ce qui dénonce également l'envie. Envier ce que possède quelqu'un d'autre – y compris le charme ou la grâce – est une forme de vol. À partir de l'idée que la vie se déroule comme elle doit se dérouler, l'enseignement védique souligne que l'on reçoit à chaque instant ce que l'on mérite et ce qui nous est nécessaire, que l'on sache ou non estimer, sur-le-champ, la juste valeur des choses. De plus, chacun étant *unique*, nous ne sommes pas faits pour ressembler à quelqu'un d'autre, mais pour découvrir nos talents personnels et notre propre beauté. Par conséquent, nous n'avons rien à envier. Ce qui, encore une fois, ne signifie pas qu'il faille accepter passivement ce qui ne nous satisfait pas. Il s'agit bien plutôt d'accepter la situation présente telle qu'elle est, d'en chercher le sens, puis de regarder devant nous, là où toutes les possibilités existent.

– De ne pas juger les autres, étant donné que nous ne sommes pas à leur place. Nous faisons tous des choix basés sur nos expériences préalables et, à partir du moment où nous n'avons pas connaissance de l'ensemble des expériences d'autrui, nous ne sommes pas en mesure de juger des décisions qui ne sont pas les nôtres.

– De respecter l'équilibre pour lequel nous sommes faits, y compris dans l'action des cinq sens. Autrement dit, ne vous laissez pas dominer par vos appétits sensuels. Accordez-vous à l'intelligence naturelle du corps, et vous pourrez ainsi reconnaître facilement les signes de déséquilibre qui trahissent les excès.

La leçon du niyama concerne l'art de cultiver la pureté de l'esprit et du corps – c'est-à-dire l'art de cultiver l'équilibre et la santé –, la satisfaction, la soumission au divin et la dévotion qu'on lui doit. Ceci concerne autant l'action que la prière. La meilleure façon d'exprimer sa dévotion à Dieu consiste à utiliser au mieux les dons que l'on possède, en manifestant un maximum d'amour et de créativité. Offrez toutes vos actions et leurs fruits au divin auquel, de toute manière, appartient l'ensemble de la création. La prière est un acte d'humilité qui permet à l'ego de se dissoudre et vous rappelle que vous pensez et agissez, avec Dieu comme partenaire de vos créations.

S'aligner par la prière et la méditation sur l'esprit cosmique, la loi universelle, est la seule façon possible d'agir avec justesse, tout simplement parce que nous n'avons pas la prescience des ultimes résultats de nos entreprises, bonnes ou mauvaises. Cette vérité est illustrée par l'histoire suivante : Dieu envoie un maître auprès de Moïse, afin de le préparer à son œuvre de prophète. Le maître commence par expliquer à Moïse que, quoi qu'il arrive, il doit se contenter d'observer et ne jamais agir ni parler. Au cours de leur voyage, ils arrivent au bord d'une rivière où un petit garçon est en train de se noyer sous les yeux de sa mère, impuissante et en pleurs. Moïse demande au maître s'ils ne pourraient pas aider l'enfant, mais le maître lui dit de se taire. Moïse obéit, bien qu'il trouve tant de dureté bien choquante. Le voyage se poursuit et les deux hommes arrivent bientôt au bord de la mer où ils voient qu'un bateau fait naufrage avec tout son équipage à bord. De nouveau, Moïse suggère de porter secours et, une nouvelle fois, il est prié de se taire. Profondément troublé, il interroge Dieu dès qu'il est de retour chez lui. « Ton maître avait raison, lui répond Dieu.

L'enfant que tu voulais sauver n'aurait vécu que pour déclencher une terrible guerre qui aurait coûté la vie à une multitude de gens. Quant à l'équipage du bateau, ce n'était qu'un groupe de pirates qui allait piller et détruire un innocent village de pêcheurs. »

L'Ayurveda ne nous enseigne pas autre chose que l'art de vivre en accord avec notre propre nature, laquelle est, au niveau de la conscience, parfaitement alignée sur la loi naturelle. Ce qui nous permet de vivre et d'agir spontanément en harmonie avec le principe évolutif de la création. À défaut d'atteindre à l'illumination ou d'être guidés par le divin, comme Moïse, nous devons prier et méditer quotidiennement si nous voulons étendre le champ illimité de notre conscience. Si nos décisions sont prises par l'intellect, sur la base de notre expérience préalable, la méditation nous permet d'aller, au-delà de l'intellect, jusqu'à la source même de l'expérience. Lorsque la connaissance vient directement de cette source infinie d'intelligence, toute confusion est écartée. Nous agissons sans commettre d'erreurs. En attendant de vivre, chaque jour, à ce niveau de pur savoir, nous devons nous appuyer sur le principe de l'action juste, donné par un grand érudit en matière biblique qui, il y a deux mille ans, résuma le message des Écritures saintes de cette façon : « Ce qui vous paraît détestable ne peut convenir à votre voisin. Là est toute la loi. Le reste n'est que commentaire. »

Le sens implicite de ce message rejoint évidemment le aime-toi toi-même qui nous est enseigné. Si nous ne savons pas comment nous aimer, nous ne pouvons pas aimer les autres. Si nous nous blessons avec des pensées négatives, nous n'hésitons pas à faire la même chose avec autrui. Par conséquent, l'amour commence et finit avec le moi. Ce que nous infligeons aux autres, nous nous l'infligeons également à nous-même, ainsi que le veut la loi fondamentale de l'action. Il faut donc comprendre que le chemin vers la beauté absolue – le chemin de la félicité et de la plénitude de notre être – n'est pas le chemin de la vanité mais celui d'une grande compassion. Apprendre à nous aimer réellement, c'est apprendre à aimer l'ensemble de la création divine.

Toutes les initiatives (et toute la création) sont concernées par une vérité élémentaire – qu'on ne peut ignorer sans réduire à néant une multitude d'idées et des plans magnifiques. Il faut savoir qu'à partir du moment où l'on s'engage résolument, la Providence nous accompagne. Toutes sortes de choses nous viennent en aide qui, autrement, ne se seraient jamais produites. Un flot d'événements provoqué par notre décision favorise un tas de situations et de rencontres imprévues et une assistance matérielle dont personne n'oserait jamais rêver.

JOHANN WOLFGANG VON GOETHE

Détendez-vous. Dieu est aux commandes.

SLOGAN SUR UN TEE-SHIRT

L'action sans effort accompagne spontanément une vie qui s'harmonise avec la loi naturelle. Elle représente l'économie d'énergie – la grâce – que permet la fluidité de l'action juste. La loi du karma n'est effective que si des forces opposées se manifestent et nous font commettre le mal à la place du bien. Quand notre nature individuelle est parfaitement alignée sur la nature, rien ne fait dévier notre action. Les ondes d'influence créées par l'action juste entrent en résonance avec les ondes infinies de la félicité qui composent l'énergie fondamentale de la création. De cette manière, *notre* création amplifie *la* création, et il n'y a pas de meilleur moyen de renforcer ce qui est déjà éternel et plus grand que le plus grand – c'est-à-dire de réjouir l'Être divin.

Comment parvenons-nous à l'action juste et sans effort ? Elle traduit, avant tout, l'effet du silence structuré dans la conscience par une méditation régulière. L'expérience de la conscience transcendantale est un état yogique – l'union de l'esprit individuel et de l'esprit cosmique. Lorsque nous arrivons à maintenir constamment cette unité de conscience –

au cours de la méditation comme de l'action – nous vivons dans une totale absence d'effort du moi.

On parvient aussi à l'action sans effort en cultivant la foi et la soumission dans l'esprit et dans le cœur. Si vous suivez les principes de la connaissance, de la détermination, du courage, de la concentration, de la souplesse d'adaptation, et de l'équilibre dans l'action, alors se plier à la situation du moment devient une habitude, non seulement empreinte de naturel, mais également de joie, parce qu'elle désamorce automatiquement le stress. Lorsque l'attention est totalement absorbée dans le processus de l'action, l'effort disparaît. Il s'agit, comme je l'ai dit, d'un acte de soumission qui traduit une volonté, un choix, en ce sens que l'on choisit alors une focalisation spécifique. Ce n'est ni miraculeux ni difficile. Aucune intervention divine, aucun ascétisme ne sont nécessaires. Parlons plutôt d'un jeu d'enfant. Observez un enfant qui joue, et vous comprendrez toute la simplicité et la joie qui émanent d'une volonté devenue action à cent pour cent. Cette soumission à l'action engendre des miracles. Elle transforme toute tâche en plaisir.

Il y a quelques années, j'ai entrepris un programme d'activité physique qui demandait l'utilisation d'un mécanisme permettant d'apprendre les mouvements d'un skieur. Inaccoutumée aussi bien à l'équipement qu'à l'effort physique requis, je me fatiguais au bout de quelques minutes. J'ai pensé abandonner. Puis j'ai voulu me soumettre aux exigences de cette nouvelle activité. J'ai alors cherché à regarder la situation différemment, et j'ai commencé à me concentrer sur le mouvement lui-même. J'ai changé ma respiration, en me mettant à inhaler par le nez et à exhaler par la bouche, et j'ai adhéré au présent, ce qui m'évitait de compter les minutes qui me séparaient de la fin de l'exercice, ou de penser au travail que demandait une remise en forme, en me reprochant d'avoir tardé ou en imaginant la silhouette qui pourrait être la mienne si je persévérais. Débarrassée de toutes ces pensées encombrantes qui m'empêchaient d'adhérer au présent, j'ai alors découvert l'essence même de l'expérience, cette magnifique coordination du corps et de l'esprit que représente l'exercice physique. J'en ai été exaltée, j'en ai oublié tout le reste et, une demi-heure plus tard, mes exercices achevés, je n'ai éprouvé aucune fatigue. J'avais su m'adapter à l'instant et je pouvais en tirer la leçon – une leçon que nous pouvons mettre en pratique à tout moment.

Nous apprenons à développer la foi et la confiance grâce à ces actes de soumission à l'instant, exactement comme nous apprenons à acquérir du courage d'une modeste réussite à une autre. Cependant, l'idée d'une *totale* soumission peut faire naître des peurs et, bien entendu, des préjudices et des doutes plus profonds que ceux qui surgissent à l'idée de sauter un gouffre, à partir du moment où l'on se demande à quoi l'on va devoir se soumettre.

Ce chapitre a commencé en nous rappelant que le stress résulte de notre perception, et que si nous la modifions à partir du moment où nous comprenons que nous sommes limités par des pensées et des croyances, nous pouvons nous libérer du stress et acquérir la beauté absolue. Mais, si l'on veut respecter l'esprit de cette démarche, il faut faire un pas de plus et considérer l'inconcevable – c'est-à-dire le Créateur et la création et, plus particulièrement, la façon dont on se sent uni à eux. Le but recherché n'est pas de débattre de l'existence de Dieu et d'éventuellement décider de sa non-existence. Il s'agit plutôt, afin de sortir de sa boîte – de son système habituel de pensée –, d'examiner l'alternative susceptible de renforcer l'expérience d'une vie vécue sans effort. Faites « comme si » et dites-vous : « *Si* je croyais à l'existence d'un Créateur tout-puissant et tout-amour, qu'est-ce qui changerait dans mon expérience de la vie ? »

Il est très probable qu'aucune modification significative ne se manifestera si vous ne croyez pas aussi, de tout votre cœur, esprit et âme, que chacun d'entre nous *est* la création parfaite et aimée du Tout-Puissant, dont tous les désirs ont déjà été comblés. Il ne s'agit nullement de vous demander si vous croyez en Dieu, mais jusqu'à quel point vous pensez être digne de recevoir tous les bienfaits et tout l'amour que l'Univers peut vous apporter. Si vous ne pensez pas *pouvoir* être comblé à ce point, vous ne chercherez jamais à l'être, et peut-être même êtes-vous incapable de reconnaître les bienfaits qui vous sont accordés. Après tout, ce n'est pas celui qui offre le cadeau qui lui donne sa vraie valeur mais celui qui l'accepte.

Les livres consacrés à la médecine holistique moderne fournissent de nombreux exemples d'un changement total et parfois instantané de la vie physique dû au pouvoir des idées, des convictions, des croyances. Des études psychosociologiques de cas de nanisme mettent clairement en évidence le pouvoir créatif de la perception de notre valeur personnelle. Chez les jeunes enfants qui souffrent d'une insuffisance de contacts physiques nourriciers, la production d'hormones de croissance est souvent interrompue, ce qui entraîne un arrêt du développement physique. Dans de tels cas, les injections hormonales sont généralement peu efficaces, alors qu'elles le sont pour d'autres types de problèmes de développement. Mais il faut savoir que, si ces enfants mal aimés sont placés dans des familles qui les entourent d'affection, ils répondent beaucoup mieux au traitement hormonal ou, même, se mettent à produire suffisamment d'hormones naturelles pour que leur développement reprenne.

Une fois de plus, posons-nous simplement la question : « Et si ? » Tous ces principes d'action sont des exercices de changement de la perception, basés sur l'explication quantique d'un monde que nous percevons à travers notre pensée. Autrement dit, notre perception détermine notre réalité. Par conséquent, quel univers ferions-nous surgir si nous nous demandions : « Quelle sorte d'univers je pense mériter ? » au lieu de : « Est-ce vraiment tout ce que je peux obtenir ? » Est-ce que votre confiance en vous-même et ce que vous attendez demandent que des miracles se produisent ? Que voudriez-vous voir tomber du ciel ? Que diriez-vous, qu'arriverait-il, si chaque événement, chaque aspect de votre vie renfermait une lettre d'amour, signée de Dieu, à votre attention ? Comment cette perception modifierait-elle votre approche de la vie ? Comment changerait-elle votre expérience ?

Dans une histoire védique, on voit une toute petite fille qui, assise sur sa chaise de bébé, essaye vainement d'attraper un bel objet brillant hors de sa portée. Elle pleure pour que sa mère lui donne l'objet, mais se heurte à son refus. Les larmes redoublent, mais la mère ne cède pas parce qu'elle sait ce que l'enfant ignore. Elle sait que l'objet brillant n'est pas un jouet mais un couteau d'or, orné de pierreries. Une mère peut avoir le cœur déchiré en voyant pleurer son enfant, mais jamais elle ne lui mettra entre les mains un objet dangereux.

Une complète soumission représente une adhésion, claire, ferme et profondément consciente à une idée – en l'occurrence celle de la possibilité d'un Univers qui soit le fruit d'un amour absolu et sans limites. Car nous ne nous soumettons pas à quelque chose qui nous est extérieur, mais à une pensée – une impulsion de l'intelligence, du moi qui est sans cesse lié à l'intelligence universelle de la création (ce dont nous pouvons ne pas avoir conscience). Par conséquent, se soumettre ne signifie pas que l'on abandonne tout contrôle. On n'abandonne, en fait, rien d'autre que ses peurs. La soumission *s'empare* de notre attention, seul objet possible de notre contrôle, pour *l'accorder* sans réticences à *l'instant présent*, éternellement renouvelé, dans lequel réside notre complétude et notre plus haute sagesse – et qui renferme toutes les possibilités. *Si* vous vous en remettiez, de cette façon, avec une foi totale en votre valeur, à la perfection du présent, vous pourriez constamment agir sans effort. En un sens, nous nous soumettons – notre moi se soumet – sans cesse à nos pensées. En revanche, ce qui n'est pas permanent, c'est le choix conscient des pensées auxquelles nous nous soumettons. Ce qui vous est proposé ici – ce que l'Ayurveda vous propose – c'est d'adhérer à la plus élevée des pensées : celle de l'amour parfait du Créateur pour la création, c'est-à-dire pour chacun d'entre nous. Cette pensée, en nous assurant de la perfection de ce qui nous remet, si l'on sait le rattacher à l'instant présent, facilite toute action.

Je ne dis pas : « L'un est moins important et l'autre l'est plus ».
Pour tout ce qui respecte sa durée et sa place, il n'y a qu'égalité.

WALT WHITMAN

La réussite spirituelle vient avec la compréhension du mystère de la vie ; quand on regarde toute chose avec joie et avec courage, parce qu'on se rend compte que les événements se conforment à un magnifique plan divin.

PARAMAHANSA YOGANANDA

Au milieu des années quatre-vingt – apogée de la frénésie carriériste qui s'était emparée de la génération d'après-guerre –, un slogan désormais célèbre proclamait sur les tee-shirts le credo de l'époque. Pour une majorité de gens, l'enjeu de la vie se résumait ainsi : « Le gagnant est celui qui possède le plus grand nombre de jouets au moment de sa mort ». Mon propre fils, qui est ingénieur, a vécu la plus grande partie de sa vie aux États-Unis et est aujourd'hui âgé de trente ans, m'a un jour demandé de lui expliquer la philosophie védique dont il a hérité à sa naissance, mais qu'il ne voit pas souvent appliquée dans un monde où l'on joue pour gagner et qui se formule ainsi : « Si nous devions ne rien attendre de nos actions, quelle raison aurions-nous d'agir ? »

La vie est d'une certaine manière un jeu. Elle se déroule sur le terrain de jeu que Dieu nous a aménagé. Que cela nous plaise ou non, *nous devons jouer*. Si nous n'avons pas à établir de règles – elles nous ont précédé et datent de l'aube de la création –, nous sommes cependant amenés à nous choisir *une façon* de jouer. Certes, on peut encore choisir de s'asseoir et de ne rien faire, mais la balle finira sans doute par tomber dans notre coin. À ce moment-là, si nous ne prenons pas la peine en la voyant arriver de nous lever et de nous écarter, il est fort probable que nous la recevrons sur la tête, ou que nous serons bousculés par les joueurs. Ne rien faire revient à se tenir en travers du chemin, quand bien même notre inaction n'arrête en rien le cours de l'évolution. On ne bloque pas le cours d'une rivière en nous tenant immobiles dans son lit. Par conséquent, nous avons meilleur temps de jouer, ne serait-ce que pour participer à l'action et ne pas souffrir de rester à l'écart. Et quand nous nous sommes mêlés au jeu, autant jouer de notre mieux. Nous avons quelques chances d'y prendre plaisir et même d'apprendre à rire de nous-même. Ce qui ne signifie pas que l'on a entrepris de jouer pour gagner, mais plutôt de jouer pour *jouer*.

Là est le principe de la joie dans l'action. Il est symbolisé par la beauté radieuse de la déesse Chymunda. Tout comme l'absence d'effort, la joie dans l'action est un résultat qui s'obtient spontanément une fois que l'on a maîtrisé les autres principes. Lorsque nous nous abandonnons au processus de notre action, l'action elle-même est une récompense. Peu importe le résultat final, intérieurement nous avons déjà gagné. Ces victoires intérieures, comme je les appelle, sont la source de la vraie beauté.

La joie dans l'action a pour expression ultime la félicité que nous apporte la conscience de la complétude de notre être. C'est l'état de réalisation des grands sages qui déclarent : « Je suis l'Un, tu es l'Un, tout est l'Un ». Cette vision sublime de la vie est contenue dans la très belle histoire d'un jeune et talentueux étudiant védique qui devint l'un des grands chefs spirituels d'Inde. Alors qu'il était encore un tout jeune garçon, il quitta sa famille pour se mettre en quête de son guru, de son maître spirituel, qui l'envoya méditer, comme le font les moines, dans l'Himalaya. Après plusieurs mois de solitude passés dans une grotte, le garçon reçut la visite d'un autre disciple qui l'informa que leur maître désirerait venir constater ses progrès. Quand le messager lui demanda quelle était sa réponse, le garçon lui dit : « S'il te plaît, dis au maître que je n'ai pas de place ».

Le messager n'en crut pas ses oreilles. Et, jaloux, comme d'autres disciples, de l'attention que recevait le débutant de la part du maître, il vit là une occasion de le rappeler à l'ordre : « Tu es seul dans cette grotte au milieu de l'immensité de l'Himalaya et tu oses prétendre que tu n'as pas de place pour recevoir notre maître qui t'a tant apporté ! »

« Je ne cherche pas à lui faire un affront, répondit le jeune disciple. J'ai suivi son enseignement et médité chaque jour. Au début, mon esprit s'est apaisé jusqu'à se vider de toute pensée. Dans ce calme, j'ai fait l'expérience d'un moi infini. Je me suis dit : "Je *suis* cette conscience illimitée" – et j'ai ressenti la joie de connaître une complétude inébranlable. Puis j'ai commencé à ressentir cette vibrante force de vie, pas seulement pendant la méditation, mais aussi tout autour de moi et tout au long du jour. Les choses sont devenues moins concrètes que l'énergie qui les imprégnait. Pour finir, le monde des limites m'est apparu comme un voile transparent à travers lequel je pouvais voir la constante lumière de la conscience. Puis la différence entre la conscience intérieure et extérieure s'est effacée. Je me suis vu dans toute chose, et j'ai vu toute chose en moi. L'amour et la félicité qui emplissaient mon cœur se sont répandus dans l'Univers entier.

Maintenant, où que je me trouve, je suis cette plénitude. Tout ce que je fais *est* plénitude. J'ai vraiment regardé partout et je n'y ai vu que félicité. Alors, s'il te plaît, dis au maître, répéta le garçon, que je n'ai pas de place. »

Quand ma mère m'a donné pour la première fois l'image de Chymunda, je n'ai pas compris qui était cette déesse. Je me suis simplement dit : « Ah, oui, c'est une belle déesse ! » J'étais beaucoup trop jeune pour saisir ce que symbolisait son éclat. Maintenant que son chemin m'est familier, j'ai un aperçu du nombre infini de niveaux d'expérience – des multiples richesses de la vie et de l'extrême confiance en soi – que représente sa beauté. À cette complétude s'arrête le chemin de Chymunda et commence la beauté absolue. Toutefois, beaucoup de beauté, de plénitude et de félicité se rencontrent tout au long du parcours. C'est l'Ayurveda qui m'en a donné conscience en m'apprenant le langage de la peau, les secrets de l'équilibre et la douce sagesse de la purification de l'âme – autant de leçons que vous avez vous-même trouvées dans ce livre. J'espère que vous saurez en profiter comme moi et que votre chemin vers la beauté absolue sera pour vous une aventure joyeuse, réussie, que vous vivrez sans efforts. Si, de temps en temps, votre parcours vous semble difficile à discerner, rappelez-vous que son essence est contenue dans les trois mots védiques :

Sattyam. Shivam. Sundaram.

« Partout où il y a purs savoir et joie, la beauté est présente. »

Appendice A

Les dhatus et la peau

(Les noms sanscrits et latins sont en italique)

TISSU *(DHATU)*	STRATE CUTANÉE CORRESPONDANTE	FONCTIONS GOUVERNÉES PAR LE DHATU
Plasma *Rasa* (Lymphe, plasma sanguin)	*Stratum corneum* *Avabhasini* (Couche extérieure, cornée kératinisée)	Menstruation, lactation, circulation des nutriments, lissage et adoucissement de la peau.
Sang *Rakta* (Hématies)	*Stratum lucidum* *Lohita* (Contient les capillaires)	Vaisseaux sanguins, tendons, fonctions sensori-motrices, oxygénation, maintien de la couleur de la peau et des lèvres ; gouverne la fonction hépatique.
Muscle *Mamsa* (Muscle de squelette)	*Stratum granulosum* *Sweta*	Muscle plat, peau, couverture du squelette, assure protection et mouvement.
Graisse *Meda* (Graisse des membres et du torse)	*Stratum spinosum* *Tamra* (Couche pigmentée)	Articulation des tendons, graisse subcutanée, lubrification du corps, maintien de l'équilibre de l'eau, de la sécrétion de sébum.
Os *Asthi*	*Stratum germinosum* *Vedini*	Dents ; soutien et fermeté.

TISSU *(DHATU)*	STRATE CUTANÉE CORRESPONDANTE	FONCTIONS GOUVERNÉES PAR LE DHATU
Nerfs *Majja*	Derme papillaire *Rohini*	Fonctions cérébrales, impulsions nerveuses, lubrification des yeux et de la peau, remplissage des cavités osseuses, fait naître les sensations tactiles, de chaleur, de froid, de douleur et d'amour.
Reproducteur *Shukra* (Fluides reproducteurs de la femme et de l'homme)	Système réticulo-endothélial *Mamsadhara* (Contient l'ojas)	Produit l'ojas, gouverne ou assure les défenses de l'organisme, sa résistance, son système reproducteur, son équilibre hormonal.

DÉCHETS *(MALAS)*	MANIFESTATIONS PHYSIQUES DU DÉSÉQUILIBRE
Muscles, larmes, salive, sang menstruel.	Peau sèche, ride, dermatose, perte de l'éclat de la peau, des sensations cutanées, douleur articulaire, nervosité, déséquilibre de Kapha.
Bile.	Teint terne, rougeur ou éruption, acné rosacée, démangeaison, sensation de brûlure, tache, psoriasis, grain de beauté, marque de naissance, sclérodermie, alopécie, tendance aux saignements, sang trop chaud ou trop froid, vision faible, capillaire éclaté, allergie, déséquilibre de Pitta.
Cérumen, tartre, suintement du nombril, smegma, sébum.	Mêmes manifestations que ci-dessus, plus verrue, tumeur maligne épithéliale, grain de beauté bénin, acné juvénile, inflammation musculaire, ou sécrétion renforcée de sébum, tartre, cérumen ; gonflement glandulaire, déséquilibre de Kapha et de Pitta.
Transpiration.	Peau sèche, déshydratée, tache blanche, eczéma, Pitta entre dans le *tambra* et provoque acné rosacée, perte de poids, tumeur ; ternit ongles et cheveux ; déséquilibre de Kapha.
Ongles, poils, barbe.	Érysipèle, ongles et dents décolorés et fragilisés, ostéoporose, déséquilibre de Vata et de Kapha.
Lait mammaire.	Éruption inhabituelle, difficile à soigner, aux articulations, sécheresse, grossissement des glandes lymphatiques, éléphantiasis dû au blocage des canaux lymphatiques, douleurs articulaires, ostéoporose, sclérose multiple, déséquilibre de Kapha et de l'élément Air.
Aucun.	Fissure, hémorroïde, abcès, peau atone et terne, guérison lente, kyste mammaire, ulcère, avortement spontané, stérilité, anormalité chez le nouveau-né, impuissance, ojas, système immunitaire et reproducteur faibles, régénérescence cellulaire lente, vieillissement prématuré, déséquilibre de Pitta et de Kapha.

Appendice B

Les préparations végétales et leur conservation

Le ghî (beurre clarifié)

(La préparation suivante prend environ 10-15 minutes.)

– Faites fondre 1 livre de beurre non salé dans une poêle.

– Chauffez à feu doux jusqu'à ce qu'une écume se forme à la surface du mélange. Ne retirez pas l'écume.

– Laissez bouillir doucement jusqu'à ce que l'écume soit assez épaisse pour tomber au fond de la poêle. Quand le liquide restant prend une couleur brun doré et commence à bouillir sans bruit, en ne laissant apparaître que de petites bulles à sa surface, le ghî est prêt. Laissez refroidir mais, avant qu'il ne durcisse, versez le liquide dans un pot en verre.

Les huiles hydratantes et les huiles de massages

Pour les huiles faciales : Ajoutez 20-25 gouttes d'huile essentielle pure dans 30 ml d'une huile-base. Mélangez 2-3 gouttes de cette préparation à 4-6 gouttes d'eau, et appliquez sur une peau humide.

Pour les huiles corporelles : Ajoutez 10-15 gouttes d'huile essentielle pure à 30 ml d'une huile-base. Appliquez directement sur la peau humide.

Les décoctions

Pour une décoction faible (infusions) : Mélangez 1 c. à c. d'herbes sélectionnées + 1 tasse d'eau. Portez à ébullition puis, à feu doux, laissez frémir pendant 7-10 minutes, ou jusqu'à ce que le liquide se soit partiellement évaporé. Filtrez le mélange et utilisez le liquide restant selon les instructions données.

Pour une décoction forte (bains) : Mélangez 1 part d'herbes sélectionnées + 4 parts d'eau, portez à ébullition, puis laissez frémir jusqu'à ce que la moitié du liquide se soit évaporée. Filtrez et utilisez le liquide restant selon les instructions données.

Les huiles végétales

– Faites une forte décoction de plantes médicinales sélectionnées.

– Mélangez 1 tasse de cette décoction + 4 tasses d'huile-base sélectionnée. Portez le mélange à ébullition, puis faites immédiatement frémir, jusqu'à ce que l'eau de la décoction se soit évaporée. (Ce qui peut demander 2-3 heures, en fonction de la quantité de liquide initiale.) Vous aurez alors obtenu l'huile médicinale. Pour l'utiliser, ajoutez quelques gouttes de l'huile essentielle pure que vous avez sélectionnée.

Les infusions

Pour une infusion à base d'eau, versez dans un pot 2 tasses d'eau bouillante sur 2 c. à c. d'herbes. Laissez reposer pendant deux jours, en remuant de temps en temps. Filtrez et utilisez le liquide selon les indications données.

Pour une infusion à base d'huile, mélangez 1 c. à c. d'herbes à 1 tasse d'huile. Ne pas faire bouillir. Laissez reposer pendant 2-3 jours, en remuant de temps en temps. Filtrez et utilisez le liquide suivant les indications données.

Les bains

Pour utiliser les huiles essentielles, ajoutez simplement quelques gouttes à l'eau du bain.

Pour utiliser des herbes séchées, faites un petit sachet d'herbes sélectionnées avec un morceau d'étamine, et trempez-le dans l'eau du bain.

Comment conserver vos préparations

– Gardez les liquides dans des récipients stérilisés, hermétiquement fermés, en verre fumé de couleur ambre, et placés dans un endroit frais afin de protéger vos préparations de la chaleur, de la lumière et de l'air. Les huiles essentielles sont des agents conservateurs naturels et, si vous respectez ces règles, vos produits peuvent se conserver plusieurs mois.

– Le ghî n'a pas besoin d'être réfrigéré. Il se conserve indéfiniment. Plus il est vieux, plus ses vertus médicinales augmentent.

– Les préparations à base de ghî et certaines à base d'huile durcissent ou se liquéfient suivant la température. Pour les liquéfier, mettre leurs récipients, soigneusement bouchés, sous l'eau chaude, et agitez légèrement afin de mélanger les ingrédients.

– Conservez les poudres dans des pots à épices, comme ceux que vous avez dans votre cuisine.

Appendice C

Herbes et aliments médicinaux

POUR LA PEAU SÈCHE (VATA)

USAGES	HERBES ET ALIMENTS
Dépuratif (Purifie le sang)	Réchauffant : *Myrica pensylvanica*, poivre noir, poivre de Cayenne, cannelle, ail, myrrhe, bois piquant, sassafras.
Antiparasitaire (Combat les champignons : levure, candida)	Ajwan, assafoetida, poivre de Cayenne.
Astringent (Raffermit, assèche, cicatrise, régénère, arrête les saignements)	Poivre noir, babeurre, cannelle, gingembre, myrobolan chébule, noix de muscade, triphala, yogourt.
Carminatif (Digestif)	Toutes les épices fortes comme l'ajwan ; le basilic, les feuilles de laurier, le glaïeul bleu, la cannelle, l'écorce d'orange, la valériane.
Diaphorétique (Stimule la transpiration, réduit les œdèmes, détoxifie)	Basilic, cannelle, eucalyptus, gingembre.
Diurétique	N'a pas besoin de diurétiques.

POUR LA PEAU SÈCHE (VATA) (suite)

USAGES	HERBES ET ALIMENTS
Expectorant et anti-inflammatoire (Hydrate et apaise)	Bambou, mouron blanc, conferve, graines de lin, carraghen, réglisse, lait, sorbier, orme rouge, pipalli.
Laxatif (Favorise le transit intestinal)	Huile de castor, sel d'Epsom, graine de lin, raisin, lait chaud + 1 c. à c. de ghî.
Nervin (Fortifie l'esprit, le système nerveux, fait disparaître les spasmes)	Basilic, camphre, eucalyptus, ail, assa-foetida, néroli, noix de muscade, santal, valériane, vanille, scutellaire.
Bodybuilding et tonique (Développe le tissu musculaire et adipeux)	Amande, bala, ghî, ginseng, kanda, lait, graine de sésame, vidari.
Régénérant	Aswagandha, acore vrou, ail, ginseng, lait, raisin, graine de sésame, myrobolan chébule, gugul.

POUR LA PEAU SENSIBLE (PITTA)

USAGES	HERBES ET ALIMENTS
Dépuratif (Purifie le sang)	Rafraîchissante : Aloe vera, glaïeul bleu, bardane, chaparral, pissenlit, échinacée, hydrastis, garance, neem, plantain. trèfle rouge, santal, patience sauvage.
Antiparasitaire (Combat les champignons : levure, candida)	Hydrastis.
Astringent (Raffermit, assèche,	Arrête les saignements : Aigremoine, hydrastis, hibiscus, guimauve, ortie, safran,

USAGES	HERBES ET ALIMENTS
cicatrise, régénère, arrête les saignements)	prunelle commune, curcuma, chêne blanc, achillée ; cicatrise les plaies : Aloe vera, amalki, converfe, miel, orme rouge.
Carminatif (Digestif)	Cataire, camomille, chrysanthème, coriandre, cumin, aneth, fenouil, citron vert, menthe poivrée, menthe verte, gaulthérie.
Diaphorique (Stimule la transpiration, réduit les œdèmes, détoxifie)	Herbe parfaite, bardane, cataire, camomille, chrysanthème, coriandre, fleur de sureau, marrube blanc, prêle, menthe, poivre, menthe verte, achillée.
Diurétique (Favorise la miction, réduit les œdèmes)	Asperge, orge, buchu, bardane, gratteron, coriandre, barbe de maïs, pissenlit, fenouil, gokulakanta, prêle, citron, punarnava, uvaursi.
Expectorant et anti-inflammatoire	Comme pour Vata.
Laxatif (Favorise le transit intestinal)	Aloe vera en poudre, glaïeul bleu, bourdaine, rhubarbe, séné, patience sauvage.
Nervin (Fortifie l'esprit, le système nerveux, fait disparaître les spasmes)	Bhringraj, camomille, gotu kola, lavande, molène, fleur de la passion, santal, millepertuis, verveine.
Bodybuilding et tonique (Développe le tissu musculaire et adipeux)	Groseillier indien, bala, conferve, ghî, shatavari, igname des montagnes.
Régénérant	Aloe vera, groseillier indien, gotu kola, conferve, safran, shatavari.

POUR LA PEAU GRASSE (KAPHA)

USAGES	HERBES ET ALIMENTS
Purgatif (Purifie le sang)	A besoin de plantes à la fois réchauffantes et rafraîchissantes (voir Vata et Pitta).
Antiparasitaire (Combat les champignons : levure, candida)	Comme pour Vata.
Astringent (Raffermit, assèche, cicatrise, régénère, arrête les saignements)	Comme pour Vata. Plus : *Myrobolan bellerique.*
Carminatif (Digestif)	Basilic, clou de girofle, thym, curcuma.
Diaphorétique (Favorise la transpiration, réduit les œdèmes, détoxifie)	Angélique, basilic, *Myrica pensylvanica*, camphre, cardamome, cannelle, clou de girofle, eucalyptus, gingembre, baie de genièvre, sauge, *Asarum canadense.*
Diurétique (Favorise la miction, réduit les œdèmes)	Ajwan, cannelle, ail, baie de genièvre, moutarde, persil, *Daucus carota.*
Laxatif (Favorise le transit intestinal)	Gingembre, fenouil.
Nervin (Fortifie l'esprit et le système nerveux, fait disparaître les spasmes)	Basilic, bergamote, menthe pouliot, sauge, scutellaire.

Bodybuilding et tonifiant (Développe le tissu musculaire et adipeux)	N'en a pas besoin
Régénérant	*Myrobolan bellerique*, gugul.

Pour tous types de peau

USAGES	HERBES ET ALIMENTS
Aphrodisiaque	Accroît ojas et système immunitaire : Ashwangandha, ghî, graines de lotus, shatavari. Accroît la vigueur sexuelle : Clou de girofle, fénugrec, safran, igname des montagnes.
Antipyrétique (Détoxifie, combat la fièvre)	Aloe vera, *Myrica pensylvanica*, calumba, chaparral, hydrastis, chirata, gentiane, verge d'or, kutki, neem.
Emménagogue (Régule la menstruation)	Pour un retard des menstrues, il vaut mieux manger les plantes : Angélique, cannelle, gingembre, assafoetida, armoise, myrrhe, persil, menthe pouliot, curcuma, valériane. Dans le cas de saignements trop abondants : Chardon béni, camomille, hibiscus, garance, onagre, rose, achillée.

Appendice D

Huiles essentielles

POUR LA PEAU SÈCHE (VATA)

(A besoin de substances douces, aigres, salées, calmantes, réchauffantes, hydratantes, purifiantes, carminatives, fortifiant le système nerveux.)

HUILE ESSENTIELLE	ODEUR/DESCRIPTION	USAGES
Anis étoilé	Sucrée, chaude, herbacée.	Calmante.
Bergamote	Fraîche, revigorante, citronnée.	Sédative.
Cajeput	Puissante, chaude.	Réchauffante.
Camomille	Fruitée, herbacée, douce, astringente.	Sédative, apaisante, rafraîchissante, fait disparaître insomnie et dépression.
Cardamome	Sucrée, boisée, florale.	Chaude, réchauffante, apaisante.
Cannelle (tuyaux)	Puissante, sucrée, chaude, épicée.	Sédative, réchauffante.
Cyprès	Sucrée, riche.	Sédative.
Encens franc	Citronnée, épicée.	Sédative, soulage de la nostalgie du passé.

HUILE ESSENTIELLE	ODEUR/DESCRIPTION	USAGES
Géranium	Puissante, semblable au parfum de la rose, sucrée, légèrement astringente.	Soulage de l'anxiété, de la dépression, apaisante, légèrement réchauffante.
Gingembre	Citronnée, chaude, épicée, boisée.	Réchauffante, calmante.
Jasmin	Florale, fruitée, herbacée, astringente, sucrée et amère.	Sédative, délivre de la peur, de l'apathie, de l'hypersensibilité, rafraîchissante, apaisante.
Citron	Légère, fraîche, aigre, amère.	Rafraîchissante, chaude, stimulante, favorise audace et optimisme.
Noix de muscade	Fraîche, épicée, chaude, astringente, légèrement sucrée.	Réchauffante, calmante, stimule la pousse des cheveux.
Orange	Sucrée, légère, citronnée, amère.	Calmante, réchauffante.
Rose	Sucrée, riche, florale, astringente.	Sédative, rafraîchissante, calmante, fait disparaître la colère, la jalousie.
Menthe verte	Sucrée, chaude, herbacée.	Sédative.
Thym (blanc)	Sucrée, chaude, herbacée.	Réchauffante.
Ylang-ylang	Fortement florale, épicée.	Aphrodisiaque, apaisante.

HUILES VÉGÉTALES POUR VATA
Gotu kola, laurier, ashwangandha.

POUR LA PEAU SENSIBLE (PITTA)

(A besoin de substances douces, amères, astringentes, calmantes, apaisantes, rafraîchissantes, purifiantes.)

HUILE ESSENTIELLE	ODEUR/DESCRIPTION	USAGES
Acore vrou	Amère, astringente.	Réchauffante.
Camomille	Fruitée, herbacée, sucrée, astringente.	Sédative, apaisante, rafraîchissante, fait disparaître insomnie et dépression.
Cardamome	Sucrée, boisée, florale, astringente.	Réchauffante, calmante.
Coriandre	Légère, épicée.	Rafraîchissante.
Fenouil (doux)	Sucrée, épicée, aigre.	Réchauffante, calmante.
Encens franc	Citronnée, épicée.	Sédative, soulage de la nostalgie du passé.
Géranium	Puissante, semblable au parfum de la rose, sucrée, légèrement astringente.	Soulage de l'anxiété, de la tension, de la dépression, apaisante, légèrement réchauffante.
Jasmin	Florale, fruitée, herbacée, astringente, sucrée, amère.	Sédative, fait disparaître la peur, l'apathie, l'hypersensibilité, rafraîchissante, calmante.
Lavande	Fruitée, herbacée, boisée.	Sédative, apaisante, équilibre l'énergie.
Iris	Sucrée, boisée, florale.	Apaisante.
Patchouli	Fait penser à la terre, épicée, boisée.	Calmante.
Rose	Sucrée, riche, florale, astringente.	Sédative, libère de la colère, de la jalousie, rafraîchissante, calmante.

POUR LA PEAU SENSIBLE (PITTA) (suite)

HUILE ESSENTIELLE	ODEUR/DESCRIPTION	USAGES
Santal	Sucrée, boisée, amère, astringente.	Sédative, aphrodisiaque, rafraîchissante, calmante.
Menthe verte	Sucrée, chaude, herbacée.	Rafraîchissante, apaisante.
Vétiver	Sucrée, boisée, amère, fait penser à la terre.	Rafraîchissante, sédative.
Ylang-ylang	Puissante, florale, épicée.	Aphrodisiaque, calme colère et frustration.

HUILES VÉGÉTALES POUR PITTA
Neem, gotu kola, bardane, réglisse, shatavari.

Pour la peau grasse (Kapha)

(A besoin de substances amères, piquantes, astringentes, stimulantes, réchauffantes, diurétiques, diaphorétiques.)

HUILE ESSENTIELLE	ODEUR/DESCRIPTION	USAGES
Basilic	Amère, astringente, épicée.	Chaude, élève la pensée, revigorante, rafraîchissante.
Feuille de laurier	Fraîche, épicée.	Calme dépression, confusion.
Cajeput	Puissante, chaude.	Réchauffante, stimulante.
Acore vrou	Amère, astringente.	Réchauffante.
Feuille de cannelle	Épicée, semblable à l'odeur du clou de girofle, chaude.	Stimulante.
Clou de girofle	Chaude, épicée, boisée, amère.	Chaude, stimulante.
Eucalyptus	Puissante, amère.	Chaude.
Gingembre	Citronnée, chaude, épicée, boisée.	Revigorante.
Patchouli	Odeur de terre, épicée, boisée.	Rafraîchissante, stimulante.
Poivre (noir)	Chaude, épicée.	Stimulante.
Menthe poivrée	Fraîche, sucrée.	Fraîche au toucher, mais réchauffe et stimule.
Romarin	Puissante, fraîche.	Stimulante, fait disparaître fatigue mentale et tristesse.
Sauge	Chaude, herbacée, épicée.	Stimule l'activité.
Thym (rouge)	Vivifiante, chaude, herbacée, épicée.	Revigorante.

HUILES VÉGÉTALES POUR KAPHA
Jatamansi, neem, sauge.

Appendice E

Les sadhanas

POUR ÉQUILIBRER VATA

(A besoin de ce qui réchauffe, nourrit, calme, hydrate et lubrifie.)

- Faites des promenades au bord de l'eau.
- Écoutez des bruits d'eau : flot d'une rivière ou vagues de la mer.
- Écoutez la douce musique d'une flûte, d'un violon, d'un sitar.
- Contemplez le lever du soleil.
- Cultivez plantes et jardins.
- Prenez des bains chauds avec l'huile aromatique du néroli, du citron, du géranium, du chèvrefeuille ou du mirabilis.
- Massez-vous doucement avec de l'huile de sésame et des huiles végétales douces et chaudes.
- Lisez un roman sentimental à la lumière des bougies.
- Parez ce temple qu'est votre corps de vêtements aux couleurs chaudes, de bijoux d'or et portez un parfum exotique.
- Serrez dans vos bras vos amis et les membres de votre famille et acceptez leurs embrassades.
- Serrez sur votre cœur de petits enfants et blottissez-vous contre ceux que vous aimez.
- Faites régner l'amour dans votre foyer en préparant les repas de votre famille et en passant le plus de temps possible avec elle.

– Prenez le temps de faire la sieste.
– Faites de l'exercice sans forcer ou du yoga.
– Chaque jour, prenez le temps de méditer, assis dans le calme et attentif à votre respiration.
– Détendez-vous devant un feu de cheminée en regardant danser les flammes.

Pour équilibrer Pitta

(A besoin de ce qui est rafraîchissant, apaisant et hydratant.)

– Promenez-vous dans un jardin fleuri.
– Regardez la nature.
– Écoutez les oiseaux pépier et chanter.
– Nagez dans une rivière d'eau fraîche.
– Prenez un bain frais, additionné d'huile de rose ou de santal.
– Massez-vous avec des huiles végétales fraîches.
– Parez votre corps de vêtements bleus, roses, vert pastel, et portez des bijoux d'argent.
– Confectionnez un bouquet de fleurs.
– Décorez votre maison et tondez la pelouse.
– Riez.
– Écoutez le son intérieur.
– Regardez de belles créations artistiques.
– Baignez-vous dans de l'eau argentée.

Pour équilibrer Kapha

(A besoin de ce qui est chaud, stimulant et revigorant.)

– Faites une randonnée en montagne.
– Contemplez le lever du soleil.
– Mettez du rock and roll et dansez.
– Faites le ménage dans vos armoires et jetez tout ce que vous n'avez pas utilisé depuis des années.

– Changez la position de vos meubles.
– Nettoyez votre corps avec des plantes.
– Faites-vous un massage vigoureux, à sec ou avec une huile de carthame et une pincée de safran.
– Préparez un repas épicé pour vos amis.
– Satisfaisez vos désirs sexuels.
– Faites du sport, seul ou en équipe.
– Aidez les autres.

Appendice F

L'équilibrage quotidien des doshas

	VATA	PITTA	KAPHA
Réveil	1/2 heure avant le lever du soleil.	1 heure avant le lever du soleil.	1/2 heure avant le lever du soleil.
Dents et gencives	Après le brossage des dents, massage des gencives avec de la poudre de triphala, du miel et de l'huile de sésame.	Après le brossage des dents, massage des gencives avec de la poudre de cardamome, du miel, une pincée de sel gemme et de l'huile de sésame.	Brossage des dents, puis massage des gencives avec du gingembre, du miel, du sel gemme et de l'huile de sésame.
Gargarisme	Après le massage des gencives, faites un gargarisme avec une infusion de triphala. Mâchez 2-4 c. à c. de graines de sésame noir, chaque matin.	Faites un gargarisme avec une infusion de fenouil ou de réglisse. Mâchez 2 c. à c. de graines de sésame noir, chaque matin.	Faites un gargarisme avec une infusion au gingembre.
Lavage des yeux	Lotion au triphala.	Lotion au triphala ou eau de rose.	Jus de canneberge ou triphala.
Boisson	a) Eau chaude + jus de citron + miel, ou	a) 1/4 de tasse de jus d'aloe vera, ou	a) Infusion chaude de gingembre ou de triphala, par exemple, ou

	VATA	PITTA	KAPHA
	b) Eau qui est restée toute la nuit dans un récipient d'or.	b) Eau qui est restée toute la nuit dans un récipient d'argent.	b) Eau qui est restée toute la nuit dans un récipient de cuivre.
Travail des intestins (si vous êtes constipé)	Massage de l'abdomen ; prendre, le soir, 1/2 tasse de lait chaud avec 1 c. à c. de ghî, ou 1 c. à c. de triphala avec de l'eau chaude.	Habituellement, Pitta n'a pas ce genre de problème.	Massage de l'abdomen ; ne pas boire de café.
Lavage des fosses nasales	Utilisez de l'eau, puis mettez dans chaque narine quelques gouttes d'huiles de sésame ou de ghî.		
Exercice – postures de yoga	Respiration nasale alternée, salutation au soleil, posture de la chandelle, du cadavre, du cobra, du poirier, de la détente, yoga-mudra, marche, stretching lent.	Shitoli, posture de la chandelle, de l'arc, du poisson, salutation au soleil, posture de la détente, jogging, natation, marche.	Posture du poirier, du paon, du lion, de la chandelle, du palmier, saut, jogging, ou aérobic.
Bain ou douche	Massage à l'huile de sésame avant le bain. Bain avec quelques gouttes d'huile essentielle de basilic, de géranium, de champa, ou de jasmin. Après la douche, massage corporel avec de l'huile Tej sur peau humide.	Massage corporel à l'huile de coco avant le bain. Se baigner avec, dans l'eau, de l'huile essentielle de rose, de santal, ou de vétiver (peu usé). Après la douche, massage du corps avec l'huile Pitta Tej, sur peau humide.	Massage avec une poudre végétale sèche (d'orange, peu usé) avec le bain. Eau du bain additionnée de quelques gouttes d'huile essentielle de lavande ou de sauge. Après la douche, utilisez l'huile Kapha Tej pour vous masser, sur peau humide.
Soins du visage	Faites l'ensemble des soins quotidiens correspondant à votre type de peau (voir chapitre 5).		
Pratique spirituelle	Au moins 15-20 minutes de méditation ou de prières.		

	VATA	PITTA	KAPHA
Petit déjeuner	Céréales chaudes.	Céréales froides.	Fruits frais.
Déjeuner (12 h 30-13 h 30)	Suivez le régime qui équilibre votre dosha dominant. Si possible, reposez-vous pendant quelques minutes, après le repas.		
Après-midi (15-16 heures)	Prenez une légère collation, en pensant à équilibrer votre dosha dominant.		
Coucher du soleil	Méditez ou priez pendant au moins 15-20 minutes. Avant, lavez-vous les pieds, les mains et le visage ; mettez des vêtements propres.		
Dîner (19 h 30-20 h 30)	Suivez le régime équilibrant de votre dosha dominant.		
Nuit	Nettoyez, nourrissez et hydratez votre peau avec les produits appropriés.		
	Massage du cuir chevelu et des pieds avec de l'huile de gotu kola. Mettez sur votre oreiller 1 goutte d'huile essentielle Vata pour un sommeil serein.	Massage du cuir chevelu et des pieds avec de l'huile de gotu kola.	Kapha n'a généralement pas besoin d'un massage pour se préparer au sommeil.
	Récitez vos prières et oubliez vos soucis, conflits et frustrations de la journée. Éteignez la lumière entre 22 et 23 heures.		

Appendice G

Effets physiques des six saveurs

SAVEUR	BIENFAITS	PROBLÈMES DUS À UN EXCÈS
Sucrée	Favorise la croissance des tissus, régénère, hydrate, cicatrise, tonifie les muscles.	Pores bouchés, congestion, peau grasse, points noirs, acné, toxicité, poches sous les yeux, hypoglycémie, diabète.
Aigre	Nettoie la peau, stimule, carminative, diaphorétique, rafraîchissante.	Faiblesse musculaire, diarrhée, cernes noirs, hyperacidité, sensations de brûlure, saignements, éclatement des capillaires.
Salée	Favorise la digestion, ouvre les canaux bloqués, améliore la circulation, stimule, carminative, éveille l'esprit et les sens, tonifie le cœur.	Contraction, œdème, rides, faiblesse générale, soif, hyperacidité, hypertension, brûlures d'estomac, démangeaisons, sensations de brûlure, gonflement glandulaire, impuissance, dents déchaussées, accentuation de la pigmentation cutanée, vieillissement, cheveux blancs, calvitie prématurée, détérioration des reins.
Piquante	Favorise la transpiration, améliore la circulation et la	Sensations de brûlure, sécheresse, appauvrissement tissulaire, éclatement des

SAVEUR	BIENFAITS	PROBLÈMES DUS À UN EXCÈS
	digestion, nettoie les canaux, soulage la douleur nerveuse, donne de l'éclat à la peau.	capillaires, rougeur de la peau et du nez, bronches desséchées, toux sèche, déshydratation de la peau.
Astringente	Antiseptique, resserre les pores, favorise la guérison, raffermit les tissus, diurétique, rafraîchissante, réduit la sensibilité, et une transpiration excessive.	Sécheresse, problèmes de côlon, gaz, constipation, contraction, tension, douleurs nerveuses, irritabilité.
Amère	Favorise la perte de poids, la diminution des graisses, purifie le sang, détoxifie, éclaircit l'esprit et la peau, est anti-inflammatoire et antibactérienne.	Problèmes cardiaques, anémie, hypotension, insomnie, rhumes, vertiges, constipation, déshydratation de la peau, rides prématurées.

Appendice H

Suggestions diététiques

Pour la peau sèche (Vata)

Ces suggestions diététiques ne tiennent compte que de l'aspect d'un seul dosha à la fois. Or, chaque individu étant une combinaison des trois doshas, avec une prédominance d'un ou de deux doshas, ce tableau sert uniquement à attirer votre attention sur votre alimentation, afin de vous encourager à adopter le régime qui peut maintenir ou restaurer votre santé.

Saveurs

Sucrée, aigre, salée.

Proportions alimentaires quotidiennes

50 % de céréales complètes.
20 % de protéines.
20-30 % de légumes et de fruits frais.

Conseils d'ordre général

OUI : Aliments chauds, solides, cuits. Ayez des habitudes très régulières. Buvez 6-7 verres d'eau par jour.

NON : Aliments froids, crus, salades, sodas, glaces.

Légumes

OUI : Asperges, betteraves, choux et choux-fleurs cuits, carottes, feuilles de coriandre, concombres, radis blanc, fenouil, ail, haricots verts, piments verts, raifort, poireaux, feuilles de moutarde, olives noires, oignons cuits, panais, petits pois cuits, patates douces, potirons, rutabaga, épinards cuits, courges, tomates, racines de taro, cresson, courgettes.

NON : Artichauts, feuilles de betterave, melon amer, brocolis, choux de Bruxelles, racine de bardane, chou et choufleur crus, céleri, maïs frais, pissenlits, aubergine, chou frisé, kohlrabi, laitue, champignons, olives vertes, persil cru, piments doux et forts, pommes de terre blanches, figues de Barbarie, radis, courge spaghetti, tomates crues, feuilles de navet, jets et germes de blé.

Fruits

OUI : Pommes sucrées, abricots, avocat, baies, cerises, noix de coco, dattes fraîches, figues mûres, raisin (noir et rouge), kiwis, citrons, mangues mûres, melons, oranges sucrées, papayes, pêches, pamplemousses, reines-claudes, raisins secs, rhubarbe, fraises, tamaris.

NON : Fruits secs, pommes crues, canneberges, dates et figues séchées, prunes, poires, kakis, grenades, pastèques.

Céréales

OUI : Amaranthe, farine de Durham, flocons d'avoine (cuits), crêpes, quinoa, riz, seitan, pain Essene, blé.

NON : Orge, pain au levain, sarrasin, céréales, chips de maïs et maïs, couscous, crackers, granola, millet, muesli, son d'avoine, flocons d'avoine, pâtes, polenta, gâteaux de riz, seigle, sagou, épeautre, tapioca, son de blé.

Légumineuses

OUI : Lentilles (rouges), miso, soja vert, mung dal, fromage de soja, sauce de soja, saucisses de soja, tur dal, urad dal, tofu.

NON : Adzukis, haricots noirs, pois chiches, haricots blancs, lentilles brunes, haricots de Lima, haricots de Soissons, haricots pinto, soja, haricots mange-tout.

Laitages

OUI : La plupart des laitages conviennent à Vata : beurre, babeurre, fromage, crème aigre, fromage blanc, lait de chèvre chaud, yaourt (si dilué et épicé).

NON : Fromage dur, yaourt nature, crème glacée.

Produits animaux

OUI : Bœuf, buffle, poulet (à chair jaune), canard, œuf, poissons d'eau douce, saumon de mer, sardine, fruits de mer, thon, dinde (à chair jaune), mouton.

NON : Poulet (à chair blanche), porc, lapin, gibier, dinde (à chair blanche).

Condiments

OUI : Poivre noir, chutney, feuilles de coriandre, gomasio ; dulse, hijiki, varech, kombu ; ketchup, citron, pickles à la mangue et au citron, mayonnaise, moutarde, pickles, sel, échalotes, sauce de soja, tamaris, vinaigre.

NON : Piments forts, chocolat, raifort.

Fruits secs

OUI : Tous les fruits secs, mais en petite quantité (environ une dizaine).

NON : Aucun.

Graines

OUI : Lin, halva, psyllium, tournesol, chia, sésame.

NON : Pop-corn.

Huiles

OUI : Sésame, ghî, olive, la plupart des autres huiles.

NON : Graine de lin.

Édulcorants

OUI : Malt d'orge, fructose, jus de fruits, sirop d'érable, sirop de riz, miel, sucanat, jaggery, turbinado, mélasse.

NON : Sucre blanc.

Boissons

OUI : Lait d'amande, aloe vera, cidre, jus d'abricot, bière (occasionnellement), jus de baies et de carotte, tchai (thé du yogi), jus de cerise, café de céréale, jus de pamplemousse, limonade, jus de mangue, bouillon de miso, jus d'orange et de papaye, nectar de pêche, jus d'ananas, lait de riz, jus aigres, lait de soja, vin (occasionnellement). Infusions : Ajwan, bancha, basilic, camomille, cannelle, clous de girofle, conferve, eucalyptus, fenouil, feuilles de fénugrec, gingembre frais, baies de genièvre, kukicha, lavande, lemongrass, guimauve, avoine, écorce d'orange, menthe poivrée, framboise, églantine, safran, salsepareille, sassafras, menthe verte.

NON : Jus de pommes, thé noir, boissons caféinées, caroube, lait chocolaté, laitages froids, jus de canneberge, thé glacé, autres boissons glacées, mélange de jus de légumes (comme le V8), bouillon de légumes, jus de poire, jus de grenade, jus de prune, jus de tomate. Infusions : Alfalfa, orge, cassis, bourrache, bardane, cataire, chicorée, chrysanthème, barbe de maïs, pissenlit, gingembre, hibiscus, houblon, hysope, jasmin, mélisse, thé mormon, ortie, fleur de la passion, trèfle rouge, sauge, fraise, violette, gaulthérie, achillée, maté.

Épices

OUI : Basilic, poivre noir, cardamome, cannelle, coriandre, cumin, aneth, fenouil, menthe verte, curcuma, vanille, gaulthérie, ajwan, toute-épice, extrait d'amande, gingembre, menthe, feuilles de neem, écorce d'orange, persil, menthe poivrée, safran, anis, *Assa foetida*, basilic, feuilles de laurier, poivre de Cayenne, clous de girofle, fénugrec, gingembre séché, macé, marjolaine, graines de moutarde, noix de muscade, origan, paprika, pipalli, graines de pavot, romarin, sauge, sel, sarriette, anis étoilé, estragon, thym.

NON : Cumin.

Compléments alimentaires

OUI : Jus d'aloe vera, calcium, magnésium, zinc, spiruline, acides aminés, pollen, gelée royale, vitamines A, B, B12, C, D et E.

NON : Feuilles d'orge, levure de bière.

POUR LA PEAU SENSIBLE (PITTA)

Même avertissement que pour Vata.

Saveurs

Sucrée, amère, astringente.

Proportions alimentaires quotidiennes

50 % de céréales complètes.
20 % de protéines.
20-30 % de fruits et de légumes frais.

Conseils d'ordre général

OUI : Aliments frais, solides ; boire de l'eau régulièrement.

NON : Aliments salés, chauds, épicés, gras ; fruits aigres, yaourt, tomates, vinaigre.

Légumes

OUI : Chou, carottes cuites, chou-fleur, céleri, feuilles de coriandre (doux et amer), artichaut, asperges, betteraves, melon amer, brocolis, choux de Bruxelles, pissenlits, fenouil, haricots verts, chou frisé, poireaux cuits, laitue, champignons, okra, persil, panais, petits pois, patates douces, poivrons, potiron, raidis et épinards cuits, courge, germes de blé, courgettes.

NON : Betteraves et carottes crues, maïs frais, radis crus, aubergines, ail, piments verts et rouges, raifort, feuilles de moutarde, olives vertes, oignons et épinards crus, tomates.

Fruits

OUI : Fruits sucrés : Pommes, abricots, avocats, baies, cerises, noix de coco, dates, figues, raisin (noir et rouge), mangues mûres, melons, oranges douces, poires, ananas, prunes, grenades, raisins secs, pastèques.

NON : Fruits aigres : Bananes, canneberges, pamplemousses, raisins verts, citrons, papayes, pêches, fraises, tamarins.

Céréales

OUI : Amaranthe, orge, céréales sèches, farine de Durham, granola, son d'avoine, pâtes, riz (Basmati), tapioca, blé, son de blé.

NON : Pain au levain, sarrasin, maïs, millet, riz brun, seigle.

Légumineuses

OUI : Adzukis, haricots noirs, pois chiches, haricots blancs, lentilles brunes et rouges, haricots de Lima, soja vert, haricots mange-tout, haricots pinto, soja, tofu, flageolets.

NON : Miso, sauce de soja, tur dal, urad dal.

Laitages

OUI : Beurre non salé, fromage, fromage blanc, lait de vache, ghî, lait de soja.

NON : Babeurre, fromage dur, crème aigre, yaourt glacé ou avec fruits.

Produits animaux

OUI : Poulet (à chair blanche), blancs d'œuf, poissons d'eau douce, dinde, crevettes, gibier.

NON : Poulet (à chair jaune), canard, jaunes d'œuf, fruits de mer (autres que les crevettes), mouton, porc, sardines, thon, saumon.

Condiments

OUI : Chutney doux, feuilles de coriandre, citron vert, poivre noir.

NON : Piments forts, chocolat, dulse, varech et autres algues, ketchup, pickles à la mangue ou au citron vert, mayonnaise, échalotes, sauce de soja, vinaigre.

Fruits secs

OUI : Amandes trempées et pelées, noix de coco, charole.

NON : Noix d'Inde, du Brésil, noix de cajou, noisettes, cacahuètes, noix de pécan, pignons de pin, pistaches, noix.

Graines

OUI : Lin, pop-corn non salé, courge, tournesol.

NON : Chia, sésame.

Huiles

OUI : Tournesol, ghî, colza, olive, soja, onagre, noix.

NON : Amande, abricot, carthame, sésame.

Édulcorants

OUI : Malt d'orge, fructose, jus de fruits, sirop d'érable, sirop de riz, sucanat.

NON : Miel, jaggery, mélasse.

Boissons

OUI : Lait d'amande, jus d'aloe vera, de pomme, d'abricot, de baies, bière (occasionnellement), thé noir, caroube, tchai, jus de cerise, laitages froids, café, jus de raisin, de mangue, de poire, mélange de jus de légumes, nectar de pêche, jus de prune et de grenade, lait de riz et de soja, bouillon de légumes. Infusions : Alfalfa, bancha, persil, mûre, bourrache, bardane, cataire, camomille, chicorée, chrysanthème, conferve, barbe de maïs, pissenlit, fleurs de cureau, fenouil, gingembre frais, hibiscus, houblon, jasmin, kukicha, lavande, fleur de la passion, menthe poivrée, groseille, trèfle rouge, safran, salsepareille, menthe verte, fraise, violette, gaulthérie, achillée.

NON : Alcool fort ou vin, cidre, jus de baies (aigres), boissons caféinées, aux hydrates de carbone, jus de carotte, de cerise (aigre), lait chocolaté, café, jus de canneberge et de pamplemousse, thé glacé, boissons froides, limonade, jus d'orange, bouillon de miso, papaye, ananas, jus de tomate, V8 et jus aigres. Infusions : Awan, basilic, cannelle, clous de girofle, eucalyptus, fénugrec, gingembre, gingseng, aubépine, hysope, baies de genièvre, thé mormon, menthe pouliot, gratte-cul, sauge, sassafras, maté.

Épices

OUI : Basilic, poivre noir, cardamome, cannelle, coriandre, cumin, aneth, fenouil, gingembre, feuilles de neem, écorce d'orange, persil, menthe poivrée, safran, menthe verte, curcuma, vanille, wintergreen.

Pour la peau grasse (Kapha)

Même avertissement que pour Vata et pour Pitta.

Saveurs

Amère, piquante, astringente.

Proportions alimentaires quotidiennes

30-40 % de céréales complètes.
20 % de protéines.
40-50 % de fruits et de légumes frais.

Conseils d'ordre général

OUI : Aliments chauds, légers.
Soyez actif et variez vos habitudes.

Légumes

OUI : Artichaut, asperges, betteraves, melon amer, brocolis, choux de Bruxelles, chou, carottes, chou-fleur, céleri, feuilles de coriandre, racine de bardane, maïs, radis blanc, pissenlits, aubergines, fenouil, ail, haricots verts, piments verts, raifort, topinambours, chou frisé, kohlrabi, poireaux, laitue, champignons, feuilles de moutarde, okra, oignons, persil, petits pois, poivrons, pommes de terre, figues de Barbarie, radis, rutabaga, épinards, courges, tomates cuites, feuilles de navet, navets, cresson, germes de blé.

NON : Concombre, olive, panais, patates douces, potiron, courges spaghettis, racines de taro, tomates crues, courgettes.

Fruits

OUI : Fruits astringents : Pommes, compote de pommes, abricots, baies, cerises, canneberges, figues, pêches, poires, kakis, prunes, raisins secs, fraises.

NON : Avocat, bananes, noix de coco, dates, figues fraîches, pamplemousse, raisin, kiwis, citrons jaunes et verts, mangues, melon, oranges, papaye, ananas, prunes, rhubarbe, tamarins, melon.

Céréales

OUI : Amaranthe, orge, sarrasin, céréales froides ou sèches, maïs, couscous, crackers, farine de Durham, granola, millet, muesli, son d'avoine, flocons d'avoine, polenta, son de blé.

NON : Blé au levain, flocons d'avoine cuits, crêpes, quinoa, riz blanc ou brun, gâteaux de riz, épeautre, blé.

Légumineuses

OUI : Urad dal, Adzukis, haricots noirs, doliques, pois chiches, lentilles (brunes et rouges), haricots de Lima, miso, haricots mange-tout, haricots pinto, lait de soja, saucisses de soja, pois cassés, tempeh, tofu chaud, tur dal, haricots blancs.

NON : Haricots blancs, soja vert, lentilles jaunes, farine, poudre, sauce de soja, tofu froid.

Laitages

OUI : Beurre non salé, fromage blanc, ghî, lait de chèvre (écrémé), yaourt dilué.

NON : Beurre salé, babeurre, fromage, lait de vache, crème glacée, crème aigre, yaourt nature, glacé ou avec des fruits.

Produits animaux

OUI : Poulet (à chair blanche), lapin, dinde, gibier, crevettes, poissons d'eau fraîche en petite quantité.

NON : Bœuf, buffle, poulet, canard, mouton, porc, saumon de mer, sardines, thon, fruits de mer, dinde à chair foncée.

Condiments

OUI : Poivre noir, piments rouges, chutney épicé, feuilles de coriandre, raifort, moutarde, échalotes.

NON : Chocolat, gomasio, chutney doux, dulse, hijiki, varech et autres algues, ketchup, citron, pickles au citron vert et à la mangue, mayonnaise, pickles, sel, sauce de soja, tamaris, vinaigre.

Fruits secs

OUI : Charole.

NON : Amandes, noix de coco, noix d'Inde, du Brésil, noix de cajou, noisette, cacahuète, noix de pécan, pignon de pin, pistache, noix.

Graines

OUI : Chia, lin, pop-corn, psyllium, potiron, tournesol.

NON : Halva, sésame.

Huiles

OUI : Maïs, colza, tournesol, ghî, amande, lin.

NON : Avocat, abricot, noix de coco, olive, onagre, carthame, sésame, soja, noix.

Édulcorants

OUI : Jus de fruit concentré, miel (non chauffé).

NON : Malt d'orge, fructose, jaggery, sirop d'érable, mélasse, sirop de riz, sucanat, turbinado, sucre blanc.

Boissons

OUI : Jus d'aloe vera, jus de cidre et de pomme, d'abricot et de baies, thé noir, caroube, jus de carotte et de cerise, café, jus de raisin, de mangue, de poire, de grenade, de prune, mélange de jus de légumes, nectar de pêche, lait de soja, bouillon de légumes, vin (occasionnellement). Infusions : Ajwan, alfalfa, basilic, mûre, bardane, cannelle, clous de girofle, barbe de maïs, pissenlit, fleurs de sureau, eucalyptus, fénugrec, gingembre, houblon, lavande, mélisse, ortie, menthe poivrée, framboise, gaulthérie, achillée.

NON : Alcool (vin doux et bière), boissons caféinées, avec oxydes de carbone, café, laitages froids, jus de pamplemousse, limonade, jus d'orange, de papaye, d'ananas, lait de riz, lait de soja, bouillon de miso, jus de tomate. Infusions : Conferve, gingembre rouge, gratte-cul.

Épices

OUI : Toutes les épices sont bonnes, à l'exception du sel.

Compléments alimentaires

OUI : Jus d'aloe vera, acides aminés, pousses d'orge, pollen, levure de bière, gelée royale, spiruline, vitamines A, B, B12, C, D, E, minéraux – cuivre, calcium, fer, magnésium, zinc.

NON : Potassium.

Appendice I

Rapide coup d'œil sur les thérapies sensorielles

	VATA	PITTA	KAPHA
Son	Musique douce, notes basses ; ex. : sons de tambour, rythme lent.	Musique douce, notes médianes, ex. : flûte.	Musique forte, notes hautes ; ex. : tambour.
Mantras	Ham, Yam.	Ram.	Vam, Lam.
Toucher	Massage léger avec une huile sucrée, aigre, réchauffante, mélangée à de l'huile de sésame. Massage du cuir chevelu.	Massage modéré avec une huile apaisante, mélangée à de l'huile de carthame.	Massage sec, vigoureux, profond, suédois, ou shiatsu. Utilisez une huile chaude, épicée, stimulante, mélangée à de l'huile de carthame.
Couleur	Blanc, jaune, violet, bleu ou rouge vif, couleurs chaudes.	Rose, bleu, vert pastel, couleurs douces et fraîches.	Rouge, orange, couleurs fortes, stimulantes.
Goût	Sucré, aigre, salé.	Sucré, amer, astringent.	Épicé, amer, astringent.

	VATA	PITTA	KAPHA
Odeur	Suave, douce, chaude comme celle du géranium, kewada, champa, citron, néroli, de la noix de muscade, de la cannelle.	Parfumée, fraîche comme celle du santal, de la rose, du jasmin, de la cardamome, du fenouil, du vétiver.	Forte, pénétrante comme celle du gingembre, de l'eucalyptus, de la bergamote, du camphre, du clou de girofle, de la menthe.

Appendice J

Coup d'œil sur les doshas

	VATA	PITTA	KAPHA
Nom français :	Air	Feu	Terre
Force vitale qui la gouverne :	Prana	Tejas (ou agni)	Ojas
Fonctions associées :	Mouvement, souffle, expansion.	Métabolisme, digestion, intelligence.	Structure, sécrétions, attraction.
Sièges dans le corps :	Côlon, système nerveux, peau.	Intestins, foie, sang.	Estomac, poumons.
Sens associés :	Ouïe, toucher.	Vue.	Goût, odorat.
Organes sensoriels associés :	Oreilles, peau.	Yeux.	Langue, nez.
Apparence générale :	Mince, grande ou petite taille, corps osseux ; peau sèche, rugueuse, fraîche, cheveux peu épais, foncés, frisés, gros ; yeux secs, petits, sans grand éclat ; lèvres fines, sèches ; dents en avant.	Taille, poids, carrure moyens ; peau chaude, rougeaude, avec des taches de rousseur ; cheveux d'épaisseur moyenne, fins, doux, tirant sur le roux ; ou cheveux gris prématurés ; yeux verts, gris, ou noisette, regard intense ; lèvres et dents moyennes ; lèvres rouges ou roses.	Petite taille, carrure solide ; peau grasse, douce, lisse, fraîche ; cheveux abondants, gros, brillants, gras, ondulés ; yeux grands, protubérants, regard attirant ; dents bien plantées et blanches ; lèvres épaisses et fermes.

	VATA	PITTA	KAPHA
Caractéristiques mentales positives :	Bonne résistance aux difficultés, imagination, sensibilité, spontanéité, pensées positives, serviabilité, souplesse d'adaptation, réactions rapides, enthousiasme, énergie, communicativité ; apprend rapidement, oublie tout aussi rapidement.	Intelligence vive, confiance en soi, clarté d'esprit, et esprit d'entreprise, caractère joyeux, ambition, perspicacité, comportement amical, courage, chaleur, indépendance, bonne mémoire.	Calme, sérénité, faculté de pardon, de tendresse, de compassion, sagesse, perspicacité, ingéniosité, loyauté, persévérance, patience, adaptation aux circonstances, stabilité, fidélité, réceptivité, timidité, rapports nourriciers avec les autres ; apprend lentement, oublie lentement.
Caractéristiques mentales négatives, provoquées par un déséquilibre :	Anxiété, sensation de vide intérieur, agitation, ingratitude, nervosité, indécision, hyperactivité, servilité, dissimulation, malhonnêteté, dépendance aux drogues/médicaments.	Colère, cruauté, irritabilité, critique, jalousie, agressivité, hostilité, vanité, entêtement, impulsivité, attitude dominatrice, arrogance, rancune, personnalité psychopathique.	Dépression, possessivité, léthargie, attachement, convoitise, résistance au changement, besoin de tout régenter, insécurité, apathie, vulgarité, insignifiance, indolence, matérialisme, besoin de voler.
Symptômes physiques de déséquilibre :	Insomnie, manque d'appétit, gaz, constipation, crampes, arthrite, spasmes musculaires, douleurs au niveau des reins, varices, déboîtement des articulations.	Bouffées de chaleur, brûlures d'estomac, acidité stomacale, ulcères, hémorroïdes, yeux et pieds brûlants, allergies, colites.	Congestion des sinus, toux ; rhumes, cholestérol, asthme, prise de poids, obésité, diabète, bronchite, emphysème.
Problèmes cutanés courants :	Peau sèche, déshydratée, fines rides, eczéma sec, eczéma brûlant, éruptions, coups de soleil.	Inflammation, acné rosacée, grains de beauté.	Acné juvénile, eczéma humide, rides profondes.

Glossaire des termes sanscrits

Sanscrit : Langage fondamental du veda ; également appelé le langage de la création.

Abhyanga : Massage aux huiles, de la tête aux pieds

Adhipati : Point de l'énergie vitale, ou marma, correspondant au chakra « couronne » et situé au sommet du crâne, à égale distance des oreilles.

Agni : Feu biologique qui gouverne le métabolisme. Également appelé « feu digestif ». Correspond à tejas.

Agrapata : Le plexus solaire, au bas du sternum ; point marmique.

Ama : Toxines produites par une mauvaise digestion et un déséquilibre.

Amalaki : Fruit aigre qui est tonique, régénérant et laxatif ; agit sur les éléments ; augmente ojas.

Ananda : La félicité transcendantale ; la joie pure.

Annamaya kosha : Littéralement « l'enveloppe de la nourriture ». La plus grossière des cinq enveloppes corporelles ; correspond au corps physique.

Arjuna : Prince guerrier qui est le personnage central de la *Bhagavad Gita.*

Asana : Le « siège ». Les asanas sont les postures physiques du Hatha Yoga.

Ashwangandha : « Cerise d'hiver » ; fruit qui donne vitalité et énergie sexuelle ; régénérant, tonique, il accroît ojas.

Atma : L'âme.

Aum (Ou « Om ») : Le mantra-racine ; le « son silencieux » de la création. L'Univers vient de aum, repose sur aum, se dissout dans aum.

Ayurveda : La science ou connaissance de la vie ; le plus vieux système au monde de soins et de préservation de la santé, basé sur l'étude systématique du corps, de l'esprit et de l'âme.

Bhagavad Gita : « Chant du Seigneur ». Considérée comme la bible de la littérature védique, c'est le plus ancien traité de yoga – chemin de la réalisation divine.

Bharat : Ancien sage qui établit les fondements de l'esthétique indienne.

Bhringaraj : Ancien sage.

Bij mantra : « Son-germe ». Terme monosyllabique sans signification qui dérive d'une combinaison complexe de sons fondamentaux, et est utilisé pour équilibrer les cinq éléments du corps.

Bindi : Ligne de produits qui tient son nom de la pastille rouge que portent les femmes indiennes sur le « troisième œil ».

Bindu : « Point ». Le point qui marque le début et la fin de la création.

Brahma randhra : Point marmique situé au centre de la boîte crânienne.

Chakra : « Roue de l'énergie ». Il existe sept chakras, principaux centres de la conscience dans le corps. Le premier se situe à la base de la colonne vertébrale, les suivants au niveau du nombril, du plexus solaire, de la gorge, du « troisième œil », et au sommet du crâne.

Chymunda : Déesse qui personnifie les trois déités : Kali, Lakshmi et Saraswati, représentations des trois principes féminins que sont le courage, l'abondance (fortune et bonheur) et la sagesse.

Dashamula : Préparation médicinale ayurvédique utilisant dix racines.

Deha shudhi : Purification du corps.

Dhanurveda : La science de la guerre.

Dharma : But ou action juste ; devoir.

Dhatu-agni : Le feu métabolique dans chacun des tissus corporels.

Dhatus : Les sept tissus corporels, ou structures fondamentales du corps, qui comprennent rasa (le plasma), rakta (le sang), mamsa (le muscle), meda (les graisses), asthi (l'os), majja (la moelle de l'os, les nerfs), shukra (le tissu reproducteur).

Dosha : Littéralement, se traduit par « impureté ». Il y a trois doshas (Vata, Pitta, Kapha) qui sont les trois principes métaboliques gouvernant l'esprit et le corps ; intelligence du corps-esprit.

Gayatri mantra : Son composé des vingt-quatre sons fondamentaux, qui structurent la connaissance de la création.

Ghandharva Veda : Partie du veda consacrée aux effets équilibrants de la musique.

Ghî : Beurre clarifié. Amplement utilisé dans les traitements ayurvédiques pour la peau, comme dans la cuisine ayurvédique.

Gunas : « Qualité ». Les trois principales forces créatives (sattva, rajas et tamas) de la conscience ; également les vingt caractéristiques physiques fondamentales de l'Univers qui se présentent par paires d'opposés : le froid et le chaud, le sec et le gras, etc.

Guru : Maître spirituel. Celui qui fait « disparaître l'obscurité » dans la vie.

Hanu : Menton.

Hatha Yoga : L'une des pratiques conduisant à l'union spirituelle avec Dieu, et qui est basée sur la purification du corps, et l'ouverture des canaux de l'énergie subtile que permettent certaines postures.

Hridaya : Cœur.

Jyotish : L'astrologie et l'astronomie védique.

Kali : Déesse qui détruit le mal et qui représente le courage.

Kapalbhati : Une forme d'exercice respiratoire, caractérisée par un enchaînement d'expirations rapides.

Kapha : L'un des trois doshas ; principe de constitution corporelle ; apporte force et lubrification au corps ; correspond aux éléments Eau et Terre.

Karma : « Action ». Désigne l'action en général, mais également le destin de chacun que déterminent nos actions passées.

Kashadra : Point marmique au centre de l'aisselle.

Khichadi : Plat composé de riz et de lentilles que l'on consomme habituellement lorsqu'on fait un léger jeûne.

Krishna : Une incarnation de Dieu ; l'homme-dieu qui est le maître d'Arjuna dans la *Bhagavad Gita*.
Kshipra : « Point karmique rapide », situé sur le pied, dans le creux entre la base du gros orteil et l'orteil suivant.
Kundalini : L'énergie spirituelle contenue dans le corps. Elle est localisée dans le premier chakra, à la base de la colonne vertébrale où, quand elle est en sommeil, elle se love comme un serpent. Au cours du processus de l'éveil spirituel, elle monte le long de l'épine dorsale.
Laja : Riz sucré.
Lakshmi : Déesse qui représente la fortune et la prospérité.
Lepas : Pâtes végétales pour nettoyer la peau.
Lodhra : Plante médicinale que l'on trouve en Inde.
Lohitaksha : Point marmique. « A l'œil rouge » : situé au milieu de l'aine au-dessus du ganglion lymphatique.
Mahamarmas : « Les grands chakras » ; les principaux points énergétiques du corps, correspondant aux sept chakras.
Maharishi Mahesh Yogi : Maître yogique et érudit védique contemporain ; créateur du programme d'enseignement de la méditation transcendantale et du Maharishi Ayur-Ved.
Malas : Les « substances qui ne se retiennent pas » ou déchets corporels : urine, selles et sueur.
Manas : L'« esprit ». Désigne les différents aspects de l'esprit que sont l'intellect, le désir, les émotions et le vouloir.
Mandala : « Cercle ». Image circulaire qui peut servir à la focalisation de l'esprit pendant la méditation.
Manjista : *Rubia cordifolia* (garance). Le plus efficace des purificateurs sanguins ; accroît le flux sanguin, favorise la guérison ; nettoie le foie, la rate, les reins et régule leur fonctionnement.
Manomaya kosha : Le troisième corps subtil dans l'« anatomie » ayurvédique ; il comprend l'émotionnel et l'intellect.
Mantra : Un son fondamental dont on utilise, en méditation, l'effet équilibrant sur le corps et sur l'esprit. Ce peut être une unique syllabe ou une série de syllabes qui n'ont aucun sens sur le plan cognitif. Le mantra est appelé « la pensée qui libère et qui protège ».
Manya mula : Point marmique situé, dans la nuque, au niveau du *Medulla oblongata*.

Marma : Point d'énergie vitale où convergent la matière et la conscience. Il en existe cent sept dans le corps, tous situés aux endroits où nerfs, veines, artères, tendons, os et articulations se rencontrent.

Maya : L'« illusion ». Se réfère à la nature dualistique de l'Univers manifeste, opposée à l'unité de la conscience non manifeste.

Muladhara : Le premier des sept chakras, ou centres d'énergie, situé à la base de la colonne vertébrale.

Nabhi : Nombril.

Nada : Son. *Na* signifie « souffle » ; *da* signifie « feu ».

Nadi : Canal de l'énergie subtile du corps. Le nom ayurvédique du pouls.

Nasya : Traitement qui permet le lavage des fosses nasales.

Nava rasas : Les neuf émotions fondamentales.

Neela : Point marmique situé sur la gorge.

Neem : *Azadiracta indica* (mangoustanier). Tonique amer ; antiseptique, antimycosique ; purifie le sang ; est utilisé dans tous les cas de maladies cutanées, en traitement interne ou externe.

Netra basti : Le nettoyage des yeux.

Niyama : La retenue ; deuxième « niveau » du yoga, qui comprend les pratiques de la pureté, du contentement, du non-attachement, de l'étude et de la dévotion.

Ojas : L'essence des sept dhatus et la source du système immunitaire du corps ; l'une des trois forces vitales, avec le prana et le tejas, qui gouvernent les fonctions vitales.

Pancha amrit snan : Les « cinq nectars du bain ».

Pancha karma : Les « cinq actions » ou traitements purificateurs qui font partie d'une thérapie de détoxication.

Panini : Ancien sage védique.

Para : Le son racine qui est la manifestation la plus subtile du son.

Pitta : L'un des trois doshas ; le principe transformateur ou « feu », formé des éléments Feu et Eau.

Prajnaparadha : L'« erreur de l'intellect » ; la perte de la complétude ou sagesse naturelle.

Prakriti : La constitution de l'individu, ou type corps-esprit; signifie littéralement la « nature » d'une personne.

Paramahansa Yogananda (1893-1952) : L'un des premiers maîtres du yoga moderne venu en Occident; auteur de *Autobiography of a Yogi*, et fondateur de la confrérie des Êtres réalisés, en 1920.

Pichu : Compresse aux huiles que l'on applique sur le « troisième œil ».

Prana : La « force qui donne la vie » : le souffle vital.

Pranamaya kosha : L'« enveloppe pranique »; le second corps subtil de l'« anatomie » ayurvédique, qui correspond au souffle.

Pranayama : Le « contrôle du souffle ». Exercices respiratoires du yoga.

Raga : Forme classique de musique indienne.

Rajas : L'un des trois gunas, ou forces fondamentales de la création; l'aiguillon de l'action et le principe de changement.

Rasasara : L'« essence » de rasadhatu : la peau. Est décrit comme « la crème qui monte à la surface ».

Rasa : Littéralement « essence », « émotion », ou « goût ». Les six rasas basiques, ou saveurs, des aliments sont le sucré, le salé, l'aigre, le piquant, l'amer et l'astringent.

Rig Veda : Le plus ancien et le plus connu des quatre recueils d'hymnes védiques qui décrivent l'ordre cosmique.

Rishi : Âme réalisée; sage; yogi.

Sadhana : « Moyens de réalisation ». Activité accomplie avec une conscience éveillée.

Samadhi : État de joie pure.

Sangeeta : Musique indienne.

Santrasa : Inconfort permanent du corps et de l'esprit; stress.

Saraswati : Déesse de la connaissance.

Sattva : La pure essence de la réalité; l'un des trois gunas, forces fondamentales de la conscience.

Sat : Connaissance pure; vérité.

Shatavari : *Asparagus racemous.* Tonique pour les femmes. Nourrit les ovaires et augmente la fertilité. Accroît l'ojas.

Shirodhara : Traitement qui apaise le système nerveux et consiste à faire tomber des gouttes d'huile médicinale sur la tête ou sur le front.
Shitali : Signifie « rafraîchir ». C'est un exercice respiratoire qui permet de rafraîchir le corps et d'équilibrer Pitta. Caractérisé par l'inhalation buccale.
Shiva : Bienveillance, félicité. Également le nom d'un dieu.
Shruti : « Ce qui est entendu » ; écritures sacrées qui constituent les quatre vedas et les cent huit upanishads.
Shudhi : Purification.
Snana : Le bain.
Snehana : Massage aux huiles. Onction thérapeutique du corps.
Soma : « Nectar » ; le goût d'ojas, ou félicité, dans la conscience.
Sthapani : L'un des principaux points marmiques, ou chakras, situé entre les sourcils, à égale distance de l'un et de l'autre ; appelé également « le troisième œil ».
Sundar : Beauté.
Surya namskar : La salutation au soleil ; exercice yogique.
Swami : Saint homme.
Swara : Son, ou note, unique et soutenu, dans le raga.
Swedana : Sudation thérapeutique.
Sri Aurobindo (1872-1950) : L'un des sages indiens parmi les plus influents de ce siècle ; créateur du yoga intégral, l'une des voies de la réalisation ; auteur de *The Life Divine* et d'autres ouvrages sur la philosophie indienne.
Taittiriya Upanishad : Texte védique basé sur les enseignements du sage Tittiri ; introduit le concept des cinq enveloppes corporelles, ou koshas.
Talahridaya : Point marmique, situé au centre de la paume et de la voûte plantaire.
Tamas : L'un des trois gunas ; représente le principe d'inertie ou de destruction.
Tantra : Signifie « étendre ». C'est un ensemble de pratiques spirituelles qui utilisent l'énergie de la kundalini. Les mantras viennent du tantra.
Tej : Rayonnement, éclat.

Tejas : L'une des trois forces vitales ; le « feu de l'esprit » ; le principe transformateur du corps. Également appelé *agni.*

Thali : Grande assiette en métal dans laquelle les Indiens ont l'habitude de prendre leur repas.

Triphala : Remède végétal préparé à partir de trois fruits séchés, appelés *hirda, behada* et *amalki* (groseillier indien).

Upadhatus : Les dhatus subsidiaires, ou tissus corporels.

Vata : L'un des trois doshas ; le principe du mouvement, ou air dans le corps ; formé des éléments Air et Espace.

Vatsyayana : Auteur du *Kamasutra,* textes anciens consacrés à l'érotisme et à la sexualité.

Veda : Signifie la « pure connaissance » ; connaissance des principes de la création et de sa structure. Désigne également les textes sacrés connus sous le nom de *Rig Veda, Atharva Veda* (source de l'Ayurveda), *Yajur Veda,* et *Sama Veda,* œuvres des anciens rishis.

Vaidya : Médecin ayurvédique.

Vijanamaya kosha : Quatrième enveloppe de l'anatomie ayurvédique. Correspond à l'ego.

Vikriti : Déséquilibre des doshas.

Vipak : Effet des aliments lorsqu'ils sont digérés.

Virya : Rafraîchissements ou réchauffements provoqués par la nourriture après la digestion.

Yama : Le « premier niveau » du yoga qui comprend cinq disciplines morales ou spirituelles.

Yoga : Union avec le divin.

Yoga Sutras : Aphorismes yogiques de Patanjali, l'un des plus célèbres anciens sages védiques.

Bien-être, des livres qui vous font du bien

Psychologie, santé, sexualité, vie familiale, diététique... : la collection Bien-être apporte des réponses pratiques et positives à chacun.

Psychologie

Thomas Armstrong

Sept façons d'être plus intelligent - n° 7105

Jean-Luc Aubert et Christiane Doubovy

Maman, j'ai peur – Mère anxieuse, enfant anxieux ? - n° 7182

Anne Bacus & Christian Romain

Libérez votre créativité ! - n° 7124

Anne Bacus-Lindroth

Murmures sur l'essentiel – Conseils de vie d'une mère à ses enfants - n° 7225

Simone Barbaras

La rupture pour vivre - n° 7185

Martine Barbault & Bernard Duboy

Choisir son prénom, choisir son destin - n° 7129

Deirdre Boyd

Les dépendances - n° 7196

Nathaniel Branden

Les six clés de la confiance en soi - n° 7091

Sue Breton

La dépression - n° 7223

Jack Canfield et Mark Victor Hansen

Bouillon de poulet pour l'âme - n° 7155

Bouillon de poulet pour l'âme 2 - n° 7241

Bouillon de poulet pour l'âme de la femme *(avec J.R. Hawthorne et M. Shimoff)* - n° 7251

Bouillon de poulet pour l'âme au travail - *(avec M. Rogerson, M. Rutte et T. Clauss)* - n° 7259

Richard Carlson

Ne vous noyez pas dans un verre d'eau - n° 7183

Ne vous noyez pas dans un verre d'eau... en famille ! - n° 7219

Ne vous noyez pas dans un verre d'eau... en amour ! *(avec Kristine Carlson)* - n° 7243

Ne vous noyez pas dans un verre d'eau... au travail - n° 7264

Steven Carter & Julia Sokol

Ces hommes qui ont peur d'aimer - n° 7064

Chérie Carter-Scott

Dix règles pour réussir sa vie - n° 7211

Si l'amour est un jeu, en voici les règles - n° 6844

Loly Clerc

Je dépense, donc je suis ! - n° 7107

Guy Corneau

N'y a-t-il pas d'amour heureux ? - n° 7157

La guérison du cœur - n° 7244

Lynne Crawford & Linda Taylor

La timidité - n° 7195

Dr Christophe Fauré

Vivre le deuil au jour le jour - n° 7151

Daniel Goleman

L'intelligence émotionnelle - n° 7130

L'intelligence émotionnelle 2 - n° 7202

Nicole Gratton

L'art de rêver - n° 7172

John Gray
Les hommes viennent de Mars, les femmes viennent de Vénus - n° 7133
Une nouvelle vie pour Mars et Vénus - n° 7224
Mars et Vénus, les chemins de l'harmonie - n° 7233
Mars et Vénus, 365 jours d'amour - n° 7240
Les enfants viennent du paradis - n° 7261
Mars et Vénus ensemble pour toujours - n° 7284
Mars et Vénus au travail - n° 6872
Mars et Vénus - Petits miracles au quotidien - n° 6930

Marie Haddou
Savoir dire non - n° 7178
Avoir confiance en soi - n° 7245
Halte au surmenage - n° 7278

James Hillman
Le code caché de votre destin - n° 7256
La force du caractère - n° 6477

Evan Imber-Black
Le poids des secrets de famille - n° 7234

Sam Keen
Être un homme - n° 7109
Aimer et être aimé - n° 7262

Dr Barbara Killinger
Accros du boulot - n° 7116

Dr Gérard Leleu
Amour et calories - n° 7139
La fidélité et le couple - n° 7226
L'intimité et le couple - n° 7260
L'écologie de l'amour - n° 7275

Jean-Claude Liaudet
Dolto expliquée aux parents - n° 7206
La psychanalyse sans complexes - n° 7270

Ursula Markham
Le deuil - n° 7230
Les traumatismes infantiles - n° 7231

Bernard Martino
Le bébé est une personne - n° 7094

Pia Mellody
Vaincre la dépendance - n° 7013

Yannick Noah
Secrets, etc. - n° 7150

Robin Norwood
Ces femmes qui aiment trop – 1 - n° 7020
Ces femmes qui aiment trop – 2 - n° 7095

Armelle Oger
Et si l'on changeait de vie - n° 7258

Dr Xavier Pommereau
Quand l'adolescent va mal - n° 7147

Dr Henri Rubinstein
La dépression masquée - n° 7214

Jacques Salomé
Papa, maman, écoutez-moi vraiment - n° 7112
Apprivoiser la tendresse - n° 7134

Elaine Sheehan
Anxiété, phobies et paniques - n° 7213

Barbara Sher & Barbara Smith
Vous êtes doué et vous ne le savez pas - n° 7141

Nita Tucker
Le grand amour pour la vie - n° 7099

Isabelle Yhuel
Mère et fille, l'amour réconcilié - n° 7161
Quand les femmes rompent - n° 7201

Santé

R. Aron-Brunetière
La beauté et les progrès de la médecine - n° 7006

Joanna Bawa
Santé et ordinateur : le guide quotidien - n° 7207

Dr Martine Boëdec
L'homéopathie au quotidien - n° 7021

Dr Jacques Boulet
Se soigner par l'homéopathie - n° 7165

Julia Buckroyd
Anorexie et boulimie - n° 7191

Dr Jean-Pierre Cahané & Claire de Narbonne
Nourritures essentielles - n° 7168

Chantal Clergeaud
Un ventre plat pour la vie - n° 7136

Bruno Comby
Tabac, libérez-vous ! - n° 7012

Dr Lionel Coudron
Stress, comment l'apprivoiser - n° 7027
Mieux vivre par le yoga - n° 7115

Dr David Élia
Comment rester jeune après 40 ans
Version femmes - n° 7111
Le bonheur à 50 ans - n° 7184
50 ans au naturel - n° 6828

Pierre Fluchaire
Bien dormir pour mieux vivre - n° 7005
Plus jamais fatigué ! - n° 7015

Dr Pierrick Hordé
Allergies, le nouveau fléau ? - n° 7248

Arthur Janov
Le corps se souvient - n° 7257

Chris Jarmey
Le shiatsu - n° 7242

Dr Michel Lecendreux
Le sommeil - n° 7280

Dr Gérard Leleu
Le traité du plaisir - n° 7093

Claudie Lepage
Le nouvel âge d'or de la femme - n° 7274

Maurice Mességué
C'est la nature qui a raison - n° 7028

Dr Sylvain Mimoun
Des maux pour le dire - n° 7135

Peter Mole
L'acupuncture - n° 7189

Paule Neyrat
Les vertus des aliments - n° 7265

Lionelle Nugon-Baudon & Évelyne Lhoste
Maisons toxiques - n° 7229

Pierre & Florence Pallardy
La forme naturelle - n° 7007

Jean-Yves Pecollo
La sophrologie - n° 3314
La sophrologie au quotidien - n° 7101

Vicki Pitman
La phytothérapie - n° 7212

Jocelyne de Rotrou
La mémoire en pleine forme - n° 7087

Josette & Vincent Rousselet-Blanc
Les remèdes de grands-mères - n° 7272

Dr Hubert Sacksick
Les hormones - n° 7205

Jon Sandifer
L'acupression - n° 7204

Debbie Shapiro
L'intelligence du corps - n° 7208

Sidra Shaukat
La beauté au naturel - n° 7222

Rochelle Simmons
Le stress - n° 7190

André Van Lysebeth
J'apprends le yoga - n° 7197

Dr Andrew Weil
Huit semaines pour retrouver une bonne santé - n° 7193
Le corps médecin - n° 7210
Le guide essentiel de la diététique et de la santé - n° 7269

Diététique

Marie Binet & Roseline Jadfard
Trois assiettes et un bébé - n° 7113

Dr Alain Bondil & Marion Kaplan
Votre alimentation - n° 7010
L'âge d'or de votre corps - n° 7108

André Burckel
Les bienfaits du régime crétois - n° 7247

Dr Jean-Michel Cohen
Savoir maigrir - n° 7266
Au bonheur de maigrir - n° 6893

Sonia Dubois
Maigrissons ensemble ! - n° 7120
Restons minces ensemble ! - n° 7187

Dr Pierre Dukan
Je ne sais pas maigrir - n° 7246

Annie Hubert
Pourquoi les Eskimos n'ont pas de cholestérol - n° 7125

Dr Catherine Kousmine
Sauvez votre corps ! - n° 7029

Linda Lazarides
Le régime anti-rétention d'eau - n° 6892

Marianne Leconte
Maigrir - Le nouveau bon sens - n° 7221

Colette Lefort
Maigrir à volonté - n° 7003

Michelle Joy Levine
Le choix de la minceur - n° 7267

Michel Montignac
Je mange donc je maigris… et je reste mince ! - n° 7030
Recettes et menus Montignac - n° 7079
Recettes et menus Montignac 2 - n° 7164
Comment maigrir en faisant des repas d'affaires - n° 7090
La méthode Montignac Spécial Femme - n° 7104
Mettez un turbo dans votre assiette - n° 7117
Je cuisine Montignac - n° 7121
Restez jeune en mangeant mieux - n° 7137
Boire du vin pour rester en bonne santé - n° 7188

Lionelle Nugon-Baudon
Toxic-bouffe - Le dico - n° 7216

Dr Philippe Peltriaux & Monique Cabré
Maigrir avec la méthode Peltriaux - n° 7156

Nathalie Simon
Mangez beau, mangez forme - n° 7126

Sexualité

Régine Dumay
Comment bien faire l'amour à une femme - n° 7227

Comment bien faire l'amour à un homme - n° 7239

Céline Gérent

Savoir vivre sa sexualité - n° 7014

John Gray

Mars et Vénus sous la couette - n° 7194

Dr Barbara Keesling

Comment faire l'amour toute la nuit - n° 7140

Le plaisir sexuel - n° 7170

Brigitte Lahaie

Les chemins du mieux-aimer - n° 7128

Dr Gérard Leleu

Le traité des caresses - n° 7004

Le traité du désir - n° 7176

Dagmar O'Connor

Comment faire l'amour à la même personne... pour le reste de votre vie - n° 7102

Jean Paccalin

Une pilule nommée désir - n° 7180

Isabelle Yhuel

Les femmes et leur plaisir - n° 7268

Vie familiale

Edwige Antier

J'aide mon enfant à se concentrer - n° 7232

L'enfant de l'Autre - n° 7250

Éloge des mères - n° 7283

Françoise Civeyrel

Consommez bien. Dépensez mieux - n° 7098

Brigitte-Fanny Cohen

Un bébé mais pas à tout prix - n° 6859

Dr Julien Cohen-Solal

Comprendre et soigner son enfant – I -n° 7096

Comprendre et soigner son enfant – II - n° 7097

Être heureux à l'école ? - n° 7173

Les deux premières années de la vie - n° 7203

Carolyn & Philip A. Cowan

1+1 = 3 - n° 7065

Shakuntala Devi

Éveillez le génie qui est en votre enfant - n° 7277

Brigitte Hemmerlin

Maman Solo - n° 7100

Harry Ifergan & Rica Etienne

6-12 ans, l'âge incertain - n° 6478

Mais qu'est-ce qu'il a dans la tête ? - n° 7271

Vicki Iovine

Grossesse, le guide des copines - n° 7176

Hélène de Leersnyder

Laissez-les faire des bêtises - n° 7106

Gerry Marino

La nouvelle famille - n° 7122

Bernard Martino

Le bébé est un combat - n° 7181

Heather Noah

S'épanouir en attendant bébé - n° 7252

Nancy Samalin

Savoir l'entendre, savoir l'aimer - n° 7062

Conflits parents-enfants - n° 7198

Chantal de Truchis-Leneveu

L'éveil de votre enfant - n° 7146

Cuisine

Flore Andreis-Caubet
La cuisine provençale d'aujourd'hui - n° 6832

Paul Bocuse
Bocuse dans votre cuisine - n° 7145

Jean-Pierre Coffe
Comme à la maison –1 - n° 7148
Comme à la maison –2 - n° 7177
Le marché - n° 7154
Au bonheur des fruits - n° 7163

Christine Ferber
Mes confitures - n° 6162
Mes tartes sucrées et salées - n° 7186
Mes aigres-doux, terrines et pâtés - n° 7237

Nadira Hefied
130 recettes traditionnelles du Maghreb - n° 7174

Peta Mathias
Fêtes gourmandes - n° 720

Christian Parra
Mon cochon de la tête aux pieds - n° 7238

Jean-Noël Rio
Je ne sais pas cuisiner - n° 7273

Marie Rouanet
Petit traité romanesque de cuisins - n° 7159

Denise Verhoye
Les recettes de Mamie - n° 7209

Harmonies

Karen Christensen
La maison écologique - n° 7152

Lama Surya Das
Éveillez votre spiritualité - n° 7281

Karen Kingston
L'harmonie de la maison par le Feng Shui - n° 7158

Philip Martin
La voie zen pour vaincre la dépression - n° 7263

Pratima Raichur & Marian Cohn
La beauté absolue - n° 6929

Jane Thurnell-Read
Les harmonies magnétiques - n° 7228

Jean Vernette & Claire Moncelon
Les nouvelles thérapies - n° 7220

Richard Webster
Le Feng Shui au quotidien - n° 7254

Christine Wildwood
L'aromathérapie - n° 7192

Paul Wilson
Le principe du calme - n° 7249
Le grand livre du calme – La méthode - n° 7249
Le grand livre du calme – Au travail - n° 7276

Nature et loisirs

Sonia Dubois
La couture - n° 7144

John Fisher
Comprendre et soigner son chien - n° 7160

Daniel Gelin
Le jardin facile - n° 7143

Louis Giordano
Aux jardiniers débutants : 500 conseils et astuces - n° 7215

Marjorie Harris
Un jardin pour l'âme - n° 7149

Jean-Marie Pelt
Des fruits - n° 7169
Des légumes - n° 7217

Roger Tabor
Comprendre son chat - n° 7153

Bienêtre

6929

Achevé d'imprimer en France (Manchecourt)
par Maury-Eurolivres
le 8 mars 2004.
Dépôt légal mars 2004. ISBN 2-290-32232-6

Éditions J'ai lu
84, rue de Grenelle, 75007 Paris
Diffusion France et étranger : Flammarion